데이터
과학을 위한
R 시리즈
V

Data Mining

R 데이터마이닝

나종화 지음

자유아카데미

머리말

데이터 과학을 위한 R 시리즈 I, II권이 출간된 지 1년 만에 III, IV, V권을 동시에 출간하게 되었다. 저자가 이 시리즈를 준비하게 된 계기는 수년 전 빅데이터에 관심을 가지기 시작하면서이다. 빅데이터 시대에 통계분석을 요구하는 많은 사람들을 만나면서 그들에게 조금이나마 도움을 주고 싶은 생각에서였다. 그러나 책의 출간을 앞두고 뒤돌아보면 "이 책이 과연 비전공자들을 충분히 배려하였나?"는 의문이 남는다. 처음 의도와는 달리 결코 쉽지만은 않은 책이 되어버린 것이다. 집필 과정에서 글재주가 없는 저자의 한계를 느끼면서도, 내용적으로 부족함이 없도록 욕심을 부린 면이 없지 않다. 결국 지난 몇 년에 걸친 이 작업은 결국 자신에게 가장 많은 도움이 되었음을 부인할 수 없게 되어버렸다(독자들의 판단은 이후에...).

이 책의 특징은 각 분석법들의 목적과 아이디어를 간명하게 제시하고, 각 분석법들 간의 차이와 장단점을 이해함으로써 분석자 스스로가 보다 나은 분석법을 찾아갈 수 있도록 하는 데 주안점을 둔 점이다. 작은 분량 속에 매우 다양한 분석법을 소개하여 완성도를 높이고자 하였다. 각 분석마다 일정 수준까지의 분석 과정을 제시함으로써 해당 분석의 시발점으로 삼을 수 있도록 안내하고 있다.

이 책의 자료분석에 사용된 오픈 소스 R은 데이터 과학을 위한 최고의 도구임에 틀림없다. R이라는 훌륭한 도구의 존재는 이 시리즈를 준비하게 된 또 다른 배경이다. 이제 분석가들은 분석의 목적과 방향 그리고 분석에 사용된 아이디어와 해석에 더 집중할 수 있게 되었다. 나머지는 R에게 맡기면 그만이다. R은 분석뿐만 아니라 데이터의 전처리, 시각화, 다른 도구들과의 연계 등 필요한 많은 일을 대신해 준다.

이 가운데 본서(5권)는 최근 빅데이터 분야에서 핵심적인 내용으로 다루어지는 데이터마이닝과 기계학습 알고리즘을 다루었다. 대학에서 교재로 사용할 경우 학부에서는 1부와 2부를 중심으로 다루면 될 것이다(일부 장은 다변량분석과 중복됨). * 표시된 장(또는 절)은 일독에서 생략하여도 무방하다.

좋은 책을 위해 최선을 다했지만 미흡한 부분이 있을 수 있다. 이 점은 양해를 바라며, 출간 후에라도 수정사항이 있을 경우에는 자유아카데미 홈페이지(www.freeaca.com) 자료실에 제공할 예정이다.

마지막으로 이 책의 출간을 위해 큰 노고를 아끼지 않은 자유아카데미 관계자 분들께 감사의 마음을 전하고 싶다.

2017년 8월

나종화
cherin@chungbuk.ac.kr

차례 • Contents

[1부] 데이터마이닝 기초

[2부] 지도학습

6장* {caret} 패키지 소개

7장 k-인접이웃분류

8장 신경망모형

9장 서포트벡터머신

10장 앙상블 모형

[3부] 비지도학습

11장 연관규칙

12장 주성분분석

13장 군집분석 Ⅰ

14장* EM 알고리즘

15장 군집분석 Ⅱ

[4부] 주요 알고리즘

16장* PageRank 알고리즘

17장* 협업필터링

18장* 유전 알고리즘

[5부] 비정형 데이터마이닝

19장 텍스트마이닝

20장 감성분석

21장 소셜 네트워크 분석

22장 빅데이터란 무엇인가?

1부

데이터마이닝 기초

1장 들어가며

1.1 데이터마이닝이란?

데이터마이닝(data mining)은 대량의 데이터로부터 규칙이나 패턴을 찾아내는 과정으로, 통계학, 데이터베이스, 기계학습, 인공지능의 영역에서 발전된 다양한 기법들을 포함한다. 데이터마이닝의 목적은 데이터 셋으로부터 정보를 추출하고, 이를 추후 사용을 위해 이해할 수 있는 구조로 변환하는 것이다. 데이터마이닝은 분석 단계 이외에도 데이터베이스와 데이터 관리, 데이터 전처리, 모형과 추론 고려사항, 흥미도, 복잡성, 발견된 구조의 사후처리, 시각화 및 온라인 업데이트 등을 포함한다. 데이터마이닝은 KDD(knowledge-discovery in databases, 데이터베이스 속의 지식발견) 과정 또는 KDD 과정의 분석 단계로 이해될 수 있다([그림 1.1] 참조).

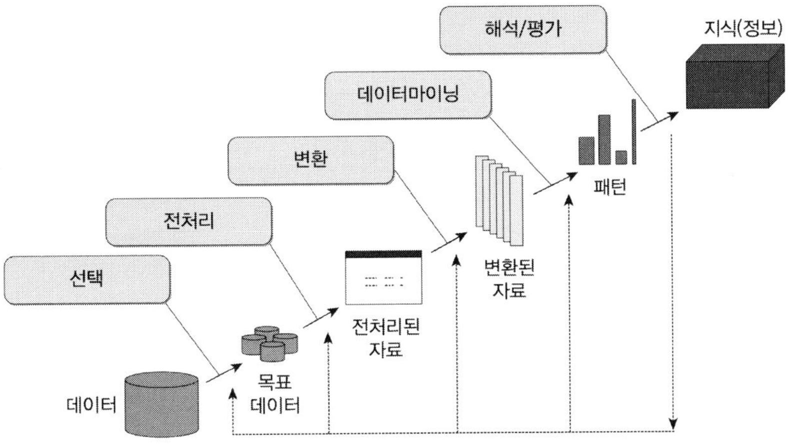

[그림 1.1] KDD 과정

데이터마이닝의 적용분야는 매우다양하다. 기업에서는 표적마케팅, 고객세분화, 고객성향분석 등에 활용하고 있으며, 금융분야에서는 신용평가, 거래사기 적발 등에 활용되고 있다. 또한 제조업에서의 품질관리, 의학분야에서의 유전자 분석, 지구과학 및 천문분야에서의 방대한 자료처리에 활용되고 있다. 또한 텍스트마이닝을 통한 정보검색과 음성과 영상 등의 멀티미디어 자료의 분석에도 활용되고 있다. 최근 많은 관심사인 빅데이터 분석에서도 데이터마이닝은 핵심적인 역할을 담당한다.

1.2 데이터마이닝의 주요 알고리즘 소개

이 절에서는 최근 데이터마이닝 분야에서 사용되는 주요 알고리즘과 분석도구를 소개한다.

다음의 [표 1.1]은 미국의 KDnuggets(http://www.kdnuggets.com/) 조사기관에서 발표한 데이터마이닝 분야와 기계학습 분야의 톱10 알고리즘을 정리한 결과이다(본 교재의 관련되는 장을 함께 제시하였다).

[표 1.1] 데이터마이닝과 기계학습 분야 톱10 알고리즘

순위	Top10 데이터마이닝 알고리즘	교재	Top10 기계학습 알고리즘		교재
1	C4.5(의사결정나무)	4장	지도 학습	의사결정나무	4장
2	k-평균군집	13장		단순베이즈분류	5장
3	서포트벡터머신(SVM)	9장		일반최소제곱(OLS)회귀	(3권)
4	Apriori(연관분석)	11장		로지스틱 회귀	3장
5	EM 알고리즘	14장		서포트벡터머신(SVM)	9장
6	PageRank	16장		앙상블 방법	10장
7	AdaBoost(앙상블)	10장	비지도 학습	군집 알고리즘	13,15장
8	k-NN	7장		주성분분석(PCA)	12장
9	단순베이즈	5장		특잇값분해(SVD)	(4권)
10	CART(의사결정나무)	4장		독립성분분석(ICA)	(4권)

동 조사기관에서는 데이터분석도구와 관련된 다음 질문에 대한 투표 결과를 연중 발표하고 있다. 그 결과를 소개하면 다음의 [그림 1.2]와 같다.

"지난 12개월 동안 분석, 데이터마이닝, 데이터과학,
기계학습 프로젝트에 사용한 소프트웨어는 무엇입니까?"

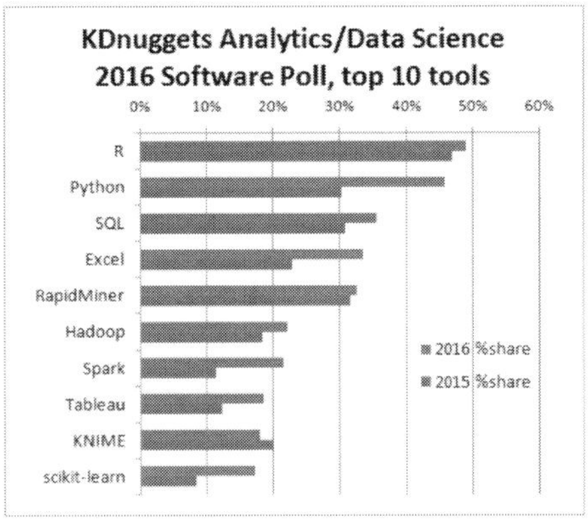

[그림 1.2] KDnuggets Analytics/Data Science 2016 소프트웨어 설문조사: 2016년 가장 인기 있는 10대 분석도구

위의 결과에서 R과 Python이 데이터과학 분야에서 가장 인기 있는 분석도구임을 알 수 있다. SQL과 Excel이 그 뒤를 잇고 있다.

1.3 지도학습과 비지도학습

예측모형은 결과값이 알려진 다변량 자료를 이용하여 모형을 구축하고, 이를 통해 새로운 자료에 대해 결과값에 대한 예측 또는 분류를 수행하는 방법이다. 결과값이 범주형인 경우에는 새로운 자료에 대한 분류(classification)가 주목적이며, 결과값이 연속형인 경우에는 예측(prediction)이 주목적이라고 할 수 있다. 따라서 예측과 분류는 유사한 의미로 사용되며 통칭하여 예측모형으로 부르기로 한다. 대표적인 예측모형으로는 로지스틱 회귀, 의사결정나무, 판별분석, 인접이웃분류, 베이즈 분류, 신경망, 서포트벡터머신과 이들 예측모형(분류기)들을 결합한 앙상블 모형 등이 있다. 기계학습 분야에서는 결과값이 알려진 상황에서의 학습모형인 예측모형을 지도학습(supervised learning)이라고 한다. 예측모형은 목표마케팅, 성과예측, 의학진단, 사기검출, 제조 등 다양한 분야에 이용되고 있다.

한편, 예측모형과는 달리 별도의 결과값을 요구하지 않는 자료에 대한 분석을 비지도학습(unsupervised learning)이라고 한다. 예를 들어, 군집분석은 데이터의 개체들 간의 유사성에 기반을 두고 전체 개체를 몇 개의 군집으로 나누는 방법으로 사용된다. 모형구축 시에 결과값이 주어져 있지 않으므로 오차(또는 보상 신호)의 개념이 사용되지 않는다. 대표적인 비지도학습에는 k-평균군집, 계층적 군집, 혼합분포군집을 비롯한 다양한 군집분석과 주성분분석, 독립성분분석 등이 포함된다.

1.4 이 책의 범위

이 책에서는 앞서 [표 1.1]에서 소개한 데이터마이닝 분야의 톱10 알고리즘을 중심으로 여러 가지 통계적 예측모형과 기계학습 알고리즘 및 텍스트마이닝의 내용을 다룬다. 주요 알고리즘과 분석법에 대한 개념적 소개와 함께, R을 이용한 실제 자료분석의 과정을 자세히 다룬다.

이 책은 총 22개의 장으로 구성되었다. 1부(1~2장)에서는 데이터 전처리와 모형평가 방법을 비롯한 데이터마이닝의 기초를, 2부(3~10장)에서는 지도학습에 해당하는 다양한 분류 및 예측모형을, 3부(11~15장)에서는 연관규칙과 주성분 및 군집분석을 비롯한 비지도학습을, 4부(16~18장)에서는 PageRank와 협업필터링, 유전 알고리즘 등의 데이터마이닝의 주요 알고리즘을, 5부(19~22장)에서는 비정형 데이터마이닝으로 텍스트마이닝, 소셜 네트워크 분석과 빅데이터에 대한 소개를 다룬다.

그 외 본서에서 다루어지지 않은 내용은 나종화(2017)의 3권(응용 회귀분석)과 4권(응용 다변량분석)을 참고하기 바란다.

2장 데이터 전처리와 모형평가

2.1 서론

이 장에서는 데이터마이닝 분석에서 고려해야 할 데이터의 전처리 과정과 구축된 모형에 대한 평가 방법에 대해 다룬다.

데이터의 전처리(pre-processing)는 모형을 구축하기 전 단계에서 수행되며, 모형의 성능을 제고하는 데 중요하다. 여기에는 데이터 정제(cleaning), 정규화, 변환 및 변수 추출과 선택 등이 포함된다.

또한 구축된 모형에 대한 평가 방법과 평가를 위한 여러 가지 척도를 소개한다.

2.2 데이터 전처리

이 절에서는 R의 {caret} 패키지를 이용하여 데이터 전처리와 관련된 다음의 주제를 다룬다.

- 영- 과 영근처-분산 예측변수의 처리
- 상관된 예측변수 식별: 중복변수 제거
- 예측변수의 변환
- 기타 전처리 방법

{caret} 패키지는 예측변수를 전처리하는 몇 가지 함수를 제공한다. 이 패키지는 모든 데이터를 수치형으로 가정한다(즉, 요인은 model.matrix{stats}, dummyVars{caret} 함수 또는 다른 방법을 통해 더미 변수로 변환되었다고 가정함).

2.2.1 영- 과 영근처-분산 예측변수의 처리

일부 상황에서 데이터 생성 메커니즘은 한 개의 값만을 취하는(영-분산) 예측변수를 생성할 수 있다. 많은 모형(트리 기반 모델 제외)에서, 영-분산 예측변수는 모형을 망가뜨리거나 불안정한 적합의 원인이 된다. 마찬가지로 예측변수는 매우 낮은 빈도로 발생하는 몇 개의 값만을 취할 수도 있다.

예제 1

mdrr{caret} 자료에서 nR11 변수는 매우 불균형적으로 몇 개의 수치만을 취한다.

```
> data(mdrr)
> data.frame(table(mdrrDescr$nR11))
  Var1 Freq
1    0  501
2    1    4
3    2   23
```

여기서 주의할 점은 이들 예측변수들이 교차타당성/붓스트랩 하위 샘플로 분할될 때 영-분산 예측변수가 되거나, 일부 샘플이 모형에 과도한 영향을 미치게 되는 경우이다. 이러한 영근처-분산 예측변수는 모형화 이전에 식별되고 제거되어야 한다.

이러한 유형의 예측변수를 식별하기 위한 다음의 두 가지 측도를 소개한다.

- 빈도 비율(frequency ratio): (일순위 빈발값의 빈도)를 (차순위 빈발값의 빈도)로 나눈 값이다. 정상적인 예측변수에서는 1에 가까운 값을 가지고, 매우 불균형적인 데이터에 대해서는 매우 큰 값을 가진다.
- 유일 값들의 비율(percent of unique values): 유일한 값들의 수(종류)를 전체 표본의 수로 나눈 값(×100)이다. 데이터의 집중도가 커질수록 0에 가까워진다.

빈도 비율이 미리 지정된 임계값보다 크고 유일한 값들의 비율이 임계값보다 작으면 예측변수가 영-분산에 가깝다고 간주할 수 있다.

우리는 높은 집중도를 가지지만 이산 균일분포와 같이 고르게 분포된 데이터를 잘못 판단하고 싶지는 않다. 두 기준을 모두 사용하면 이러한 예측변수를 잘못 판단하지는 않을 것이다.

mdrr 자료에서 nearZeroVar( ) 함수를 사용하여 영근처-분산의 변수를 식별할 수 있다. nearZeroVar( ) 함수의 호출 시 saveMetrics=TRUE 옵션을 사용하면 각 예측값에 대한 빈도비율(freqRatio)과 유일 값들의 비율(percentUnique)을 얻을 수 있으며, 동시에 각 변수가 영-분산 또는 영-근처 분산을 가지는지를 알려준다(zeroVar과 nzv). 디폴트로, 표본에서 유일 값의 비율이 10% 이하이고 빈도비율이 19(95/5)보다 큰 예측변수는 영-근처 분산으로 분류된다. 디폴트 값들은 uniqueCut= 과 freqCut= 옵션을 통해 변경될 수 있다.

```
> nzv <- nearZeroVar(mdrrDescr, saveMetrics = TRUE)
> str(nzv); nzv[nzv$nzv, ][1:10,]
```

```
'data.frame':   342 obs. of  4 variables:
 $ freqRatio    : num  1.25 1.12 1 1.25 1.25 ...
 $ percentUnique: num  90 42.6 83 84.3 82.8 ...
 $ zeroVar      : logi  FALSE FALSE FALSE FALSE FALSE FALSE ...
 $ nzv          : logi  FALSE FALSE FALSE FALSE FALSE FALSE ...

        freqRatio percentUnique zeroVar  nzv
nTB      23.00000     0.3787879   FALSE TRUE
nBR     131.00000     0.3787879   FALSE TRUE
nI      527.00000     0.3787879   FALSE TRUE
nR03    527.00000     0.3787879   FALSE TRUE
nR08    527.00000     0.3787879   FALSE TRUE
nR11     21.78261     0.5681818   FALSE TRUE
nR12     57.66667     0.3787879   FALSE TRUE
D.Dr03 527.00000     0.3787879   FALSE TRUE
D.Dr07 123.50000     5.8712121   FALSE TRUE
D.Dr08 527.00000     0.3787879   FALSE TRUE

> dim(mdrrDescr)
[1] 528 342

> nzv <- nearZeroVar(mdrrDescr)
> nzv    # 영근처-분산을 가지는 변수
 [1]  22  31  32  34  38  41  42 259 262 ...
[41] 338 339 340 341 342
> filteredDescr <- mdrrDescr[, -nzv]
> dim(filteredDescr)
[1] 528 297
```

기본적으로 nearZeroVar( ) 함수는 문제가 되는 변수의 위치를 반환해 준다.

2.2.2 상관된 예측변수의 식별: 중복변수 제거

상관관계가 있는 예측변수에 대해서도 잘 작동하는 일부 모형이 있지만(예: PLS 회귀), 다른 모형들은 예측변수들 간의 상관관계의 수준을 줄이는 것이 좋다.

예제 2

주어진 상관행렬에 대해 findCorrelation( ) 함수는 다음 절차를 통해 제거해야 할 예측변수를 제공해 준다.

```
> descrCor <-  cor(filteredDescr)
> # 아래 sum() 함수: 논리형 자료의 합
> (highCorr <- sum(abs(descrCor[upper.tri(descrCor)]) > .999))
[1] 65     # 상관계수가 0.999 이상인 경우가 65개임
> summary(descrCor[upper.tri(descrCor)])
    Min.  1st Qu.   Median     Mean  3rd Qu.     Max.
-0.99610 -0.05373  0.25010  0.26080  0.65530  1.00000
```

아래의 코드는 이전 mdrr 자료에서 0.75 이상의 절대 상관계수를 갖는 예측변수를 제거하는 과정과 그 효과를 보여 준다.

```
> highlyCorDescr <- findCorrelation(descrCor, cutoff = 0.75)
> filteredDescr <- filteredDescr[, -highlyCorDescr]
> descrCor2 <- cor(filteredDescr)
> summary(descrCor2[upper.tri(descrCor2)])
    Min.  1st Qu.   Median     Mean  3rd Qu.     Max.
-0.70730 -0.05378  0.04418  0.06692  0.18860  0.74460
```

2.2.3 예측변수의 변환

(a) 중심화와 척도화

preProcess( ) 함수는 중심화(centering)와 척도화(scaling)를 포함하여 예측변수에 대해 많은 연산을 제공한다. preProcess( ) 함수는 각 연산에 필요한 모수를 추정하고, predict.preProcess( ) 함수는 특정 데이터 셋에 이를 적용하는 데 사용된다. 또한 이 함수는 train( ) 함수를 호출할 때 인터페이스가 될 수도 있다.

preProcess( ) 함수는 특정 데이터 셋(예를 들어, 훈련용 자료)으로부터 요구하는 것을 추정한 다음, 이 값을 재계산하지 않고 임의의 데이터 셋에 이들 변환을 적용한다.

예제 3

이 예제에서 mdrr{caret} 자료의 절반은 예측변수의 위치와 척도를 추정하는 데 사용된다. preProcess( ) 함수는 실제로 데이터를 전처리하지 않는다. predict.preProcess( ) 함수는 이 데이터 셋(훈련용)과 다른 데이터 셋(검증용)을 전처리하는 데 사용된다.

```
> set.seed(200)
> inTrain <- sample(seq(along = mdrrClass), length(mdrrClass)/2)
> training <- filteredDescr[inTrain, ]
> test <- filteredDescr[-inTrain, ]
> trainMDRR <- mdrrClass[inTrain]
> testMDRR <- mdrrClass[-inTrain]

> # 중심화와 척도화 수행
> preProcValues <- preProcess(training, method = c("center", "scale"))
> trainTransformed <- predict(preProcValues, training)
> testTransformed <- predict(preProcValues, test)
```

참고로, preProcess( ) 함수에서 method= "ranges" 옵션은 0과 1 사이의 값으로 데이터를 변환해 준다.

(b) 박스-콕스 변환

preprocess( ) 함수에서 method="BoxCox" 옵션은 예측변수에 대한 박스-콕스 변환(Box-Cox transformation)의 차수를 추정해 준다(데이터가 영보다 큰 경우에 한함).

예제 4

([예제 3]의 계속) 예측변수에 대해 박스-콕스 변환을 수행한다.

```
> # 박스-콕스 변환 수행
> preProcValues2 <- preProcess(training, method = "BoxCox")
> trainBC <- predict(preProcValues2, training)
> testBC <- predict(preProcValues2, test)
> preProcValues2
Created from 264 samples and 31 variables

Pre-processing:
  - Box-Cox transformation (31)
  - ignored (0)

Lambda estimates for Box-Cox transformation:
   Min. 1st Qu.  Median    Mean 3rd Qu.    Max.
-2.0000 -0.2000  0.4000  0.4323  1.5500  2.0000
```

NA 값은 변환될 수 없는 예측인자에 해당한다. 이 변환은 데이터가 0보다 커야 한다. 두 가지 유사한 변형으로, Yeo-Johnson과 Manly(1976)의 지수변환이 preProcess( ) 함수에 사용될 수 있다.

참고

R에서 박스-콕스 변환을 수행하는 함수에는 boxcox{MASS}, bcPower{car}, powerTransform{car} 등이 있다. 이에 대해서는 나종화(2016)의 2권을 참고하기 바란다.

2.2.4* 기타 전처리 방법

이 절에서는 데이터 전처리의 기타 주제를 다룬다. 다루어질 내용은 범주형 자료의 처리를 위한 더미변수의 생성, 자료의 열들 간의 선형 종속성 관계 파악, 결측값 대치, 새로운 예측변수 생성을 위한 군집거리 계산 등을 소개한다.

(a) 더미변수 생성

{caret}의 dummyVars( ) 함수는 하나 이상의 요인(factor)으로부터 완전한 더미변수 집합을 생성해준다. 이 함수는 모형식과 데이터 셋을 이용하여 생성된 객체에 predict( ) 함수를 적용하여 더미변수를 만든다.

예제 5

etitanic{earth} 자료는 두 개의 요인 pclass(1st, 2nd, 3rd)와 sex(female, male)를 포함한다. 이 자료에 대해 dummyVar( )과 model.matrix{stats} 함수를 이용하여 더미변수를 생성한다.

```
> library(earth)
> data(etitanic)
> str(etitanic)
'data.frame':   1046 obs. of  6 variables:
 $ pclass  : Factor w/ 3 levels "1st","2nd","3rd": 1 1 1 1 1 1 1 1 1 1 ...
 $ survived: int  1 1 0 0 0 1 1 0 1 0 ...
 $ sex     : Factor w/ 2 levels "female","male": 1 2 1 2 1 2 1 2 1 2 ...
 $ age     : num  29 0.917 2 30 25 ...
 $ sibsp   : int  0 1 1 1 1 0 1 0 2 0 ...
 $ parch   : int  0 2 2 2 2 0 0 0 0 0 ...
```

```
> # model.matrix{stats} 함수 이용
> head(model.matrix(survived ~ ., data = etitanic))
  (Intercept) pclass2nd pclass3rd sexmale     age sibsp parch
1           1         0         0       0 29.0000     0     0
2           1         0         0       1  0.9167     1     2
3           1         0         0       0  2.0000     1     2
4           1         0         0       1 30.0000     1     2
5           1         0         0       0 25.0000     1     2
6           1         0         0       1 48.0000     0     0

> # dummyVar() 함수 이용
> dummy.1 <- dummyVars(survived ~ ., data = etitanic)
> head(predict(dummy.1, newdata = etitanic))
  pclass.1st pclass.2nd pclass.3rd sex.female sex.male     age sibsp parch
1          1          0          0          1        0 29.0000     0     0
2          1          0          0          0        1  0.9167     1     2
3          1          0          0          1        0  2.0000     1     2
4          1          0          0          0        1 30.0000     1     2
5          1          0          0          1        0 25.0000     1     2
6          1          0          0          0        1 48.0000     0     0
```

[유의] 위 결과는 절편은 없으며 각 요인은 각 수준에 대해 더미변수를 가지므로, 이러한 더미변수는 lm( )을 비롯한 일부 모형함수에 유용하지 않을 수 있음에 유의하기 바란다.

(b) 선형종속성

{caret}의 findLinearCombos( ) 함수는 행렬의 QR 분해를 사용하여 선형결합의 집합을 열거한다(존재하는 경우).

예제 6

아래와 같이 각 열이 0 또는 1의 값으로 채워진 자료에 대해 선형종속성을 가지는 열을 찾는다.

```
> # 자료생성
> ltfrDesign <- matrix(0, nrow = 6, ncol = 6)
> ltfrDesign[, 1] <- c(1, 1, 1, 1, 1, 1)
> ltfrDesign[, 2] <- c(1, 1, 1, 0, 0, 0)
> ltfrDesign[, 3] <- c(0, 0, 0, 1, 1, 1)
> ltfrDesign[, 4] <- c(1, 0, 0, 1, 0, 0)
> ltfrDesign[, 5] <- c(0, 1, 0, 0, 1, 0)
> ltfrDesign[, 6] <- c(0, 0, 1, 0, 0, 1)
```

이 자료는 열들 간에 선형독립성이 성립하지 않는다. 예를 들어, 2열과 3열의 합은 1열과 같고, 4, 5, 6열의 합은 1열과 같아짐을 알 수 있다. findLinearCombos( ) 함수는 이러한 종속성을 열거해 준다. 또한 findLinearCombos( ) 함수는 선형종속성을 없애기 위해 제거할 열 위치의 벡터를 제공해 준다.

```
> comboInfo <- findLinearCombos(ltfrDesign)
> comboInfo
$linearCombos
$linearCombos[[1]]
[1] 3 1 2

$linearCombos[[2]]
[1] 6 1 4 5
$remove
[1] 3 6

> ltfrDesign[, -comboInfo$remove]
     [,1] [,2] [,3] [,4]
[1,]    1    1    1    0
[2,]    1    1    0    1
[3,]    1    1    0    0
[4,]    1    0    1    0
[5,]    1    0    0    1
[6,]    1    0    0    0
```

(c) 결측값 대치

preProcess( ) 함수는 훈련용 자료에서의 정보만을 기반으로 데이터 셋의 결측값을 대치(impute)하는 데 사용할 수 있다. 이를 수행하는 한 가지 방법은 k-근접 이웃을 이용하는 것이다. 임의의 하나의 표본에 대해, k개의 가장 가까운 이웃을 훈련용 자료에서 발견하고, 이들 값(예를 들어, 평균)을 이용하여 예측변수의 결측값을 대치한다. 이 접근법을 사용하면 method= 인자가 무엇이든 관계없이 자동적으로 preProcess( )가 데이터의 중심화와 척도화를 수행하게 된다. 대안으로, 배깅(bagged) 트리 모형이 대치에 사용될 수 있다. 데이터의 각 예측변수에 대해, 훈련용 자료의 다른 모든 예측변수를 사용하여 배깅 트리가 만들어진다. 새로운 표본이 결측 예측값을 가질 때, 이 값을 예측하는 데 배깅 모형이 사용된다. 이론적으로 이것은 더 강력한 대치 방법이지만 계산 비용은 근접 이웃 기법보다 훨씬 높다.

예제 7

airquality 자료의 결측값을 k-인접이웃 방법으로 대치한다. preProcess( ) 함수가 값을 돌려주지는 않는다. 대치된 값을 확인하고자 할 때는 predict( ) 함수를 사용한다(이때 {RANN} 패키지가 필요함).

```
> library(caret)
> data(airquality); summary(airquality)     # summary(): 결측값의 개수를 확인
> imp.1 <- preProcess(airquality, method=c("knnImpute"))
> library(RANN)
> imp.2 <- predict(imp.1, airquality); summary(imp.2)
```

[참고] preProcess{caret} 함수는 요인 객체에 대한 결측값 대치를 아직 지원하지 않는다. R에서는 요인 객체를 포함하여 결측값 대치를 지원하는 다양한 패키지가 있다. 이에 대한 자세한 활용은 나종화(2017)의 3권 2장을 참고하기 바란다. 다만 preProcess( ) 함수는 다양한 분석을 지원하는 {caret} 패키지와 결합되어 (대용량 자료를 처리하는) 데이터마이닝 분석에서 편리한 측면이 있다.

(d) 군집거리 계산

{caret} 패키지에는 군집중심까지의 거리를 기반으로 새로운 예측변수를 생성하는 함수가 포함되어 있다(선형판별분석 방법과 유사). 요인변수의 각 수준에 대해 군집의 중심과 공분산행렬이 계산된다. 새로운 표본에 대해, 각 군집중심까지의 마할라노비스 거리가 계산되고 이 값은 추가 예측변수로 사용될 수 있다(결정 경계의 참값이 실제 선형일 때 비선형모형에 대해 유용할 수 있다).

표본보다 군집 내에 예측변수가 더 많은 경우, classDist( ) 함수는 pca= 와 keep= 옵션을 통해 각 군집 내에서 주성분분석이 가능하도록 하여, 특이(singular) 공분산행렬 문제를 해결한다.

predict.classDist( ) 함수는 군집거리를 생성하는 데 사용된다. 디폴트로 거리가 기록되지만 predict.classDist의 trans= 옵션을 통해 변경할 수 있다.

예제 8

iris 자료에 대해 군집거리 계산을 수행한다. 훈련용 자료에서 계산된 결과(중심과 공분산행렬)를 검증용 자료에 대해 적용하여 거리를 계산한다.

```
> # 훈련용 자료로부터 군집중심과 공분산행렬 계산
> trainSet <- sample(1:150, 100)
> distData <- classDist(iris[trainSet, 1:4], iris$Species[trainSet])
> distData$values
$setosa
$setosa$means
```

```
Sepal.Length  Sepal.Width Petal.Length  Petal.Width
   4.9682927    3.4121951    1.4512195    0.2463415

$setosa$A
             Sepal.Length  Sepal.Width Petal.Length Petal.Width
Sepal.Length    19.200711 -11.86012929  -1.59842385  -7.4263596
Sepal.Width    -11.860129  13.94635609   0.01871781   0.5196262
Petal.Length    -1.598424   0.01871781  38.55336083 -18.8187399
Petal.Width     -7.426360   0.51962616 -18.81873988  95.5437185
... (생략)
```

(해석) Setosa 그룹에 속하는 자료들의 평균과 공분산행렬을 계산한 결과이다.

```
> # 제외된(검증용) 자료에 대해 군집중심까지의 마할라노비스 거리 계산
> newDist <- predict(distData, iris[-trainSet, 1:4])
> newDist
    dist.setosa dist.versicolor dist.virginica
6     1.3503799       5.0292664     5.02013231
11    0.8691851       5.0645744     5.11572643
19    1.8969447       5.0655339     5.10526027
...
148   6.3827146       2.5365787     0.44342511
150   6.2645486       2.2601476     1.05286720

> # 제외된 자료에 대한 군집거리의 산점도행렬
> splom(newDist, groups = iris$Species[-trainSet],
                  auto.key=list(columns=3))
```

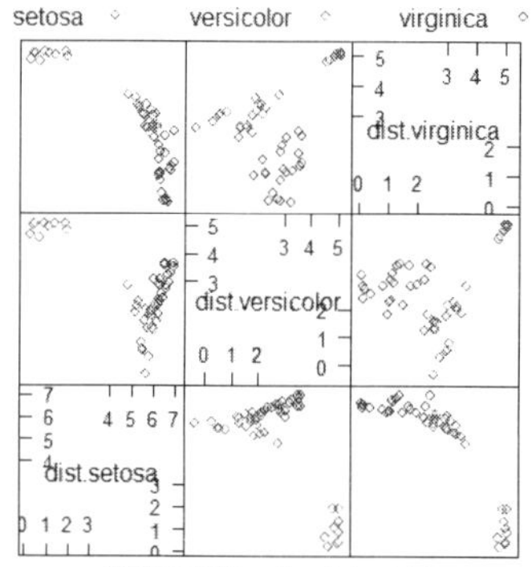

산점도 행렬(scatter plot matrix)

2.3 모형평가

2.3.1 최적의 부분 회귀모형의 선택 기준

최적의 부분 회귀모형(best subset regression)의 선택은 예측변수들의 모든 가능한 부분집합을 예측변수로 하는 회귀모형(all possible subset regression)을 적합하고, 이 가운데 아래의 기준에 가장 잘 부합하는 모형을 찾는 방법이다.

○ 결정계수: $R^2 = \dfrac{SSR}{SST} = 1 - \dfrac{SSE}{SST}$.

○ 수정결정계수: $R_a^2 = 1 - \left(\dfrac{n-1}{n-p}\right)\dfrac{SSE}{SST}$.

○ 평균제곱오차: $MSE = \dfrac{SSE}{n-p} = \dfrac{\sum (y_i - \hat{y}_i)^2}{n-p}$.

○ Mallow's C_p: $C_p = p + \dfrac{(MSE - \widehat{\sigma^2})(n-p)}{\widehat{\sigma^2}} = \dfrac{SSE}{\widehat{\sigma^2}} + 2p - n$.

위 식에서 $p, SSE, \widehat{\sigma^2}$ 은 다음과 같이 정의된다.

- p=모수의 수(절편항 포함).
- SSE=p개의 예측변수로 적합한 모형의 오차제곱합.
- $\widehat{\sigma^2}$=모든 예측변수를 포함한 적합모형의 평균제곱오차.

위의 기준에 따른 변수선택은 다음의 절차를 따른다.

(i) 결정계수는 p에 대해 증가함수이다. 따라서 (모형의 단순성을 위해) 증가가 둔화되는 시점의 p를 선택한다.
(ii) 수정결정계수는 결정계수의 단점을 보완하여 설명력이 약한 예측변수가 추가될 때는 오히려 감소한다. 따라서 가장 큰 값을 가지는 p를 선택한다.
(iii) 평균제곱오차가 최소가 되는 p를 선택한다. 수정결정계수의 결과와 동일하다.
(iv) C_p의 값이 p와 가장 가까운 값을 가지는 p를 선택한다.

2.3.2 정보기준과 PRESS

(a) 정보기준

회귀모형의 비교를 위해 다음의 여러 가지 정보기준(information criterion) 통계량이 사용된다. 몇몇 데이터 분석가들은 이들 정보기준이 C_p 통계량보다 더 현실적인 방법으로 생각한다. 그 이유는 C_p가 실제보다 모형 간에 더 큰 차이가 있는 것처럼 보이게 하는 경향 때문이다.

○ Akaike's 정보기준:

$$AIC = n\ln\left(\frac{SSE}{n}\right) + 2p.$$

○ Bayesian 정보기준(or Schwartz's Bayesian Criterion):

$$BIC = n\ln\left(\frac{SSE}{n}\right) + p\ln(n).$$

○ Amemiya's 예측기준(Prediction Criterion):

$$APC = \frac{n+p}{n(n-p)}SSE.$$

위 식에서 n은 표본의 크기이며 p(절편항을 포함한 모수의 수)와 SSE의 정의는 위와 동일하다.

위에서 정의된 정보기준을 사용하여 모형을 평가하는 방법은 다음과 같다.
세 종류의 정보기준은 모두 작은 값을 가질수록 우수하다. BIC는 AIC에 비해 모수의 수에 더 큰 벌점(penalty)을 부여하므로, 좀 더 단순한 모형을 선호하게 된다. 이는 AIC 기준이 과대적합의 경향이 있다는 일부 비판에 대한 보완으로 생각될 수 있다.

(b) 예측제곱합(PRESS: prediction sum of squares)

PRESS는 모형의 예측력을 통해 평가하는 방법이다. 아래의 정의에서 $\hat{y}_{i(i)}$은 i-번째 자료를 제외하고 적합한 모형으로부터 i-번째 값을 추정한 것이다. PRESS 값이 작을수록 예측력이 우수하다고 할 수 있다.

○ $PRESS = \sum_{i=1}^{n}(y_i - \hat{y}_{i(i)})^2$.

(c) 예측결정계수(predicted R^2)

예측결정계수는 PRESS를 통해 다음과 같이 정의된다. 이 값은 PRESS보다 더 직관적으로 해석될 수 있다. PRESS와 더불어 데이터 셋을 훈련용과 검증용으로 별도로 나누지 않고 모형의 예측력을 비교할 수 있어 유용하다.

○ $R^2_{pred} = 1 - \dfrac{PRESS}{SST}$. (이 값이 영보다 작을 때는 영으로 간주함)

PRESS와 예측결정계수는 모형추정에 포함되지 않은 자료를 이용하여 계산되므로 과적합(overfitting)을 방지하는 데 도움이 된다. 과적합은 모형적합에 사용된 데이터에 대해서는 우수한 적합을 제공하지만, 새로운 관측값에 대해서는 유용한 적합을 보이지 못하는 것을 의미한다.

2.3.3 교차타당법

교차타당법(cross-validation method)은 데이터 셋을 모형구축에 사용될 훈련용 셋(training set)과 예측력 평가에 사용될 평가용 셋(validation or prediction set)으로 나누어 모형을 평가하는 방법이다. 데이터 양이 충분히 많은 경우에는 두 데이터 셋의 비율을 50% : 50%로 랜덤하게 나누어 적용한다.

○ $K-$중첩(fold) 교차타당법:

데이터의 양이 충분치 않은 경우에는 전체 데이터 셋을 (동일한 크기의) K 조각으로 나누고, 이 가운데 한 조각을 제외한 나머지 $(K-1)$ 조각으로 모형을 구축한 뒤, 남겨둔 한 조각에 대해 예측을 수행한다. 남겨지는 조각을 바꾸어 가며 이 절차를 K번 반복한다. 각 조각에 대한 제곱 예측오차를 더하여 교차타당법의 측도로 사용한다.

○ LOO(Leave-one-out) 교차타당법:

K-중첩 교차타당법에서 $K=n$인 경우에 해당한다. 즉, 한 개의 데이터만 남기고 모형을 구축한 후 남겨진 한 개를 추정하는 과정을 반복한다. 계산량이 다소 많아질 수 있다. LOO 교차타당법을 이용한 예측오차의 추정치는 PRESS와 동일하다.

2.3.4 데이터마이닝에서의 모형 평가

대용량의 자료를 다루는 데이터마이닝에서 예측(분류)모형에 대한 평가는 보통 훈련용(training) 자료에 의해 구축된 모형을 검증용(test) 자료에 대해 적용하여 평가한다. 모형평가에 사용되는 측도로는 범주형 반응변수에 대해서는 정오분류표(confusion matrix)에 기반한 여러 가지 측도

(정분류율, 민감도, 특이도)들이 사용되며, 연속형 반응변수에 대해서는 평균절대오차, 평균제곱오차 등이 사용된다.

(a) 이진 반응변수의 경우

이들 가운데 정오분류표는 예측결과가 두 개의 집단(C_1, C_2)으로 주어지는 경우 [표 2.1]의 형태로 주어진다.

[표 2.1] 정오분류표

		예측집단	
		C_1	C_2
실제집단	C_1	f_{11}(true positive)	f_{12}(false negative)
	C_2	f_{21}(false positive)	f_{22}(true negative)

위의 표로부터 전체 자료 수를 n이라고 할 때, 정분류율, 민감도, 특이도는 다음과 같이 정의된다.

○ 정분류율(correct classification rate) 또는 정확도(accuracy): 전체에서 정확히 예측한 비율

$$\frac{f_{11}+f_{22}}{n}.$$

○ 민감도(sensitivity): 실제 참(true)인 것을 참(true)으로 제대로 분류한 비율

$$\frac{f_{11}}{f_{11}+f_{12}}.$$

○ 특이도(specificity): 실제 거짓(false)인 것을 거짓(false)으로 제대로 분류한 비율

$$\frac{f_{22}}{f_{21}+f_{22}}.$$

또한, 정분류율은 다음과 같이 민감도와 특이도의 가중합으로 표현될 수 있다.

$$\text{정분류율} = \frac{f_{11}+f_{12}}{n}\times(\text{민감도}) + \frac{f_{21}+f_{22}}{n}\times(\text{특이도}).$$

참고 정밀도와 재현율

다음의 이진 분류의 결과로부터, TP를 중심으로 하는 모형의 성능을 나타내는 척도를 소개한다.

예측 \ 실제	1(발생)	0(미발생)
1(발생)	TP	FN
0(미발생)	FP	TN

o 정밀도(Precision) = $\frac{TP}{TP+FP}$, 재현율(Recall) = $\frac{TP}{TP+FN}$

(의미) 정밀도는 예측1의 결과가 얼마나 정확한지, 즉 예측1의 결과 중 실제 발생의 비율이 얼마나 포함되어 있는지를 나타낸다. 재현율(Recall)은 실제 발생을 빠뜨리지 않고 잘 예측하는 지를 나타낸다(실제, 민감도와 동일함).

o F1 점수(F1 Score) = $\left(\frac{\frac{1}{Precision}+\frac{1}{Recall}}{2}\right)^{-1} = \frac{2 \cdot Precision \cdot Recall}{Precision + Recall}$

(의미) F1 점수(또는 F1 측도)는 정밀도와 재현율을 하나로 통합한 측도로 그들의 조화평균으로 정의된다. F1 점수는 Precision과 Recall의 가중을 동일하게(1/2로) 주는 반면, 가중을 다르게 부여하는 F0.5(Precision:Recall=8:2) 또는 F2 측도(Precision:Recall=2:8)를 사용하기도 한다.

(b) 연속형 반응변수의 경우

연속형 예측값에 대해 적용되는 평균절대오차, 평균제곱오차, 평균절대백분위오차는 다음과 같이 정의된다. 실제값을 y_i, 예측값을 $\hat{y}_i$라고 하자.

○ 평균절대오차(Mean Absolute Error):

$$MAE = \frac{1}{n}\sum_{i=1}^{n}|y_i - \hat{y}_i|.$$

○ 평균제곱오차(Mean Squared Error):

$$MSE = \frac{1}{n}\sum_{i=1}^{n}(y_i - \hat{y}_i)^2.$$

○ 평균절대백분위오차(Mean Absolute Percentage Error):

$$MAPE = \frac{1}{n}\sum_{i=1}^{n}\frac{|y_i - \hat{y}_i|}{y_i} \times 100.$$

(c) 모형선택을 위한 비교 방법

모형선택을 위한 여러 가지 예측모형 간의 비교 방법에는 신뢰구간(또는 검정)을 이용하는 방법, ROC(Receiver Operating Characteristic) 곡선을 이용하는 방법이 있다.

신뢰구간을 이용하는 방법은 두 개의 예측모형 간의 비교에 사용된다. 예를 들어, 각 모형에 대해 k-중첩 교차타당법을 수행한 후 평균오차율을 추정하고, 이를 이용하여 오차율의 차이에 대한 신뢰구간을 구하여 비교하는 방법이다.

ROC 곡선은 로지스틱 회귀 또는 베이즈 분류의 사후확률처럼 연속형의 값으로 주어질 때 유용하다. 즉, 검증용 자료에 대해 예측값을 내림차순으로 정렬한 뒤, 분류를 위해 기준값을 선택하면 정오분류표를 얻게 된다. ROC 곡선은 기준값을 0 → 1로 변화시키면서 해당 정오분류표로부터 (1-특이도)와 민감도의 값을 구하고, 이 값을 각각 x, y 좌표상에 연결하여 그린 것이다.

다음의 [그림 2.1]은 예측모형에 대한 ROC 곡선의 예이다. 그림 (a)는 한 개의 예측모형에 대해 분류기준값(그래프 내의 숫자)의 변화에 따른 ROC 곡선이며, 그림 (b)는 여러 개의 모형에 대해 그린 것이다. 그림 (b)는 여러 예측모형의 비교에 사용될 수 있으며, 곡선 아래쪽의 면적[이 값을 c-통계량 또는 AUC(area under the ROC curve)라고 함]이 클수록 모형의 성능이 평균적으로 우수함을 나타낸다.

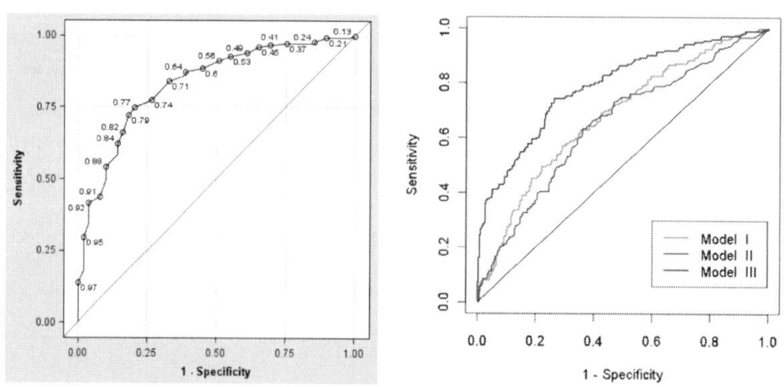

(a) 분류기준값에 따른 ROC 곡선 (b) ROC 곡선을 통한 모형비교

[그림 2.1] ROC 곡선을 통한 모형 평가

데이터마이닝에서 예측모형에 대한 평가 방법으로 검증용 자료에 기반한 모형 평가[이를 예비법(holdout method)이라고 함] 외에 예측모형(또는 분류기)을 평가하는 일반적인 방법으로 교차타당법, 붓스트랩(bootstrap) 방법 등이 있다.

2부

지도학습

3장 로지스틱 회귀

3.1 서론

로지스틱 회귀(logistic regression)모형은 반응변수가 범주형인 경우에 적용되는 회귀분석모형이다. 이 방법은 새로운 설명변수(또는 예측변수)의 값이 주어질 때 반응변수의 각 범주(또는 집단)에 속할 확률이 얼마인지를 추정해 주며(예측모형), 추정확률의 기준치에 따라 분류의 목적으로 사용될 수도 있다(분류모형). 이때 모형의 적합을 통해 추정된 확률을 사후확률(posterior probability)이라고도 한다.

이 장에서는 반응변수의 범주가 이진형(binary)인 경우만을 다루기로 한다. 반응변수의 범주가 3개 이상인 경우(다범주 로짓모형)와 순서적인 경우(순서형 로지스틱 회귀)에 대해서는 나종화(2017)의 3권을 참고하기 바란다.

3.2 로지스틱 회귀

이진반응변수 Y에 대해, 다중(multiple) 로지스틱 회귀모형의 일반적 형태는 다음과 같다.

$$\log\left(\frac{\pi(x)}{1-\pi(x)}\right) = \alpha + \beta_1 x_1 + \cdots + \beta_k x_k.$$

위 식에서 $\pi(x) = P(Y=1\,|\,x)$, $x = (x_1, \cdots, x_k)$ 을 나타낸다.

로지스틱 회귀모형은 오즈(odds)의 관점에서 해석될 수 있다는 장점을 가진다. 예를 들어, $\exp(\beta_1)$의 의미는 나머지 변수($x_2, \cdots, x_k$)가 주어질 때 x_1이 한 단위 증가할 때마다 성공 $(Y=1)$의 오즈가 몇 배 증가하는지를 나타내는 값이다.

위 모형은 다음과 같이 $\pi(x)$에 관한 식으로 재표현될 수 있다.

$$\pi(x) = \frac{\exp(\alpha+\beta_1 x_1 + \cdots + \beta_k x_k)}{1+\exp(\alpha+\beta_1 x_1 + \cdots + \beta_k x_k)}$$

$$= \frac{1}{1+\exp\{-(\alpha+\beta_1 x_1 + \cdots + \beta_k x_k)\}}.$$

다음의 [그림 3.1]은 예측변수가 1개인 경우와 2개인 경우에 대해 로지스틱 회귀를 적합한 결과를 보여 준다.

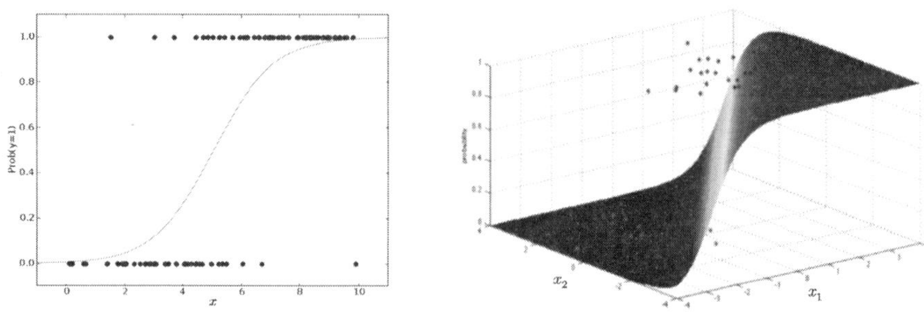

(a) 예측변수가 1개인 경우 (b) 예측변수가 2개인 경우

[그림 3.1] 로지스틱 회귀의 적합 결과

위 식에 대한 의미를 두 가지 관점에서 해석해 보자.

첫째, 위 식의 형태는 소위 다중 로지스틱 함수에 해당되며, 그래프의 형태는 설명변수가 한 개(x_1)인 경우 해당 회귀계수 β_1의 부호에 따라 S자 모양($\beta_1 > 0$) 또는 역 S자 모양($\beta_1 < 0$)을 가진다.

둘째, 위 식은 표준 로지스틱 분포의 누적분포함수(c.d.f.)를 $F(x)$라고 할 때

$$\pi(x) = F(\alpha+\beta_1 x_1 + \cdots + \beta_k x_k)$$

과 동일한 표현이며, 그 의미는 표준 로지스틱 분포의 누적분포함수로 성공의 확률을 설명(또는 추정)한다는 의미이다.

로지스틱 회귀모형과 유사한 프로빗(probit) 모형은 위 식에서 $F(\cdot)$ 대신 표준정규분포의 누적함수 $\Phi(\cdot)$로 성공의 확률을 모형화한 것이다. 즉, 프로빗 모형은 다음과 같이

$$\Phi^{-1}(\pi(x)) = \alpha+\beta_1 x_1 + \cdots + \beta_k x_k$$

으로 표현된다.

로지스틱 회귀가 분류의 목적으로 사용될 경우에는 $\pi(x)$가 기준값(예를 들어, 1/2)보다 크면 $Y=1$인 집단으로, 작으면 $Y=0$인 집단으로 분류하게 된다. 분류 기준값의 결정은 사전정보 또는 손실함수를 이용하거나 (정분류율, 민감도, 특이도)를 동시에 고려하는 등의 다양한 방법이 사용된다.

다음의 [예제 1]은 예측변수가 1개인 단순 로지스틱 회귀모형을 적합한다. R에서 로지스틱 회귀모형의 적합은 glm( ) 함수를 이용한다.

예제 1

반응변수의 범주가 2개인 로지스틱 회귀를 적용하기 위해 iris 자료의 일부분만 이용하기로 한다. Species가 setosa와 versicolor인 100개의 자료만을 이용한다.

```
> data(iris)
> a <- subset(iris, Species == "setosa" | Species == "versicolor")
> a$Species <- factor(a$Species )
> str(a)
'data.frame':   100 obs. of  5 variables:
 $ Sepal.Length: num  5.1 4.9 4.7 4.6 5 5.4 4.6 5 4.4 4.9 ...
 $ Sepal.Width : num  3.5 3 3.2 3.1 3.6 3.9 3.4 3.4 2.9 3.1 ...
 $ Petal.Length: num  1.4 1.4 1.3 1.5 1.4 1.7 1.4 1.5 1.4 1.5 ...
 $ Petal.Width : num  0.2 0.2 0.2 0.2 0.2 0.4 0.3 0.2 0.2 0.1 ...
 $ Species     : Factor w/ 2 levels "setosa","versicolor": 1 1 1 1 1 1 1 1 1 1 ...
```

위 결과에서 Species는 Factor형 변수로 setosa는 Y=1, versicolor는 Y=2로 인식하고 있음을 나타낸다. 이 자료에 대해 로지스틱 회귀가 적용될 때, 보다 큰 숫자인 versicolor일 오즈를 모형화하므로 해석에 유의할 필요가 있다.

glm( ) 함수를 이용하여 로지스틱 회귀모형을 적합한다. 이때 family= binomial 옵션을 사용한다.

```
> b <- glm(Species~Sepal.Length, data=a, family=binomial)
```

summary( ) 함수를 통해 그 결과를 확인할 수 있다.

```
> summary(b)

Call:
glm(formula = Species ~ Sepal.Length, family = binomial, data = a)

Deviance Residuals:
     Min        1Q    Median        3Q       Max
-2.05501  -0.47395  -0.02829   0.39788   2.32915
```

```
Coefficients:
             Estimate Std. Error z value Pr(>|z|)
(Intercept)   -27.831      5.434  -5.122 3.02e-07 ***
Sepal.Length    5.140      1.007   5.107 3.28e-07 ***
---
Signif. codes:  0 '***' 0.001 '**' 0.01 '*' 0.05 '.' 0.1 ' ' 1

(Dispersion parameter for binomial family taken to be 1)

    Null deviance: 138.629  on 99  degrees of freedom
Residual deviance:  64.211  on 98  degrees of freedom
AIC: 68.211

Number of Fisher Scoring iterations: 6
```

(해석) 회귀계수의 검정에서 p-값이 거의 영(0)이므로 Sepal.Length가 매우 유의한 변수이며, Sepal.Length가 한 단위 증가함에 따라 versicolor(Y=2)일 오즈가 exp(5.140) $\approx$ 170배 증가함을 알 수 있다. 위 결과의 마지막 부분에 제시된 Null deviance는 절편만 포함하는 모형($H_0 : \beta = 0$하의 모형)의 완전모형(또는 포화모형)으로부터의 이탈도(deviance)를 나타내며 p-값$= P(\chi^2(99) > 138.629) \approx$ 0.005으로 통계적으로 유의하므로 적합결여를 나타낸다. Residual deviance는 예측변수 Sepal.Length가 추가된 적합모형의 이탈도를 나타낸다. Null deviance에 비해 자유도 1 기준에 이탈도의 감소가 74.4 정도의 큰 감소를 보이며, p-값$= P(\chi^2(98) > 64.211) \approx$ 0.997이므로 귀무가설(적합모형)이 기각되지 않으며 적합값이 관측된 자료를 잘 적합하고 있다고 말할 수 있다. 이탈도(deviance)에 대해서는 33쪽을 참고하기 바란다.

```
> coef(b)
 (Intercept) Sepal.Length
  -27.831451     5.140336

> exp(coef(b)["Sepal.Length"])
Sepal.Length
    170.7732
```

회귀계수 β와 오즈의 증가량 $\exp(\beta)$에 대한 신뢰구간은 다음과 같다.

```
> confint(b, parm = "Sepal.Length")
Waiting for profiling to be done...
   2.5 %   97.5 %
3.421613 7.415508

> exp(confint(b, parm = "Sepal.Length"))
Waiting for profiling to be done...
   2.5 %     97.5 %
  30.61878 1661.55385
```

fitted() 함수를 통해 적합결과를 확인할 수 있다.

```
> fitted(b)[c(1:5, 96:100)]     # p̂(y=2): versicolor일 확률의 추정값
         1          2          3          4          5         96         97
0.16579367 0.06637193 0.02479825 0.01498061 0.10623680 0.81282396 0.81282396
        98         99        100
0.98268360 0.16579367 0.81282396
```

predict( ) 함수를 이용하여 새로운 자료에 대한 예측을 수행한다. 여기서는 편의상 모형구축에 사용된 자료를 다시 사용한다.

```
> predict(b, newdata=a [c(1, 50, 51, 100), ], type="response" )
        1        50        51       100
0.1657937 0.1062368 0.9997116 0.8128240
```

cdplot( ) 함수는 Sepal.Length(연속형 변수)의 변화에 따른 범주형 변수의 조건부분포를 보여 준다. 아래의 그림은 Sepal.Length가 커짐에 따라 versicolor의 확률이 증가함을 보여 준다. 이 함수는 로지스틱 회귀의 탐색적 분석에 유용하다.

```
> cdplot(Species~Sepal.Length, data=a)
```

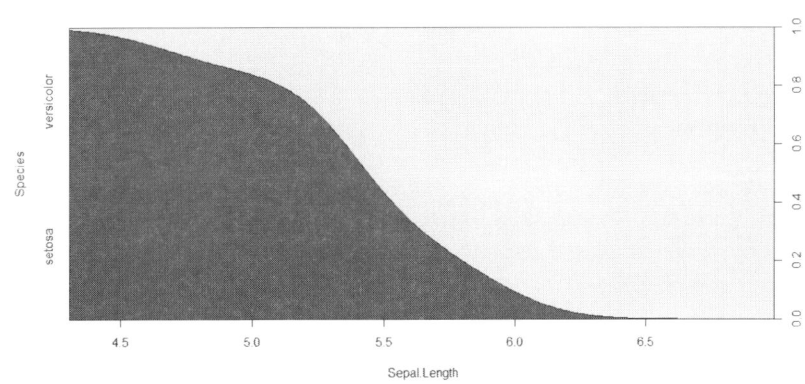

적합된 로지스틱 회귀모형의 그래프는 다음과 같다.

```
> plot(a$Sepal.Length, a$Species, xlab="Sepal.Length")
> x=seq(min(a$Sepal.Length), max(a$Sepal.Length), 0.1)
> lines(x, 1+(1/(1+(1/exp(-27.831+5.140*x)))), type="l", col="red")
```

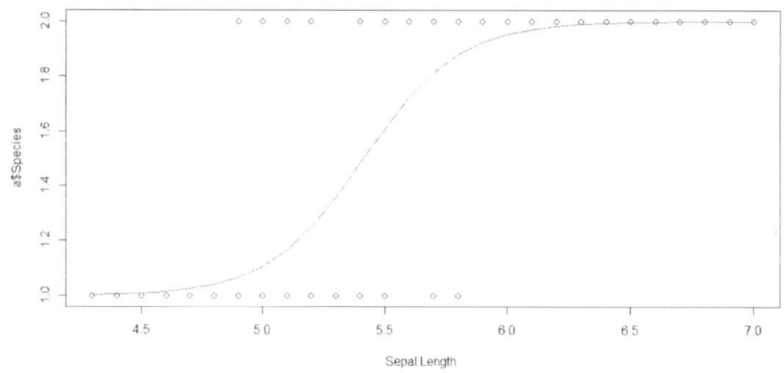

다음의 [예제 2]는 예측변수가 여러 개인 다중 로지스틱 회귀모형을 적합한다.

예제 2

분석에 사용되는 자료는 1973~1974년도에 생산된 32 종류의 자동차에 대해 11개의 변수를 측정한 자료이다.

```
> attach(mtcars)
> str(mtcars)
'data.frame':   32 obs. of  11 variables:
 $ mpg : num  21 21 22.8 21.4 18.7 18.1 14.3 24.4 22.8 19.2 ...
 $ cyl : num  6 6 4 6 8 6 8 4 4 6 ...
 $ disp: num  160 160 108 258 360 ...
 $ hp  : num  110 110 93 110 175 105 245 62 95 123 ...
 $ drat: num  3.9 3.9 3.85 3.08 3.15 2.76 3.21 3.69 3.92 3.92 ...
 $ wt  : num  2.62 2.88 2.32 3.21 3.44 ...
 $ qsec: num  16.5 17 18.6 19.4 17 ...
 $ vs  : num  0 0 1 1 0 1 0 1 1 1 ...
 $ am  : num  1 1 1 0 0 0 0 0 0 0 ...
 $ gear: num  4 4 4 3 3 3 3 4 4 4 ...
 $ carb: num  4 4 1 1 2 1 4 2 2 4 ...
```

이항변수 vs(0:flat engine, 1:straight engine)를 반응변수로, mpg(miles/gallon)와 am(Transmission: 0=automatic, 1: manual)을 예측변수로 하는 로지스틱 회귀모형을 적합하면 다음과 같다. 아래 glm( ) 함수의 적용 시 family=binomial은 family=binomial(logit)과 동일하다.

```
> glm.vs <- glm(vs~mpg+am, data=mtcars, family=binomial)
> summary(glm.vs)
```

```
Call:
glm(formula = vs ~ mpg + am, family = binomial, data = mtcars)

Deviance Residuals:
     Min        1Q    Median        3Q       Max
-2.05888  -0.44544  -0.08765   0.33335   1.68405

Coefficients:
            Estimate Std. Error z value Pr(>|z|)
(Intercept) -12.7051     4.6252  -2.747  0.00602 **
mpg           0.6809     0.2524   2.698  0.00697 **
am           -3.0073     1.5995  -1.880  0.06009 .
---
Signif. codes:  0 '***' 0.001 '**' 0.01 '*' 0.05 '.' 0.1 ' ' 1

(Dispersion parameter for binomial family taken to be 1)

    Null deviance: 43.860  on 31  degrees of freedom
Residual deviance: 20.646  on 29  degrees of freedom
AIC: 26.646

Number of Fisher Scoring iterations: 6
```

다중 로지스틱에서 추정된 회귀계수 $\hat{\beta}_1$에 대한 해석은 다음과 같다. 다른 모든 변수들(여기서는 am)이 주어질 때, mpg 값이 한 단위 증가함에 따라 vs가 1일 오즈가 exp(0.6809) $\approx$ 1.98배(즉, 98%) 증가한다. 마찬가지로 mpg가 주어질 때 오즈에 대한 am의 효과는 exp(-3.0073) $\approx$ 0.05배, 즉 변속기가 수동인 경우 자동에 비해 vs=1의 오즈가 95%나 감소한다.

예측변수가 여러 개인 모형의 적합 시 변수선택법[1)]을 적용하기 위해서는 direction= 옵션을 사용한다. direction= 옵션에는 "both"(stepwise), "backward", "forward"가 있으며, 디폴트는 "backward"가 적용된다.

```
> step.vs <- step(glm.vs, direction="backward")
Start:  AIC=26.65
vs ~ mpg + am

       Df Deviance    AIC
<none>      20.646 26.646
- am    1   25.533 29.533
- mpg   1   42.953 46.953
```

1) 변수선택법(variable selection method)에 대해서는 33쪽을 참고하기 바란다.

아래의 summary( ) 함수를 수행한 결과는 위의 summary(glm.vs)의 결과와 동일하므로 생략하기로 한다.

```
> summary(step.vs)
```

glm( ) 함수의 수행결과는 많은 유용한 결과를 제공한다. 예를 들어 glm.vs$coef, glm.vs$fitted, glm.vs$ resid, glm.vs$effects 등이 있으며 ls( ), str( ) 함수를 통해 확인할 수 있다.

```
> ls(glm.vs)
> str(glm.vs)
```

아래의 anova( ) 함수는 모형의 적합(변수가 추가되는) 단계별로 이탈도의 감소량과 유의성검정 결과를 제시해 준다.

```
> anova(glm.vs, test="Chisq")
Analysis of Deviance Table

Model: binomial, link: logit

Response: vs

Terms added sequentially (first to last)


     Df Deviance Resid. Df Resid. Dev  Pr(>Chi)
NULL                    31     43.860
mpg   1   18.327        30     25.533 1.861e-05 ***
am    1    4.887        29     20.646   0.02706 *
---
Signif. codes:  0 '***' 0.001 '**' 0.01 '*' 0.05 '.' 0.1 ' ' 1
```

(해석) 위의 결과는 절편항만 포함하는 영(null) 모형에서 mpg와 am 변수가 차례로 모형에 추가됨에 따라 발생하는 이탈도의 감소량을 제시하며, p-값은 각각 $P(\chi^2(1) > 18.327)$과 $P(\chi^2(1) > 4.887)$을 계산한 값이다. 그 결과 두 변수가 차례로 추가되면서 생겨나는 이탈도의 감소량이 모두 통계적으로 유의함을 나타낸다.

```
> 1-pchisq(18.327, 1)
[1] 1.860515e-05

> 1-pchisq(4.887, 1)
[1] 0.02705967
```

로지스틱 회귀모형은 일반화선형모형(generalized linear model)의 특별한 경우로 로짓(logit) 모형이라고도 한다. 반응변수의 범주가 3개 이상인 경우에는 범주의 유형(명목형 또는 순서형)에 따라 다양한 다범주(multi-category) 로짓모형을 적합할 수 있다. 보다 자세한 내용은 나종화(2017)의 3권을 참고하기 바란다.

2부 지도학습

참고 일반화선형모형(GLM)에서의 이탈도(deviance)

R의 출력에서 Null Deviance와 Residual Deviance는 각각 절편모형과 제안모형의 완전모형으로부터의 이탈도를 나타내며 다음과 같이 정의된다.

LL=로그가능도
Null Deviance = 2{LL(포화모형)-LL(영모형)}, df=n-1
Residual Deviance = 2{LL(포화모형)-LL(제안모형)}, df=n-(p+1)

여기서 각 모형은 다음과 같다.

- 포화모형(Saturated Model)은 추정해야 할 모수의 수가 데이터의 수와 동일한 모형으로 완전 모형(Full Model)이라고도 함.
- 영모형(Null Model)은 절편항만 가지는 모형으로 추정할 모수가 1개임.
- 제안모형(Proposed Model)은 (p개의 모수+절편항)을 포함하는 모형으로, 추정할 모수가 (p+1) 개임.

Null Deviance와 Residual Deviance는 값이 작을수록 해당모형(영 또는 제안모형)이 자료를 잘 적합함을 의미한다. 이탈도에 기초한 구체적인 검정은 두 종류의 Deviance가 해당모형이 참일 때, 근사적으로 카이제곱분포를 따른다는 사실에 기초한다. 이때 자유도는 "(포화모형의 모수의 수) - (해당모형의 모수의 수)"이다.

또한, 영모형과 제안모형 간의 비교(검정)는 (Null Deviance - Proposed Deviance)가 근사적으로 자유도가 (n-1)-(n-p-1)=p인 카이제곱분포를 따른다는 사실에 기초한다.

참고 다중회귀에서의 변수선택법

전진선택법(forward selection method)은 절편항만 포함하는 가장 작은 모형에서 반응변수에 가장 큰 영향을 주는 설명변수를 차례로 모형에 포함시켜나가되 더 이상 의미 있는 변수가 없을 때 중단하는 방법이다.

후진제거법(backward elimination method)은 모든 설명변수를 포함하는 모형에서 기여도가 낮은 변수를 차례로 제거해 나가되 더 이상 제거할 변수가 없을 때 중단하는 방법이다.

단계별 선택법(stepwise selection method)은 전진선택법에서 한 번 선택된 변수는 다음 단계에서 제거될 기회를 갖지 못한다(후진제거법의 경우는 반대임). 단계별 선택법은 이러한 단점을 보완한 방법으로 먼저 선택된 변수도 다음 단계에서 제거될 수 있도록 변수선택의 단계마다 체크해 나가는 방법이다.

4장

의사결정나무

4.1 서론

의사결정나무(decision tree) 또는 나무모형(tree model)은 의사결정규칙을 나무 구조로 나타내어 전체 자료를 몇 개의 소집단으로 분류(classification)하거나 예측(prediction)을 수행하는 분석 방법이다. 상위노드로부터 하위노드로 트리구조를 형성하는 단계마다 분류변수와 분류 기준값의 선택이 중요하다. 상위노드에서의 (분류변수, 분류 기준값)은 이 기준에 의해 분기되는 하위노드에서 노드(집단) 내에서는 동질성이, 노드(집단) 간에는 이질성이 가장 커지도록 선택된다. 나무모형의 크기는 과대적합(또는 과소적합)되지 않도록 합리적 기준에 의해 적당히 조절되어야 한다.

의사결정나무분석은 시장조사, 광고조사, 의학연구, 품질관리 등의 다양한 분야에서 활용되고 있으며, 구체적인 활용 예는 고객 타겟팅, 고객들의 신용점수화, 캠페인 반응분석, 고객행동예측, 고객 세분화 등을 들 수 있다.

4.2 의사결정나무

의사결정나무의 구조는 [그림 4.1]과 같다. 이 그림에서 맨 위의 노드를 뿌리노드(root node)라고 하며, 이는 분류(또는 예측) 대상이 되는 모든 자료집단을 포함한다. 상위의 노드가 하위 노드로 분기될 때, 상위 노드를 부모노드(parent node)라고 하고, 하위 노드를 자식노드(child node)라고 하며, 더 이상 분기되지 않는 노드를 최종노드(terminal node)라고 한다. 가지분할(split)은 나무의 가지를 생성하는 과정을, 가지치기(pruning)는 생성된 가지를 잘라내어 모형을 단순화하는 과정을 말한다.

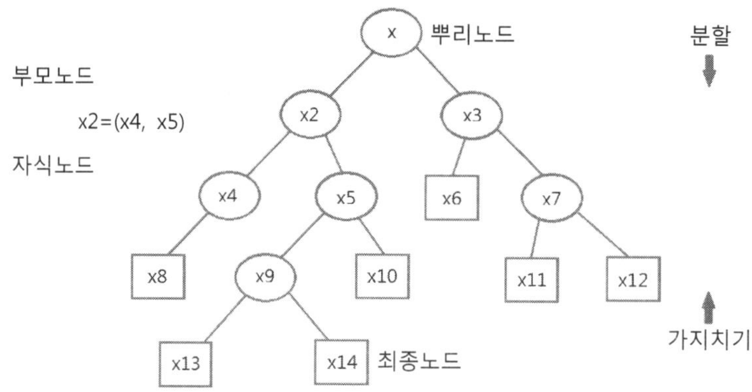

[그림 4.1] 의사결정나무의 구조

의사결정나무는 목표변수가 이산형인 경우의 분류나무(classification tree), 목표변수가 연속형인 경우의 회귀나무(regression tree)로 구분된다.

목표변수가 이산형인 분류나무의 경우 상위노드에서 가지분할을 수행할 때, 분류(기준)변수와 분류 기준값의 선택 방법으로 카이제곱통계량(Chi-square statistic)의 p-값, 지니 지수(Gini index), 엔트로피 지수(entropy index) 등이 사용된다. 선택된 기준에 의해 분할이 일어날 때, 카이제곱통계량의 p-값은 그 값이 작을수록 자식노드 간의 이질성이 큼을 나타내며, 자식노드에서의 지니 지수나 엔트로피 지수는 그 값이 클수록 자식노드 내의 이질성이 큼을 의미한다. 따라서 이 값들이 가장 작아지는 방향으로 가지분할을 수행하게 된다. 예를 들어, 두 노드(집단)에 대한 지니 지수는 [그림 4.2]와 같이 계산된다. 지니 지수의 값이 클수록 이질적이며 순수도(purity)가 낮다고 할 수 있다.

높은 이질성 ⇔ 낮은 순수도

$G=1-(3/8)^2-(3/8)^2-(1/8)^2-(1/8)^2=0.69$

낮은 이질성 ⇔ 높은 순수도

$G=1-(7/8)^2-(1/8)^2=0.24$

[그림 4.2] 두 집단에 대한 지니 지수

불확실성 측도(uncertainty measure)인 지니 지수와 엔트로피 지수에 대한 정의는 다음과 같다. 두 지수의 값의 범위는 다르나, 해석은 그 크기에 따라 유사하다.

○ 지니 지수: $G = 1 - \sum_{i}^{c} p_i^2$, $0 \le G \le 1/2 (c = 2$인 경우).

○ 엔트로피 지수: $E = -\sum_{i}^{c} p_i \log_2 p_i$, $0 \leqq E \leqq 1$.

위 식에서 c는 목표변수의 범주의 수이다.

참고 지니지수와 카이제곱통계량의 계산

의사결정나무에서 아래 그림과 같은 분기를 생각하자. 분기 전과 후의 지니 지수와 카이제곱통계량의 계산 과정을 소개하면 다음과 같다.

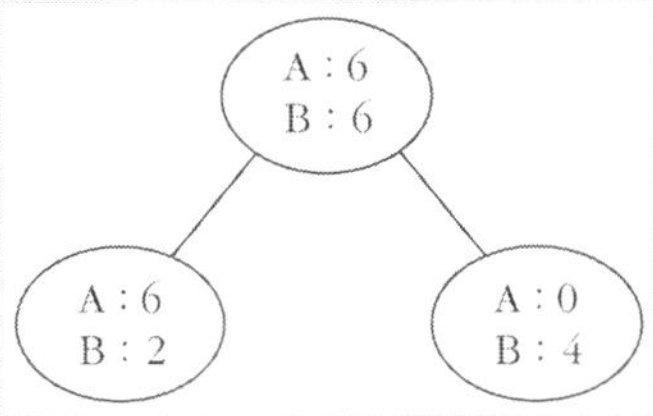

o 지니지수

- 분기 전: $1 - \left(\frac{1}{2}\right)^2 - \left(\frac{1}{2}\right)^2 = \frac{1}{2}$
- 분기 후: $\left[1 - \left(\frac{3}{4}\right)^2 - \left(\frac{1}{4}\right)^2\right] \times \frac{2}{3} + \left[1 - \left(\frac{0}{4}\right)^2 - \left(\frac{4}{4}\right)^2\right] \times \frac{1}{3} = \frac{1}{8}$

(분기 전에 비해 감소함)

o 카이제곱통계량

분기 후, '두 개의 노드(Right, Left) 간에 A와 B의 구성 비율이 동일하다(동질적이다)'는 귀무가설에 대한 χ^2 검정통계량은 다음과 같다.

	A	B
Left	6(4)	2(4)
Right	0(2)	4(2)

$$\chi^2 = \frac{(6-4)^2}{4} + \frac{(2-4)^2}{4} + \frac{(0-2)^2}{2} + \frac{(4-2)^2}{2} = 6$$

( )는 귀무가설하에서의 기대빈도임.

목표변수가 연속형인 회귀나무의 경우에는 분류변수와 분류 기준값의 선택방법으로 F−통계량의 p−값, 분산의 감소량 등이 사용된다. F−통계량은 일원배치법에서의 검정통계량으로 그 값이 클수록 오차의 변동에 비해 처리(treatment)의 변동이 크다는 것을 의미하며, 이는 자식노드(처리들) 간이 이질적임을 의미하므로 이 값이 커지는(p−값은 작아지는) 방향으로 가지분할을 수행(자식노드를 생성)하게 된다. 분산의 감소량(variance reduction)도 이 값이 최대화되는 방향으로 가지분할을 수행하게 된다.

의사결정나무의 분석과정은 다음과 같다.

[단계 1] 목표변수와 관계가 있는 설명변수들의 선택
[단계 2] 분석목적과 자료의 구조에 따라 적절한 분리기준과 정지규칙[1])을 정하여 의사결정나무의 생성
[단계 3] 부적절한 나뭇가지는 제거: 가지치기[2])
[단계 4] 이익(gain), 위험(risk), 비용(cost) 등을 고려하여 모형평가
[단계 5] 분류(classification) 및 예측(prediction) 수행

의사결정나무분석을 위한 알고리즘에는 CHAID(Kass, 1980), CART(Breiman 등, 1984), ID3 (Quinlan, 1986), C4.5(Quinlan, 1993), C5.0(Quinlan, 1998) 등과 이들의 장점을 결합한 다양한 알고리즘이 있다. 주요 알고리즘과 분류 기준변수의 선택법을 요약하면 다음의 [표 4.1]과 같다.

[표 4.1] 의사결정나무의 주요 알고리즘

	이산형 목표변수	연속형 목표변수
CHAID(다지분할)	카이제곱통계량	ANOVA F−통계량
CART(이진분할)	지니 지수	분산감소량
C4.5	엔트로피 지수	·

다음의 [예제 1]은 R 패키지 {rpart}의 rpart( ) 함수를 이용하여 의사결정나무 분석을 수행한다. rpart는 recursive partitioning and regression tree의 약어이다.

1) 정지규칙(stopping rule)이란 더 이상 분리가 일어나지 않고 현재의 마디가 끝마디가 되도록 하는 여러 가지 규칙으로 최대 나무의 깊이, 자식마디의 최소 관측값 수, 카이제곱통계량, 지니 지수, 엔트로피 지수 등이 있다.
2) 가지치기(pruning)란 끝마디가 너무 많으면 모형이 과대 적합된 상태로 현실문제에 적용할 수 있는 적절한 규칙이 나오지 않게 된다. 따라서 분류된 관측값의 비율 또는 MSE(Mean Squared Error) 등을 고려하여 수준의 가지치기 규칙을 제공해야 한다.

예제 1

iris 자료를 이용하여 의사결정나무 분석을 수행한다.

```
> library(rpart)
> c <- rpart(Species ~., data=iris)
> c
n= 150

node), split, n, loss, yval, (yprob)
      * denotes terminal node

1) root 150 100 setosa (0.33333333 0.33333333 0.33333333)
  2) Petal.Length< 2.45 50   0 setosa (1.00000000 0.00000000 0.00000000) *
  3) Petal.Length>=2.45 100  50 versicolor (0.00000000 0.50000000 0.50000000)
    6) Petal.Width< 1.75 54   5 versicolor (0.00000000 0.90740741 0.09259259) *
    7) Petal.Width>=1.75 46   1 virginica (0.00000000 0.02173913 0.97826087) *
```

적합된 나무모형의 시각화는 plot( ) 함수를 이용한다.

```
> plot(c, compress=T, margin=0.3)
> text(c, cex=1.5)
```

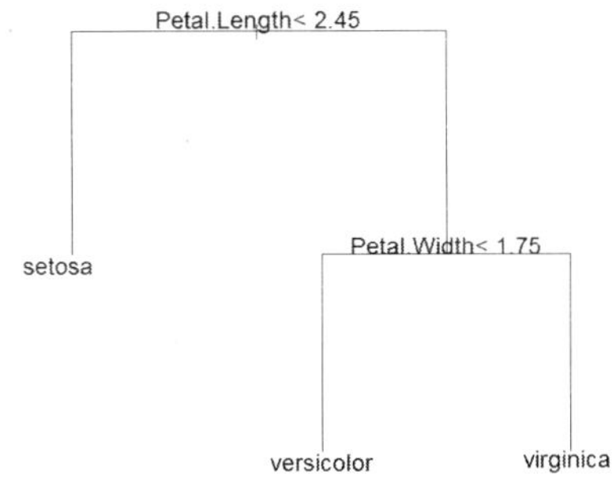

predict( ) 함수를 이용하여 새로운 자료에 대해 예측을 수행한다. 여기서는 편의상 모형구축에 사용된 자료를 재대입한 결과를 제시한다.

```
> head(predict(c, newdata=iris, type="class"))
     1      2      3      4      5      6
setosa setosa setosa setosa setosa setosa
Levels: setosa versicolor virginica

> tail(predict(c, newdata=iris, type="class"))
      145       146       147       148       149       150
virginica virginica virginica virginica virginica virginica
Levels: setosa versicolor virginica
```

R 패키지 {rpart.plot}을 이용하여 적합된 의사결정나무모형을 여러 가지 방식으로 시각화할 수 있다.

```
> library(rpart.plot)
> prp(c, type=4, extra =2)    # plot of recursive partitioning
```

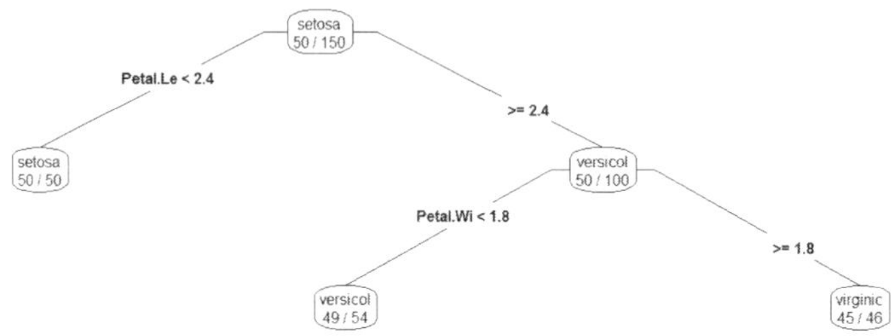

최종노드에 대한 해석은 다음과 같다. 예를 들어, 두 조건(Petal.Length)=2.4와 Petal.Width < 1.8)을 만족하는 노드에서 49/54는 이 노드에 속하는 해당 개체가 54개이며 이 가운데 versicolor가 49임을 나타낸다. 따라서 이 노드에 해당되는 새로운 자료는 versicolor로 분류된다.

rpart( ) 수행 결과는 다음의 정보를 제공한다.

```
> ls(c)
 [1] "call"                "control"             "cptable"
 [4] "frame"               "functions"           "method"
 [7] "numresp"             "ordered"             "parms"
[10] "splits"              "terms"               "variable.importance"
[13] "where"               "y"
```

이 가운데 $cptable은 트리의 크기에 따른 비용-복잡도 모수(cost-complexity parameter)를 제공하며, 교차타당성오차(cross-validation error)를 함께 제공한다. 이 값들은 prune( ) 또는 rpart.control( ) 함수에서 가지치기(pruning)와 트리의 최대 크기(maximum size)를 조절하기 위한 옵션으로 사용된다. 다음은 교차타당성오차를 최소로 하는 트리를 형성하는 과정이다. 여기서는 위의 rpart( )를 수행한 결과와 동일한 결과를 얻게 되어 그 결과는 생략한다.

```
> c$cptable
    CP nsplit rel error xerror          xstd
1 0.50      0      1.00   1.18 0.05017303393
2 0.44      1      0.50   0.80 0.06110100927
3 0.01      2      0.06   0.09 0.02908607914

> opt <- which.min(c$cptable[,"xerror"])
> cp <- c$cptable[opt, "CP"]
> prune.c <- prune(c, cp = cp)
> plot(prune.c)
> text(prune.c, use.n=T)
```

R 패키지 {rpart}의 plotcp( ) 함수를 이용하면 cp 값을 그림으로 나타낼 수 있다.

```
> plotcp(c)
```

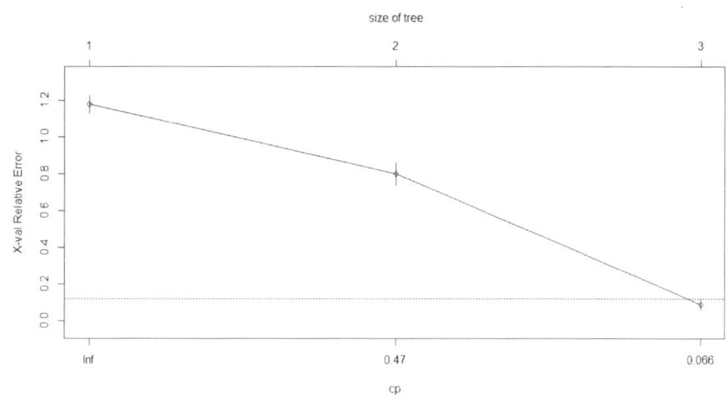

다음의 [예제 2]는 패키지 {party}의 ctree( ) 함수를 이용하여 의사결정나무모형을 적합한다.

예제 2

분석에 사용된 자료는 146명의 전립선 암 환자의 자료(stagec)이다. 7개의 예측변수를 이용하여 범주형의 반응변수(ploidy)를 예측(또는 분류)한다.

```
> library(party)
> data(stagec)   # stagec는 {rpart}에서 제공함
> str(stagec)
'data.frame':   146 obs. of  8 variables:
 $ pgtime : num  6.1 9.4 5.2 3.2 1.9 4.8 5.8 7.3 3.7 15.9 ...
 $ pgstat : int  0 0 1 1 1 0 0 0 1 0 ...
 $ age    : int  64 62 59 62 64 69 75 71 73 64 ...
 $ eet    : int  2 1 2 2 2 1 2 2 2 2 ...
 $ g2     : num  10.26 NA 9.99 3.57 22.56 ...
 $ grade  : int  2 3 3 2 4 3 2 3 3 3 ...
 $ gleason: int  4 8 7 4 8 7 NA 7 6 7 ...
 $ ploidy : Factor w/ 3 levels "diploid","tetraploid",..: 1 3 1 1 2 1 2 3 1 2 ...
```

다음은 결측값을 제거하는 과정이다.

```
> stagec1<- subset(stagec, !is.na(g2))
> stagec2<- subset(stagec1, !is.na(gleason))
> stagec3<- subset(stagec2, !is.na(eet))
> str(stagec3)
```

결측값이 제거된 134개의 자료를 이용하여 모형을 적합한다. 모형구축을 위한 훈련용 자료(training data)와 모형의 성능을 검증하기 위한 검증용 자료(test data)를 70%와 30%로 구성한다.

```
> set.seed(1234)
> ind <- sample(2, nrow(stagec3), replace=TRUE, prob=c(0.7, 0.3))
```

모형을 만들기 전에 stagec 자료를 복원추출방법을 이용하여 두 개의 부분집합 training(70%)와 test(30%)로 만들고 결과의 재현성을 위해 random seed를 고정하였다.

```
> ind
  [1] 1 1 1 1 2 1 1 1 1 1 1 1 1 1 2 1 2 1 1 1 1 1 1 1 1 1 2 1 2 2 1 1 1 1 1 1 2 1 1 2 2 1
1 1 1 1 1 1 1 1 2 1 1 2 1 1 1 1 2 1 2 2 1 1 1 1 2 1 1 1
 [70] 1 1 2 1 2 1 1 1 1 1 1 1 2 1 1 1 1 2 1 1 1 2 1 2 1 1 1 1 1 1 1 2 1 1 1 1 1 1 1 1 1
2 1 2 1 1 2 2 1 1 2 2 2 2 2 1 1 1 1 1 1 1 2 1 1 1

> trainData <- stagec3[ind==1,]    # n=102개
> testData <- stagec3[ind==2,]     # n=32개
```

훈련용 자료($n = 102$)에 대해 ctree( )를 적용한 결과는 다음과 같다.

```
> tree <- ctree(ploidy ~ ., data=trainData)
> tree
> plot(tree)
```

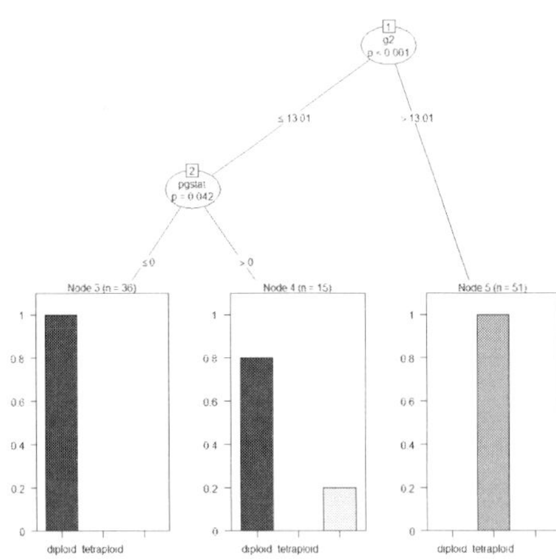


```
testPred     diploid tetraploid aneuploid
```

최종노드의 막대그래프(barplot)는 반응변수(ploidy)의 각 범주별 비율을 나타낸다.
predict( ) 함수를 통해 검증용 자료에 대해 적합모형을 적용하면 다음과 같다.

```
> testPred = predict(tree, newdata=testData)
> table(testPred, testData$ploidy)
  diploid         17          0          1
  tetraploid       0         13          1
  aneuploid        0          0          0
```


다음의 [예제 3]은 ctree( ) 함수를 이용하여 반응변수가 연속형인 경우 의사결정나무(회귀나무)를 통한 예측을 수행한다.

예제 3

airquality 자료에 대해 의사결정나무모형을 적합한다. 먼저 반응변수 Ozone이 결측인 자료를 제외한 후 ctree( ) 함수를 적용한다.

```
> airq <- subset(airquality, !is.na(Ozone))
> head(airq)

  Ozone Solar.R Wind Temp Month Day
1    41     190  7.4   67     5   1
2    36     118  8.0   72     5   2
3    12     149 12.6   74     5   3
4    18     313 11.5   62     5   4
6    28      NA 14.9   66     5   6
7    23     299  8.6   65     5   7

> airct <- ctree(Ozone ~ ., data=airq)
> airct
     Conditional inference tree with 5 terminal nodes

Response:  Ozone
Inputs:  Solar.R, Wind, Temp, Month, Day
Number of observations:  116

1) Temp <= 82; criterion = 1, statistic = 56.086
  2) Wind <= 6.9; criterion = 0.998, statistic = 12.969
    3)*  weights = 10
  2) Wind > 6.9
    4) Temp <= 77; criterion = 0.997, statistic = 11.599
      5)*  weights = 48
    4) Temp > 77
      6)*  weights = 21
1) Temp > 82
  7) Wind <= 10.3; criterion = 0.997, statistic = 11.712
    8)*  weights = 30
  7) Wind > 10.3
    9)*  weights = 7
```

(해석) 결과에서 statistic은 입력변수와 반응변수 간의 독립성 검정을 위한 통계량이며, criterion은 '1-p값'으로 기준값 이상이면 분리를 수행한다.

최종노드(*로 표시된 마디)가 5개인 나무모형을 나타낸다. 이를 시각화하면 다음과 같다.

```
> plot(airct)
```

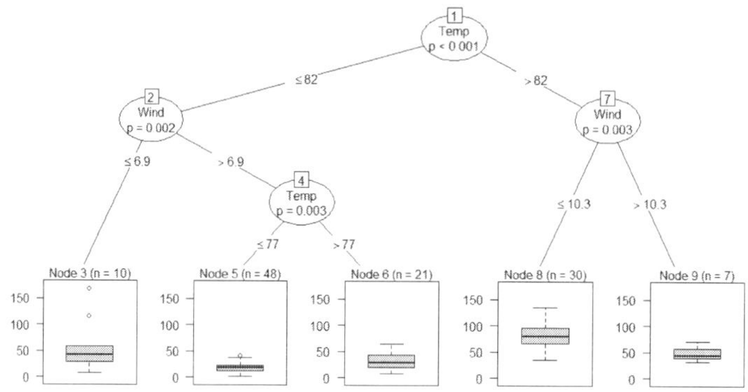

위 모형으로부터 새로운 자료에 대한 예측은 predict( ) 함수를 이용한다. 연속형 반응변수에 대한 예측값은 최종노드에 속한 자료들의 평균값이 제공된다. 분석에 사용된 자료를 재대입한 결과는 다음과 같다.

```
> head(predict(airct, data=airq))
        Ozone
[1,] 18.47917
[2,] 18.47917
[3,] 18.47917
[4,] 18.47917
[5,] 18.47917
[6,] 18.47917
```

자료가 속하는 해당 최종노드의 번호를 출력하고 싶을 때는 type="node" 옵션을 사용한다.

```
> predict(airct, data=airq, type="node")    # > where(airct)의 결과와 동일
  [1] 5 5 5 5 5 5 5 5 3 5 5 5 5 5 5 5 5 5 5 5 5 5 5 6 3 5 6 9 9 6 (이하 생략)
```

예측값을 이용하여 평균제곱오차를 구하면 다음과 같다.

```
> mean((airq$Ozone - predict(airct))^2)
[1] 403.6668
```

의사결정나무모형의 장, 단점은 다음과 같다. 장점으로는 그 구조가 단순하여 해석이 용이하고, 유용한 입력변수의 파악과 예측변수 간의 상호작용 및 비선형성을 고려하여 분석이 수행되며, 선형성, 정규성, 등분산성 등의 수학적 가정이 불필요한 비모수적 모형이다. 단점으로는 분류 기준값의 경계선 근방의 자룟값에 대해서는 오차가 클 수 있으며(비연속성), 로지스틱 회귀와 같이 각 예측변수의 효과를 파악하기 어려우며, 새로운 자료에 대한 예측이 불안정할 수 있다.

5장 단순 베이즈 분류

5.1 서론

단순 베이즈 분류(naive Bayes classification) 모형은 베이즈 정리에 기반한 방법으로, 사후확률(일종의 조건부 결합확률)의 계산 시 조건부 독립을 가정하여 계산을 단순화한 방법이다. 사후확률이 큰 집단으로 새로운 데이터를 분류하게 된다. 조건부 독립의 가정이 비현실적인 측면이 있지만 계산이 간편하여 널리 이용되고 있다.

단순 베이즈 분류는 문서분류(spam 또는 legitimate, sports 또는 politics 등), 의료진단 등에 많이 사용된다. 적절한 전처리 과정을 거친 단순 베이즈 분류는 서포트벡터머신을 포함한 보다 발전된 기법과도 경쟁된다.

5.2 단순 베이즈 분류

단순 베이즈 분류기는 연속형 또는 이산형에 관계없이 임의 크기의 예측변수를 다룰 수 있다. 데이터가 $x=(x_1, x_2, \cdots, x_d)$ 으로 주어질 때, 이 데이터가 C_j 집단으로부터 나왔을 사후확률은 베이즈 정리로부터 다음과 같다.

$$p(C_j|x) = \frac{p(C_j)p(x \mid C_j)}{p(x)}, \quad j=1,2,\cdots,K.$$

일반적인 베이즈 분류에서는 위의 사후확률이 가장 큰 집단으로 개체에 대한 분류를 수행한다.

단순 베이즈 분류는 위의 사후확률의 계산을 좀 더 편하게 할 수 있도록 예측변수들 간의 독립을 가정한다. 즉,

$$p(x \mid C_j) = p(x_1 \mid C_j)p(x_2 \mid C_j)\cdots p(x_d \mid C_j)$$

을 이용하여 사후확률의 분자를 계산하고, 그 결과를 이용하여 분류를 수행한다. 이 방법은 계산을 크게 단순화시켜주며, 예측변수의 수가 많은 경우에도 적용이 편리하다.

단순 베이즈 분류에 대한 이해를 위해 두 가지 사례를 들어본다.

● 사례 1 문서분류와 관련된 예제로 다음의 [표 5.1]과 같은 5개의 학습문서가 있다고 하자.

[표 5.1] 문서에 포함된 단어와 문서분류

문서번호	주요단어	문서분류
1	fun, couple, love, love	comedy
2	fast, furious, shoot	action
3	couple, fly, fast, fun, fun	comedy
4	furious, shoot, shoot, fun	action
5	fly, fast, shoot, love	action

입력문서가 {fast, furious, fun}을 주요단어로 가질 때, 이 문서는 어떤 문서로 분류되는가를 알아보자. 데이터가 주어질 때 사후확률은 다음과 같이 계산된다.

$$\begin{aligned} p(comedy \mid x) &= p(comedy) \cdot p(fast \mid comedy) \cdot p(furious \mid comedy) \cdot p(fun \mid comedy) \\ &= \frac{2}{5} \cdot \frac{1}{9} \cdot \frac{0}{9} \cdot \frac{3}{9} = 0\,. \\ p(action \mid x) &= p(action) \cdot p(fast \mid action) \cdot p(furious \mid action) \cdot p(fun \mid action) \\ &= \frac{3}{5} \cdot \frac{2}{11} \cdot \frac{2}{11} \cdot \frac{1}{11} = 0.0018\,. \end{aligned}$$

따라서 입력문서는 사후확률이 보다 큰 action으로 분류된다.

단순 베이즈 분류에서 '낮은-빈도 문제(low-frequency problem)'에 주의할 필요가 있다. 예를 들어 위의 예에서 comedy 문서에서는 furious 단어의 빈도가 0이므로, furious 단어를 포함하는 새로운 자료에 대한 사후확률은 항상 0이 되어 버린다. 이러한 문제점을 해결하기 위해 모든 속성값-군집 조합에 대한 빈도에 작은 수를 더해주어 계산을 수행한다.

● 사례 2 여러 개의 연속형 예측변수를 가지는 경우이다. 총 8명에 대해 키, 몸무게, 발 크기를 측정한 훈련자료가 다음의 [표 5.2]와 같다.

[표 5.2] 신체측정자료

성별	키 (feet)	몸무게 (lbs)	발 크기 (inches)
남성	6	180	12
남성	5.92	190	11
남성	5.58	170	12
남성	5.92	165	10
여성	5	100	6
여성	5.5	150	8
여성	5.42	130	7
여성	5.75	150	9

세 변수가 모두 독립이며, 정규분포를 따른다고 가정하자. 이때 모집단의 평균과 분산은 자료로부터 다음의 [표 5.3]과 같이 추정되었다.

[표 5.3] 신체측정자료의 기초통계 요약

성별	키		몸무게		발 크기	
	평균	분산	평균	분산	평균	분산
남성	5.855	3.5033e−02	176.26	1.2292e+02	11.25	9.1667e−01
여성	5.4175	9.7225e−02	132.5	5.5833e+02	7.5	1.6667e+00

남성과 여성그룹에 속할 사전확률을 p(남성)=p(여성)=0.5이라고 하자. 이 확률은 큰 모집단에서의 빈도에 기초하거나 훈련자료에 기초하여 주어질 수 있다.

이제 다음과 같이 주어진 새로운 자료가 남자인지 여자인지를 분류해 보자.

[표 5.4] 새로운 데이터 셋

성별	키	몸무게	발 크기
표본(x)	6	130	8

주어진 자료(x)에 대해 사후확률은 다음과 같다.

$$p(\text{남성}\,|\,x) = p(\text{남성}) \cdot p(\text{키}\,|\,\text{남성}) \cdot p(\text{몸무게}\,|\,\text{남성}) \cdot p(\text{발크기}\,|\,\text{남성}) \approx 6.1984 \cdot 10^{-9}.$$

$$p(\text{여성}\,|\,x) = p(\text{여성}) \cdot p(\text{키}\,|\,\text{여성}) \cdot p(\text{몸무게}\,|\,\text{여성}) \cdot p(\text{발크기}\,|\,\text{여성}) \approx 5.3778 \cdot 10^{-4}.$$

따라서 주어진 자료는 사후확률이 보다 큰 여성으로 예측된다. 위의 사후확률의 계산에는 다음 계산과 유사한 과정이 사용되었다.

$$p(\text{키}\,|\,\text{남성}) = \phi(6\,; 5.855, 3.5033e-02) \approx 1.5789.$$

단순 베이즈 분류를 수행하는 R 패키지는 {e1071}와 {klaR}이 대표적이다. 다음의 [예제 1]에서는 패키지 {e1071}을 이용하여 분석을 수행한다.

예제 1

단순 베이즈 분석을 위해 iris 자료를 사용한다.

```
> data(iris)
> head(iris)
  Sepal.Length Sepal.Width Petal.Length Petal.Width Species
1          5.1         3.5          1.4         0.2  setosa
2          4.9         3.0          1.4         0.2  setosa
3          4.7         3.2          1.3         0.2  setosa
4          4.6         3.1          1.5         0.2  setosa
5          5.0         3.6          1.4         0.2  setosa
6          5.4         3.9          1.7         0.4  setosa
```

R 패키지 {e1071}의 naiveBayes( ) 함수를 이용하여 단순 베이즈 분류를 수행한다.

```
> m <- naiveBayes(Species ~ ., data = iris)
> m
Naive Bayes Classifier for Discrete Predictors

Call:
naiveBayes.default(x = X, y = Y, laplace = laplace)    # Laplacian(Add-1) smoothing

A-priori probabilities:
Y
    setosa versicolor  virginica 
 0.3333333  0.3333333  0.3333333 
```

```
Conditional probabilities:
           Sepal.Length
Y             [,1]      [,2]
  setosa     5.006 0.3524897    # mean(Sepal.Length[Species =“setosa”])
  versicolor 5.936 0.5161711
  virginica  6.588 0.6358796

           Sepal.Width
Y             [,1]      [,2]
  setosa     3.428 0.3790644
  versicolor 2.770 0.3137983
  virginica  2.974 0.3224966

           Petal.Length
Y             [,1]      [,2]
  setosa     1.462 0.1736640
  versicolor 4.260 0.4699110
  virginica  5.552 0.5518947

           Petal.Width
Y             [,1]      [,2]
  setosa     0.246 0.1053856
  versicolor 1.326 0.1977527
  virginica  2.026 0.2746501
```

predict( ) 함수를 이용하여 예측을 실시하고, 그 결과를 정오분류표로 나타낸다.

```
> table(predict(m, iris), iris[,5])
             setosa versicolor virginica
  setosa         50          0         0
  versicolor      0         47         3
  virginica       0          3        47
```

다음의 [예제 2]에서는 패키지 {klaR}을 이용하여 단순 베이즈 분류를 수행한다. 패키지 {klaR}은 분류 및 시각화(classification and visualization)를 위한 다양한 함수를 제공한다.

예제 2

spam 자료는 4601개의 이메일(관측값)에서 등장하는 단어의 종류와 관련된 58개 변수로 구성되어 있다. 58개의 변수 중 처음 48개 변수(A.1 ~ A.48)는 총 단어수 대비 해당 단어의 출현비율을 나타내며, 6개 변수(A.49 ~ A.54)는 총 문자수 대비 특정 문자의 출현비율을 나타내며, 3개 변수(A.55 ~ A.57)는 연속되는 대문자 철자의 평균길이, 최대길이, 대문자의 총수를 나타낸다. 마지막 변수(A.58)는 스팸메일의 여부(1:spam, 0:non-spam)를 나타낸다. 결측값은 없으며, 전체에서 스팸메일은 1813개(39.4%)이다.

```
> data(spam, package="ElemStatLearn")
> library(klaR)
```

전체 자료의 2/3를 훈련용 자료로 하여 NaiveBayes( ) 함수를 통해 단순 베이즈 분류를 수행한다.

```
> train.ind <- sample(1:nrow(spam), ceiling(nrow(spam)*2/3), replace=FALSE)
> nb.res <- NaiveBayes(spam ~ ., data=spam[train.ind,])

> # 결과 보여주기
> opar <- par(mfrow=c(2,4))
> plot(nb.res)
Hit <Return> to see next plot:
```

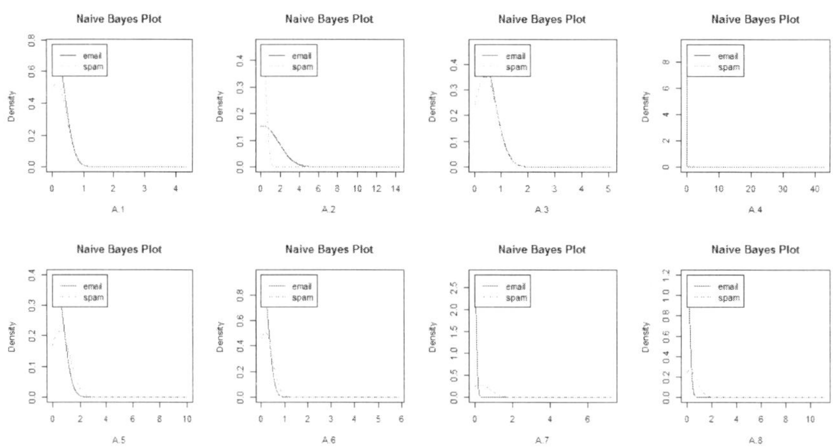


```
Hit <Return> to see next plot:
(이하 그림 생략)
```

위의 결과(그림)는 57개의 예측변수별 분포를 문서의 종류별(spam, non-spam)로 그린 것이다. 새로운 자료가 주어질 때, 사후확률은 사전확률과 위 확률들의 곱을 통해 구할 수 있다.

```
> par(opar)
```

분석에 제외된 검증용 자료를 이용하여 모형의 정확도를 구하면 다음과 같다.

```
> nb.pred <- predict(nb.res, spam[-train.ind,])
> confusion.mat <- table(nb.pred$class, spam[-train.ind,"spam"])
> confusion.mat
```

```
        email spam
  email   517   33
  spam    422  561

> sum(diag(confusion.mat))/sum(confusion.mat)
[1] 0.7031963
```

위의 결과로부터 정분류율은 70.3%로 나타났다.

단순 베이즈 분류는 결측값을 포함하는 자료를 다음과 같이 처리한다.

- 훈련단계: 속성값-군집 조합에 대한 빈도 계산 시 결측값을 포함하는 케이스가 제외됨.
- 분류단계: 결측인 속성이 계산과정에서 생략됨.

다음의 [예제 3]은 결측값을 포함하는 자료에 대해 단순 베이즈 분류를 수행한다. 언급한 바와 같이 단순 베이즈 분류에서는 결측값에 대한 처리가 매우 유연하게 이루어진다. 즉, 모형구축에서는 결측값을 포함하는 케이스를 제외하며, 분류과정에서는 결측 속성에 대한 확률만 계산에서 제외되므로 수행과정에 문제가 없다.

예제 3

분석에 사용되는 HouseVote{mlbench} 자료는 미국의 하원의원 435명(민주당: 267명, 공화당: 168명)의 16개 주요법안에 대한 찬성여부를 조사한 자료이다. R 패키지 {e1071}를 이용하여 단순 베이즈 분류를 수행한다.

```
> install.packages("e1071")
> library (e1071)
> install.packages("mlbench")
> data (HouseVotes84, package="mlbench")
> head(HouseVotes84)
       Class   V1 V2 V3   V4   V5 V6 V7 V8 V9 V10  V11  V12 V13 V14 V15  V16
1 republican    n  y  n    y    y  y  n  n  n   y <NA>    y   y   y   n    y
2 republican    n  y  n    y    y  y  n  n  n   n    n    y   y   y   n <NA>
3   democrat <NA>  y  y <NA>    y  y  n  n  n   n    y    n   y   y   n    n
4   democrat    n  y  y    n <NA>  y  n  n  n   n    y    n   y   n   n    y
5   democrat    y  y  y    n    y  y  n  n  n   n    y <NA>   y   y   y    y
6   democrat    n  y  y    n    y  y  n  n  n   n    n    n   y   y   y    y

> summary(HouseVotes84)
```

```
       Class          V1          V2          V3          V4          V5
 democrat  :267   n   :236   n   :192   n   :171   n   :247   n   :208
 republican:168   y   :187   y   :195   y   :253   y   :177   y   :212
                  NA's: 12   NA's: 48   NA's: 11   NA's: 11   NA's: 15
    V6         V7         V8         V9         V10        V11        V12
 n   :152   n   :182   n   :178   n   :206   n   :212   n   :264   n   :233
 y   :272   y   :239   y   :242   y   :207   y   :216   y   :150   y   :171
 NA's: 11   NA's: 14   NA's: 15   NA's: 22   NA's:  7   NA's: 21   NA's: 31
   V13        V14        V15        V16
 n   :201   n   :170   n   :233   n   : 62
 y   :209   y   :248   y   :174   y   :269
 NA's: 25   NA's: 17   NA's: 28   NA's:104

> model <- naiveBayes(Class ~ ., data = HouseVotes84)
> pred <- predict(model, HouseVotes84[,-1])
> tab <- table(pred, HouseVotes84$Class)
> tab
pred         democrat republican
  democrat        238         13
  republican       29        155

> table(HouseVotes84$Class)
  democrat republican
       267        168

> sum(tab[row(tab)==col(tab)])/sum(tab)
[1] 0.9034483
```

6장*

{caret} 패키지 소개

6.1 서론

R의 {caret} 패키지는 'classification and regression training'의 약어로, 복잡한 회귀와 분류 문제에 대한 모형 훈련(training)과 조율(tuning) 과정을 간소화하는 함수를 포함한다. 이 패키지는 훈련 데이터의 전처리, 변수의 중요성 계산 및 모형 시각화를 위한 방법을 포함한다. 또한 이 패키지는 많은 R 패키지를 사용하지만 패키지 시작 시에 그들을 로드하지 않는다. 이 패키지의 "suggest" 필드에는 28개의 패키지가 들어 있다. {caret}은 필요에 따라 패키지를 로드하고 패키지가 설치되어 있다고 가정한다.

6.2 사용 절차: PLS 회귀 예제

{caret}은 변수선택과 기타 기능뿐 아니라 모형개발과 평가 과정을 간소화하기 위한 몇 가지 함수를 가진다.

패키지의 기본 도구 중 하나는 train( ) 함수로 다음의 기능을 수행한다.

- 재표본(resampling)을 사용하여 모형의 조율모수가 성능에 미치는 영향을 평가하고,
- 이들 모수에서 '최적'의 모형을 선택하고,
- 훈련 집합에서 모형 성능을 추정한다.

이 과정을 더 자세히 소개하면 다음의 [표 6.1]과 같다.

[표 6.1] train() 함수의 수행 절차

```
평가할 모형의 모수집합을 정의
for 각 모수집합에 대해 수행 do
    for 각 재표본 반복에 대해 수행 do
        · 특정 표본을 예비표본으로 남김
        · [선택적] 데이터에 대한 전처리 수행
        · 남겨진 표본으로 모형적합
        · 예비표본에 대해 예측 수행
    end
    예비표본 예측에 대한 평균 성능 계산
end
최적의 모수집합 결정
최적의 모수집합을 사용하여 모든 훈련 자료에 대한 최종모형을 적합
```

이 프로세스의 거의 모든 단계를 맞춤 설정할 수 있는 옵션이 있다(예: 재표본 기법, 최적의 모수선택 등). 이 기능을 설명하기 위해 Sonar{mlbench} 자료를 사용한다. 이 자료는 60개의 예측변수에서 수집된 208개의 자료 점으로 구성되었다. 분석의 목적은 Class 변수(M: 금속 실린더, R: 바위)를 예측하는 것이다.

먼저, 데이터를 두 개의 그룹으로 나눈다. 즉, 훈련용 데이터 셋(training set)과 검증용 데이터 셋(test set)으로 나누며, 이를 위해 createDataPartition( ) 함수를 이용한다.

```
> library(caret)
> library(mlbench)
> data(Sonar)
> set.seed(107)
> inTrain <- createDataPartition(y = Sonar$Class,    # 반응치 자료가 필요
             p = .75,    # 훈련용 데이터의 비율
             list = FALSE)   # 결과의 형식 지정

> ## 훈련용 자료에 포함될 자료의 행 번호가 출력됨
> str(inTrain)
 int [1:157, 1] 1 2 3 6 7 9 10 11 12 13 ...
 - attr(*, "dimnames")=List of 2
  ..$ : NULL
  ..$ : chr "Resample1"
```

(해석) 디폴트로 creatDataPartition( ) 함수는 층화 확률분할을 실시한다.

```
> # 훈련용과 검증용 자료를 저장
> training <- Sonar[ inTrain,]
> testing <- Sonar[-inTrain,]
> nrow(training)
[1] 157
> nrow(testing)
[1] 51
```


알고리즘을 사용하여 모형을 조율하기 위해 train( ) 함수를 사용한다. 부분최소제곱 판별분석(PLSDA) 모형[1]은 유지되어야 하는 PLS 구성요소들에 의해 조절된다. 가장 기본적인 구문은 다음과 같다.

```
> plsFit <- train(Class ~ .,
                 data = training,
                 method = "pls",
                 preProc = c("center", "scale"))
> # 훈련용 자료와 모든 미래 표본의 예측변수에 대해 중심화(center)와 척도화(scale)를 수행
```

그러나 다음과 같이 몇 가지 방법으로 사용자 주문이 가능하다.

- 함수가 평가하는 PLS 모형의 집합을 확장한다. 기본적으로 이 함수는 각 조율모수의 세 가지 값을 조절한다.
- 사용되는 재표본의 유형. 디폴트로 단순 붓스트랩이 사용된다. 우리는 이 함수에 10-중첩 교차타당 검증의 세 번 반복을 사용할 것이다.
- 성능의 측정 방법. 디폴트로 전체 정확도와 카파 통계량(Kappa statistic)[2]이 계산된다. 회귀모형의 경우 평균제곱오차와 R^2이 계산된다. 여기에서 ROC 곡선 아래의 면적, 민감도 및 특이성을 추정하기 위해 함수가 변경된다.

조율모수의 후보 값을 변경하려면 tuneLength= 또는 tuneGrid= 옵션 중 하나를 사용할 수 있다. train( ) 함수는 조율모수의 후보 집합을 생성할 수 있고 tuneLength= 옵션은 평가되는 수를 제어한다. PLS의 경우 이 함수는 1에서 tuneLength까지의 정수 수열을 사용한다. 1에서 15 사이의 모든 정수를 평가하려면 tuneLength=15로 설정하면 된다. tuneGrid= 옵션은 특정 값이 필요할 때 사용한다. 각 행이 조율모수 설정이고 각 열이 조율모수인 데이터프레임이 사용된다. 이를 설명하기 위한 예제는 다음과 같다.

---

1) 부분최소제곱 판별분석(PLSDA)에 대해서는 나종화(2017)의 3권을 참고하기 바란다. 다만, 여기서는 {caret} 패키지의 사용법을 소개하기 위해 이 모형을 사용한다.

2) 카파 통계량은 범주형 자료에 대한 일치도 측도(measure of agreement)이다. 1은 완벽한 일치를, 0은 일치 결여를 나타낸다. 군집이 심하게 불균형적인 경우에 매우 우수한 성능평가 측도이다(Kuhn, 2008).

```
> ctrl <- trainControl(method = "repeatedcv", repeats = 3)
> plsFit <- train(Class ~ ., data = training,
                 method = "pls",
                 tuneLength = 15,
                 trControl = ctrl,
                 preProc = c("center", "scale"))
```

마지막으로, 다른 성능 평가 측도를 선택하려면 trainControl( ) 함수에 추가 옵션을 사용한다. summaryFunction= 옵션은 관측값과 예측값을 취하여 성능 측도를 추정하는 함수에서 사용된다. 두 개의 함수 defaultSummary와 twoClassSummary가 이미 패키지에 포함되어 있다. 후자는 ROC 곡선 아래의 면적, 민감도 및 특이도와 같은 2-집단(class) 문제에 대한 측도를 계산한다. ROC 곡선은 예측된 클래스 확률(자동으로 계산되지 않음)을 기반으로 하므로 다른 옵션이 필요하다. classProbs=TRUE 옵션은 이러한 계산을 포함하는 데 사용된다. 끝으로, 이 함수는 최상의 결과를 가지는 조율모수를 선택한다. 맞춤형 성능 측도를 사용하고 있으므로 최적화해야 하는 기준도 지정해야 한다. train을 호출할 때, metric="ROC"를 사용하여 이를 수행할 수 있다.

```
> set.seed(123)
> ctrl <- trainControl(method = "repeatedcv",
                       repeats = 3,
                       classProbs = TRUE,
                       summaryFunction = twoClassSummary)
> plsFit <- train(Class ~ .,
                  data = training,
                  method = "pls",
                  tuneLength = 15,
                  trControl = ctrl,
                  metric = "ROC",
                  preProc = c("center", "scale"))
> # metric= 옵션에는 "accuracy", "Kappa", "RMSE", "Rsquared"가 있다. 이 옵션은 최종모형의 선택에 사용되는 목적함수를 지정함
> plsFit
Partial Least Squares

157 samples
 60 predictor
  2 classes: 'M', 'R'

Pre-processing: centered (60), scaled (60)
Resampling: Cross-Validated (10 fold, repeated 3 times)
Summary of sample sizes: 142, 141, 141, 141, 142, 142, ...
Resampling results across tuning parameters:
```

```
  ncomp  ROC        Sens       Spec
   1     0.8135582  0.7120370  0.7172619
   2     0.8713211  0.7782407  0.8130952
   3     0.8660962  0.7699074  0.8339286
   4     0.8660136  0.7740741  0.7714286
   5     0.8504216  0.7532407  0.7845238
  ...
  14     0.8225364  0.7375000  0.7833333
  15     0.8150463  0.7337963  0.7744048

ROC was used to select the optimal model using the largest value.
The final value used for the model was ncomp = 2.
```

(해석) 이 출력에서 격자 결과는 성능의 평균 재표본된 추정치이다. 하단의 메모는 ROC가 가장 큰 값이 최적 모형의 선택에 사용되었음을 말하며, 그 모형의 최종값은 ncomp=2이다. 이 값을 바탕으로 최종 PLS 모형은 이 지정을 사용하는 전체 자료에 대한 것이고, 이것은 미래의 자료를 예측하는 데 사용된다.

이 패키지는 결과를 시각화하는 몇 가지 함수가 있다. 이 작업을 수행하는 한 가지 방법은 train 객체에 대해 plot() 함수를 수행하는 것이다.

```
> plot(plsFit)
```

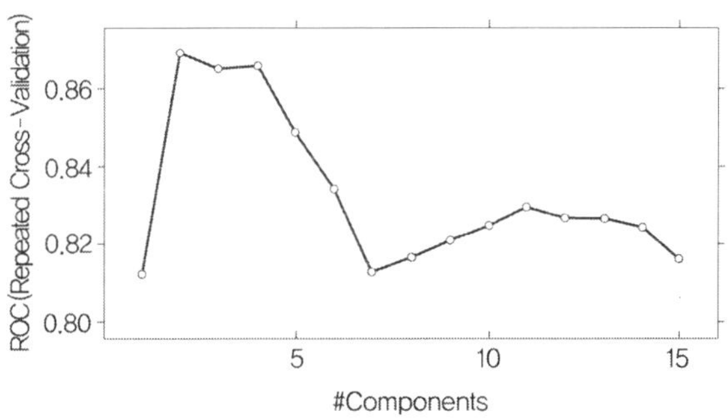

(해석) PLS 성분의 수와 재표본된 AUC(area under the ROC curve) 추정치의 관계를 보여 준다.

새로운 표본의 예측에는 predict.train이 사용될 수 있다. 분류모형의 경우, 기본 동작은 예측된 집단을 계산하는 것이다. type="prob" 옵션을 사용하여 모형으로부터 집단 확률을 계산할 수 있다.

```
> plsClasses <- predict(plsFit, newdata = testing)
> str(plsClasses)
 Factor w/ 2 levels "M","R": 2 1 1 2 1 2 2 2 2 2 ...
> plsProbs <- predict(plsFit, newdata = testing, type = "prob")
> head(plsProbs)
```

```
       M         R
4  0.3762529 0.6237471
5  0.5229047 0.4770953
8  0.5839468 0.4160532
16 0.3660142 0.6339858
20 0.7351013 0.2648987
25 0.2135788 0.7864212
```

{caret}은 모형적합에 대한 정오분류행렬(confusion matrix)과 관련 통계를 계산하는 함수를 포함한다.

```
> confusionMatrix(data = plsClasses, testing$Class)     # 정오분류행렬
Confusion Matrix and Statistics

          Reference
Prediction  M  R
         M 20  7
         R  7 17

               Accuracy : 0.7255
                 95% CI : (0.5826, 0.8411)
    No Information Rate : 0.5294
    P-Value [Acc > NIR] : 0.003347

                  Kappa : 0.4491
 Mcnemar's Test P-Value : 1.000000

            Sensitivity : 0.7407
            Specificity : 0.7083
         Pos Pred Value : 0.7407
         Neg Pred Value : 0.7083
             Prevalence : 0.5294
         Detection Rate : 0.3922
   Detection Prevalence : 0.5294
      Balanced Accuracy : 0.7245

       'Positive' Class : M
```

(해석) 계산 결과를 차례대로 소개한다. Accuracy(정분류율)=(20+17)/51, No Information Rate은 자료에서 1('Positive Class': M)과 0의 비율 중 큰 값으로 27/51이며(>24/51), Sensitivity(민감도)=20/27, Specificity(특이도)=17/24이다. 다음의 두 측도는 예측된 클래스가 얼마나 정확한지를 나타내는 것으로 Pos Pred Value(예측1 가운데 '바르게 예측한(TP의)' 비율)=20/27, Neg Pred Value(예측0 가운데 '바르게 예측한(TN의)' 비율)=17/24이다. Prevalence=27/51(자료에서 더 큰 범주(1)의 비율), Detection Rate(전체에서 TP의 비율)=20/51, Detection Prevalence(전체에서 더 큰 범주(1)로 예측한 비율)=27/51, Balanced

Accuracy는 (민감도+특이도)/2 또는 (TP/P+TN/N)/2으로 (20/27+17/24)/2이다. Kappa(일치도 측도)는 (0.7255-0.5017)/(1-0.5017)=0.4491로 적당한 수준의 일치도를 보인다(여기서, 기대 정확도 $p_e=(E_{11}+E_{22})/N$ =(27*27/51+24*24/51)/51=0.5017이다). McNemar Test P-Value=$P(\chi^2(1)>0)=1$로 주변동질성(또는 대칭성)을 만족한다고 할 수 있다. 카파 통계량과 McNemar 검정에 대해서는 아래 내용을 참고하기 바란다.

참고 카파 통계량

Cohen(1960)의 카파 통계량(kappa statistic) 또는 카파 계수(kappa coefficient)는 범주형으로 이루어지는 평가(또는 항목 분류)에서 두 평가자 간의 일치도의 측도(measure of agreement)이다. 예측 정확도(predicted accuracy, p_o)가 기대 정확도(expected accuracy, p_e)에 비해 얼마나 다른지를 상대적으로 나타낸 측도로 다음과 같이 정의된다. 여기서 기대 정확도(p_e)는 우연에 의한 일치 확률로 분할표의 주변 빈도에 의해 구해진다.

$$\kappa=\frac{predicted\ accuracy-expected\ accuracy}{1-expected\ accuracy}=\frac{p_o-p_e}{1-p_e}.$$

이 값은 기본적으로 제안된 분류기의 성능이 각 범주의 빈도에 따라 임의로 예측하는 분류기의 성능보다 얼마나 우수한지를 알려준다. 이 측도는 단순 퍼센트(일치도)보다 로버스트한 측도이다. 그 이유는 우연에 의한 일치 가능성을 고려하기 때문이다. 이 측도는 해석에 다소 논란이 있으나([표 6.2] 참고), 항목 간에 불일치에 대한 측도보다 개념적으로 단순하여 연구자들에 의해 많이 사용되고 있다.

[표 6.2] 카파 통계량에 대한 해석(Landis와 Koch, 1977)

κ	해석(일치도 수준)
〈 0%	Poor (나쁨)
0% – 20%	Slight (약간 일치)
21% – 40%	Fair (다소 일치)
41% – 60%	Moderate (적당함)
61% – 80%	Substantial (높은 일치)
81% – 100%	Almost Perfect (거의 완벽한 일치)

때때로 기계학습에서 우리는 다범주의 분류 문제에 직면하게 된다. 이때, 정확도 또는 정밀도/재현율과 같은 측도들은 분류기의 성능에 대한 완벽한 정보를 제공하지 않는다. 또한 불균형한 클래스의 경우에도 문제가 발생할 수 있다. 예를 들어, A와 B 두 클래스를 가지고 있고 A가 5%를 차지할 때, 정확도는 잘못된 정보를 제공할 수 있으므로 정밀도와 재현율과 같은 조치를 취한다. F-측도(예를 들어, F1-점수)와 같은 두 가지를 결합하는 방법이 있지만 F-측도는 정밀도와 재현율의 조화평균이라는 것 외에 아주 직관적인 설명이 부족하다. 이에 비해, Cohen의 카파통계량은 다범주 및 불균형한 범주의 경우에도 매우 훌륭한 측도로 알려져 있다.

Cohen의 카파와 유사한 통계량으로 Fleiss(1971)의 카파 통계량이 있다. 이 통계량은 여러 평가자들 간의 일치도 측도로 이진 또는 명목 척도에만 사용될 수 있으며, 순서적인 경우에는 유용하지 않다. 반면 Cohen의 가중 카파(weighted kappa)는 순서적인 범주에 사용 가능하다(보다 자세한 내용은 wikipedia를 참고할 것).

참고 McNemar 검정

McNemar(1947) 검정은 짝지어진 명목형 자료에 사용되는 검정으로, 2×2 분할표 자료에서 행과 열의 주변 빈도가 동일한 지("주변 동질성(marginal homogeneity)")에 대한 검정을 수행한다(따라서 이를 연관된 비율에 대한 검정이라고도 함). 예를 들어, n명의 동일한 개체에 대해 찬성과 반대에 대한 설문조사를 2회 실시할 때(이를 대응쌍(matched pairs)을 이룬 자료라고 함: [표 6.3] 참고), 주변 동질성은 $p_a+p_b=p_a+p_c$, $p_c+p_d=p_b+p_d (\Leftrightarrow p_a=p_b)$을 의미하므로, 이 검정은 1, 2차에 걸친 찬성의 비율이 동일한 지(또는 대칭성)에 대한 검정과 같다.

[표 6.3] 2×2 대응쌍 분할표 자료

조사1＼조사2	찬성	반대	합계
찬성	a	b	$a+b$
반대	c	d	$c+d$
합계	$a+c$	$b+d$	n

McNemar 검정통계량은 $\chi^2=\frac{(b-c)^2}{b+c}$으로 주어지며, 귀무가설 하에서 근사적으로($b$와 c가 충분히 큰 경우) $\chi^2(1)$을 따르며, 이에 기초하여 검정을 실시하게 된다(이항분포에 기반한 정확한 검정도 가능함).

참고로, McNemar 검정에 대한 확장으로 $r\times r$ 정방분할표에서 대칭성 검정은 다음의 검정통계량에 기초한다. 이 통계량은 귀무가설 하에서 근사적으로 자유도가 $I(I-1)/2$인 카이제곱분포를 따른다.

$$\chi^2=\sum_{i,j}\frac{(O_{ij}-\widehat{E}_{ij})^2}{\widehat{E}_{ij}},\quad \widehat{E}_{ij}=\frac{O_{ij}+O_{ji}}{2}$$
$$=\sum_{i<j}\frac{(O_{ij}-O_{ji})^2}{O_{ij}+O_{ji}}.$$

자료에 대해 다른 모형을 적합하기 위해, 최소한의 변경만으로 train() 함수를 호출할 수 있다. 예를 들어, 이 자료에 일반화(regularized) 판별모형[3]을 적합하는 예는 다음과 같다.

3) 일반화 판별분석에 대해서는 나종화(2017)의 4권을 참고하기 바란다.

```
> ## 설명을 위해 custom grid가 사용됨
> rdaGrid = data.frame(gamma = (0:4)/4, lambda = 3/4)
> set.seed(123)
> rdaFit <- train(Class ~ .,
                  data = training,
                  method = "rda",
                  tuneGrid = rdaGrid,    # 조율모수의 특정 격자(grid)를 지정
                  trControl = ctrl,
                  metric = "ROC")

> rdaFit
Regularized Discriminant Analysis

157 samples
 60 predictor
  2 classes: 'M', 'R'

No pre-processing
Resampling: Cross-Validated (10 fold, repeated 3 times)
Summary of sample sizes: 142, 141, 141, 141, 142, 142, ...
Resampling results across tuning parameters:

  gamma  ROC        Sens       Spec
  0.00   0.8448826  0.7884259  0.7625000
  0.25   0.8860119  0.8060185  0.8035714
  0.50   0.8851190  0.8097222  0.7666667
  0.75   0.8685847  0.7745370  0.7529762
  1.00   0.7563823  0.6615741  0.6803571

Tuning parameter 'lambda' was held constant at a value of 0.75
ROC was used to select the optimal model using  the largest value.
The final values used for the model were gamma = 0.25 and lambda = 0.75.

> rdaClasses <- predict(rdaFit, newdata = testing)
> confusionMatrix(rdaClasses, testing$Class)
Confusion Matrix and Statistics

          Reference
Prediction  M  R
         M 22  5
         R  5 19

               Accuracy : 0.8039
                 95% CI : (0.6688, 0.9018)
    No Information Rate : 0.5294
    P-Value [Acc > NIR] : 4.341e-05
```

```
                Kappa : 0.6065
 Mcnemar's Test P-Value : 1

            Sensitivity : 0.8148
            Specificity : 0.7917
         Pos Pred Value : 0.8148
         Neg Pred Value : 0.7917
             Prevalence : 0.5294
         Detection Rate : 0.4314
   Detection Prevalence : 0.5294
      Balanced Accuracy : 0.8032

       'Positive' Class : M
```

이 모형들은 재표본 결과와 어떻게 비교되는가? 재표본 함수는 재표본 결과를 수집, 요약 및 대비(contrast)하는 데 사용될 수 있다. train( ) 함수의 호출에 앞서 난수가 동일한 값으로 초기화된 경우, 각 모형에 동일한 중첩(folds)이 사용된다.

```
> resamps <- resamples(list(pls = plsFit, rda = rdaFit))
> summary(resamps)

Call:
summary.resamples(object = resamps)

Models: pls, rda
Number of resamples: 30

ROC
      Min. 1st Qu. Median   Mean 3rd Qu. Max. NA's
pls 0.5397  0.8333 0.8672 0.8713  0.9509    1    0
rda 0.6984  0.8398 0.9028 0.8860  0.9787    1    0

Sens
      Min. 1st Qu. Median   Mean 3rd Qu. Max. NA's
pls 0.3333  0.7500 0.7778 0.7782  0.8750    1    0
rda 0.4444  0.6875 0.8750 0.8060  0.8889    1    0

Spec
      Min. 1st Qu. Median   Mean 3rd Qu. Max. NA's
pls 0.5000  0.7143 0.8571 0.8131  0.9688    1    0
rda 0.1429  0.7232 0.8571 0.8036  0.8571    1    0
```

이러한 결과를 시각화하는 몇 가지 함수가 있다. 예를 들어, Bland Altman 유형 그림은 xyplot(resamps, what="BlandAltman")을 사용한다. 그 결과는 비슷하다. 각 재표본에 대해 쌍을 이루는 결과가 있으므로 평균 재표본된 AUC에 차이가 있는지를 평가하는데 대응 t-검정이 사용될 수 있다.

```
> xyplot(resamps, what = "BlandAltman")
```

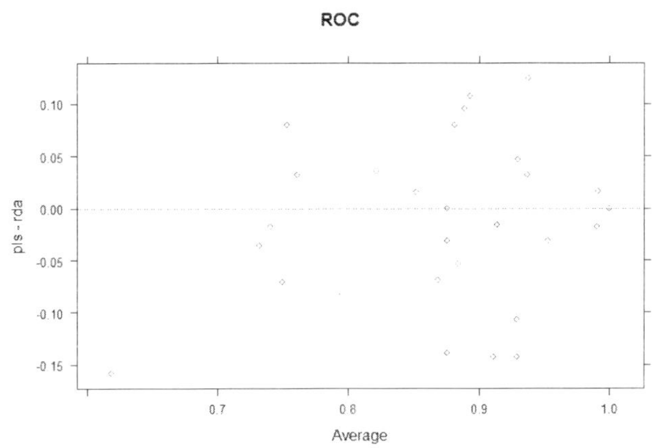

(해석) 재표본된 ROC 값의 Bland-Altman 그림이다. x축은 두 방법의 평균값이고, y축은 두 방법의 차이(pls-rda)를 나타낸다.

```
> diffs <- diff(resamps)
> summary(diffs)

Call:
summary.diff.resamples(object = diffs)

p-value adjustment: bonferroni
Upper diagonal: estimates of the difference
Lower diagonal: p-value for H0: difference = 0

ROC
    pls    rda
pls        -0.01469
rda 0.2975

Sens
    pls   rda
pls       -0.02778
rda 0.125

Spec
    pls    rda
pls        0.009524
rda 0.7348
```

(해석) 이 분석을 바탕으로, 모델 간의 차이는 -0.015 ROC 단위이며(RDA 모형이 약간 큼), 차이에 대한 양측 검정의 p-값은 0.297490이다.

이 장의 내용은 Kuhn(2016)의 "A short introduction to the caret package"를 옮긴 것이다. {caret} 패키지에 대한 더 자세한 도움말은 아래의 사이트를 참조하기 바란다.

http://caret.r-forge.r-project.org/

6.3 {caret}의 적용 범위(모형)

다음의 [표 6.4]는 train() 함수에서 사용되는 모형을 정리한 것이다. 이 함수들은 method= 옵션에서 지정된다.

[표 6.4] train() 함수에 사용되는 모형

모형	method=옵션	패키지명	조율모수
Recursive partitioning	rpart ctree	rpart* party	maxdepth mimcriterion
Boosted trees	gbm	gbm*	interaction.depth, n.trees, shrinkage
	blackboost ada	mboost ada	maxdepth, mstop maxdepth, iter, nu
Other boosted models	glmboost gamboost logitboost	mboost mboost caTools	mstop mstop nIter
Random forests	rf cforest	randomForest* party	mtry mtry
Bagged trees	treebag	ipred	None
Neural Networks	nnet	nnet	decay, size
Partial least squares	pls*	pls, caret	ncomp
Support vector machines (RBF kernel)	svmRadial	kernlab	sigma, C
Support vector machines (polynomial kernel)	svmPoly	kernlab	scale, degree, C
Gaussian process (RBF kernel)	gaussprRadial	kernlab	sigma
Gaussian process (polynomial kernel)	gaussprPoly	kernlab	scale, degree
Linear least squares	lm*	stats	None
Multivariate adaptive regression splines	earth, mars	earth	degree, nprune
Bagged MARS	bagEarth*	caret, earth	degree, nprune
Elastic net	enet	elasticnet	lambda, fraction
The lasso	lasso	elasticnet	fraction

모형	method=옵션	패키지명	조율모수
Relevance vector machines (RBF kernel)	rvmRadial	kernlab	sigma
Relevance vector machines (polynomial kernel)	rvmPoly	kernlab	scale, degree
Linear discriminant analysis	lda	MASS	None
Stepwise diagonal discriminant analysis	sddaLDA, sddaQDA	SDDA	None
Logistic/multinomial regression	multinom	nnet	decay
Regularized discriminant analysis	rda	klaR	lambda, gamma
Flexible discriminant analysis (MARS basis)	fda*	mda, earth	degree, nprune
Bagged FDA	bagFDA*	caret, earth	degree, nprune
Least squares support vector machines (RBF kernel)	lssvmRadial	kernlab	sigma
k nearest neighbors	knn3	caret	k
Nearent shrunken centroids	pam*	pamr	threshold
Naive Bayes	nb	klaR	usekernel
Generalized partial least squares	gpls	gpls	K.prov
Learned vector quantization	lvq	class	k

(* 표시는 모형-특정적 변수 중요도 방법을 사용할 수 있음)

6.4 {caret}을 이용한 변수선택

6.4.1 변수의 중요도

변수의 중요도(importance)는 모형을 작성하여 데이터로부터 추정할 수 있다. 의사결정나무와 같은 일부 방법에는 변수 중요도를 알려주는 메커니즘이 내장되어 있다. 다른 알고리즘의 경우 중요도는 각 변수에 대해 수행된 ROC 곡선 분석을 사용하여 추정될 수 있다.

R에서 변수의 중요도(importance)를 평가하는 함수는 두 그룹(모형 정보를 이용하는 경우와 그렇지 않은 경우)으로 나누어진다. 모형-기반 접근법의 장점은 모형 성능과 보다 밀접하게 관계되며 예측변수들 간의 상관구조를 중요도 계산에 결합할 수 있다는 점이다.

중요도가 어떻게 계산되는가에 무관하게 다음이 성립한다.

- 대부분의 분류모형에 대해, 각 예측변수는 각 클래스에 대해 별도의 변수 중요도를 가진다 (분류나무, 배깅 트리와 부스팅 트리는 예외임).

- 모든 중요도 측도는 varImp.train()의 scale= 인수가 FALSE로 지정되지 않는 한, 최댓값 100으로 조정(scaled)된다.

R의 varImp{caret} 함수는 train 객체 또는 특정 방법(회귀 또는 분류 모형)에 의한 결과 객체에 대한 변수 중요도를 계산해 준다. 이 함수의 일반 형식은 다음과 같다.

```
varImp(object, scale = TRUE, ...)
```

- object는 train 객체 또는 특정 모형의 결과 객체("earth", "fda", "rpart", "randomForest", "gbm", "classbagg", "regbagg", "pamrtrained", "lm", "mvr", "bagEarth", "bagFDA", "RandomForest", "rfe", "dsa", "multinom", "cubist", "JRip", "PART", "C5.0", "nnet", "glmnet", "plsda")
- scale=TRUE(디폴트)는 변수 중요도를 0 ~ 100 사이의 값으로 제공함

예제 1

PimaIndiansDiabetes{mlbench} 자료에 대해 학습벡터양자화(learning vector quantization, LVQ) 모형을 구축한다. varImp( ) 함수를 사용하여 변수 중요도를 추정하고 이를 출력한다. glucose, mass와 age가 이 데이터 셋에서 가장 중요한 3가지 변수이며 insulin 변수가 가장 덜 중요함을 보여 준다.

```
> set.seed(100)
> library(mlbench)
> library(caret)
> data(PimaIndiansDiabetes)     # 768개 관측치와 9개 변수

> # 훈련에 대한 설정
> control <- trainControl(method="repeatedcv", number=10, repeats=3)

> # 모형 훈련
> model <- train(diabetes~., data=PimaIndiansDiabetes, method="lvq",
                 preProcess="scale", trControl=control)
Loading required package: class

> # 변수 중요도 추정
> importance <- varImp(model, scale=FALSE)     # 중요도 척도(scale)를 0~100으로 함
> print(importance)
ROC curve variable importance

        Importance
glucose     0.7881
mass        0.6876
```

```
age            0.6869
pregnant       0.6195
pedigree       0.6062
pressure       0.5865
triceps        0.5536
insulin        0.5379

> plot(importance)
```

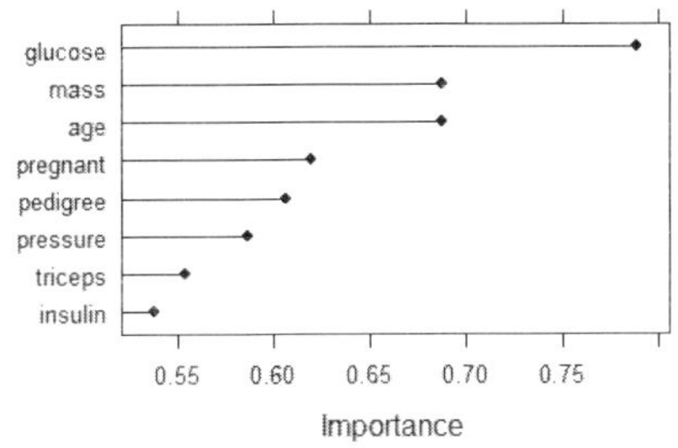

6.4.2 변수선택

자동 변수선택 방법은 데이터 셋의 서로 다른 부집합에 대해 여러 모델을 작성하고 정확한 모형을 구축하는 데 필요하고 필요하지 않은 변수를 식별할 수 있다.

{caret} 패키지에서 제공되는 가장 널리 사용되는 자동 변수선택 방법은 후진선택(backwards selection)으로도 알려진 재귀적 변수제거(recursive feature elimination, 이하 RFE) 방법이다.

R의 rfe{caret} 함수는 RFE 알고리즘을 수행한다. rfe( ) 함수의 일반 형식은 다음과 같다.

```
rfe(x, y,
    sizes = 2^(2:4),
    metric = ifelse(is.factor(y), "Accuracy", "RMSE"),
    maximize = ifelse(metric == "RMSE", FALSE, TRUE),
    rfeControl = rfeControl(),
    ...)
```

- x는 모형 훈련을 위한 예측변수(행렬 또는 데이터프레임)
- y는 훈련용 자료의 반응변수 벡터(수치형 또는 요인)
- sizes= 고려해야 할 변수의 수

예제 2

PimaIndiansDiabetes 자료에 대해 RFE 방법을 적용한다. 모형을 평가하기 위해 반복마다 랜덤포리스트 알고리즘이 사용되었다. 알고리즘은 변수의 모든 가능한 부집합을 탐색하도록 구성되었다. 이 예에서는 8개의 변수가 모두 선택되었다.

```
> set.seed(50)
> library(mlbench)
> library(caret)
> data(PimaIndiansDiabetes)

> # 랜덤포리스트 선택함수(functions=rfFuncs)를 사용하여 RFE를 조절
> # method= 재표본의 방법으로 "boot", "CV", "LOOCV", "LGOCV" 지정 가능
> # number= 중첩의 수 또는 재표본 반복의 수를 지정
> control <- rfeControl(functions=rfFuncs, method="cv", number=10)

> # RFE 알고리즘을 수행
> results <- rfe(PimaIndiansDiabetes[,1:8], PimaIndiansDiabetes[,9], sizes=c(1:8),
                 rfeControl=control)
> print(results)

Recursive feature selection

Outer resampling method: Cross-Validated (10 fold)

Resampling performance over subset size:

 Variables Accuracy  Kappa AccuracySD KappaSD Selected
         1   0.6927 0.2681    0.03248 0.07499
         2   0.7369 0.4062    0.04125 0.09603
         3   0.7423 0.4199    0.04503 0.09986
         4   0.7579 0.4596    0.03835 0.09166
         5   0.7539 0.4477    0.04532 0.10436
         6   0.7513 0.4364    0.05051 0.11237
         7   0.7565 0.4492    0.05989 0.13187
         8   0.7696 0.4748    0.05432 0.12490        *

The top 5 variables (out of 8):
   glucose, mass, age, pregnant, insulin

> predictors(results)
[1] "glucose"  "mass"     "age"      "pregnant" "insulin"
[6] "pedigree" "triceps"  "pressure"

> plot(results, type=c("g", "o"))
```

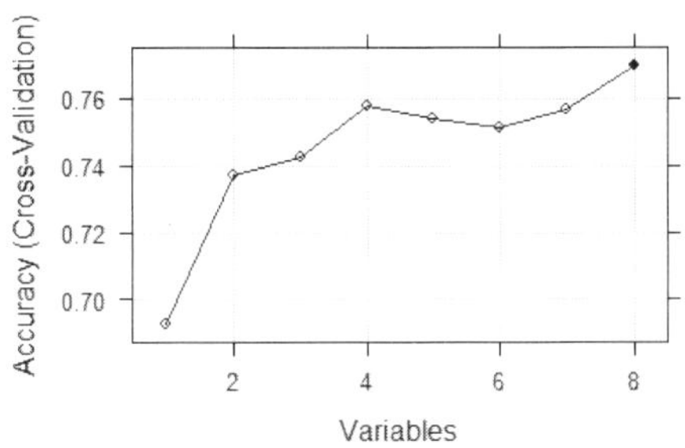

용어 **Regularization(제약 또는 일반화)**

통계학 분야에서 "regularization"은 과적합(overfitting)의 문제를 피하기 위해 추가적인 정보를 도입하는 과정이다. 이 정보는 주로 복잡성에 대한 벌점(penalty)의 형태로 주어진다. Regularization의 예로는 라소나 능형회귀에서 손실함수에 벌점항(penalty term)을 추가하는 과정, 판별분석에서 손실함수에 제약항(regularization term or regularizer)을 추가하는 과정, 신경망에서 비용함수에 제약항을 추가하는 과정("weight decay" 방법) 등이 있다.

아울러, 기계학습(machine learning)의 관점에서 통계적 모형은 오차가 포함된 관측값을 학습하므로 오차를 같이 학습하려는 경향을 가진다. 따라서 적합모형이 모형적합에 사용되지 않은 새로운 자료에 대해서는 예측력이 떨어지는 경우가 발생한다. 즉, 모형의 일반화(generalization)가 잘 되지 않는다. 따라서 단순히 표본 내의 오차만을 최소화하는 것이 아니라 특정 제약항을 추가함으로써 일반화의 성질을 좋게 하는 목적으로 사용할 수 있다.

6.5 예제: {caret}을 이용한 기계학습

이 절에서는 {caret} 패키지를 이용한 기계학습(machine learning) 절차를 단계별로 소개하였다. 분석 절차는 [전처리 → 데이터 분할 → 변수 선택 → 모형 적합 → 모수 조율 → 변수 중요도 추정 → 예측 및 모형 평가]의 순이며, 결과에 대한 자세한 해석보다는 단계별 {caret}의 활용법을 중심으로 소개하였다. 특히, 전처리 과정에서 범주형 예측변수에 대한 처리(one-hot 인코딩 과정)에 주목하기 바란다.

예제 3

분석에 사용될 자료는 은행 고객에 대한 대출 여부의 자료이다(파일명: loan.csv). 이 자료는 총 614개이며, 13개의 변수로 구성되었다. 반응변수는 Loan_Status 변수(Y: 대출, N: 미대출)이다.

```
> library(caret)
> train<-read.csv("C:/loan.csv", stringsAsFactors=T)
> str(train)
'data.frame':   614 obs. of  13 variables:
 $ Loan_ID          : Factor w/ 614 levels "LP001002","LP001003",..: 1 2 3 4 5 6 7
 $ Gender           : Factor w/ 3 levels "","Female","Male": 3 3 3 3 3 3 3 3 3 3 ...
 $ Married          : Factor w/ 3 levels "","No","Yes": 2 3 3 3 2 3 3 3 3 3 ...
 $ Dependents       : Factor w/ 5 levels "","0","1","2",..: 2 3 2 2 2 4 2 5 4 3 ...
 $ Education        : Factor w/ 2 levels "Graduate","Not Graduate": 1 1 1 2 1 1 2 1
 $ Self_Employed    : Factor w/ 3 levels "","No","Yes": 2 2 3 2 2 3 2 2 2 2 ...
 $ ApplicantIncome  : int  5849 4583 3000 2583 6000 5417 2333 3036 4006 12841 ...
 $ CoapplicantIncome: num  0 1508 0 2358 0 ...
 $ LoanAmount       : int  NA 128 66 120 141 267 95 158 168 349 ...
 $ Loan_Amount_Term : int  360 360 360 360 360 360 360 360 360 360 ...
 $ Credit_History   : int  1 1 1 1 1 1 1 0 1 1 ...
 $ Property_Area    : Factor w/ 3 levels "Rural","Semiurban",..: 3 1 3 3 3 3 3 2 3 2
 $ Loan_Status      : Factor w/ 2 levels "N","Y": 2 1 2 2 2 2 2 1 2 1 ...
```

(a) 전처리 Ⅰ - 결측값 대치, 표준화

preProcess( ) 함수를 통해 전처리를 수행한다. 먼저, 자료에 대해 결측값의 존재 여부를 확인하고, 이를 대치한다. 여기서는 대치 방법으로는 k-NN 방법을 사용한다(7장 참고). 결측값 대치에 앞서 수치형 자료에 대해서는 표준화(중심화+척도화)를 수행한다.

```
> sum(is.na(train))     # 결측값 확인
[1] 86
```

참고 결측값 패턴

결측값의 패턴은 md.pattern{mice}를 통해 확인할 수 있다[4]. 아래 그림에서 우측 3개 열(Loan_Amount_Term, LoanAmount, Credit_History)에서 결측값이 발생되었음을 알 수 있다(각각 14개, 22개, 50개: 총 86개).

```
> library(mice)
> md.pattern(train)
```

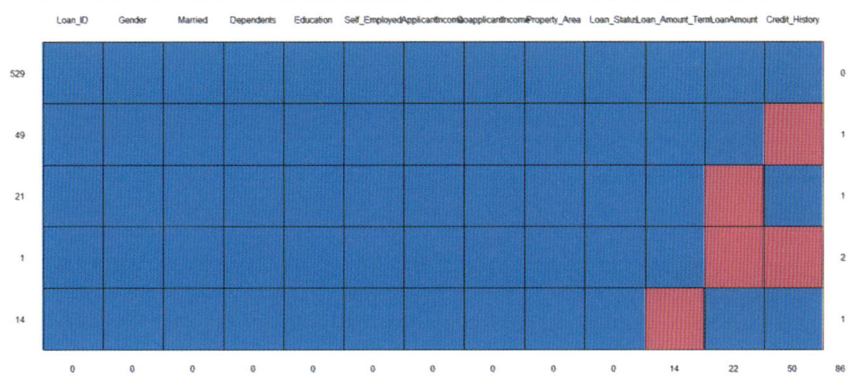


```
> prePro <- preProcess(loan, method=c("knnImpute", "center", "scale"))
> loanPre <- predict(prePro, loan)     # 결측값 대치
> sum(is.na(loanPre))
[1] 0
```

[유의] preProcess( ) 함수는 값을 돌려주지 않으므로, 대치된 값을 확인하고자 할 때는 predict() 함수를 사용한다.

(b) 전처리 II - 범주형 예측변수 처리

dummyVars( ) 함수를 이용하여 범주형 예측변수에 대해 더미변수를 생성한다. fullRank=TRUE 옵션은 (범주 수−1) 개의 더미변수를 생성시킨다. 이에 앞서 반응변수를 먼저 수치형으로 바꾸어 준 뒤(dummyVar( ) 함수의 영향을 받지 않도록), 더미변수를 생성한 후 다시 원래의 범주형으로 돌려준다.

[유의] dummyVars( ) 함수에서 fullRank=FALSE(디폴트)를 사용하면 각 변수별로 범주의 수만큼 더미변수가 생성되므로 생성되는 더미변수의 수가 더 늘어난다.

4) 결측값 대치에 대한 자세한 내용은 3권(2.2절) 또는 4권(1.4절)을 참고하기 바란다.

```
> # 종속변수를 숫자형 변수로 변환(0, 1로 recoding)
> loanPre$Loan_Status <- ifelse(loanPre$Loan_Status=="N",0,1)
> id <- loanPre$Loan_ID
> loanPre$Loan_ID <- NULL    # 1열(Loan_ID)은 제거

> # 범주형 변수에 대해 더미변수를 생성
> dmy <- dummyVars("~.", data=loanPre, fullRank=T)
> loanDummy <- data.frame(predict(dmy, newdata=loanPre))
> str(loanDummy)
'data.frame':   614 obs. of  19 variables:
 $ Gender.Female          : num  0 0 0 0 0 0 0 0 0 0 ...
 $ Gender.Male            : num  1 1 1 1 1 1 1 1 1 1 ...
 $ Married.No             : num  1 0 0 0 1 0 0 0 0 0 ...
 ......
 $ Property_Area.Urban    : num  1 0 1 1 1 1 1 0 1 0 ...
 $ Loan_Status            : num  1 0 1 1 1 1 1 0 1 0 ...

> # 반응변수를 원래의 범주형(factor)으로 돌려줌
> loanDummy$Loan_Status <- as.factor(loanDummy$Loan_Status)
```

(c) 데이터 분할

createDataPartition( ) 함수를 이용하여 분석 자료를 훈련용과 검증용 자료로 분할한다.

[주의] {caret}의 절차를 수행할 때 결과의 재현성을 위해서는 set.seed() 함수를 사용하기 바란다. 독자를 위해 필요한 set.seed() 함수의 위치를 제시해 두었다.

```
> # 훈련용 자료(75%), 검증용 자료(25%) 생성
> set.seed(101)
> index <- createDataPartition(loanDummy$Loan_Status, p=0.75, list=F)
> loanTrain <- loanDummy[index,]
> loanTest <- loanDummy[-index,]
```

(d) 변수 선택

모형 구축에서 변수 선택은 매우 중요한 부분으로, 여기서는 재귀적 변수제거(recursive feature elimination, RFE) 방법으로 최적의 부분집합을 선택한다. RFE 방법으로 최적의 변수 부분집합을 구한 결과 8개의 변수가 선택되었다.

```
> # rfe() 함수의 옵션 설정
> set.seed(102)
> control <- rfeControl(functions=rfFuncs,
                        method="repeatedcv",
                        repeats=3,
```

```
                          verbose=FALSE)
> outcomeName<-'Loan_Status'
> predictors<-names(loanTrain)[!names(loanTrain) %in% outcomeName]
> predictorProfile <- rfe(loanTrain[,predictors], loanTrain[,outcomeName],
                          rfeControl=control)
> predictorProfile

Recursive feature selection

Outer resampling method: Cross-Validated (10 fold, repeated 3 times)

Resampling performance over subset size:

 Variables Accuracy  Kappa AccuracySD KappaSD Selected
         4   0.7788 0.4199    0.04904  0.1383
         8   0.7846 0.4204    0.05239  0.1463        *
        16   0.7723 0.4014    0.05422  0.1406
        18   0.7802 0.4196    0.05230  0.1399

The top 5 variables (out of 8):
   Credit_History, ApplicantIncome, LoanAmount, Property_Area.Semiurban, Loan_Amount_Term

> names(predictorProfile)
> (predictors <- predictorProfile$optVariables)
[1] "Credit_History"          "ApplicantIncome"         "LoanAmount"
[4] "Property_Area.Semiurban" "Loan_Amount_Term"        "CoapplicantIncome"
[7] "Dependents.1"            "Dependents.0"
```

(e) 모형 적합

{caret} 패키지에서는 200개 이상의 모형 적합 알고리즘이 제공된다. 이들 알고리즘은 getModelInfo( ) 함수를 통해 확인 가능하며, {caret}을 통해 일관된 방식으로 이들 모형을 적합할 수 있다.

```
> # {caret} 패키지에서 제공되는 알고리즘 확인
> names(getModelInfo())
> # 모형 적합 예시
> set.seed(103)
> model_gbm <- train(trainSet[,predictors], trainSet[,outcomeName], method='gbm')
> model_rf <- train(trainSet[,predictors], trainSet[,outcomeName], method='rf')
> model_nnet <- train(trainSet[,predictors], trainSet[,outcomeName], method='nnet')
> model_glm <- train(trainSet[,predictors], trainSet[,outcomeName], method='glm')
```

(f) 모수 조율: (e)에 비해 시간-소모적임에 유의

tuneGrid( ) 또는 tuneLength( ) 함수를 사용하여 모수를 조율(tune)할 수 있다. tuneGrid( ) 함수는 expand.grid( )에서 지정한 모든 모수 조합에 대해 모형 적합과 모형 평가를 수행하며, 이로부터 최적의 모수 집합을 찾는다. 반면, tuneLength( ) 함수는 각 모수에 대해 값을 지정하는 대신 각 모수별로 고려해야 할 모수 값의 개수(길이)를 지정한다. tuneGrid= 또는 tuneLength= 옵션을 지정하지 않으면, 조정 가능한 매개 변수의 임의의 3개 값을 사용하고, 교차타당성 방법을 사용하여 해당 알고리즘에 가장 적합한 매개 변수 조합을 찾는다.

```
> # 모형의 성능 평가 방법을 지정: 5-중첩 교차타당성 방법을 5회 반복
> fitControl <- trainControl(method="repeatedcv",
                             number=5,
                             repeats=5
                )

① tuneGrid() 함수를 이용한 모수 조율
> modelLookup(model="gbm")    # gbm: Gradient Boosting Algorithm
  model         parameter                   label forReg forClass probModel
1   gbm           n.trees   # Boosting Iterations   TRUE     TRUE      TRUE
2   gbm interaction.depth          Max Tree Depth   TRUE     TRUE      TRUE
3   gbm         shrinkage               Shrinkage   TRUE     TRUE      TRUE
4   gbm    n.minobsinnode Min. Terminal Node Size   TRUE     TRUE      TRUE

> grid <- expand.grid(n.trees=c(10,20,50,100,500,1000),
                      shrinkage=c(0.01,0.05,0.1,0.5),
                      n.minobsinnode=c(3,5,10),
                      interaction.depth=c(1,5,10))

> set.seed(104)
> model_gbm_1 <- train(loanTrain[,predictors], loanTrain[,outcomeName],
                     method="gbm", trControl=fitControl, tuneGrid=grid)
> print(model_gbm_1)
> print(model_gbm_1)
Stochastic Gradient Boosting

461 samples
  8 predictor
  2 classes: '0', '1'

No pre-processing
Resampling: Cross-Validated (5 fold, repeated 5 times)
Summary of sample sizes: 369, 369, 368, 369, 369, 369, ...
Resampling results across tuning parameters:

  shrinkage  interaction.depth  n.minobsinnode  n.trees  Accuracy   Kappa
```

```
  0.01        1             3               10      0.6876398  0.0000000
  0.01        1             3               20      0.6876398  0.0000000
  0.01        1             3               50      0.8004620  0.4491723
......
Accuracy was used to select the optimal model using the largest value.
The final values used for the model were n.trees = 10, interaction.depth = 1, shrinkage =
0.05 and n.minobsinnode = 3.

> plot(model_gbm_1)
```

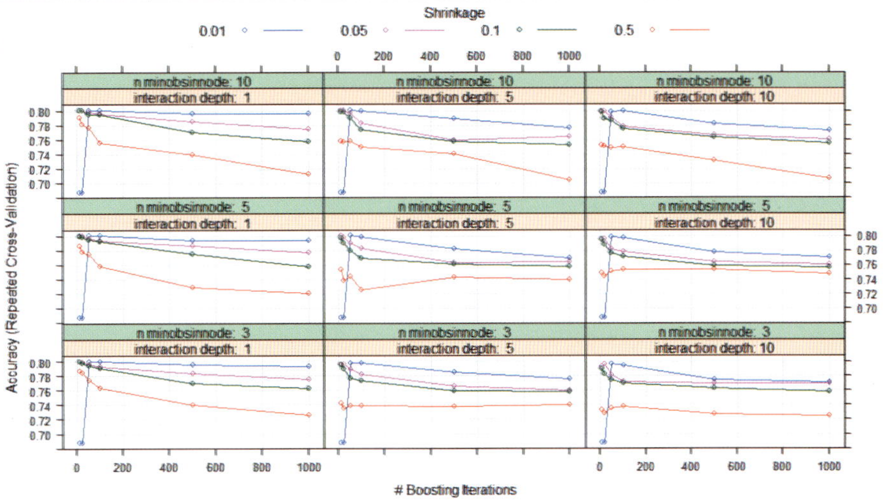

② tuneLength() 함수를 이용한 모수 조율

```
> set.seed(105)
> model_gbm_2 <- train(loanTrain[,predictors], loanTrain[,outcomeName],
                  method="gbm", trControl=fitControl, tuneLength=10)
> print(model_gbm_2)
Stochastic Gradient Boosting

461 samples
  8 predictor
  2 classes: '0', '1'

No pre-processing
Resampling: Cross-Validated (5 fold, repeated 5 times)
Summary of sample sizes: 369, 369, 368, 369, 369, 368, ...
Resampling results across tuning parameters:

  interaction.depth  n.trees  Accuracy   Kappa
   1                  50      0.7939119  0.4387746
   1                 100      0.7930281  0.4417029
   1                 150      0.7930376  0.4447485
```

2부 지도학습

```
......
  10              450       0.7478785  0.3885695
  10              500       0.7465552  0.3875875

Tuning parameter 'shrinkage' was held constant at a value of 0.1
Tuning parameter 'n.minobsinnode' was held constant at a value of 10
Accuracy was used to select the optimal model using the largest value.
The final values used for the model were n.trees = 50, interaction.depth = 1, shrinkage =
0.1 and n.minobsinnode = 10.

> plot(model_gbm_2)
```

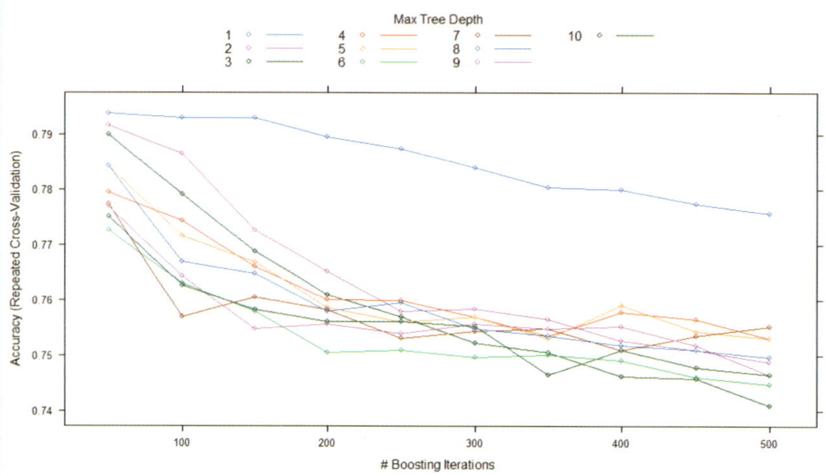

(g) 변수 중요도 추정

varImp( ) 함수를 사용하여 변수의 중요도를 추정할 수 있다. 변수의 중요도는 적합 되는 모형에 따라 다르게 주어지며, 그 결과를 제시하면 다음과 같다.

```
> ### 변수 중요도 추정
> library(gbm)
> varImp(object=model_gbm)
> plot(varImp(object=model_gbm), main="GBM - Variable Importance")
gbm variable importance

                        Overall
Credit_History          100.000
LoanAmount               15.778
Property_Area.Semiurban  10.515
CoapplicantIncome         8.649
ApplicantIncome           6.211
Dependents.1              0.000
```

```
Loan_Amount_Term           0.000
Dependents.0               0.000
```

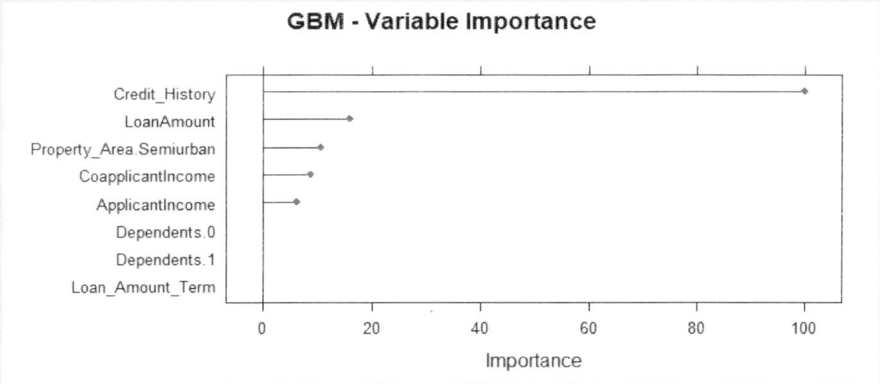


```
> varImp(object=model_rf)
> plot(varImp(object=model_rf), main="RF - Variable Importance")
```

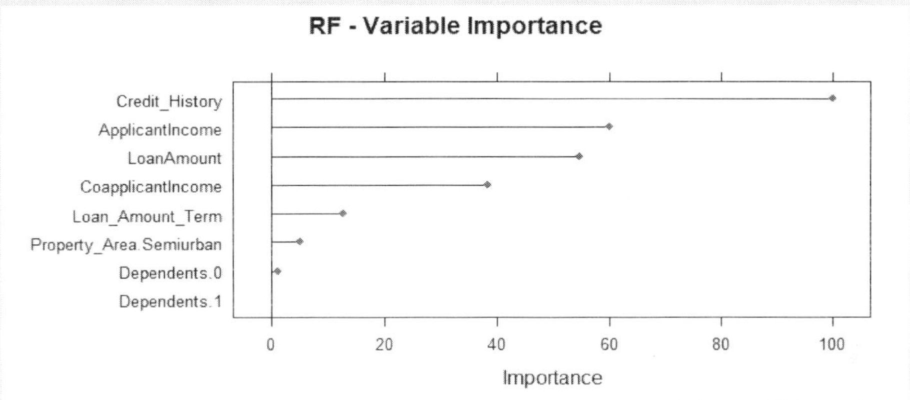


```
> varImp(object=model_nnet)
> plot(varImp(object=model_nnet), main="NNET - Variable Importance")
```

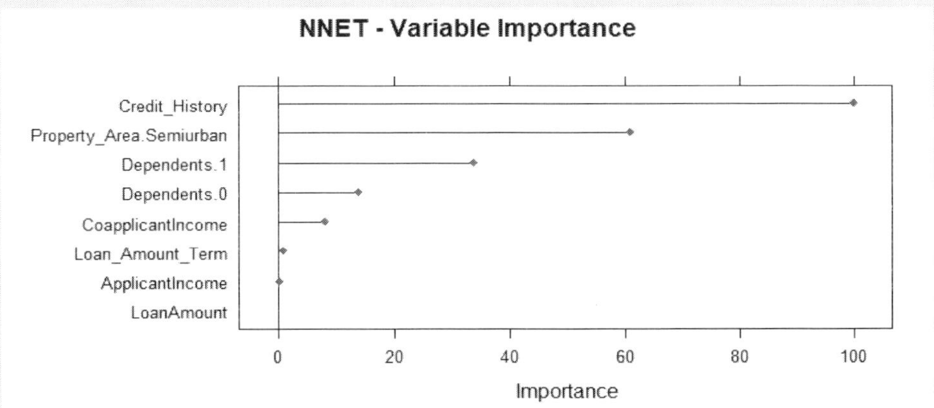

```
> varImp(object=model_glm)
> plot(varImp(object=model_glm), main="GLM - Variable Importance")
```

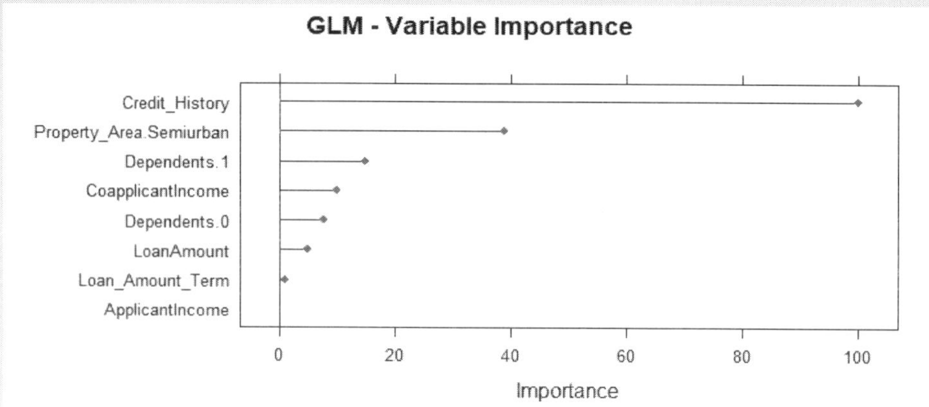

(h) 예측 및 모형 평가

predict.train( ) 함수를 이용하여 검증용 자료에 대한 예측을 수행한다. 예측 모형과 검증용 자료를 지정해 주어야 한다. 분류(classification) 문제의 경우에는 type= 옵션에서 "raw" 또는 "prob"을 지정할 수 있다. "raw"는 예측 클래스를, "prob"은 각 클래스에 속할 확률을 제공한다. confusionMatrix( ) 함수는 검증용 자료에 대한 모형 평가 결과를 제공한다(정오분류행렬 등). 아래 결과에 대한 자세한 해석은 6.2절을 참고하기 바란다.

```
> predictions <- predict.train(object=model_gbm, loanTest[,predictors], type="raw")
> table(predictions)
predictions
  0   1
 26 127

> confusionMatrix(predictions, loanTest[,outcomeName])
Confusion Matrix and Statistics

          Reference
Prediction   0   1
         0  24   2
         1  24 103

               Accuracy : 0.8301
                 95% CI : (0.761, 0.8859)
    No Information Rate : 0.6863
    P-Value [Acc > NIR] : 4.049e-05

                  Kappa : 0.5493
```

```
Mcnemar's Test P-Value : 3.814e-05

            Sensitivity : 0.5000
            Specificity : 0.9810
         Pos Pred Value : 0.9231
         Neg Pred Value : 0.8110
             Prevalence : 0.3137
         Detection Rate : 0.1569
   Detection Prevalence : 0.1699
      Balanced Accuracy : 0.7405

       'Positive' Class : 0
```

이 장에서 다룬 {caret} 패키지는, 수년의 노력 끝에 탄생한, 가장 강력하고 유용한 R 패키지 가운데 하나이다. 이 패키지는 단독으로, 거의 모든 지도학습(supervised learning) 문제를 다룰 뿐 아니라, 전처리에서 예측모델링까지의 전 과정을 통일된 방식으로 수행하며, 문법 체계도 매우 단순하다. 분석 절차에 대한 보다 자세한 이해를 통해 실무에 널리 활용하기를 추천한다.

7장 k-인접이웃분류

7.1 서론

k-인접이웃(k-nearest neighbor, 이하 k-NN)분류모형은 새로운 데이터(설명변수값)에 대해 이와 가장 유사한(거리가 가까운) k-개의 과거자료(설명변수값)의 결과(반응변수: 집단)를 이용하여 다수결(majority vote)로 분류한다. 과거자료를 이용하여 미리 분류모형을 수립하는 것이 아니라, 과거 데이터를 저장만 해두고 필요 시 비교를 수행하는 방식이다. k값의 선택에 따라 새로운 데이터에 대한 분류결과가 달라짐에 유의하여야 한다. 또한 k-NN은 반응변수가 범주형인 경우에는 분류(classification)의 목적으로, 반응변수가 연속형인 경우에는 회귀(regression)의 목적으로 사용될 수 있다.

7.2 k-인접이웃분류

k-NN은 기계학습 분야에서 가장 단순한 알고리즘이다. 이 알고리즘은 지역 정보만으로 근사되며, 모든 계산이 이루어진 후에 분류가 이루어지는 특징으로 인해 사례-기반 학습(instance-based learning) 또는 게으른 학습(lazy learning)의 한 유형으로 볼 수 있다. 사례-기반 학습은 메모리에 저장되어 있는 과거 훈련자료(training data)로부터 직접 결과가 도출되므로(분류가 수행되므로) 메모리-기반 학습(memory-based learning)이라고도 한다.

k-NN 분류의 예는 다음의 [그림 7.1]과 같다. 이 그림에서 검증용 자료(중앙의 점)는 1그룹(사각형) 또는 2그룹(삼각형)으로 분류된다. 만약 $k=3$(실선의 원)이면 이 자료는 2그룹으로 분류되며, $k=5$(점선의 원)이면 1그룹으로 분류된다.

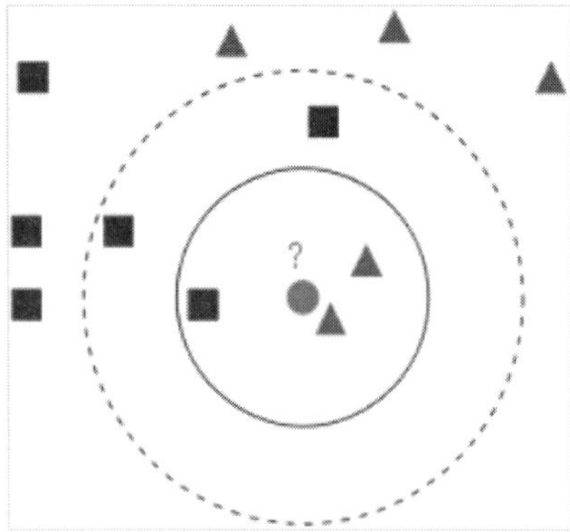

[그림 7.1] k-인접이웃분류의 예

k-NN은 분류와 회귀 모두에서 주변 값들의 기여도에 가중(weight)을 부여할 수 있다. 더 가까운 주변일수록 더 큰 가중을 부여한다. 예를 들어, 각 주변 점에 대해 새로운 점과의 거리의 역수(1/d)를 주변 점의 가중치로 하는 방법이다. k-NN의 단점으로는 데이터의 지역 구조(local structure)에 민감한 점을 들 수 있다.

다음의 [예제 1]은 R 패키지 {class}의 knn( ) 함수를 이용하여 k-NN 분류를 수행한다.

예제 1

자료 iris3을 이용하여 분석을 수행한다.

```
> data(iris3)  # 3차원 배열 자료(50 × 4 × 3)
> train <- rbind(iris3[1:25,,1], iris3[1:25,,2], iris3[1:25,,3])  # 행렬 객체임
> test <- rbind(iris3[26:50,,1], iris3[26:50,,2], iris3[26:50,,3])
> cl <- factor(c(rep("s",25), rep("c",25), rep("v",25)))
> knn(train, test, cl, k = 3, prob=TRUE)
 [1] s s s s s s s s s s s s s s s s s s s s s s s s s c c v c c c c c v c c c [40] c c
c c c c c c c c c c c c v c c v v v v v v v v v v c v v v v v v v v v v v
attr(,"prob")
 [1] 1.0000000 1.0000000 1.0000000 1.0000000 1.0000000 1.0000000 1.0000000
 [8] 1.0000000 1.0000000 1.0000000 1.0000000 1.0000000 1.0000000 1.0000000
[15] 1.0000000 1.0000000 1.0000000 1.0000000 1.0000000 1.0000000 1.0000000
...
[64] 0.6666667 1.0000000 1.0000000 1.0000000 1.0000000 1.0000000 1.0000000
[71] 1.0000000 0.6666667 1.0000000 1.0000000 0.6666667
Levels: c s v
```

다음의 [예제 2]는 R 패키지 {DMwR}의 kNN( ) 함수를 이용하여 k-인접이웃분류를 수행한다. kNN( ) 함수는 knn{class} 함수와 유사하나, 모형식 기반으로 수행되는 차이점이 있으며 자료에 대한 정규화 옵션(norm=)을 제공한다.

예제 2

iris 자료를 이용하여 k-NN 분류분석을 수행한다.

```
> data(iris)
> idxs <- sample(1:nrow(iris), as.integer(0.7*nrow(iris)))
> trainIris <- iris[idxs,]
> testIris <- iris[-idxs,]
```

kNN( ) 함수를 통해 k=3인 인접이웃분류를 수행한 결과는 다음과 같다. norm=FALSE 옵션은 자료에 대한 정규화를 수행하지 않고 분석을 수행한다. 디폴트는 TRUE이다.

```
> nn3 <- kNN(Species ~ ., trainIris, testIris, norm=FALSE, k=3)
> table(testIris[,'Species'],nn3)
            nn3
             setosa versicolor virginica
  setosa         19          0         0
  versicolor      0          7         1
  virginica       0          1        17
```

kNN( ) 함수를 통해 k=5인 인접이웃분류를 수행한 결과는 다음과 같다.

```
> nn5 <- kNN(Species ~ ., trainIris, testIris, norm=TRUE, k=5)
            nn5
             setosa versicolor virginica
  setosa         19          0         0
  versicolor      0          8         0
  virginica       0          1        17
```

다음의 [예제 3]은 R 패키지 {kknn}의 kknn( ) 함수를 이용하여 k-근접이웃분류를 수행한다. kknn( ) 함수는 가중(weighted) k-NN 분류를 제공한다.

예제 3

iris 자료에 대해 k-NN 분류 분석을 수행한다.

```
> library(kknn)
> data(iris)
> m <- dim(iris)[1]
> val <- sample(1:m, size=round(m/3), replace=FALSE, prob=rep(1/m, m))
> iris.learn <- iris[-val,]
> iris.valid <- iris[val,]
```

kknn( ) 함수를 이용하여 k-NN 분류 분석을 수행한다. kknn( ) 함수는 검증용 자료의 각 행에 대해 k-인접이웃을 민코우스키 거리에 기반하여 구한다. 아래에서 distance= 옵션은 민코우스키 거리의 모수(parameter)를 지정하며, distance=2는 유클리드 거리에 해당한다. kernel= 옵션은 이웃점들의 가중치를 부여하는 방법을 지정한다. kernel= 옵션에는 "rectangular"(이는 가중을 고려하지 않은 표준 k-NN과 동일), "triangular", "epanechnikov"(또는 beta(2,2)), "biweight"(또는 beta(3,3)), "triweight"(또는 beta(4,4)), "cos", "inv", "gaussian", "rank"와 "optimal"이 있다. 가중 k-NN 분류는 커널밀도함수의 합이 최대인 군집으로 분류를 수행한다.

```
> iris.kknn <- kknn(Species~., iris.learn, iris.valid,
                    distance=1, kernel="triangular")
> summary(iris.kknn)
Call:
kknn(formula=Species~.,train=iris.learn,test=iris.valid,
               distance=1, kernel="triangular")

Response: "nominal"
         fit prob.setosa prob.versicolor prob.virginica
1  virginica           0      0.01512849     0.98487151
2     setosa           1      0.00000000     0.00000000
3     setosa           1      0.00000000     0.00000000
4     setosa           1      0.00000000     0.00000000
5 versicolor           0      1.00000000     0.00000000
(이하 생략)

> fit <- fitted(iris.kknn)
> table(iris.valid$Species, fit)
           fit
            setosa versicolor virginica
  setosa        21          0         0
  versicolor     0         17         2
  virginica      0          1         9

> pcol <- as.character(as.numeric(iris.valid$Species))
```

```
> pairs(iris.valid[1:4], pch=pcol,
        col=c("green3", "red")[(iris.valid$Species != fit)+1])
```

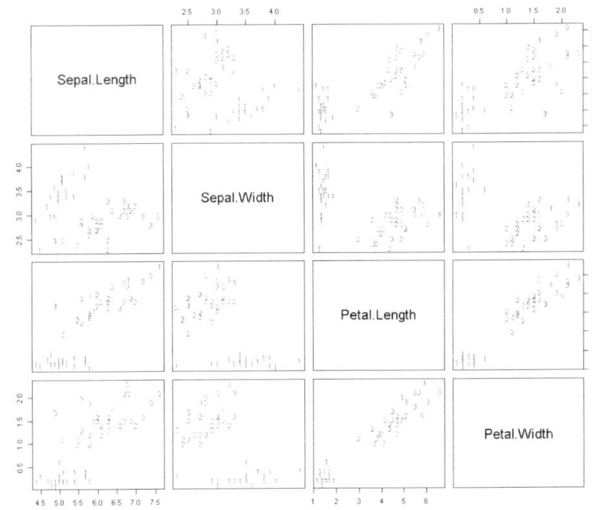

다음의 [예제 4]는 k-NN 알고리즘의 수행 결과로부터 검증용 데이터에 가장 가까운 k개의 자료를 구체적으로 구하는 두 가지 방법을 알려준다. 이 가운데 한 가지는 R 패키지 {FNN}을 이용한다. {FNN}은 Fast Nearest Neighbor Search Algorithms and Applications을 의미한다.

예제 4

미 프로야구 선수 6명에 대해 두 시즌 간의 기록(lag1, lag2)이 다음 해의 득점(runs)에 미친 영향을 알아보기 위해 k-NN 회귀를 수행하였다.

```
> full <- data.frame(name=c("McGwire,Mark",  "Bonds,Barry", "Helton,Todd",
         "Walker,Larry", "Pujols,Albert", "Pedroia,Dustin"),
         lag1=c(100,90,75,89,95,70),
         lag2=c(120,80,95,79,92,90), Runs=c(65,120,105,99,65,100))
> full
            name lag1 lag2 Runs
1   McGwire,Mark  100  120   65
2    Bonds,Barry   90   80  120
3    Helton,Todd   75   95  105
4   Walker,Larry   89   79   99
5  Pujols,Albert   95   92   65
6 Pedroia,Dustin   70   90  100
```

R 패키지 {kknn}의 kknn( ) 함수를 통해 k-NN 회귀를 수행하였다. 5명의 선수 자료를 훈련용으로 하고, 한 명의 선수("Bonds,Barry")를 검증용으로 하여 예측을 수행하였다.

```
> library(kknn)
> train <- full[full$name!="Bonds,Barry",]
> test <- full[full$name=="Bonds,Barry",]
> k <- kknn(Runs~lag1+lag2, train=train, test=test, k=2, distance=1)
> fit <- fitted(k)
> fit
[1] 90.5
```

Bonds의 예측결과로 90.5를 얻었다. 이 결과는 아래의 k$fitted.values를 통해서도 확인할 수 있다.

```
> names(k)
 [1] "fitted.values" "CL"            "W"             "D"
 [5] "C"             "prob"          "response"      "distance"
 [9] "call"          "terms"

> k$fitted.values
[1] 90.5
```

위 결과에서 CL은 k-인접이웃의 class의 행렬, W는 k-근접이웃의 가중치의 행렬, D는 k-근접이웃의 거리행렬, C는 k-인접이웃의 위치(indices) 등을 나타낸다.

```
> k$CL
     [,1] [,2]
[1,]   99   65

> k$W
     [,1] [,2]
[1,] 0.75 0.25
```

위 결과로부터 Bonds와 가장 가까운 2개의 인접값(득점)으로 99와 65를 얻었다. 두 값의 가중치는 각각 0.75와 0.25이며, Bonds의 예측치 90.5는 가중평균((99*3+65)/4=90.5)으로부터 구해진 값이다.

이 과정에서 두 개의 인접값 중 99는 한 명의 선수에만 해당되지만, 65는 두 명의 선수(McGwire와 Pujols)가 이 값을 가진다. 만약 Bonds의 인접이웃이 누구인지를 정확히 알고 싶다면 다음과 같이 수행하면 될 것이다.

```
> k$C
[1] 3 4

> train[c(k$C),]
```

```
           name lag1 lag2 Runs
4  Walker,Larry   89   79   99
5 Pujols,Albert   95   92   65
```

위의 결과는 인접이웃의 위치가 훈련용 자료에서 3, 4번째임을 알려주며, 이를 출력하면 Walker와 Pujols가 Bonds의 인접이웃임을 알 수 있다.

R의 {FNN} 패키지는 훈련용 자료에 대해 원하는 질의(query)를 통해 필요한 결과를 얻게 해 준다. 다음은 get.knnx( ) 함수를 통해 인접이웃을 구하는 과정을 보여 준다.

```
> library(FNN)
> get.knnx(data=train[,c("lag1","lag2")], query=test[,c("lag1","lag2")], k=2)
$nn.index
     [,1] [,2]
[1,]    3    4    # 인접이웃의 index가 3, 4번임

$nn.dist
         [,1] [,2]
[1,] 1.414214   13

> train[c(3,4), "name"]    # 훈련용 자료에서 3, 4번의 name
[1] Walker,Larry  Pujols,Albert
6 Levels: Bonds,Barry Helton,Todd McGwire,Mark Pedroia,Dustin ... Walker,Larry
```

따라서 Bonds와 가까운 인접이웃은 Walker와 Pujols이다. 위 결과에서 인접이웃과의 거리($nn.dist)는 디폴트로 유클리드 거리가 제공되었다.

7.3* {caret}을 이용한 k-NN 분석

R 패키지 {caret}을 이용하여 k-NN 분석을 수행한다.

(a) 표본추출

```
> library(ISLR)
> library(caret)
```

{caret} 패키지의 createDataPartition( ) 함수를 이용하여 훈련용 자료와 검증용 자료로 나눈다.

```
> set.seed(100)
> indxTrain <- createDataPartition(y = Smarket$Direction, p = 0.75, list = FALSE)
> training <- Smarket[indxTrain,]
> testing <- Smarket[-indxTrain,]
```

원자료와 분할된 자료의 분포를 비교한다.

```
> prop.table(table(training$Direction)) * 100
    Down       Up
48.18763 51.81237

> prop.table(table(testing$Direction)) * 100
    Down       Up
48.07692 51.92308

> prop.table(table(Smarket$Direction)) * 100
 Down    Up
48.16 51.84
```

createDataParition()은 자료분할을 위해 이전에 사용되었던 방식보다 매우 편리하게 자료를 분할함을 알 수 있다.

(b) 전처리

k-NN 분류를 수행하기 위해서는 변수의 정규화 또는 척도화가 필요하다. {caret}은 데이터 전처리를 위한 도구를 제공한다. preProcess() 함수를 통해 변수에 대한 중심화와 척도화를 수행한다.

```
> trainX <- training[,names(training) != "Direction"]     # 반응변수를 제외
> preProcValues <- preProcess(x = trainX, method = c("center", "scale"))
> preProcValues
Created from 938 samples and 8 variables

Pre-processing:
  - centered (8)
  - ignored (0)
  - scaled (8)
```

(c) 훈련과 훈련 조율

```
> set.seed(200)
> ctrl <- trainControl(method="repeatedcv", repeats = 3)
> # 추가 가능 옵션: classProbs=TRUE, summaryFunction = twoClassSummary
> knnFit <- train(Direction ~ ., data = training, method = "knn",
                  trControl = ctrl,
                  preProcess = c("center","scale"), tuneLength = 20)
> # k-NN 적합 결과
> knnFit
k-Nearest Neighbors

938 samples
  8 predictor
  2 classes: 'Down', 'Up'

Pre-processing: centered (8), scaled (8)
Resampling: Cross-Validated (10 fold, repeated 3 times)
Summary of sample sizes: 845, 844, 845, 845, 844, 843, ...
Resampling results across tuning parameters:

  k   Accuracy   Kappa
   5  0.8674133  0.7338303
   7  0.8698920  0.7387770
   9  0.8745213  0.7479976
  11  0.8762378  0.7513700
  13  0.8826588  0.7642091
  15  0.8883704  0.7757218
  17  0.8915318  0.7820211
  19  0.8915129  0.7818643
  21  0.8918674  0.7826024
  23  0.8893849  0.7774538
  25  0.8961421  0.7910932
  27  0.8922335  0.7832304
  29  0.8939992  0.7866896
  31  0.8897627  0.7782300
  33  0.8890345  0.7766604
  35  0.8858504  0.7702838
  37  0.8851447  0.7688566
  39  0.8855107  0.7696275
  41  0.8880235  0.7746903
  43  0.8855332  0.7696039

Accuracy was used to select the optimal model using  the largest value.
The final value used for the model was k = 25.
```

인접이웃(k)의 크기에 따라 교차타당법에 기초하여 정확도를 구하면 다음과 같다.

```
> plot(knnFit)
```

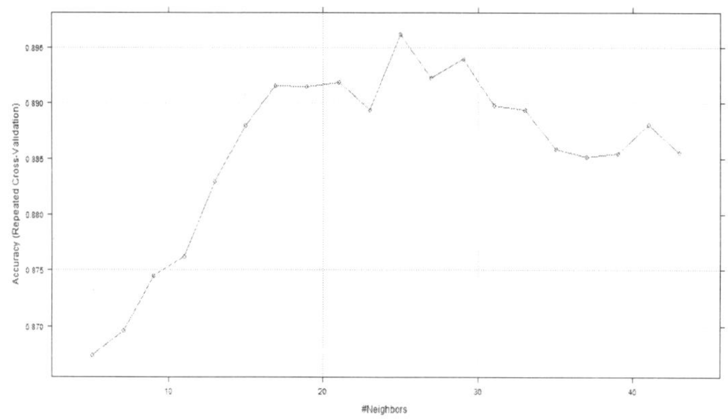

(해석) 인접이웃의 크기(k)가 25일 때, 정확도가 제일 높다. 훈련용 자료에 대해 적합된 최적 모형은 자동으로 이 값을 선택한다.

적합된 모형을 이용하여 검증용 자료에 대해 예측을 수행하면 다음과 같다.

```
> knnPredict <- predict(knnFit, newdata = testing )
> confusionMatrix(knnPredict, testing$Direction )
Confusion Matrix and Statistics

          Reference
Prediction Down  Up
      Down  128   7
      Up     22 155

               Accuracy : 0.9071
                 95% CI : (0.8692, 0.9369)
    No Information Rate : 0.5192
    P-Value [Acc > NIR] : < 2e-16

                  Kappa : 0.8131
 Mcnemar's Test P-Value : 0.00933

            Sensitivity : 0.8533
            Specificity : 0.9568
         Pos Pred Value : 0.9481
         Neg Pred Value : 0.8757
             Prevalence : 0.4808
```

```
         Detection Rate : 0.4103
   Detection Prevalence : 0.4327
      Balanced Accuracy : 0.9051

       'Positive' Class : Down

> mean(knnPredict == testing$Direction)
[1] 0.9070513
```

(해석) 검증용 자료에 대한 정확도가 90.7%로 나타났다. 훈련용 자료보다도 더 높게 나타나, 과적합의 문제는 없는 것으로 판단된다. 위의 결과 중, Kappa=(0.9071-0.5026)/(1-0526)=0.8132이고, Balanced Accuracy=(TP/P+TN/N)/2=(128/150+155/162)/2=0.9051이다.

summary=twoClassSummary를 지정하면 두 집단 문제에서 AUC, 민감도, 특이도 등의 성능 측도를 제공한다. classProbs=TRUE는 이러한 측도의 계산에 필요하다. tuneLength=20은 조율 모수의 격자를 조절하는 값이다.

```
> # 2 클래스 요약함수 확인
> set.seed(200)
> ctrl <- trainControl(method="repeatedcv", repeats = 3,
          classProbs=TRUE, summaryFunction = twoClassSummary)
> knnFit <- train(Direction ~ ., data = training, method = "knn",
                  trControl = ctrl,
                  preProcess = c("center","scale"), tuneLength = 20)
Warning message:
In train.default(x, y, weights = w, ...) :
  The metric "Accuracy" was not in the result set. ROC will be used instead.

> # k-NN 적합 결과
> knnFit
k-Nearest Neighbors

938 samples
  8 predictor
  2 classes: 'Down', 'Up'

Pre-processing: centered (8), scaled (8)
Resampling: Cross-Validated (10 fold, repeated 3 times)
Summary of sample sizes: 845, 844, 845, 845, 844, 843, ...
Resampling results across tuning parameters:

  k   ROC        Sens       Spec
   5  0.9405061  0.8316747  0.9006094
   7  0.9457679  0.8331723  0.9039824
   9  0.9500242  0.8338808  0.9121740
```

```
  11  0.9546494  0.8287279  0.9203798
  13  0.9568002  0.8338647  0.9279478
  15  0.9584242  0.8398390  0.9334325
  17  0.9617724  0.8383575  0.9409722
  19  0.9637870  0.8324316  0.9464427
  21  0.9641127  0.8361031  0.9437358
  23  0.9670206  0.8228824  0.9512472
  25  0.9685227  0.8338647  0.9540249
  27  0.9680233  0.8287279  0.9513039
  29  0.9682626  0.8257488  0.9574405
  31  0.9680949  0.8250403  0.9499433
  33  0.9673842  0.8184058  0.9546910
  35  0.9674677  0.8176490  0.9492063
  37  0.9670697  0.8147343  0.9505527
  39  0.9677627  0.8162319  0.9499008
  41  0.9679091  0.8199356  0.9512755
  43  0.9685804  0.8110950  0.9547336

ROC was used to select the optimal model using  the largest value.
The final value used for the model was k = 43.

> # 이웃의 수에 대한 정확도 그림(반복된 교차타당법에 의한)
> plot(knnFit, print.thres = 0.5, type="S")
```

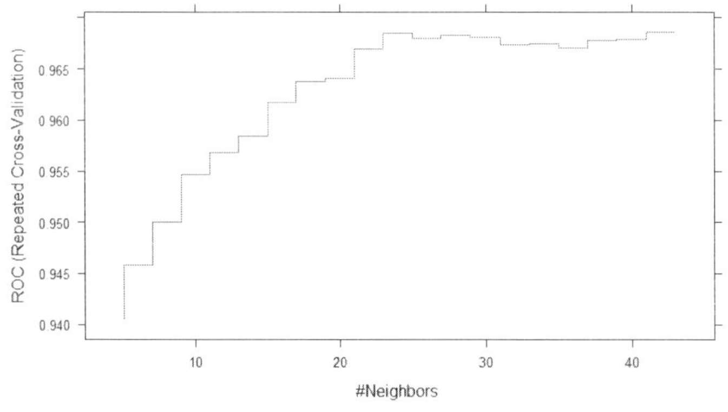

(해석) 적합모형은 인접이웃으로 k=43을 선택하였다(AUC 기준 사용). k=25도 훌륭한 대안으로 생각된다(이 값은 앞서 정확도 기준을 적용한 결과와 동일함).

적합된 모형을 이용하여 검증용 자료에 대해 예측을 수행하면 다음과 같다. 정분류율 관점에서 모형의 성능이 다소간 향상되었음을 확인할 수 있다(90.7% → 91.7%).

```
> # 검증용 자료에 대한 예측
> knnPredict <- predict(knnFit, newdata = testing )
> confusionMatrix(knnPredict, testing$Direction )    # 정오분류행렬
Confusion Matrix and Statistics

          Reference
Prediction Down  Up
      Down  128   4
      Up     22 158

               Accuracy : 0.9167
                 95% CI : (0.8803, 0.9448)
    No Information Rate : 0.5192
    P-Value [Acc > NIR] : < 2.2e-16

                  Kappa : 0.8323
 Mcnemar's Test P-Value : 0.0008561

            Sensitivity : 0.8533
            Specificity : 0.9753
         Pos Pred Value : 0.9697
         Neg Pred Value : 0.8778
             Prevalence : 0.4808
         Detection Rate : 0.4103
   Detection Prevalence : 0.4231
      Balanced Accuracy : 0.9143

       'Positive' Class : Down

> mean(knnPredict == testing$Direction)
[1] 0.9166667

> # ROC 곡선 그리기
> library(pROC)
> knnPredict <- predict(knnFit, newdata = testing , type="prob")
> knnROC <- roc(testing$Direction,knnPredict[,"Down"],
                levels = levels(testing$Direction))
> knnROC

Call:
roc.default(response = testing$Direction, predictor = knnPredict[, "Down"],
           levels = levels(testing$Direction))

Data: knnPredict[, "Down"] in 150 controls (testing$Direction Down) > 162 cases (testing$Direction Up).
Area under the curve: 0.9817

> plot(knnROC, type="S", print.thres= 0.5)
```

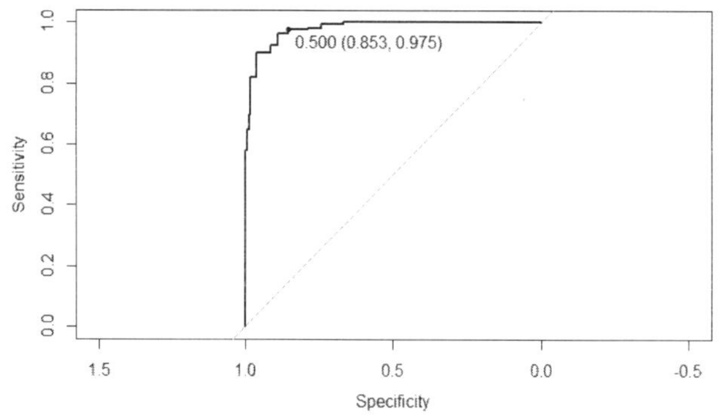

(d) 랜덤포리스트(method="rf")를 적용한 결과

랜덤포리스트 방법을 적용하여 모형을 구축하고, 앞서 다룬 k-NN 방법과의 성능을 비교한다. 랜덤포리스트는 일종의 앙상블 모형으로, 대체로 성능이 매우 뛰어난 방법으로 알려져 있다. 랜덤포리스트를 포함한 앙상블 모형에 대해서는 10장을 참고하기 바란다.

```
> set.seed(300)
> ctrl <- trainControl(method="repeatedcv", repeats = 3)
> # 추가 가능 옵션: classProbs=TRUE, summaryFunction = twoClassSummary

> # 랜덤포리스트
> rfFit <- train(Direction ~ ., data = training, method = "rf", trControl = ctrl,
               preProcess = c("center","scale"), tuneLength = 20)
note: only 7 unique complexity parameters in default grid. Truncating the grid to 7 .
> rfFit
Random Forest

938 samples
  8 predictor
  2 classes: 'Down', 'Up'

Pre-processing: centered (8), scaled (8)
Resampling: Cross-Validated (10 fold, repeated 3 times)
Summary of sample sizes: 844, 845, 845, 844, 844, 844, ...
Resampling results across tuning parameters:

  mtry  Accuracy   Kappa      # mtry는 임의로 선택된 예측변수의 수임
  2     0.9982231  0.9964418
  3     0.9985815  0.9971589
  4     0.9982231  0.9964418
  5     0.9982231  0.9964418
  6     0.9982231  0.9964418
  7     0.9982231  0.9964418
  8     0.9982231  0.9964418
```

```
Accuracy was used to select the optimal model using  the largest value.
The final value used for the model was mtry = 3.

> plot(rfFit)
```

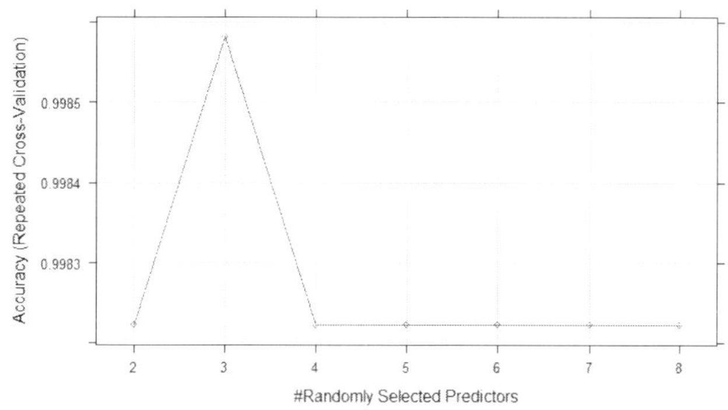

적합된 모형을 이용하여 검증용 자료에 대해 예측을 수행하면 다음과 같다. 랜덤포리스트 모형이 검증용 자료를 완벽하게 분류함을 확인할 수 있다(정분류율=100%).

```
> rfPredict <- predict(rfFit, newdata = testing )
> confusionMatrix(rfPredict, testing$Direction )
Confusion Matrix and Statistics

          Reference
Prediction Down  Up
      Down  150   0
      Up      0 162

               Accuracy : 1
                 95% CI : (0.9882, 1)
    No Information Rate : 0.5192
    P-Value [Acc > NIR] : < 2.2e-16

                  Kappa : 1
 Mcnemar's Test P-Value : NA

            Sensitivity : 1.0000
            Specificity : 1.0000
         Pos Pred Value : 1.0000
         Neg Pred Value : 1.0000
             Prevalence : 0.4808
         Detection Rate : 0.4808
```

```
   Detection Prevalence : 0.4808
      Balanced Accuracy : 1.0000

       'Positive' Class : Down

> mean(rfPredict == testing$Direction)
[1] 1
```

(해석) 정확도 기준에 의해, 구축된 랜덤포리스트 모형의 성능이 매우 우수함을 알 수 있다.

두 집단 요약(summaryFunction=twoClassSummary) 옵션을 사용하여, AUC 기준에 의한 랜덤포리스트 모형을 구축하였다.

```
> # 2 클래스 요약함수 사용
> set.seed(300)
> ctrl <- trainControl(method="repeatedcv", repeats = 3,
         classProbs=TRUE, summaryFunction=twoClassSummary)
> rfFit <- train(Direction ~ ., data = training, method = "rf", trControl = ctrl,
              preProcess = c("center","scale"), tuneLength = 20)
note: only 7 unique complexity parameters in default grid. Truncating the grid to 7

Warning message:
In train.default(x, y, weights = w, ...) :
  The metric "Accuracy" was not in the result set. ROC will be used instead.

> rfFit
Random Forest

938 samples
  8 predictor
  2 classes: 'Down', 'Up'

Pre-processing: centered (8), scaled (8)
Resampling: Cross-Validated (10 fold, repeated 3 times)
Summary of sample sizes: 844, 845, 845, 844, 844, 844, ...
Resampling results across tuning parameters:

  mtry  ROC        Sens       Spec
  2     1.0000000  0.9977939  0.9986253
  3     0.9999849  0.9977939  0.9993197
  4     0.9999849  0.9977939  0.9986253
  5     0.9999849  0.9977939  0.9986253
  6     0.9999849  0.9977939  0.9986253
  7     0.9999849  0.9977939  0.9986253
  8     1.0000000  0.9977939  0.9986253
```

```
ROC was used to select the optimal model using  the largest value.
The final value used for the model was mtry = 2.

> plot(rfFit)
```

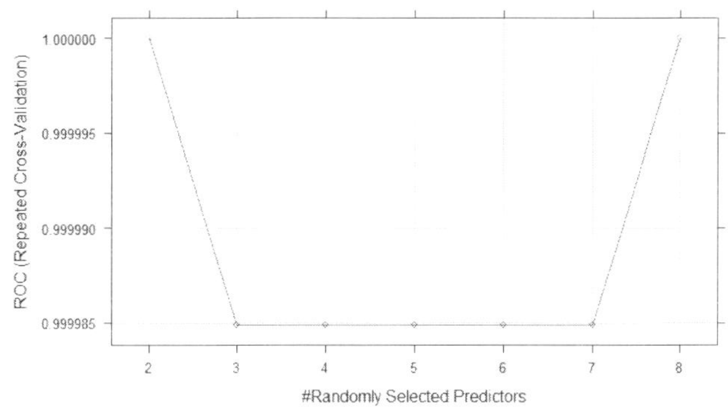


```
> # 몇 가지 매개변수로 플롯하기
> plot(rfFit, print.thres = 0.5, type="S")
```

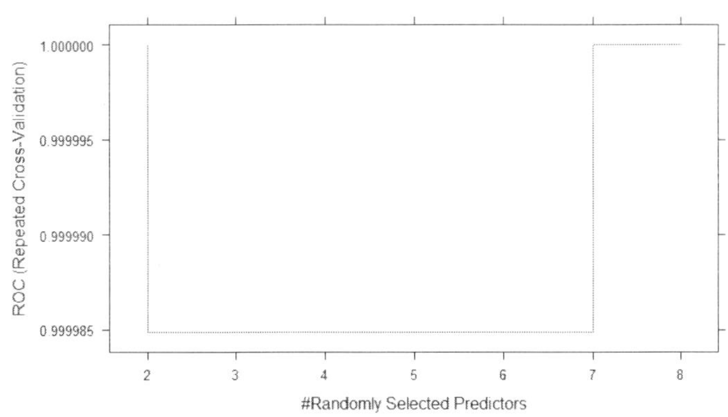


```
> rfPredict <- predict(rfFit, newdata = testing )
> confusionMatrix(rfPredict, testing$Direction )
Confusion Matrix and Statistics

          Reference
Prediction Down  Up
      Down  150   0
      Up      0 162

               Accuracy : 1
                 95% CI : (0.9882, 1)
```

```
         No Information Rate : 0.5192
         P-Value [Acc > NIR] : < 2.2e-16

                       Kappa : 1
      Mcnemar's Test P-Value : NA

                 Sensitivity : 1.0000
                 Specificity : 1.0000
              Pos Pred Value : 1.0000
              Neg Pred Value : 1.0000
                  Prevalence : 0.4808
              Detection Rate : 0.4808
        Detection Prevalence : 0.4808
           Balanced Accuracy : 1.0000

            'Positive' Class : Down

> mean(rfPredict == testing$Direction)
[1] 1
```

(해석) AUC 기준에 의해, 구축된 랜덤포리스트 모형의 성능이 매우 우수함을 알 수 있다(정확도 기준에 의한 결과와 동일).

```
> # ROC 곡선 그리기
> library(pROC)
> rfPredict <- predict(rfFit,newdata = testing , type="prob")
> rfROC <- roc(testing$Direction,rfPredict[,"Down"],
              levels = levels(testing$Direction))
> rfROC

Call:
roc.default(response = testing$Direction, predictor = rfPredict[,     "Down"], levels =
levels(testing$Direction))

Data: rfPredict[, "Down"] in 150 controls (testing$Direction Down) > 162 cases
(testing$Direction Up).
Area under the curve: 1

> plot(rfROC, type="S", print.thres= 0.5)
```

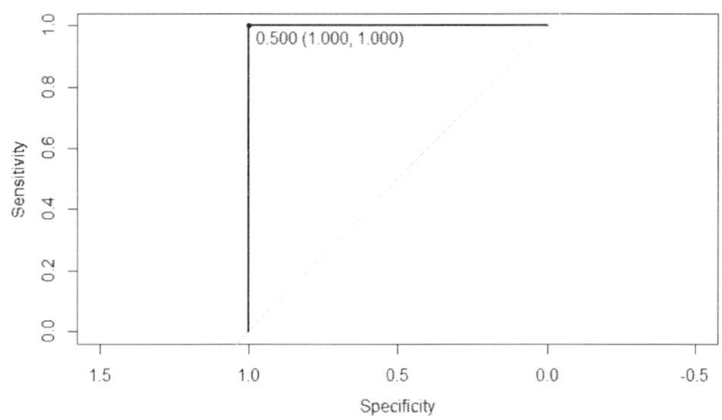

(해석) AUC가 1로 주어져 랜덤포리스트 모형이 완벽한 성능을 보이고 있다(앞서, k-NN 모형의 경우 AUC=0.9817임).

8장

신경망모형

8.1 서론

신경망 또는 인공신경망(artificial neural networks, 이하 ANN) 모형은 동물의 뇌신경계를 모방하여 분류(또는 예측)를 위해 만들어진 모형이다. 자연 뉴런(natural neurons)이 시냅스(synapse)를 통하여 신호를 전달받는 과정에서, 신호의 강도가 기준치를 초과할 때 뉴런은 활성화되고, 신경 돌기(axon)를 통해 신호를 방출하듯이, 인공신경망에서 입력(inputs)은 시냅스에 해당하며 개별신호의 강도에 따라 가중(weight)되고, 활성함수(activation function)는 인공신경망의 출력(outputs)을 계산한다. 많은 데이터에 대해 학습(learning 또는 training)을 거쳐, 원하는 결과가 나오도록(오차가 작아지는 방향으로) 가중치가 조정된다. 안정화된 모형에서 가중치는 회귀모형에서처럼 입력변수의 영향으로 해석될 수 있다. 다음의 [그림 8.1]은 자연신경망과 이를 본뜬 인공신경망을 나타낸다.

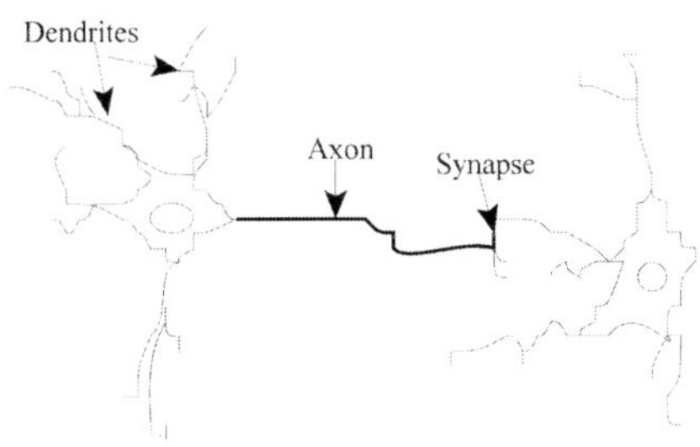

(a) 자연신경망

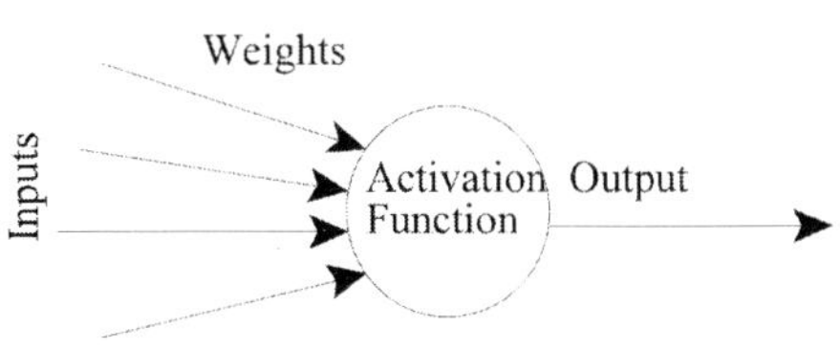

(b) 인공신경망

[그림 8.1] 신경망의 구조

8.2 신경망모형

입력층이 (은닉층을 거치지 않고) 직접 출력층에 연결되는 단층신경망(single-layer neural network)의 네트워크 구조는 다음의 [그림 8.2]와 같다(단층신경망은 퍼셉트론(perceptron)으로 불리기도 한다).

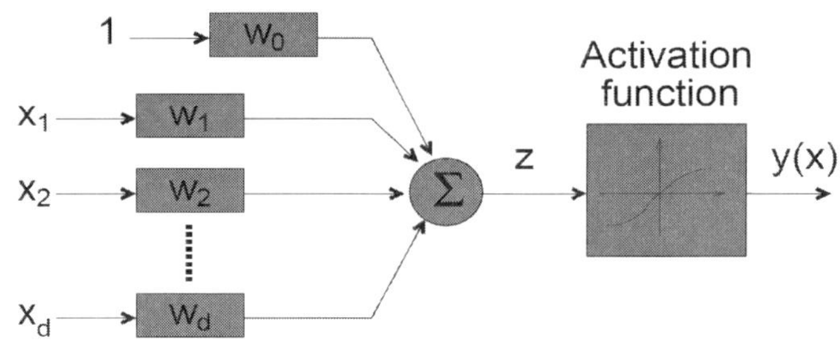

[그림 8.2] 단층신경망의 네트워크 구조

위 그림에서 d-차원의 입력벡터 $x=(x_1,x_2,\cdots,x_d)'$와 스칼라 값 z는 다음의 관계

$$z = w'x + w_0$$
$$(\text{또는 } z = w_0 + \sum_{j=1}^{d} w_j x_j)$$

를 가지며, z값에 대해 활성함수가 적용되어 $y(x)$가 계산된다. 이 시스템에서 가중치 $w=(w_1,\cdots,w_d)'$는 의사결정경계(decision boundary)의 방향을 나타내는 모수이며, 편의(bias) w_0는 의사결정경계의 위치(position)를 결정하는 모수이다. 가중치 w와 절편 w_0는 학습(learning)을 통해 오차제곱합이 최소가 되는 방향으로 갱신(update)된다.

최종의 목표값(target value) $y=y(x)$는 z에 대해 비선형 활성함수(activation function) $\phi(\cdot)$를 적용하여 구해진다.

$$y = \phi(z).$$

많이 사용되는 활성함수의 예는 다음과 같다.

○ 부호(sign) 또는 분계점(threshold) 함수: 결과는 이진형(−1 또는 1)이다.

$$y = \begin{cases} -1, & z < 0 \\ 1, & z \geq 0. \end{cases}$$

○ 계단(step)함수: 결과는 이진형(0 또는 1)이다.

$$y = \begin{cases} 0, & z < 0 \\ 1, & z \geqq 0. \end{cases}$$

○ 시그모이드(sigmoid) 함수: 결과는 연속형이며, $0 \leqq y \leqq 1$이다.

$$y = \frac{1}{1 + \exp(-z)}.$$

○ Softmax 함수: 이 함수는 표준화지수(또는 일반화 로지스틱)함수라고도 하며, 출력값 z가 여러 개(L개)로 주어지고, 목표치가 다범주인 경우 각 범주에 속할 사후확률을 제공한다.

$$y_i = \frac{\exp(z_j)}{\sum_{i=1}^{L} \exp(z_i)}, \quad j = 1, \cdots, L.$$

○ tanh 함수: 결과는 연속형이며, $-1 \leqq y \leqq 1$이다.

$$y = \frac{\exp(z) - \exp(-z)}{\exp(z) + \exp(-z)}.$$

○ 가우스(Gauss) 함수: 결과는 연속형이며, $0 \leqq y \leqq 1$이다.

$$y = \exp(-\frac{z^2}{2}).$$

다음의 [예제 1]은 R 패키지 {nnet}의 nnet( ) 함수를 이용하여 신경망모형을 적합한다.

예제 1

iris 자료에 대해 신경망모형을 적합한다. 자료의 수는 150개이며 입력변수의 차원은 4이며, 목표값은 3개의 범주로 출력된다.

```
> library(nnet)
> # size= 은닉층의 노드 수
> # rang= 초기 랜덤 가중치의 범위로, rang=0.1 은 [-0.1, 0.1]을 의미
> # decay= 가중치 감쇄(weight decay) 모수로 디폴트는 0임
> # maxit= 최대 반복수로 디폴트는 100임
> nn.iris <- nnet(Species~., data=iris, size=2, rang=0.1, decay=5e-4, maxit=200)
# weights:  19
```

```
initial  value 164.615923
iter  10 value 75.652589
iter  20 value 7.797320
iter  30 value 6.658160
iter  40 value 6.418824
.......
iter  50 value 6.341045
iter 110 value 6.298717
iter 120 value 6.298573
final  value 6.298517
converged

> summary(nn.iris)
a 4-2-3 network with 19 weights
options were - softmax modelling  decay=5e-04
 b->h1 i1->h1 i2->h1 i3->h1 i4->h1
 -8.80  -0.49  -1.38   1.88   3.77
 b->h2 i1->h2 i2->h2 i3->h2 i4->h2
  0.42   0.63   1.84  -3.13  -1.51
 b->o1 h1->o1 h2->o1
 -3.11  -3.09   9.68
 b->o2 h1->o2 h2->o2
  6.13  -8.57  -8.40
 b->o3 h1->o3 h2->o3
 -3.01  11.66  -1.28
```

위의 결과는 연결선의 방향과 가중치를 나타낸다. 다만, 초깃값이 별도로 지정하지 않으면 nnet( ) 함수가 실행될 때마다 결과가 달라질 것이다.

적합결과를 시각화하면 다음과 같다. 시각화를 위한 plot.nnet( ) 함수는 아래의 절차에 따라 불러올 수 있다.

```
> library(devtools)
>source_url('https://gist.githubusercontent.com/Peque/41a9e20d6687f2f3108d/raw/85e14f3a
292e126f1454864427e3a189c2fe33f3/nnet_plot_update.r')
> plot.nnet(nn.iris)
```

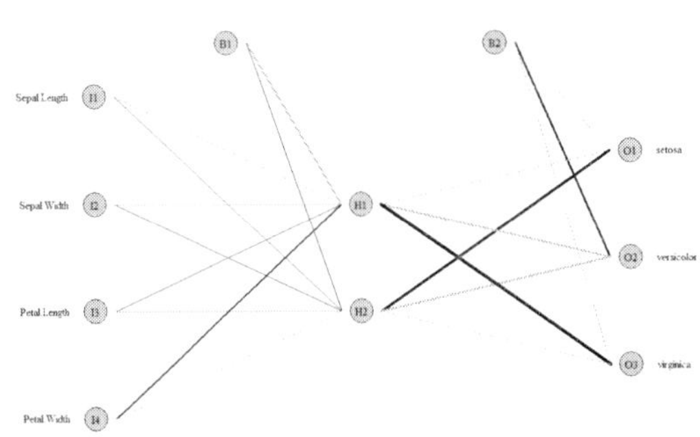

위의 그림에서 선의 굵기는 연결선의 가중치(weight)에 비례한다. 위의 신경망분석에 대한 시각화 결과는 다음 과정을 통해서도 가능하다(3개의 패키지를 인스톨 후 plot( ) 함수를 이용). 이 방법은 url로부터 파일을 가져오지 않아도 되므로 위의 방법보다 편리하다.

```
> library(clusterGeneration)
> library(scales)
> library(reshape)
> plot(nn.iris)
```

신경망모형에 대한 정오분류표는 다음과 같다.

```
> table(iris$Species, predict(nn.iris, iris, type = "class"))

             setosa versicolor virginica
  setosa         50          0         0
  versicolor      0         49         1
  virginica       0          1        49
```

분류된 데이터를 실제 값과 비교해 보면 setosa는 50개 모두 잘 분류되었고, versicolor은 50개 중 49개가 잘 분류되었으며 virginica는 50개중 49개가 잘 분류되었다.

다음의 [예제 2]는 패키지 {neuralnet}의 neuralnet( ) 함수를 통해 신경망모형을 적합한다.

예제 2

자료 infert는 자연유산과 인공유산 후의 불임에 대한 대응 사례-대조 연구 자료로 8개의 변수와 248개의 관측값을 가지고 있다. 반응변수 case 변수는 (1: 사례, 0: 대조)를 나타낸다.

```
> data(infert, package="datasets")
> str(infert)
'data.frame':   248 obs. of  8 variables:
 $ education     : Factor w/ 3 levels "0-5yrs","6-11yrs",..: 1 1 1 2 2 2 2 2 2 ...
 $ age           : num  26 42 39 34 35 36 23 32 21 28 ...
 $ parity        : num  6 1 6 4 3 4 1 2 1 2 ...       # 출산아 수
 $ induced       : num  1 1 2 2 1 2 0 0 0 0 ...       # 인공유산(induced abortion)
 $ case          : num  1 1 1 1 1 1 1 1 1 1 ...       # 불임여부(1:case, 0:control)
 $ spontaneous   : num  2 0 0 0 1 1 0 0 1 0 ...       # 자연유산(spontaneous abortion)
 $ stratum       : int  1 2 3 4 5 6 7 8 9 10 ...      # 층 번호: 1~63
 $ pooled.stratum: num  3 1 4 2 32 36 6 22 5 19 ...
```

```
> library(neuralnet)
> # hidden= 은닉층의 노드 수
> # err.fct= 오차 계산에 사용되는 미분가능 함수: "sse"(디폴트), "ce"(cross entropy)
> # act.fct= 활성 함수로 디폴트인 "logistic"이 적용됨. "tanh"도 가능
> net.infert <- neuralnet(case~age+parity+induced+spontaneous,
                 data=infert, hidden=2,
                 err.fct="ce", linear.output=FALSE, likelihood=TRUE)
> net.infert
Call: neuralnet(formula = case ~ age + parity + induced + spontaneous, data = infert,
hidden = 2, err.fct = "ce", linear.output = FALSE, likelihood = TRUE)

1 repetition was calculated.

        Error         AIC         BIC Reached Threshold Steps
1 125.213891 276.427782 322.1023557    0.009574020885  3926
```

neuralnet( ) 함수는 다양한 역전파 알고리즘을 통해 모형을 적합하며, 수행 결과(객체)는 plot( ) 함수를 통해 다음과 같이 편리하게 시각화된다.

```
> plot(net.infert)
```

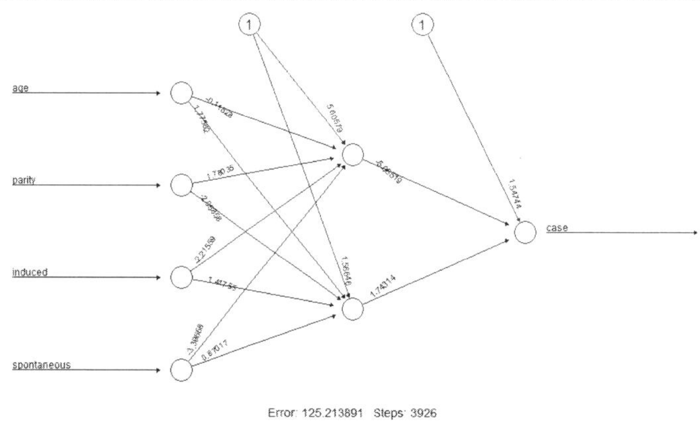

neuralnet( ) 함수의 수행결과의 추가적인 정보는 다음 과정을 통해 확인할 수 있다.

```
> names(net.infert)
 [1] "call"             "response"          "covariate"
 [4] "model.list"       "err.fct"           "act.fct"
 [7] "linear.output"    "data"              "net.result"
[10] "weights"          "startweights"      "generalized.weights"
[13] "result.matrix"
```

이 가운데 결과 행렬에 대한 정보는 다음을 통해 확인할 수 있다.

```
> net.infert$result.matrix
```

원 자료와 함께 적합값을 출력하는 절차는 다음과 같다. 전체자료는 $data에 저장되어 있고, 모형적합에 사용된 자료는 $covariate과 $response를 통해 확인 가능하며, 적합값은 $net.result에 제공된다.


```
> out <- cbind(net.infert$covariate, net.infert$net.result[[1]])
> dimnames(out) <- list(NULL,
                        c("age", "parity","induced","spontaneous","nn-output"))
> head(out)
     age parity induced spontaneous    nn-output
[1,]  26      6       1           2 0.1519017520
[2,]  42      1       1           0 0.6204067992
[3,]  39      6       2           0 0.1429523769
[4,]  34      4       2           0 0.1512545864
[5,]  35      3       1           1 0.3514344376
[6,]  36      4       2           1 0.4899127465
```

가중치의 초깃값과 적합값은 $startweights와 $weights에 제공되며, 적합값의 출력결과는 위의 그림과 동일함을 확인할 수 있다.

아래의 $generalized.weights가 제시하는 일반화 가중치(generalized weights)는 각 공변량들의 효과를 나타내는 것으로 로지스틱 회귀모형에서의 회귀계수와 유사하게 해석된다(각 공변량이 로그-오즈(log-odds)에 미치는 기여도를 나타냄). 다만, 로지스틱 회귀와는 달리 일반화 가중치는 다른 모든 공변량에 의존하므로 각 자료점에서 국소적인 기여도를 나타낸다. 예를 들어, 동일한 변수가 몇몇 관측값에 대해서는 양의 영향을 가지며, 또 다른 관측값에 대해서는 음의 영향을 가지며, 평균적으로는 0에 가까운 영향을 갖는 것이 가능하다. 모든 자료에 대한 일반화 가중치의 분포는 특정 공변량의 효과가 선형적인지의 여부를 나타낸다. 즉, 작은 분산은 선형효과를 제시하며, 큰 분산은 관측값 공간상에서 변화가 심하다는 것을 나타내므로 비-선형적인 효과가 있음을 나타낸다(Intrator와 Intrator, 2001).

```
> head(net.infert$generalized.weights[[1]])
             [,1]            [,2]           [,3]         [,4]
1 0.0087234026257 -0.131299974532 0.163398375432 0.2504961807
2 0.1488417866165 -2.240286689784 2.787960979568 4.2740545951
3 0.0004292800344 -0.006461292687 0.008040860114 0.0123269570
4 0.0081450933776 -0.122595574103 0.152566043635 0.2338897871
5 0.1073062184042 -1.615115608907 2.009956723690 3.0813432590
6 0.1359187791998 -2.045776517837 2.545899652333 3.9029649939
```

일반화 가중치에 대한 시각화를 수행하면 다음과 같다.

```
> par(mfrow=c(2,2))
> gwplot(net.infert, selected.covariate="age", min=-2.5, max=5)
```

```
> gwplot(net.infert, selected.covariate="parity", min=-2.5, max=5)
> gwplot(net.infert, selected.covariate="induced", min=-2.5, max=5)
> gwplot(net.infert, selected.covariate="spontaneous", min=-2.5, max=5)
> par(mfrow=c(1,1))
```

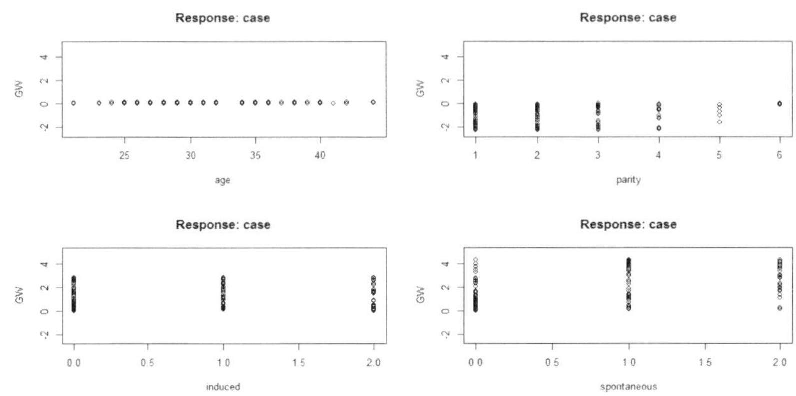

일반화 가중치의 분포로부터 공변량 age는 모든 값이 0 근처의 값을 가지므로 사례-대조(case-control) 상태에 따른 효과가(결과에 미치는 영향이) 없으며, 적어도 2개의 공변량 induced와 spontaneous는 일반화 가중치의 분산이 전반적으로 1보다 크기 때문에 비선형 효과를 가진다고 할 수 있다. 따라서 모형의 단순화를 위해 age와 관련된 뉴런을 제외한, 즉 3개의 입력변수(parity, induced, spontaneous)만으로 신경망모형을 적합할 수 있다.

compute( ) 함수는 각 뉴런의 출력값을 계산해 준다. 이를 이용하여 새로운 공변량 조합(또는 결측조합)에 대한 예측값도 구할 수 있다. 예를 들어 age=22, parity=1, induced ≤ 1, spontaneous ≤ 1을 가지는 결측 공변량 조합에 대한 예측결과는 다음과 같다.

```
> new.output <- compute(net.infert,
                        covariate=matrix(c(22,1,0,0,
                                           22,1,1,0,
                                           22,1,0,1,
                                           22,1,1,1),
                              byrow=TRUE, ncol=4))
> new.output$net.result
             [,1]
[1,] 0.1477400869
[2,] 0.1927071407
[3,] 0.3146652582
[4,] 0.8512751119
```

위의 결과(new.output$net.result)는 주어진 공변량 조합에 대한 예측결과로, 사전 낙태의 수에 따라 예측확률이 증가함을 보여 준다.

신경망모형에서 가중치들에 대한 신뢰구간은 confidence.interval() 함수를 통해 구할 수 있다. 이에 대한 자세한 내용은 Gunther와 Fritsch(2010)를 참고하기 바란다.

다층(multi-layer)신경망 또는 다층 퍼셉트론(perceptron)의 네트워크 구조는 다음과 같다. [그림 8.3]은 2개의 은닉층(hidden layer)을 가지는 다층신경망의 구조이며, 그 목적은 입력벡터 x를 출력벡터 $y(x)$로 맵핑(mapping)하는 것이다.

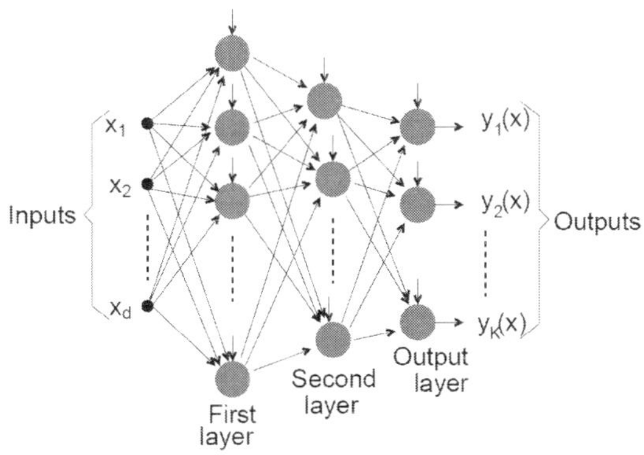

[그림 8.3] 다층신경망의 구조

위의 그림에서 입력층(input layer)은 자료벡터 또는 패턴을 받아들이고, 은닉층(한 개 또는 여러 개)은 이전층(previous layer)으로부터 출력을 받아 가중을 취한 후 비선형의 활성함수로 넘긴다. 출력층(output layer)은 최종 은닉층으로부터 결과를 받아 비선형적으로 결과를 넘겨 목표값(target value)을 제공한다. 다층신경망의 가중치는 학습과정에서 오차의 역전파(back-propagation) 알고리즘을 통해 갱신된다.

신경망모형은 여러 개의 은닉층을 가질 수 있다. 단층신경망과 다층신경망(2 또는 3개의 은닉층)의 네트워크 구조와 의사결정경계는 다음의 [그림 8.4]와 같다. 여기서 분계점(threshold) 활성함수가 사용되었다.

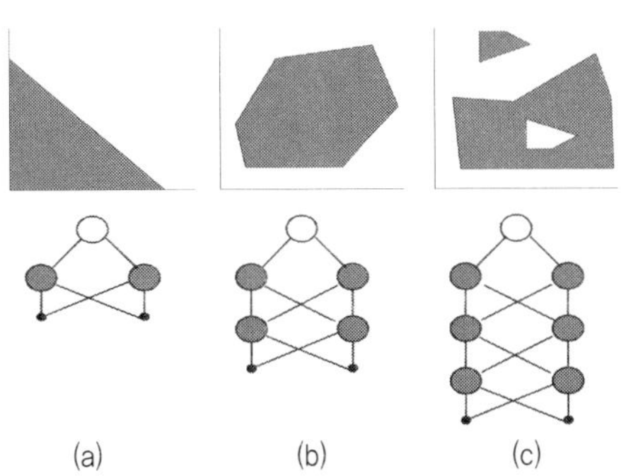

(a) (b) (c)

[그림 8.4] 신경망 네트워크 구조와 의사결정경계

은닉층의 수는 의사결정경계를 정하는 데 중요하다. 은닉층의 수를 정할 때는 다음의 사항을 고려한다.[1)]

- 다층신경망은 단층신경망에 비해 훈련(training)이 어렵다.
- 시그모이드 활성함수를 가지는 2개 층의 네트워크(1개 은닉층)는 임의의 의사결정경계를 모형화할 수 있다.

각 층의 노드 수(또는 units)의 결정은 다음을 고려하여 결정한다.

- 출력층 노드(output units)의 수는 출력 범주의 수로 결정한다.
- 입력(inputs)의 수는 입력 차원의 수로 결정한다.
- 은닉층 노드(hidden units)의 수는 다음을 고려하여 정한다.
  - 너무 적으면 네트워크이 복잡한 의사결정경계를 만들 수 없다.
  - 너무 많으면 네트워크의 일반화가 어렵다.

다음의 [예제 3]은 R 패키지 {neuralnet}의 neuralnet( ) 함수를 통해 다층신경망모형을 적합한다.

예제 3

0과 100 사이의 난수를 50개 발생시키고, 제곱근을 취한 값을 결과로 하는 자료를 구축한다. 이 자료를 신경망으로 학습하여 새로운 자료에 대한 예측을 수행한다.

set.seed( ) 함수를 이용하여 초깃값을 지정한 후 아래의 절차를 수행하면 일정한 결과를 얻을 수 있다.

```
> library(neuralnet)
> train.input <-  as.data.frame(runif(50, min=0, max=100))
> train.output <- sqrt(train.input)
> train.data <- cbind(train.input, train.output)
> colnames(train.data) <- c("Input","Output")
> head(train.data)
        Input       Output
1 55.82573598 7.471662196
2 97.54545894 9.876510463
3 69.04914395 8.309581455
4 74.84172906 8.651111435
5 58.61191761 7.655842058
6 95.93060503 9.794417034
```

1개의 은닉층과 10개의 은닉노드를 가지는 신경망모형을 적합한다. threshold= 옵션은 오차함수의 편미분에 대한 값으로 정지규칙으로 사용된다.

1) 참고로 심층 신경망(deep NN)을 사용한 알파고(Alphago, 2017)의 경우 13개의 은닉층이 사용되었다.

```
> net.sqrt <- neuralnet(Output~Input,train.data, hidden=10, threshold=0.01)
> print(net.sqrt)
Call: neuralnet(formula = Output ~ Input, data = train.data, hidden = 10, threshold = 0.01)

1 repetition was calculated.

          Error Reached Threshold Steps
1 0.0008207268678    0.006319500312  2988
```

적합된 신경망모형은 plot( ) 함수를 통해 다음과 같이 시각화된다.

```
> plot(net.sqrt)
```

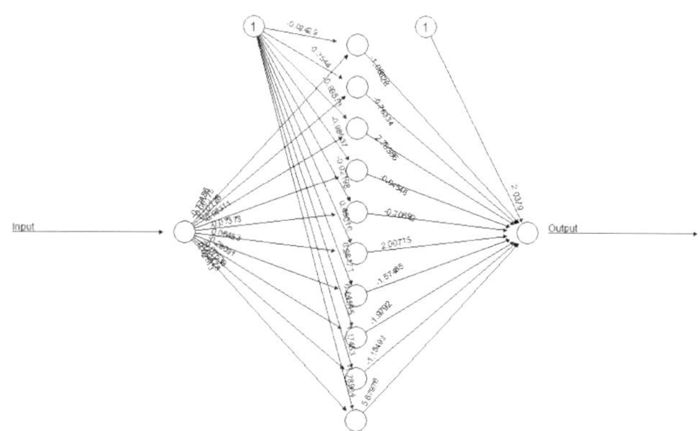

몇 개의 검증용 자료에 대해 구축된 신경망모형을 적용한다. 1~10 정수값의 제곱을 취하여 검증용 자료(test.data)를 만든 후, 이 자료에 대해 compute( ) 함수를 통해 신경망모형(net.sqrt)을 적용하고, 그 결과를 출력한다.

```
> test.data <- as.data.frame((1:10)^2)
> test.out <- compute(net.sqrt, test.data)
> ls(test.out)
[1] "net.result" "neurons"
> print(test.out$net.result)
           [,1]
 [1,] 1.033835841
 [2,] 2.001018917
 [3,] 3.002359799
 [4,] 3.996234450
```

```
 [5,] 4.999236314
 [6,] 6.003807929
 [7,] 6.994699389
 [8,] 7.995124460
 [9,] 9.009047033
[10,] 9.982951660
```

이제 은닉층이 2개인 모형을 적합해 보자. 각각의 은닉 노드의 수는 10개, 8개로 한다. 이를 위해 neuralnet( ) 함수의 옵션을 hidden=c(10,8)으로 수정하여 위 과정을 실행한다. 그 결과는 다음과 같다.

```
> net2.sqrt <- neuralnet(Output~Input,train.data, hidden=c(10,8), threshold=0.01)
> plot(net2.sqrt)
```

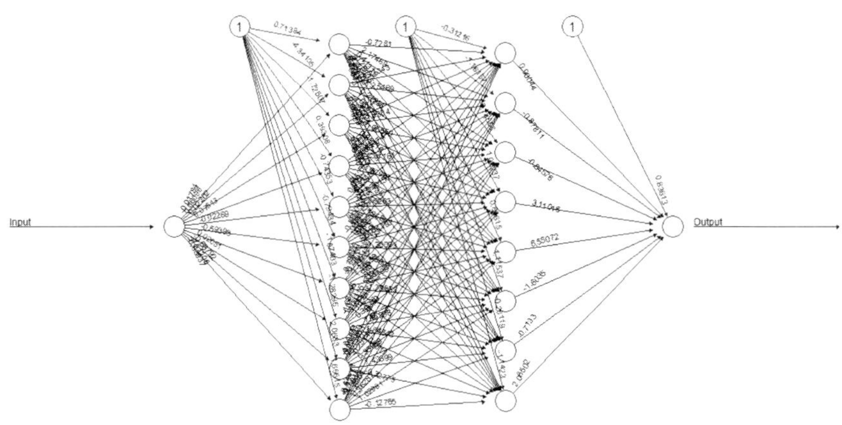

```
> test2.out <- compute(net2.sqrt, test.data)
> print(test2.out$net.result)
           [,1]
 [1,] 1.029998134
 [2,] 1.991761598
 [3,] 3.001090908
 [4,] 4.002236233
 [5,] 4.998659956
 [6,] 6.002985162
 [7,] 7.003229266
 [8,] 7.994328369
 [9,] 9.005849907
[10,] 9.986495689
```

이상에서 다룬 신경망모형의 장, 단점을 정리해 보면 다음과 같다. 신경망모형의 장점은 변수의 수가 많거나 입, 출력 변수 간에 복잡한 비선형 관계가 존재할 때 유용하며, 잡음에 대해서도 민감하게 반응하지 않는다는 점이다. 단점은 결과에 대한 해석이 쉽지 않으며, 은닉층의 수와 은닉노드 수의 결정이 어렵고, 초깃값에 따라 전역해가 아닌 지역해로 수렴할 수 있으며, 모형이 복잡하면 훈련과정에 시간이 많이 소요될 수 있다는 점을 들 수 있다.

8.3 딥러닝 소개

인공신경망에 대한 연구는 최초로 인간두뇌에 관한 논리적 모델을 제시한 McCulloch와 Pitts(1943)의 논문을 시작으로, Rosenblatt(1957)의 퍼셉트론(단층신경망)이 큰 이슈를 몰고 왔으나 단층신경망으로는 XOR 연산이 불가능함이 증명되면서(Minsky, 1969) 많은 사람들의 관심에서 멀어져 갔다. 이후 XOR 문제가 다층신경망에 역전파(Werbos, 1974 & 1982)를 적용하여 해결될 수 있음이 밝혀지면서(Hinton, 1986) 인공신경망은 다시 사람들의 관심을 끌게 되었으며, 90년대 초반까지 큰 진전을 이루었다[2]. 그러나 인공신경망은 90년대 후반에 다시 빙하기를 맞게 되는데, 그 이유는 크게 두 가지로 요약된다. 첫째, 신경망의 깊이가 깊어질수록 학습이 잘 되지 않으며(vanishing gradient 문제), 둘째, 파라미터 최적화에 대한 이론적인 근거가 없다는 것이었다(이 시기에 SVM, 랜덤포리스트 등의 새로운 기계학습이 등장함).

긴 침체기에도 꾸준히 인공신경망을 연구해오던 Hinton은, 캐나다 CIFAR 연구소의 지원으로 2006년 'A fast learning algorithm for deep belief nets' 논문을 통해 가중치의 초깃값을 제대로 설정하면 깊은 신경망도 학습이 가능하다는 것을 보였다(초깃값을 얻기 위해 제약볼츠만머신(RBM)을 통한 사전-훈련[3]을 제안함). 이어서 2007년 벤지오(Bengio) 팀은 'Greedy layer-wise training of deep networks' 논문을 통해 좀 더 간단한 자기부호화기(autoencoder)를 사용한 사전-훈련 방법을 제안하였다. 두 논문으로부터 딥러닝(deep learning) 또는 심층신경망(deep neural network, 이하 DNN)이 탄생하게 되었다.

딥러닝은 빠른 속도로 발전하여 2012년 이미지분류대회(IMAGENET)[4]에서 Hinton 교수의 제자인 Alex는 AlexNet이라는 딥러닝 알고리즘으로 당시 충격적인 15.3%의 오류율을 보인 것을

2) 1989년 LeCun은 MLP와 역전파 알고리즘을 이용하여 필기숫자 인식(MNIST) 문제에 적용하였으며, 이후 1998년에 현대적 CNN의 시초가 되는 신경망 구조를 제안하여 수표 인식 시스템에 적용한 바 있다(LeNet-5).

3) 사전-훈련(pre-training)은 과적합을 방지할 수 있는 초깃값 설정을 위한 것으로, 2013년에는 RBM을 대체할 수 있는 Drop-out 개념이 소개되었다.

4) IMAGENET은 143만여 개의 이미지를 1000개의 클래스로 분류하는 대회이다.

계기로(직전 해의 오류율: 26.2%) 많은 연구자들이 딥러닝으로 방향을 전환하는 계기가 되었다(2015년에는 오류율 3% 수준으로 발전하였으며 그림을 문장으로 설명하는 수준까지 도달함).

최근 딥러닝은 빅데이터와 GPU 등의 빠른 컴퓨팅 기술과 결합되어 매우 다양한 분야에 적용되고 있다. 그 예로 2011년 IBM의 왓슨이 자연어 처리 기술로 인간과의 퀴즈대결에서 압승을 하였고, 구글은 Andrew Ng과 함께 'Google Brain' 프로젝트를 시작하였으며(이미지와 비디오의 패턴을 감지하는 DNN을 개발함), 2013년 딥마인드는 Atri 게임에서 인간을 이길 수 있도록 심층강화학습 모델을 설계하였으며, 2014년 페이스북은 인간처럼 사람을 인식할 수 있는 DeepFace DNN을 개발하였고, 2015년 아마존과 마이크로소프트는 각각 아마존 머신러닝의 출시와 DMTK(분산 기계학습 툴킷)를 발표하였다. 2016년 구글의 알파고는 인간과의 바둑대결에서 승리하였으며, 2017년 구글은 텐서플로우(tensorflow)[5]를 발표하였고, 마이크로소프트는 자사의 오픈소스 심층학습 툴킷인 Microsoft Cognitive Toolkit(2016년은 CNTK)를 출시하였다.

5) 텐서플로우는 기계학습과 딥러닝을 위해 구글이 개발한 오픈소스 라이브러리이다(C++ 기반임).

9장

서포트벡터머신

9.1 서론

서포트벡터머신(support vector machines, 이하 SVM)모형은 고차원 또는 무한 차원의 공간에서 초평면(의 집합)을 찾아 이를 이용하여 분류와 회귀를 수행한다. SVM은 지도학습기법으로 비-중첩(non-overlapping) 분할을 제공하며 모든 속성(attributes)을 활용하는 전역적(global) 분류 모형이다. SVM은 최대 마진을 가지는 선형판별에 기초하며, 속성들 간의 의존성은 고려하지 않는 방법이다.

9.2 기초 개념

직관적으로 자료를 군집별로 가장 잘 분리하는 초평면은 가장 가까운 훈련용 자료까지의 거리(이를 마진(margin)이라고 함)가 가장 큰 경우이며([그림 9.1]의 (a) 참고), 마진이 가장 큰 초평면을 분류기(classifier)로 사용할 때, 새로운 자료에 대한 오분류가 가장 낮아진다. 서포트벡터머신모형은 선형분류뿐 아니라, 커널 트릭(kernel trick)이라 불리는 (입력 자료의) 다차원 공간상으로의 맵핑(mapping) 기법을 사용하여 비선형분류도 효율적으로 수행한다([그림 9.1]의 (b) 참조).

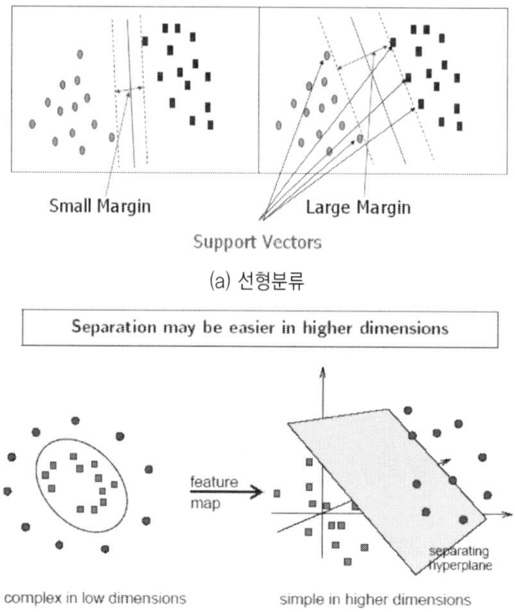

(a) 선형분류

(b) 비선형분류

[그림 9.1] SVM을 이용한 분류

9.3 SVM 알고리즘

SVM 알고리즘을 소개하면 다음과 같다.

d-차원 공간상에 n개의 점으로 구성된 분류 자료를 $D=\{(x_i,\ y_i), i=1,2,\cdots,n\}$이라고 하자. y_i는 단지 두 개의 값(+1 또는 −1)만을 취하는 분류 변수라고 하자. 아래의 초평면(hyper-plane) $h(x)$는 d-차원에서 선형판별함수를 제공하며, 원래의 공간을 2개의 반-공간으로 나눈다.

$$h(x) = w^T x + b = w_1 x_1 + w_2 x_2 + \cdots + w_d x_d + b.$$

위 식에서 w는 d-차원의 가중치 벡터이고 b는 편향(bias) 상수이다. 초평면상의 점들은 $h(x) = 0$이다. 즉, 초평면은 $w^t x = -b$ 를 만족하는 모든 점들로 정의된다.

만약 데이터 셋이 선형으로 분리가 가능한 경우, 분리초평면은 $h(x) < 0$인 모든 점들은 −1의 군집으로, $h(x) > 0$인 모든 점들은 +1의 군집으로 분류되도록 구해질 수 있다. 이 경우 $h(x)$는 모든 자료에 대해 군집을 예측해주는 선형분류기 또는 선형판별의 역할을 수행한다. 더욱이 가중치 벡터 w는 초평면에 직교하므로, 그 방향에 수직인 방향을 제공하는 반면, 편향 b는 d-차원 공간에서 초평면의 오프셋(offset)을 고정한다.

분리초평면 $h(x)=0$이 주어질 때, 각 자료점 x_i와 초평면 간의 거리는 다음과 같이 계산가능하다.

$$\delta_i = \frac{y_i h(x_i)}{||w||}.$$

선형분류기의 마진은 모든 n개의 점에서 분리초평면까지의 최소거리로 정의된다. 이때 최소거리를 가지는 모든 점(벡터 x_i^*)들을 선형분류기에 대한 서포트벡터(support vectors)라고 한다([그림 9.2]). 달리 말하면, 서포트벡터는 분리초평면의 마진상에 정확히 위치하는 점이다.

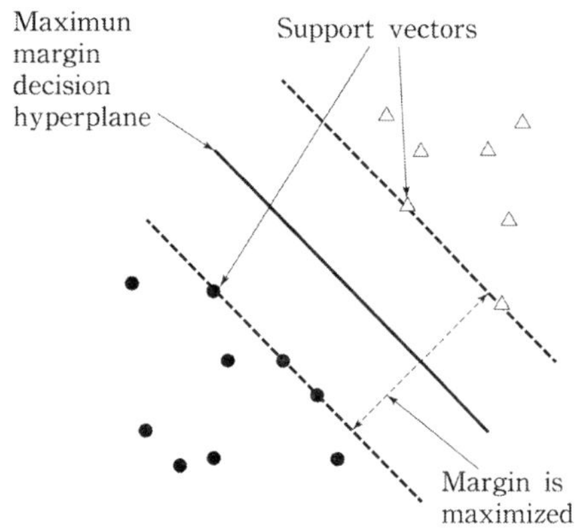

[그림 9.2] 선형분류기의 서포트벡터

초평면의 정준표현(canonical representation)으로, y_i^*를 가지는 각 서포트벡터에 대해 $y_i^* h(x_i^*) = 1$이 된다. 마찬가지로 서포트벡터가 아닌 모든 점에 대해 $y_i h(x_i) > 1$이 된다. 그 이유는 정의에 의해 이 점은 서포트벡터보다 초평면으로부터 더 멀리 떨어져 있기 때문이다. 따라서 모든 자료 $x_i \in D$에 대해 $y_i h(x_i) \geq 1$이다.

SVM의 기본 생각은 최대마진을 가지는 초평면을 선택하는 것이다. 즉, 최적의 정준초평면을 찾는 것이다. 이를 위해 모든 가능한 분리초평면 가운데 최대의 마진을 제공하는 가중치 벡터 w와 편향 b를 찾을 필요가 있다. 즉, 그 초평면은 $1/||w||$을 최대로 하는 것이다. 이 문제는 다음과 같이 선형제약하에서 $||w||$를 최소화하는 문제와 동등하다.

- 목적함수: $\min \frac{||w||^2}{2}$.
- 선형제약: $y_i h(x_i) \geq 1, \ ^\forall x_i \in D$.

위의 최적화 문제는 라그랑지 승수법(Lagrange multiplier method)(이는 궁극적으로 이차형식의 최적화 문제로 귀결됨)을 이용하여 해결될 수 있다.

SVM은 군집들이 다소간 중복되어 완벽한 분리가 불가능하여 선형적으로 분리가 되지 않는(linearly non-seperable) 점들도, 각 점 $x_i \in D$에 대해 여유변수(slack variables) ξ_i를 도입하여 다룰 수 있다([그림 9.3]).

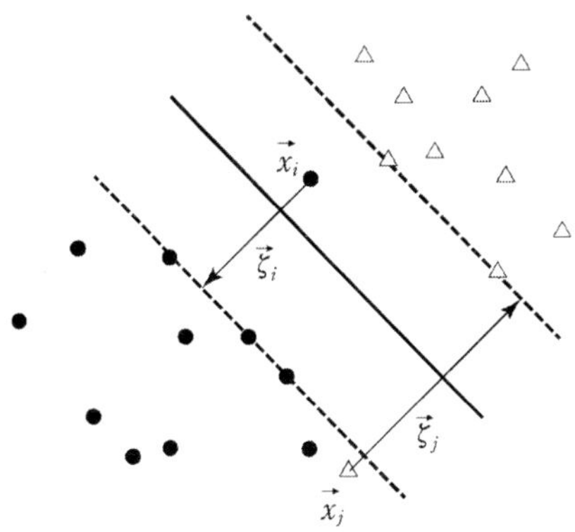

[그림 9.3] 여유변수: 선형적으로 분리가 되지 않는 경우

만약 $0 \leq \xi_i \leq 1$이면 그 점은 여전히 정확히 분류되고, 만약 $\xi_i > 1$이면 그 점은 오분류된다([그림 9.4]). 따라서 분류의 목적은 최대 마진을 가지며 동시에 여유변수의 합을 최소로 하는 초평면(w와 b)을 찾는 것이다. 이 문제 역시 라그랑지 승수법을 통해 해결할 수 있다.

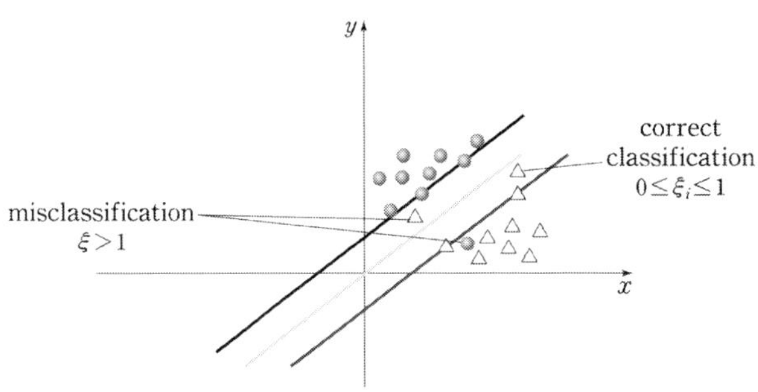

[그림 9.4] 여유변수의 값에 따른 정오 분류

SVM은 비선형결정경계(non-linear decision boundaries)를 가지는 문제도 해결할 수 있다. 핵심 아이디어는 원래의 d-차원 공간을 d'-차원($d' > d$)으로 맵핑하여 그 점들이 선형적으로 분리 가능하도록 하는 것이다. 원 데이터 셋 $D = \{(x_i, y_i), i = 1, 2, \cdots, n\}$와 변환함수 Φ가 주어질 때, 새로운 데이터 셋은 변환공간에서 $D_\Phi = \{(\Phi(x_i), y_i), i = 1, \cdots, n\}$ 으로 구해진다. 다음의 [그림 9.5]는 다항 맵핑을 사용한 예를 보여 준다.

$$\Phi : R^2 \rightarrow R^3$$
$$(x_1, x_2) \mapsto (z_1, z_2, z_3) := (x_1^2, \sqrt{2}\, x_1 x_2, x_2^2)$$

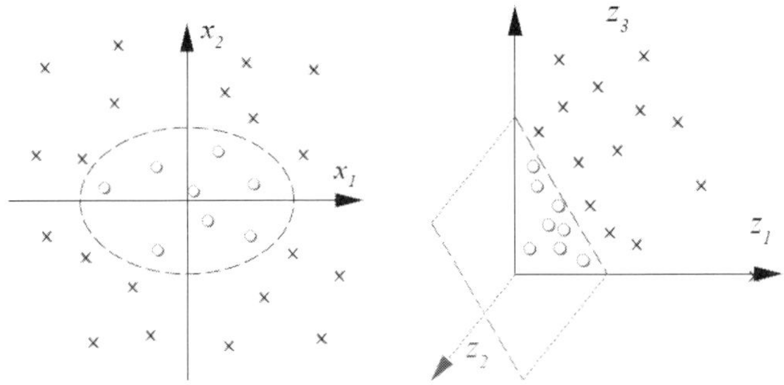

[그림 9.5] 다항 맵핑을 사용한 선형분리

이제 선형결정면(linear decision surface)을 d'-차원에서 구한 후, 이를 다시 원래의 d-차원 공간상의 비선형면으로 맵핑한다. 이때 변환된 공간(d'-차원)에서의 선형결정면은

$$f(x) = w \cdot \Phi(x) + b$$

이며, 이 값의 부호를 통해 분류를 수행하게 된다([그림 9.6]).

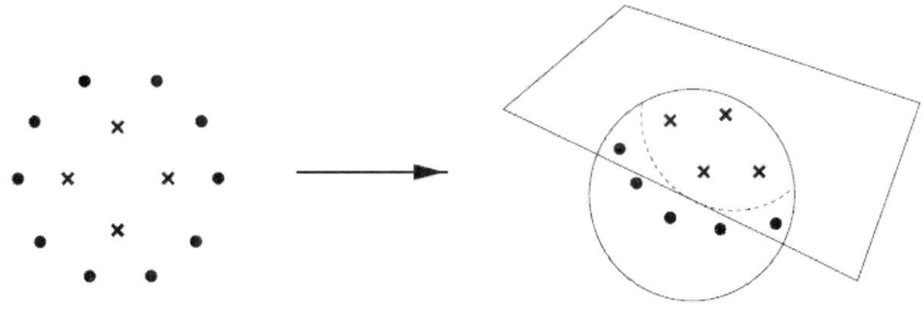

[그림 9.6] 자료의 맵핑과 선형결정면

이 과정에서 w와 b를 구하기 위해 맵핑된 결과 $\Phi(x)$는 별도로 계산될 필요는 없다. 그 이유는 w가 다음과 같이

$$w = \sum_{i=1}^{n} \alpha_i \Phi(x_i) \quad \text{for some variables } \alpha$$

으로 표현될 수 있음이 밝혀져 있어(Representer 정리, Kimeldorf & Wahba(1971)), w를 직접 최적화하는 대신 α를 최적화할 수 있기 때문이다. 이때 판별규칙은

$$f(x) = \sum_{i=1}^{n} \alpha_i \Phi(x_i) \cdot \Phi(x) + b$$

이 되며, $K(x_i, x) = \Phi(x_i) \cdot \Phi(x)$ 를 커널함수(kernel function)라고 한다. 따라서 변환된 공간에서 요구되는 유일한 연산은 내적(inner product) $\Phi(x_i)^T \Phi(x)$으로, 이는 x_i와 x 간의 커널함수(K)와 함께 정의된다. 실제 Φ의 선택에 따라 맵핑된 공간의 차원이 매우(무한 차원까지) 커질 수 있어 Φ를 직접 이용하거나 맵핑된 자료의 내적을 계산하는 데 어려움이 있다. 이를 극복하는 방법은 다음과 같다. 두 점 p와 q에 대해 맵핑 $\Phi : (p_1, p_2) \rightarrow (p_1^2, \sqrt{2}\, p_1 p_2, p_2^2)$를 적용한 후, 그들의 내적을 계산하면 다음과 같다.

$$\begin{aligned}
\Phi(p) \cdot \Phi(q) &= (p_1^2, \sqrt{2}\, p_1 p_2, p_2^2)(q_1^2, \sqrt{2}\, q_1 q_2, q_2^2)^T \\
&= p_1^2 q_1^2 + 2 p_1 q_1 p_2 q_2 + p_2^2 q_2^2 \\
&= (p_1 q_1 + p_2 q_2)^2 \\
&= (p \cdot q)^2.
\end{aligned}$$

위 결과로부터 맵핑된 점들 간의 내적은 원 자료의 내적을 계산한 뒤 제곱을 취해 구할 수 있다. 따라서 Φ 함수의 적용 없이 내적 $\Phi(p) \cdot \Phi(q)$을 계산할 수 있다. 맵핑 공간에서의 내적과 동등한 함수(equivalent function)를 커널함수라고 하고 이를 K라고 표현한다.

SVM에서 통상적으로 사용되는 커널은 다음과 같다.

○ 선형(linear) 커널:

$$K(x_i, x_j) = x_i^T x_j .$$

○ 다항(polynomial) 커널:

$$K(x_i, x_j) = (x_i^T x_j + 1)^q, \quad q: \text{ 다항식의 차수.}$$

○ 가우시안(gaussian) 커널:

$$K(x_i, x_j) = e^{-\frac{\| x_i - x_j \|^2}{2\sigma^2}}, \quad \sigma: \text{ 퍼진 정도(spread) 또는 표준편차.}$$

○ 가우시안 RBF(gaussian radial basis function) 커널:

$$K(x_i, x_j) = e^{-\gamma \| x_i - x_j \|^2}, \quad \gamma \geq 0.$$

○ 라플라스 RBF(Laplace radial basis function) 커널:

$$K(x_i, x_j) = e^{-\gamma \| x_i - x_j \|}, \quad \gamma \geq 0.$$

○ 역탄젠트(hyperbolic tangent) 커널:

$$K(x_i, x_j) = \tanh(x_i^T x_j + offset).$$

○ 시그모이드(sigmoid) 커널:

$$K(x_i, x_j) = \tanh(a x_i^T x_j + offset).$$

○ 제1종 베셀함수(the Bessel function of the first kind) 커널:

$$K(x_i, x_j) = \left(\frac{Bessel_{\nu+1}^{n}(\sigma \| x_i - x_j \|)}{(\| x_i - x_j \|)^{-n(\nu+1)}} \right).$$

○ ANOVA Radial basis 커널:

$$K(x_i, x_j) = \left(\sum_{k=1}^{n} e^{-\sigma (x_i^k - x_j^k)^2} \right)^d.$$

○ 일차원의 선형스플라인(linear splines kernel in one dimension) 커널:

$$K(x_i, x_j) = 1 + x_i x_j \min(x_i, x_j) - \frac{x_i + x_j}{2} \min(x_i, x_j)^2 + \frac{\min(x_i, x_j)^3}{3}.$$

Karatzoglou 등(2006)에 의하면 가우시안과 라플라스 RBF, 베셀 커널은 자료에 관한 사전정보가 없을 때 사용되는 일반적-목적의 커널이다. 선형 커널은 문서분류(text categorization) 등에서 자주 발생하는 대량의 희박 자료벡터를 다룰 때 유용하다. 다항 커널은 이미지 처리에 자주 사용되며, 시그모이드 커널은 신경망에 대한 프록시(proxy)로 주로 사용된다. 스플라인과 ANOVA RBF 커널은 전형적으로 회귀 문제에 잘 수행된다.

2부 지도학습

SVM을 수행하는 R 패키지에는 {e1071}, {kernlab}, {klaR}, {svmpath}, {shogun} 등이 있다. 이 가운데 {e1071} 패키지가 R에서 가장 먼저 소개되었으며 가장 직관적이다.

다음의 [예제 1]은 R 패키지 {e1071}의 svm( ) 함수를 이용하여 SVM 분류를 수행한다.

예제 1

iris 자료를 이용하여 SVM을 수행한다.

```
> library("e1071")
> data(iris)
```

svm( ) 함수를 통해 분류를 수행한다. svm( ) 함수에는 사용되는 중요 옵션은 다음과 같다.

- type: svm( )의 수행 방법(분류, 회귀 또는 novelty detection)을 정한다. 반응변수(y)가 범주형인지의 여부에 따라 정해지며, 디폴트는 C-classification 또는 eps-regression이다. 그 외에도 nu-classification, one-classification(for novelty detection), nu-regression이 있다.
- kernel: 훈련과 예측에 사용되는 커널로, "radial" 옵션은 가우시안 RBF를 의미한다. 실제 문제에서 커널의 선택이 결과의 정확도에 큰 영향을 주지는 않는다.
- degree: 다항 커널이 사용될 경우의 모수(차수)이다.
- gamma: 선형을 제외한 모든 커널에 요구되는 모수로, 디폴트는 1/(데이터 차원) 이다.
- coef0: 다항 또는 시그모이드 커널에 요구되는 모수로, 디폴트는 0이다.
- cost: 제약 위배의 비용으로, 디폴트는 1이다.
- cross: k- 중첩 교차타당도에서 k값을 지정한다.

```
> svm.e1071 <- svm(Species ~ . , data = iris, type = "C-classification",
                   kernel = "radial", cost = 10, gamma = 0.1)

> summary(svm.e1071)

Call:
svm(formula = Species ~ ., data = iris, type = "C-classification",
    kernel = "radial", cost = 10, gamma = 0.1)

Parameters:
   SVM-Type:  C-classification
 SVM-Kernel:  radial
       cost:  10
      gamma:  0.1

Number of Support Vectors:  32
```

```
 ( 3 16 13 )

Number of Classes:  3

Levels:
 setosa versicolor virginica
```

plot( ) 함수를 이용하여 그 결과에 대한 시각화할 수 있다.

```
> plot(svm.e1071, iris, Petal.Width ~ Petal.Length,
       slice = list(Sepal.Width = 3, Sepal.Length = 4))
> # 나머지 변수의 지정된 값에서의 단면(2차원 그림)으로, (x: 서포트벡터, o: 자료점)임
```

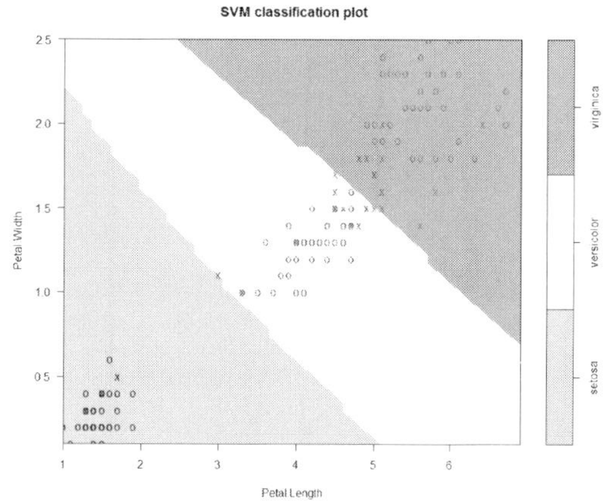


```
> plot(svm.e1071, iris, Sepal.Width ~ Sepal.Length,
       slice = list(Petal.Width = 2.5, Petal.Length = 3))
```

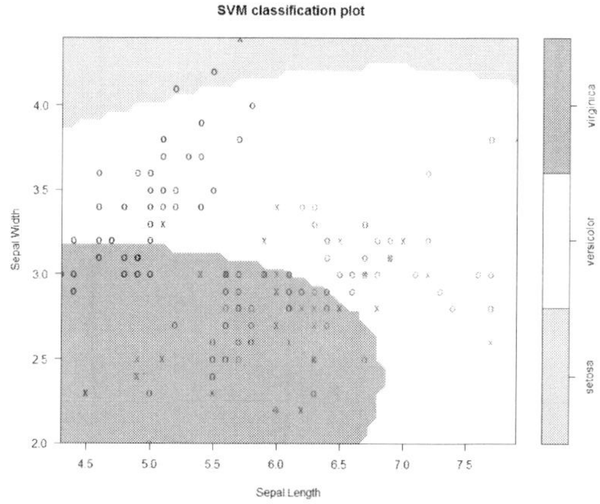

```
> pred <- predict(svm.e1071, iris, decision.values = TRUE)
> (acc <- table(pred, iris$Species))

pred         setosa versicolor virginica
  setosa         50          0         0
  versicolor      0         47         0
  virginica       0          3        50
```

분류된 데이터를 실제 값과 비교해 보면 setosa는 50개 모두 잘 분류되었고, versicolor은 50개 중 47개가 잘 분류되었으며 virginica는 50개 모두 잘 분류되었다.

classAgreement( ) 함수를 통해 모형의 정확도를 확인할 수 있다.

```
> classAgreement(acc)
$diag
[1] 0.98

$kappa
[1] 0.97

$rand
[1] 0.9739597

$crand
[1] 0.941045
```

tune( ) 함수는 제공된 모수 영역에서 격자 탐색을 사용하여 통계적 방법의 초모수(hyperparameters)를 조율(tune)할 수 있다. 이 함수는 최적의 모수를 제공해 주며, 동시에 여러 모수값에 대한 검정에 대한 자세한 결과를 제공해 준다.

```
> tuned <- tune.svm(Species~., data = iris,
                    gamma = 10^(-6:-1), cost = 10^(1:2))   # 6×2=12개 조합에서
> summary(tuned)                                              모수 조율이 이루어짐

Parameter tuning of 'svm':
- sampling method: 10-fold cross validation
- best parameters:
 gamma cost
  0.01  100
- best performance: 0.03333333
- Detailed performance results:
   gamma cost      error dispersion
1  1e-06   10 0.78666667 0.07568616
2  1e-05   10 0.78666667 0.07568616
```

```
3  1e-04   10 0.63333333 0.15153535
4  1e-03   10 0.10666667 0.10976968
5  1e-02   10 0.04000000 0.04661373
6  1e-01   10 0.04000000 0.04661373
7  1e-06  100 0.78666667 0.07568616
8  1e-05  100 0.63333333 0.15153535
9  1e-04  100 0.10000000 0.10999439
10 1e-03  100 0.04000000 0.04661373
11 1e-02  100 0.03333333 0.04714045
12 1e-01  100 0.04666667 0.04499657
```


다음의 [예제 2]는 R 패키지 {kernlab}의 ksvm( ) 함수를 이용하여 SVM 분류를 수행한다.

예제 2

iris 자료를 이용하여 SVM을 수행한다.

```
> library("kernlab")
> data(iris)
> svm.kernlab <- ksvm(Species ~ ., data = iris,
                  type = "C-bsvc", kernel = "rbfdot",
                  kpar = list(sigma = 0.1), C = 10, prob.model = TRUE)
> svm.kernlab
Support Vector Machine object of class "ksvm"

SV type: C-bsvc  (classification)
 parameter : cost C = 10

Gaussian Radial Basis kernel function.
 Hyperparameter : sigma =  0.1

Number of Support Vectors : 32

Objective Function Value : -5.8442 -3.0652 -136.9786
Training error : 0.02
Probability model included.
```

plot( ) 함수를 이용하여 분류된 결과에 대한 각 변수별 분포를 상자그림의 형태로 나타낼 수 있다.

```
> fit <- fitted(svm.kernlab)
> par(mfrow=c(2,2))
> plot(fit, iris[,1], main="Sepal.Length")
> plot(fit, iris[,2], main="Sepal.Width")
```

```
> plot(fit, iris[,3], main="Petal.Length")
> plot(fit, iris[,4], main="Petal.Width")
> par(mfrow=c(1,1))
```

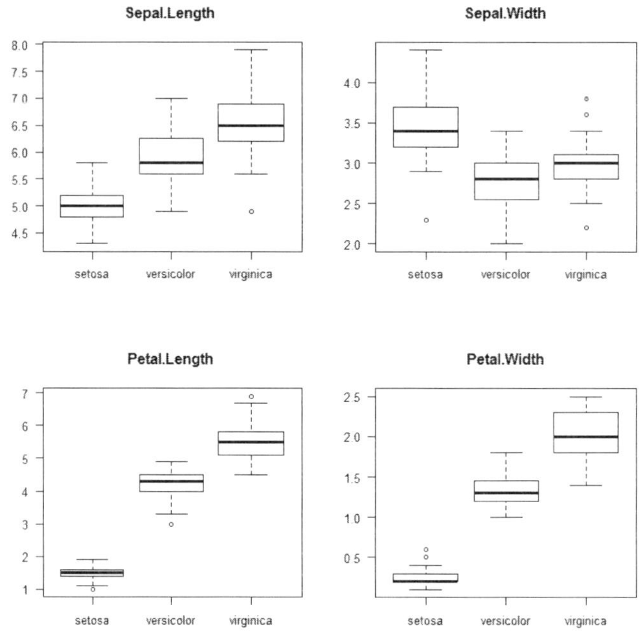


```
> head(predict(svm.kernlab, iris, type = "probabilities"))

         setosa   versicolor   virginica
  [1,] 0.982512676 0.0107155952 0.006771729
  [2,] 0.976761862 0.0155766815 0.007661456
  [3,] 0.984482548 0.0088730948 0.006644357
  [4,] 0.980694369 0.0116272964 0.007678335
  [5,] 0.983721897 0.0096395760 0.006638527
  [6,] 0.969339542 0.0213361722 0.009324286

> predict(svm.kernlab, iris, type = "response")

  [1] setosa    setosa    setosa    setosa    setosa    setosa    setosa
  [8] setosa    setosa    setosa    setosa    setosa    setosa    setosa
 ......
[148] virginica  virginica  virginica
Levels: setosa versicolor virginica

> table(predict(svm.kernlab, iris), iris[,5])
```

```
            setosa versicolor virginica
  setosa        50          0         0
  versicolor     0         47         0
  virginica      0          3        50
```

predict( ) 함수를 통해 새로운 자료에 대한 분류(예측)을 수행할 수 있다. 여기서는 모형구축에 사용된 자료를 재사용하여 분류를 수행하였다. 그 결과 setosa와 viginica는 50개 모두, versicolor는 50개 중 47개가 제대로 분류되었다.

다음의 [예제 3]은 R 패키지 {e1071}의 svm( ) 함수를 이용하여 서포트벡터회귀(SVR)를 수행한다.

예제 3

svm( ) 함수를 통해 SVR을 수행하고, 모수조율(tuning)을 통해 성능을 제고한다.

```
> # 분석용 자료 생성
> x <-c(1:20)
> y <- c(3,4,8,4,6,9,8,12,15,26,35,40,45,54,49,59,60,62,63,68)
> data<-data.frame(x, y)
```

SVR과의 비교를 위해 lm() 함수를 통해 단순회귀를 적합한다. 그 결과 $RMSE \approx 5.70$을 얻었다.

```
> plot(data, pch=16)
> model <- lm(y ~ x, data)
> abline(model)

> lm.error <- model$residuals  # same as data$Y - predictedY
> (lmRMSE <- sqrt(mean(lm.error^2)))
[1] 5.703778
```

svm( ) 함수를 통해 SVR을 수행하고, 그 결과를 단순회귀결과와 함께 그린다. SVR의 $RMSE \approx 3.16$으로 단순회귀에 비해 감소되었음을 알 수 있다.

```
> model <- svm(y ~ x , data)
> pred.y <- predict(model, data)
> points(data$x, pred.y, col = "red", pch = 4)
> # 아래 그림에서 직선은 단순회귀, x는 SVR, •은 자료점을 나타냄
> error <- data$y - pred.y
> (svmRMSE <- sqrt(mean(error^2))
[1] 3.157061
```

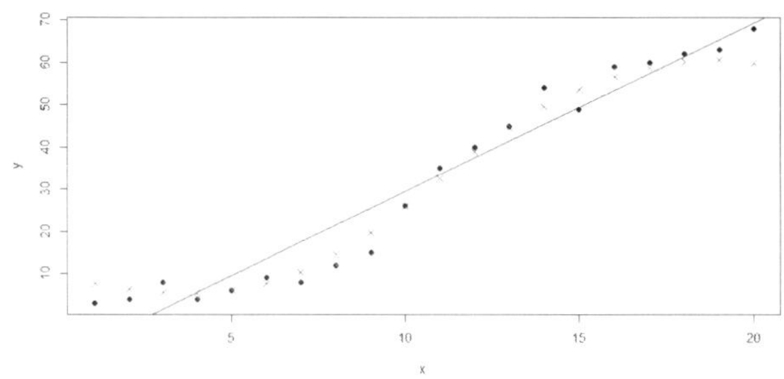

SVR의 성능을 높이기 위해 모델의 모수들을 최적화할 필요가 있다. 적용된 svm( ) 함수는 디폴트로 ϵ-회귀(type=eps-regression 옵션)가 적용되었으며, ϵ값은 디폴트로 0.1이 사용되었다. 과적합(overfitting)을 피하기 위해 cost 모수(cost= 옵션)를 변경할 수 있다. 이러한 모수의 선택과정을 초모수 최적화(hyperparameter optimization) 또는 모형선택(model selection)이라고 한다.

모수 ϵ과 cost의 다양한 값에 대해, 격자탐색을 수행하여 최적의 모수를 찾는다. 이 예제에서는 총 88개의 모형에 대해 훈련이 수행되었다. 그 결과 최적의 모수로 $\epsilon=0$, cost=256이 선택되었다.

```
> tuneResult <- tune(svm, y ~ x,  data = data,
              ranges = list(epsilon = seq(0,1,0.1), cost = 2^(2:9)))
> print(tuneResult)
Parameter tuning of 'svm':
- sampling method: 10-fold cross validation
- best parameters:
 epsilon cost
       0  256
- best performance: 8.202877
```

tune( ) 함수는 각 모형에 대한 MSE 값을 제공한다(제곱근을 취해 RMSE 값을 구할 수 있다). plot( ) 함수를 통해 RMSE 값을 시각화하면 다음과 같다. 이 그림에서 색이 짙을수록 RMSE가 0에 가까우므로 더 나은 모형임을 의미한다.

```
> plot(tuneResult)
```

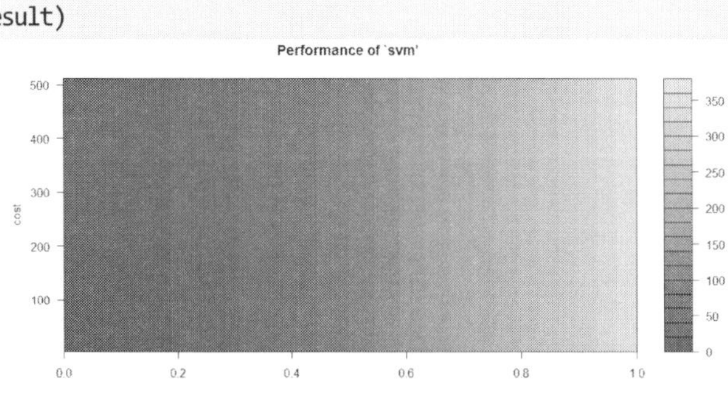

보다 정교한 모수조율(tuning)을 위해 보다 좁은 영역에서 격자탐색을 실시한다. 위 그림에서 cost 모수의 영향은 크지 않으므로 그 값을 그대로 유지하였다. 총 168개의 모형에 대해 훈련하였다.

```
> tuneResult <- tune(svm, y ~ x,  data = data,
               ranges = list(epsilon = seq(0,0.2,0.01), cost = 2^(2:9)))
> print(tuneResult)
Parameter tuning of 'svm':
- sampling method: 10-fold cross validation
- best parameters:
 epsilon cost
    0.09  128
- best performance: 14.27824

> plot(tuneResult)
```

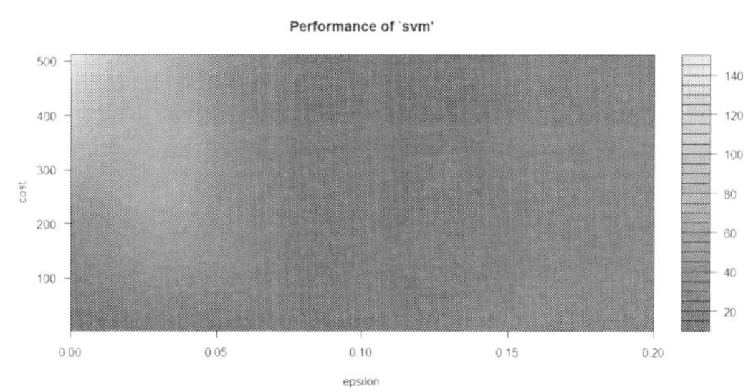

위의 그림에서 진한 영역을 자세히 볼 수 있으며, 그 결과 $\epsilon = 0.09$, cost=128인 모형이 최소의 오차를 가지는 것을 알 수 있다.

다행히도 최적의 모형을 분석자가 찾아낼 필요는 없다. R에서는 다음과 같이 매우 쉬운 방법으로 최적의 모형이 제공되며, 이를 통해 예측을 수행할 수 있다.

```
> tunedModel <- tuneResult$best.model
> tpred.y <- predict(tunedModel, data)
> error <- data$y - tpred.y
> tsvmRMSE <- sqrt(mean(error^2))
> tsvmRMSE
[1] 2.072399
```

위 결과에서 $\mathrm{SE} \approx 2.07$로 모형의 성능이 크게 개선되었음을 알 수 있다.

모수에 대한 조율(tuning) 전과 후의 SVR을 적합한 결과를 그림으로 그려보면 다음과 같다. 그림에서 푸른색(진한선)은 모수조율된 SVR 적합 결과이다.

```
> plot(data, pch=16)
> points(data$x, pred.y, col = "red", pch=4, type="b")
> points(data$x, tpred.y, col = "blue", pch=4, type="b")
```

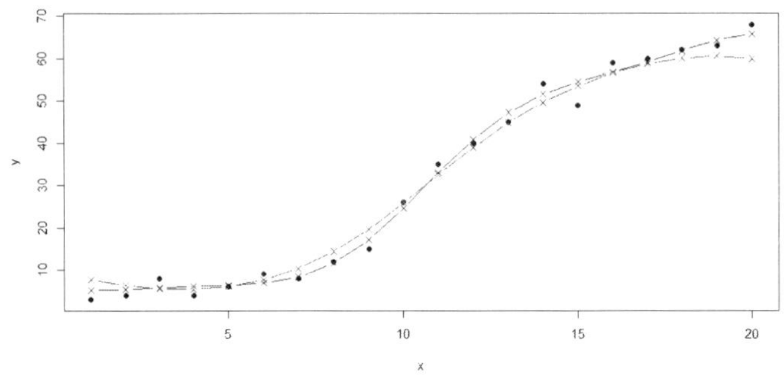

10장

앙상블 모형

10.1 서론

앙상블(ensemble) 모형은 여러 개의 분류모형에 의한 결과를 종합하여 분류의 정확도를 높이는 방법이다. 이는 적절한 표본추출법으로 데이터에서 여러 개의 훈련용 데이터 셋을 만들어 각각의 데이터 셋에서 하나의 분류기를 만들어 앙상블하는 방법이다. 즉, 새로운 자료에 대해 분류기 예측값들의 가중투표(weighted vote)를 통해 분류를 수행한다. 데이터를 조절하는 가장 대표적인 방법에는 배깅(bagging)과 부스팅(boosting)이 있다. 랜덤포리스트(random forest) 방법은 베깅의 개념과 속성(또는 변수)의 임의선택(random selection)을 결합한 앙상블 기법이다.

앙상블 방법은 개별 모형에 비해 다음의 장점을 가진다.

- 평균을 취함으로써 편의를 제거해준다: 치우침이 있는 여러 모형의 평균을 취하면, 어느 쪽에도 치우치지 않는 결과(평균)를 얻게 된다.
- 분산을 감소시킨다: 한 개 모형으로부터의 단일 의견보다 여러 모형의 의견을 결합하면 변동이 작아진다.
- 과적합의 가능성을 줄여준다: 과적합이 없는 각 모형으로부터 예측을 결합(평균, 가중 평균, 로지스틱 회귀)하면 과적합의 여지가 줄어든다.

10.2 배깅

배깅(bagging)은 bootstrap aggregating의 준말로 원 데이터 셋으로부터 크기가 같은 표본을 여러 번 단순임의복원추출하여 각 표본(이를 붓스트랩 표본이라 함)에 대해 분류기(classifiers)를 생성한 후 그 결과를 앙상블하는 방법이다. 반복추출방법을 사용하기 때문에 같은 데이터가 한 표본에 여러 번 추출될 수도 있고, 어떤 데이터는 추출되지 않을 수도 있다.[1)]

예제 1

iris 자료에 대해 R 패키지 {adabag}의 bagging( ) 함수를 통해 분석을 수행한다.

```
> library(adabag)
> data(iris)
> # mfinal= 반복수 또는 트리의 수(default=100)
> iris.bagging <- bagging(Species~., data=iris, mfinal=10)
> iris.bagging$importance
Petal.Length  Petal.Width Sepal.Length  Sepal.Width
    76.70895     23.29105      0.00000      0.00000
```

위의 결과는 변수의 상대적인 중요도를 나타낸다. 즉, 각 트리에서 변수에 의해 주어지는 '지니지수의 이익(gain)'(이는 불확실성의 감소량을 의미)을 고려한 측도이다. R 패키지 {adabag}의 bagging( ) 함수는 배깅을 이용하여 분류를 수행한다. plot( ) 함수를 통해 분류 결과를 트리 형태로 나타낼 수 있다.

```
> plot(iris.bagging$trees[[10]])
> text(iris.bagging$trees[[10]])
```

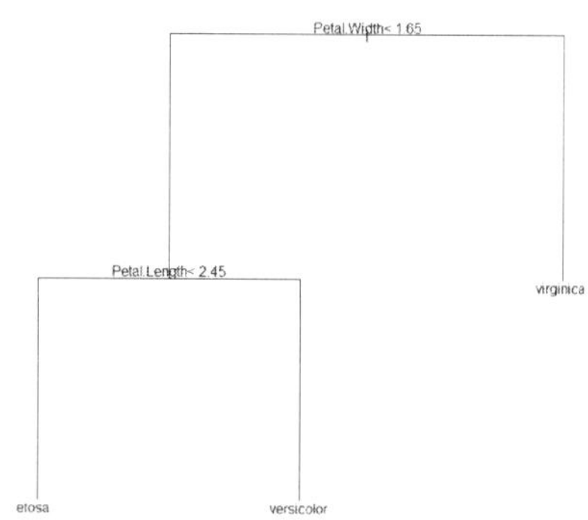

predict( ) 함수를 통해 새로운 자료에 대한 분류(예측)를 수행할 수 있다. 여기서는 모형구축에 사용된 자료를 재사용하여 분류를 수행하였다. 그 결과 setosa는 50개 모두, versicolor는 50개 중 45개, virginica는 50개 중 49개가 제대로 분류되었다.

```
> pred <- predict(iris.bagging, newdata=iris)
> table(pred$class, iris[,5])
            setosa versicolor virginica
  setosa        50          0         0
  versicolor     0         45         1
  virginica      0          5        49
```

---

1) 충분히 큰 자료에서, 원 자료와 동일한 크기의 부스트랩 표본을 취할 때, 특정 자료(행)가 표본에 포함되지 않을 확률은 약 36.8%이다($\lim_{n \to \infty}(1-\frac{1}{n})^n = \frac{1}{e} \approx 0.3678$ 이므로).

10.3 부스팅

부스팅(boosting)은 배깅의 과정과 유사하나 붓스트랩 표본을 구성하는 재표본(re-sampling) 과정에서 각 자료에 동일한 확률을 부여하는 것이 아니라, 분류가 잘못된 데이터에 더 큰 가중을 주어 표본을 추출한다. 부스팅에서는 붓스트랩 표본을 추출하여 분류기를 만든 후, 그 분류결과를 이용하여 각 데이터가 추출될 확률을 조정한 후, 다음 붓스트랩 표본을 추출하는 과정을 반복한다. 각 분류기의 중요도를 계산하고(정분류율이 높을수록 큼), 이를 가중한 결과로 분류를 수행한다. 아다부스팅(AdaBoosting: adaptive boosting)은 가장 많이 사용되는 부스팅 알고리즘이다.

예제 2

iris 자료에 대해 R 패키지 {adabag}의 boosting( ) 함수를 통해 분석을 수행한다.

```
> library(adabag)
> data(iris)
> boo.adabag <- boosting(Species~., data=iris, boos=TRUE, mfinal=10)
> boo.adabag$importance
Petal.Length  Petal.Width Sepal.Length  Sepal.Width
   61.458478    19.826149     6.216103    12.499270
```

R 패키지 {adabag}의 boosting( ) 함수는 부스팅을 이용하여 분류를 수행한다. plot( ) 함수를 통해 분류 결과를 트리 형태로 나타낼 수 있다.

```
> plot(boo.adabag$trees[[10]])
> text(boo.adabag$trees[[10]])
```

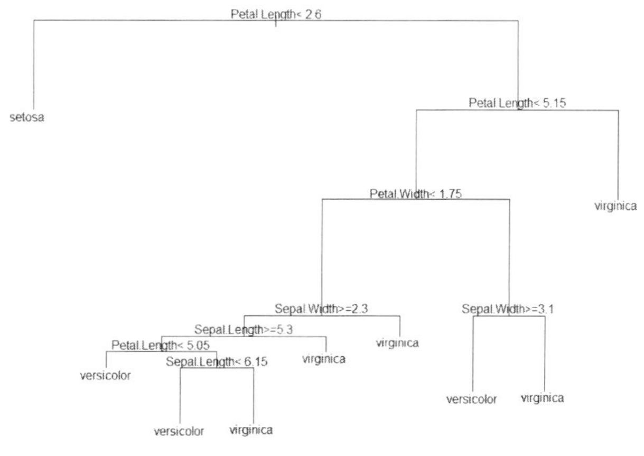

predict( ) 함수를 통해 새로운 자료에 대한 분류(예측)를 수행할 수 있다. 여기서는 모형구축에 사용된 자료를 재사용하여 분류를 수행하였다. 그 결과 setosa, versicolor, virginica 모두 정확히 분류되었음을 알 수 있다.

```
> pred <- predict(boo.adabag, newdata=iris)
> tb <- table(pred$class, iris[,5])
> tb
             setosa versicolor virginica
  setosa         50          0         0
  versicolor      0         50         0
  virginica       0          0        50
```

위의 결과로부터 오분류율을 계산하면 다음과 같이 그 값이 0임을 알 수 있다.

```
> error.rpart <- 1-(sum(diag(tb))/sum(tb))
> error.rpart
[1] 0
```

다음의 [예제 3]은 R 패키지 {ada}의 ada( ) 함수를 이용하여 아다부스팅을 이용한 분류를 수행한다.

예제 3

iris 자료 중 setosa를 제외한 versicolor와 virginica 자료만으로 분석을 수행한다.

```
> library(ada)
> data(iris)
> iris[iris$Species!="setosa", ]->iris     # setosa 50개 자료 제외
> n<-dim(iris)[1]
```

총 100개의 자료를 60개의 훈련용 자료(training data)와 검증용 자료(testing data)로 나누었다.

```
> trind<-sample(1:n, floor(.6*n), FALSE)
> teind<-setdiff(1:n, trind)
> iris[,5]<-as.factor((levels(iris[, 5])[2:3])[as.numeric(iris[, 5])-1])
```

훈련용 자료를 이용하여 부스팅 방법으로 모형을 구축하고, 검증용 자료에 대해 분류(예측)를 실시하였다. 그 결과 검증용 자료에 대한 정분류율이 100%로 나타났다.

```
> gdis<-ada(Species~., data=iris[trind,], iter=20, nu=1, type="discrete")
> # nu= 부스팅을 위한 축소(shrinkage)모수로 티폴트는 1임
> # type= 부스팅 알고리즘 지정. "discrete"(default), "real", "gentle" 부스팅 지정 가능
> gdis<-addtest(gdis, iris[teind, -5], iris[teind, 5])
> gdis
Call:
ada(Species ~ ., data = iris[trind, ], iter = 20, nu = 1, type = "discrete")

Loss: exponential Method: discrete   Iteration: 20

Final Confusion Matrix for Data:
            Final Prediction
True value   versicolor virginica
  versicolor         31         0
  virginica           0        29

Train Error: 0

Out-Of-Bag Error:  0  iteration= 20

Additional Estimates of number of iterations:

train.err1 train.kap1 test.errs2 test.kaps2
         9          9          1          1
```

plot( ), varplot( ), pairs( ) 함수를 이용하여 부스팅 결과를 시각화 한 결과는 다음과 같다. 아래의 plot( ) 함수는 오차와 일치도를 나타내는 카파(kappa) 계수를 그려준다. 두 개의 TRUE 옵션은 훈련용, 검증용 자료 모두에 대해 그림을 그려준다.

```
> plot(gdis, TRUE, TRUE)
```

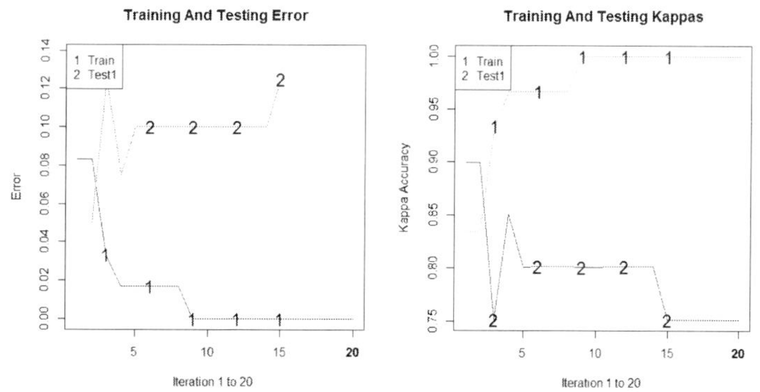

varplot( ) 함수는 변수의 중요도(importance)를 나타내는 그림을 제공한다. Sepal.Length 변수가 분류에 가장 중요한 변수로 사용되었음을 보여 준다.

```
> varplot(gdis)
```

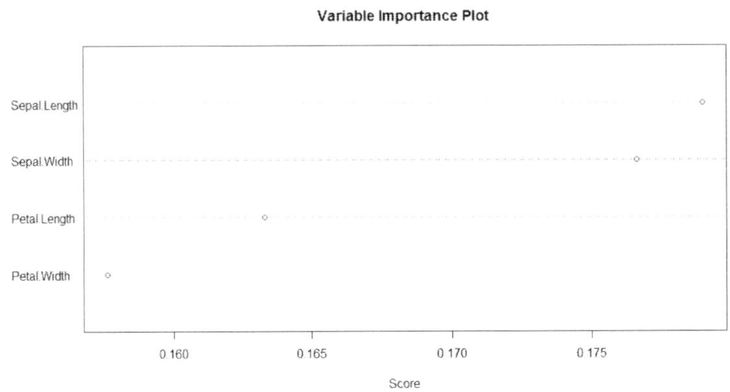

pairs( ) 함수는 두 예측변수의 조합별로 분류된 결과를 그려준다. maxvar= 옵션을 통해 변수의 수(중요도가 높은 상위 변수의 수)를 지정할 수 있다.

```
> pairs(gdis, iris[trind,-5], maxvar=4)
```

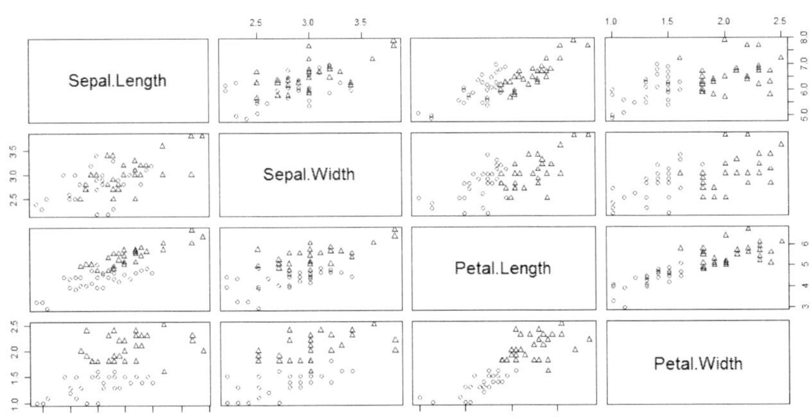

10.4 랜덤포리스트

랜덤포리스트(random forest)는 배깅에 랜덤 과정을 추가한 방법이다. 원 자료로부터 붓스트랩 샘플을 추출하고, 각 붓스트랩 샘플에 대해 트리를 형성해 나가는 과정은 배깅과 유사하나, 각 노드마다 모든 예측변수 안에서 최적의 분할(split)을 선택하는 방법 대신 예측변수들을 임의로 추출하고, 추출된 변수 내에서 최적의 분할을 만들어 나가는 방법을 사용한다. 새로운 자료에 대한 예측은 분류(classification)의 경우는 다수결(majority votes)로, 회귀의 경우에는 평균을 취하는 방법을 사용하며, 이는 다른 앙상블 모형과 동일하다.

예제 4

의사결정나무분석에 사용되었던 ploidy 자료(n=146인 전립선 암 환자 자료)에 대해 randomForest( ) 함수를 이용하여 분석을 수행한다.

```
> library(randomForest)
> rf <- randomForest(ploidy ~ ., data=trainData, ntree=100, proximity=TRUE)
> # plodity는 상동염색체수이고, 예측변수는 7개임
> table(predict(rf), trainData$ploidy)
            diploid tetraploid aneuploid
  diploid        47          0         3
  tetraploid      0         51         0
  aneuploid       1          0         0

> print(rf)
Call:
 randomForest(formula = ploidy ~ ., data = trainData, ntree = 100, proximity = TRUE)
               Type of random forest: classification
                     Number of trees: 100
No. of variables tried at each split: 2

        OOB estimate of  error rate: 3.92%
Confusion matrix:
           diploid tetraploid aneuploid class.error
diploid         47          0         1  0.02083333
tetraploid       0         51         0  0.00000000
aneuploid        3          0         0  1.00000000
```

위 결과는 정오분류표(confusion matrix)와 함께, 오류율에 대한 OOB(out-of-bag) 추정치를 제공한다. 랜덤포리스트에서는 별도의 검증용 데이터를 사용하지 않더라도 붓스트랩 샘플과정에서 제외된(out-of-bag) 자료를 사용하여 검증을 실시할 수 있다.

아래의 plot( ) 함수는 트리 수에 따른 종속변수의 범주별 오분류율 나타낸다. 검은색은 전체 오분류율을 나타낸다. 오분류율이 1로 나타난 범주는 aneuploid 범주로 개체수가 매우 작은($n = 3$) 범주에서 발생된 결과이다.

```
> plot(rf)
```

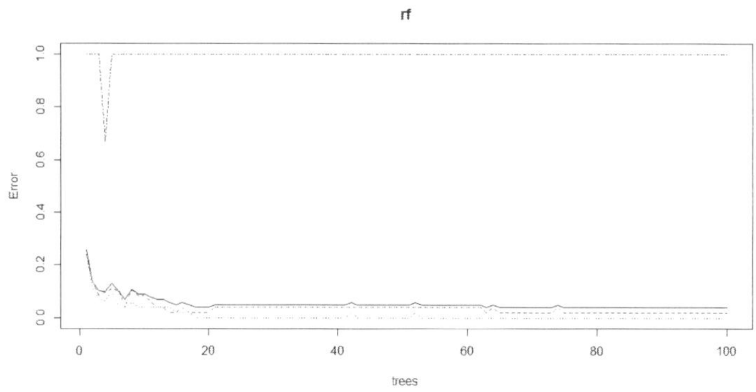

importance( )와 varImpPlot( )로 변수의 중요성을 알 수 있다.

```
> importance(rf)   # 각 변수로 인한 불순도의 평균 감소량이 클수록 변수의 중요도가 높음
        MeanDecreaseGini
pgtime         3.6620387
pgstat         1.9713041
age            3.9007535
eet            0.8592785
g2            39.1422888
grade          0.9361285
gleason        1.6824158

> varImpPlot(rf)
```

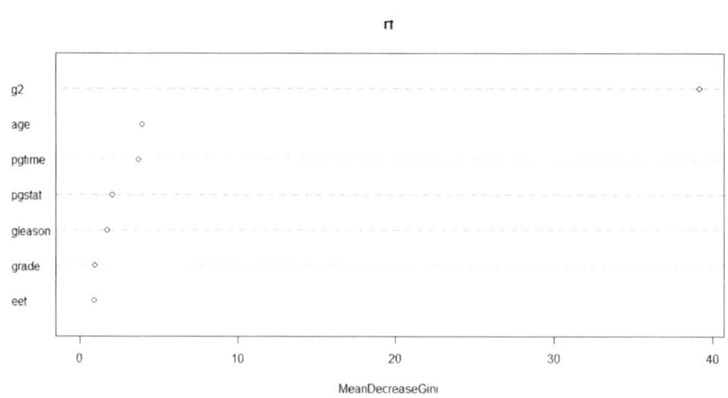

위의 그림은 각 변수의 중요도를 나타내는 그림으로, 해당 변수로부터 분할이 일어날 때 불순도(impurity)의 감소가 얼마나 일어나는지를 나타내는 값이다(불순도의 감소가 클수록 순수도가 증가함). 지니 지수(Gini index)는 노드의 불순도를 나타내는 값이다. 회귀의 경우에는 잔차제곱합을 통해 측정된다.

다음은 테스트 자료에 대해 예측을 수행한 결과이다.

```
> rf.pred <- predict(rf, newdata=testData)
> table(rf.pred, testData$ploidy)

  rf.pred     diploid tetraploid aneuploid
  diploid          17          0         1
  tetraploid        0         13         1
  aneuploid         0          0         0
```

아래의 그림은 훈련용 자룟값(총 102개)의 마진을 나타낸다. 마진(margin)은 랜덤포리스트의 분류기(classifiers) 가운데 정분류를 수행한 비율에서 다른 클래스로 분류한 비율의 최댓값을 뺀 값을 나타낸다. 즉, 양(positive)의 마진은 정확한 분류를 의미하며, 음(negative)은 그 반대이다.

```
> plot(margin(rf))
```

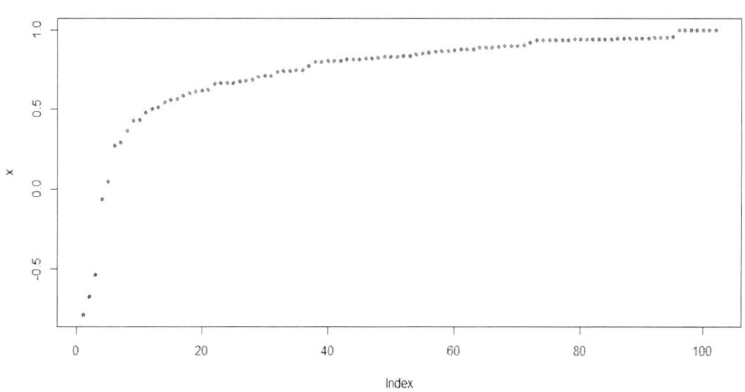

랜덤포리스트는 다음과 같이 R 패키지 {party}의 cforest( ) 함수를 이용할 수도 있다.

```
> set.seed(1234)
> cf <- cforest(ploidy ~ ., data=trainData)
> cf.pred <- predict(cf, newdata=testData, OOB=TRUE, type="response")
```

10.5* {caret}를 이용한 랜덤포리스트

예제 5

R 패키지 {caret}을 이용하여 랜덤포리스트를 수행한다.

```
> require(caret)
> require(ggplot2)
> require(randomForest)
```

훈련용과 검증용 자료를 url로부터 읽어 들인다.

```
> training_URL<-"http://d396qusza40orc.cloudfront.net/predmachlearn/pml-training.csv"
> test_URL<-
  "http://d396qusza40orc.cloudfront.net/predmachlearn/pml-testing.csv"
> training<-read.csv(training_URL,na.strings=c("NA",""))
> test<-read.csv(test_URL,na.strings=c("NA",""))
```

불필요한 열들(index, timestamp 또는 username)을 제외시킨다.

```
> training<-training[,7:160]
> test<-test[,7:160]
```

하나 이상의 결측(NAs)을 가지는 열들을 제거한다. 이 변수들이 모형에서 유용할 수도 있으나, 편의상 이들을 제거 후 데이터프레임을 구축한 뒤, 먼저 분석을 실시한 후 정확도를 살펴보기로 한다.

```
> mostly_data<-apply(!is.na(training), 2, sum)>19621
> training<-training[,mostly_data]
> test<-test[,mostly_data]
> dim(training)
[1] 19622     54     # 결측이 없는 열의 수=54(154개 중)
```

모형수립의 수행 속도를 높이기 위해 (편의상) 훈련용 자료를 더 작게 나눈다. 원 자료의 30%를 임의로 추출하여 새로운 훈련용 자료(training1)를 만든다.

```
> InTrain<-createDataPartition(y=training$classe, p=0.3, list=FALSE)
> # list= 결과를 list로 저장할지 여부를 지정
> training1<-training[InTrain,]
```

R 패키지 {caret}을 이용하여 랜덤포리스트를 수행하되, 5-중첩 교차타당도 방법을 적용한다.

```
> rf_model<-train(classe~., data=training1, method="rf",
                trControl=trainControl(method="cv", number=5),
                prox=TRUE, allowParallel=TRUE)

>  print(rf_model)
Random Forest

5889 samples
  53 predictor
   5 classes: 'A', 'B', 'C', 'D', 'E'

No pre-processing
Resampling: Cross-Validated (5 fold)

Summary of sample sizes: 4711, 4711, 4712, 4710, 4712

Resampling results across tuning parameters:    # mtry는 매 분할에서 임의로 선택될 후보 변수의 수

  mtry  Accuracy   Kappa      Accuracy SD  Kappa SD
   2    0.9836964  0.9793699  0.003965249  0.005019661
  27    0.9891302  0.9862454  0.004710279  0.005962570
  53    0.9862437  0.9825978  0.004556468  0.005762613

Accuracy was used to select the optimal model using  the largest value.
The final value used for the model was mtry = 27.

>  print(rf_model$finalModel)

Call:
 randomForest(x = x, y = y, mtry = param$mtry, proximity = TRUE, allowParallel = TRUE)
               Type of random forest: classification
                     Number of trees: 500
No. of variables tried at each split: 27

        OOB estimate of  error rate: 0.85%
Confusion matrix:
     A    B    C   D    E class.error
A 1674    0    0   0    0 0.000000000
B   13 1120    6   1    0 0.017543860
C    0    7 1018   2    0 0.008763389
D    0    0   13 950    2 0.015544041
E    0    1    0   5 1077 0.005540166
```

위의 정오분류표로부터 정확도는 99.15%이며, 이는 매우 놀라운 결과이다.

참고 OOB(Out-of-Bag) 오차추정

랜덤포리스트에서는 검증 자료의 오차에 대한 불편추정치를 얻기 위해 교차타당법을 사용하거나 별도의 검증용 자료를 만들 필요가 없다. 이 방법은 오차에 대한 추정을 내부 알고리즘에서 자동으로 제공해 준다. 그 방법은 다음과 같다.

각 트리는 원 자료로부터 서로 다른 붓스트랩 표본을 사용하여 구축된다. 자료의 약 1/3은 붓스트랩 표본에서 제외되고, k-번째 트리의 형성에 사용되지 않는다. k-번째 트리의 형성에 제외된(out-of-bag, 이하 oob) 자료를 구축된 k-번째 트리에 적용하여 분류를 수행한다. 이러한 방식을 각 트리에 대해 적용하면, n번째 자료가 oob인 모든 트리에서, n번째 자료를 가장 많은 표를 획득한(majority votes) 클래스로 분류한다. n개의 모든 자료에 대해 그 자료가 oob인 트리에서 오분류된 비율의 평균이 oob 오차 추정치이다. 이 값은 많은 검정에서 불편성을 만족하는 것으로 증명되었다.

3부

비지도학습

11장
연관규칙

11.1 서론

연관규칙(association rule) 학습은 대형 데이터베이스에서 변수 간의 흥미로운 관계를 발견하기 위한 규칙-기반 기계학습 방법이다. 이것은 흥미로운 측도를 사용하여 데이터베이스에서 발견된 강력한 규칙을 식별하기 위한 것이다. Agrawal 등(1993)은 강력한 규칙의 개념을 바탕으로 슈퍼마켓 POS(point-of-sale) 시스템에서 기록한 대규모 거래 데이터에서 제품 간의 규칙성을 발견하는 연관규칙을 소개하였다. 예를 들어 슈퍼마켓의 판매 데이터에서 발견된 "{양파, 감자} ⇒ {버거}" 규칙은 고객이 양파와 감자를 함께 구매하면 햄버거 고기도 사기 쉽다는 것을 알 수 있다. 이러한 정보는 프로모션 가격 또는 제품 배치와 같은 마케팅 활동에 관한 결정을 위한 기초 자료로 사용될 수 있다. 장바구니 분석(market basket analysis)에 대한 위의 예제 외에도 웹 사용 마이닝, 침입 탐지, 연속 생산 및 생물 정보학을 비롯한 많은 분야에서 연관규칙이 사용되고 있다. 순차연관성 마이닝(sequence mining)과는 달리, 연관규칙 학습은 일반적으로 트랜잭션 내에서 또는 트랜잭션 전반에서 항목의 순서는 고려하지 않는다.

11.2 주요 개념

연관규칙은 X ⇒ Y로 표시한다. 예를 들어 판매제품 간의 연관규칙이 {onion, potato} ⇒ {meat}이면, {onion, potato}를 구매하면 meat도 구매하는 규칙으로 해석할 수 있다. 의미 있는 연관규칙의 선택을 위해 다음의 측도가 유용하게 사용된다. 상품에 대한 연관규칙 X ⇒ Y에 대해 지지도, 신뢰도, 향상도는 다음과 같이 정의된다.

지지도(support)는 전체 구매 건수 가운데 상품 X와 Y를 동시에 구매한 비율을 의미하며 $P(X \cup Y)$으로 나타낸다. 신뢰도(confidence)는 상품 X를 구매한 건수 가운데 Y도 같이 구매한 비율을 의미하며 조건부확률 $P(Y|X)$로 나타낸다. 향상도(lift)는 전체에서 상품 Y를 구매한 비율에 비해 X를 구매한 고객이 Y를 구매한 비율이 몇 배인가를 나타내며 $P(Y|X)/P(Y)$로 나타낸다. 이를 정리하면 다음과 같다.

○ 지지도(support) = $P(X \cup Y)$.

○ 신뢰도(confidence) = $P(Y|X) = \dfrac{P(X \cup Y)}{P(X)} = \dfrac{support}{P(X)}$.

○ 향상도(lift) = $\dfrac{P(Y|X)}{P(Y)} = \dfrac{P(X \cup Y)}{P(X)P(Y)} = \dfrac{confidence}{P(Y)}$.

11.3 연관규칙 알고리즘

연관규칙을 생성하는 알고리즘은 다양하다. 이 가운데 Apriori, Eclat 및 FP-Growth 알고리즘은 잘 알려진 알고리즘이지만 빈발항목집합(frequent itemsets)을 마이닝하는 알고리즘이기 때문에 절반만 수행한다. 다음 단계는 데이터베이스에서 발견된 빈발항목집합에서 규칙을 생성하는 것이다.

(a) Apriori 알고리즘

간단한 예를 통해 Apriori 알고리즘을 소개한다. 다음의 [표 11.1]을 슈퍼마켓에서의 거래 자료(transaction data)를 생각하자.

[표 11.1] 슈퍼마켓의 거래 항목 자료

항목집합
{a, b, c, d}
{a, b, d}
{a, b}
{b, c, d}
{b, c}
{c, d}
{b, d}

저장된 위의 자료로부터, Apriori를 사용하여 빈발항목(frequent item)집합을 결정하고자 한다. 이를 위해 최소 3건의 거래가 일어난 항목집합을 빈발항목으로 정하자(즉, 발생 수의 임계값을 3으로 정함).

[단계 1] 데이터베이스로부터 각 원소 항목의 지지도[1]를 구한다([표 11.2]).

[표 11.2] 1 항목집합의 지지도

항목	지지도
{a}	3
{b}	6
{c}	4
{d}	5

위 목록에서 크기 1의 모든 항목집합은 적어도 지지도 3을 가지므로 빈발항목이 된다.

[단계 2] 빈발항목의 모든 쌍의 목록을 생성하고(2항목 후보 빈발항목집합), 지지도를 구한다([표 11.3]).

[표 11.3] 2항목 후보 빈발항목집합과 지지도

항목	지지도
{a, b}	3
{a, c}	1
{a, d}	2
{b, c}	3
{b, d}	4
{c, d}	3

위의 표에서 지지도 기준(3 이상)을 만족하는 쌍, 즉 빈발항목집합은 {a,b}, {b,c}, {b,d}와 {c,d}이다. 쌍 {a,c}와 {a,d}는 비빈발항목집합에 속하므로, 이를 포함하는 더 큰 항목집합은 빈발항목이 될 수 없다. 이 방식으로 집합에 대한 가지치기를 수행할 수 있다.

1) 지지도는 원래 (해당 항목의 거래 건수)/(총 거래 건수)이나, 여기서는 편의상 분자만을 지지도라고 한다.

(Apriori 규칙 2) 한 항목집합이 비빈발하다면 이 항목집합을 포함하는 모든 집합은 비빈발항목집합이다.

[단계 3] 2항목 빈발항목집합 간의 조합을 이용하여 3항목 후보 빈발항목집합의 목록을 생성한다. 이 과정에서 (Apriori 규칙 2)가 적용되어 가지치기가 수행된다(항목 {a,b,c}은 제거됨).

[표 11.4] 3항목 후보 빈발항목집합과 지지도

항목	지지도
{b,c,d}	2

위의 3원소 집합은 지지도 기준을 만족하지 못하므로 빈발항목집합이 아니다. 알고리즘은 여기서 중단된다.

(Apriori 규칙 1) 한 항목집합이 빈발하다면 이 항목집합의 모든 부분집합은 역시 빈발항목집합이다.

(b) FP-성장 알고리즘

FP-성장(FP-Growth) 알고리즘은 후보 빈발항목집합 생성 없이 FP-Tree(Frequent Pattern Tree)를 이용하여 빈발항목집합을 추출하기 위해 고안된 방법이다. 불필요한 후보 빈발항목집합을 생성하지 않음으로써, Apriori 알고리즘보다 빠르게 빈발항목집합을 추출할 수 있다. 이 방법은 FP-Tree를 생성하는 단계와 FP-Tree로부터 빈발항목집합을 추출하는 단계, 총 두 가지 단계로 이루어져 있다. 자세한 설명은 생략한다.

예제 1

Titanic 자료에 대해 연관분석을 수행한다. 이 자료는 승객 2201명에 대한 객실 등급, 성별, 연령, 생존 여부를 포함한다.

```
> # Titanic 자료(테이블 객체)를 분석용 자료로 변환
> data(Titanic)
> titan.df <- as.data.frame(Titanic)
> head(titan.df)
  Class   Sex   Age Survived Freq
1   1st  Male Child       No    0
2   2nd  Male Child       No    0
```

```
3   3rd   Male Child       No   35
4  Crew   Male Child       No    0
5   1st Female Child       No    0
6   2nd Female Child       No    0

> summary(titanic)
  Class         Sex          Age        Survived
 1st :325   Female: 470   Adult:2092   No :1490
 2nd :285   Male  :1731   Child: 109   Yes: 711
 3rd :706
 Crew:885

> titanic <- NULL
> for(i in 1:4) {
       titanic <- cbind(titanic, rep(as.character(titan.df[,i]), titan.df$Freq))
       }
> titanic <- as.data.frame(titanic)
> names(titanic) <- names(titanic.df)[1:4]
> titanic
  Class  Sex   Age Survived
1   3rd Male Child       No
2   3rd Male Child       No
3   3rd Male Child       No
...
2200  Crew Female Adult      Yes
2201  Crew Female Adult      Yes

> ## 연관규칙 분석: apriori 알고리즘으로 연관규칙 찾기
> # apriori{arules} 함수 이용
> library(arules)
> # 모든 규칙 생성
> rules.all <- apriori(titanic)
Apriori

Parameter specification:
 confidence minval smax arem  aval originalSupport maxtime support minlen maxlen target
 ext
        0.8    0.1    1 none FALSE            TRUE       5     0.1      1     10  rules
FALSE
... (생략)

> options(digits=3)
> inspect(rules.all)
     lhs                                  rhs           support confidence lift
[1]  {}                                => {Age=Adult}   0.950   0.950      1.000
[2]  {Class=2nd}                       => {Age=Adult}   0.119   0.916      0.964
```

```
[3]  {Class=1st}                         => {Age=Adult}  0.145  0.982      1.033
[4]  {Sex=Female}                        => {Age=Adult}  0.193  0.904      0.951
[5]  {Class=3rd}                         => {Age=Adult}  0.285  0.888      0.934
[6]  {Survived=Yes}                      => {Age=Adult}  0.297  0.920      0.968
[7]  {Class=Crew}                        => {Sex=Male}   0.392  0.974      1.238
[8]  {Class=Crew}                        => {Age=Adult}  0.402  1.000      1.052
[9]  {Survived=No}                       => {Sex=Male}   0.620  0.915      1.164
[10] {Survived=No}                       => {Age=Adult}  0.653  0.965      1.015
...
[26] {Class=Crew,Sex=Male,Survived=No}   => {Age=Adult}  0.304  1.000      1.052
[27] {Class=Crew,Age=Adult,Survived=No} => {Sex=Male}   0.304  0.996      1.266

> # 규칙의 우변(rhs)가 생존 여부(Survived)와 관계된 규칙
> # 설정값 변경: 최소부분집합크기=2, 최소지지도=0.005, 최소신뢰도=0.8
> rules <- apriori(titanic, control = list(verbose=F),
          parameter = list(minlen=2, supp=0.005, conf=0.8),
            appearance = list(rhs=c("Survived=No", "Survived=Yes"),
          default="lhs"))
> # 향상도(lift) 기준으로 정렬
> rules.sorted <- sort(rules, by="lift")
> # 규칙 확인
> inspect(rules.sorted)    # [2],[4],[7],[8]은 차례대로 [1],[3],[6],[5]에 포함되는 규칙임
    lhs                                  rhs            support confidence lift
[1]  {Class=2nd,Age=Child}            => {Survived=Yes} 0.01090 1.000      3.10
[2]  {Class=2nd,Sex=Female,Age=Child} => {Survived=Yes} 0.00591 1.000      3.10
[3]  {Class=1st,Sex=Female}           => {Survived=Yes} 0.06406 0.972      3.01
[4]  {Class=1st,Sex=Female,Age=Adult} => {Survived=Yes} 0.06361 0.972      3.01
[5]  {Class=2nd,Sex=Female}           => {Survived=Yes} 0.04225 0.877      2.72
[6]  {Class=Crew,Sex=Female}          => {Survived=Yes} 0.00909 0.870      2.69
[7]  {Class=Crew,Sex=Female,Age=Adult} => {Survived=Yes} 0.00909 0.870      2.69
[8]  {Class=2nd,Sex=Female,Age=Adult} => {Survived=Yes} 0.03635 0.860      2.66
[9]  {Class=2nd,Sex=Male,Age=Adult}   => {Survived=No}  0.06997 0.917      1.35
[10] {Class=2nd,Sex=Male}             => {Survived=No}  0.06997 0.860      1.27
[11] {Class=3rd,Sex=Male,Age=Adult}   => {Survived=No}  0.17583 0.838      1.24
[12] {Class=3rd,Sex=Male}             => {Survived=No}  0.19173 0.827      1.22

> # 중복되는 규칙 찾기
> subset.matrix <- is.subset(rules.sorted, rules.sorted)
> subset.matrix[lower.tri(subset.matrix, diag=T)] <- NA
> redundant <- colSums(subset.matrix, na.rm = T) >= 1
> which(redundant)
 {Class=2nd,Sex=Female,Age=Child,Survived=Yes}
                                             2
 {Class=1st,Sex=Female,Age=Adult,Survived=Yes}
                                             4
```

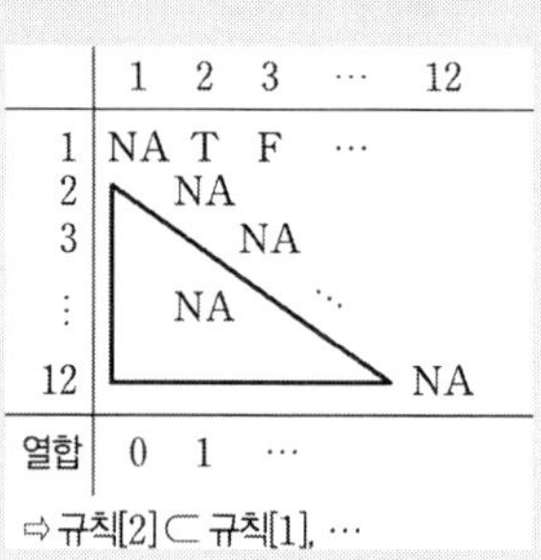

```
{Class=Crew,Sex=Female,Age=Adult,Survived=Yes}
                                             7
 {Class=2nd,Sex=Female,Age=Adult,Survived=Yes}
                                             8
> # 중복되는 규칙 삭제
> rules.pruned <- rules.sorted[!redundant]
    lhs                                rhs            support confidence lift
[1] {Class=2nd,Age=Child}           => {Survived=Yes} 0.01090 1.000      3.10
[2] {Class=1st,Sex=Female}          => {Survived=Yes} 0.06406 0.972      3.01
[3] {Class=2nd,Sex=Female}          => {Survived=Yes} 0.04225 0.877      2.72
[4] {Class=Crew,Sex=Female}         => {Survived=Yes} 0.00909 0.870      2.69
[5] {Class=2nd,Sex=Male,Age=Adult} => {Survived=No}  0.06997 0.917      1.35
[6] {Class=2nd,Sex=Male}            => {Survived=No}  0.06997 0.860      1.27
[7] {Class=3rd,Sex=Male,Age=Adult} => {Survived=No}  0.17583 0.838      1.24
[8] {Class=3rd,Sex=Male}            => {Survived=No}  0.19173 0.827      1.22

> ## 연관규칙 시각화
> library(arulesViz)
> plot(rules.all)    # 디폴트 옵션: measure=c("support", "confidence"), shading="lift"
> plot(rules.all, shading="order")    # 규칙 번호에 따라 음영부여(order 번호가 클수록 규칙 번호가 큼)
```

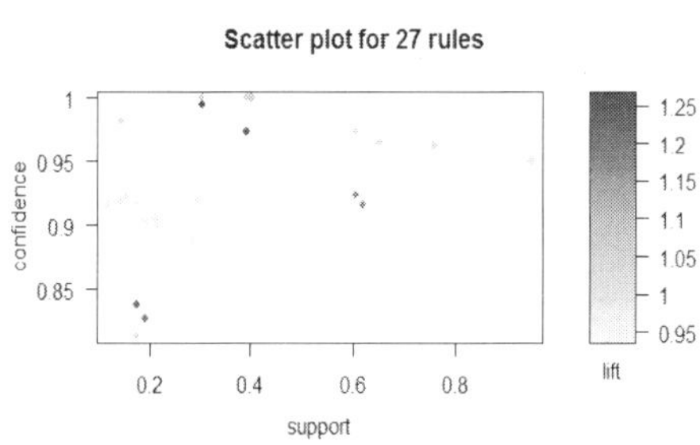

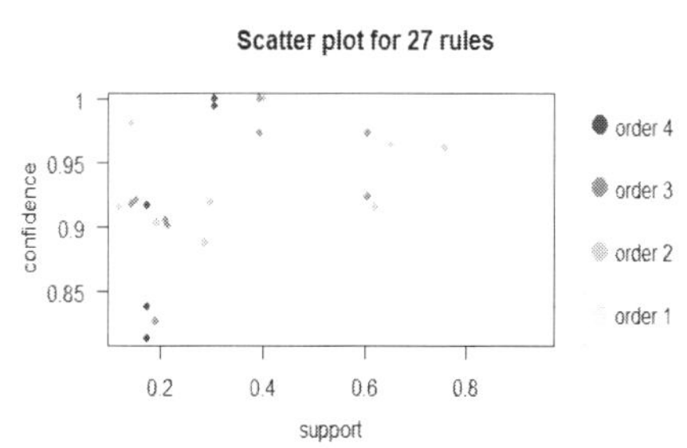


```
> plot(rules.all, method="grouped")
```

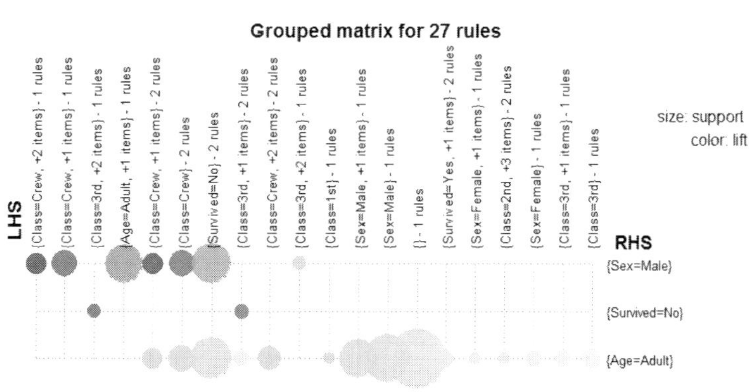

(해석) 좌측상단의 첫 번째 원에 대한 해석은 다음과 같다. {Class=Crew, +2 items}-1 rules은 연관규칙의 좌변(LHS)이 "{Class=Crew, +2 items}: {승무원석 + 2개 조건이 추가}"임을 말하며, 규칙의 우변(RHS)은 {Sex=Male}임을 의미하며, 이 조건을 만족하는 연관규칙이 1개(1 rules) 있음을 나타낸다. 원의 크기는 지지도를 나타내며, 색이 진할수록 향상도가 큼을 의미한다.

```
> plot(rules.sorted)
> plot(rules.sorted, method="grouped")
```

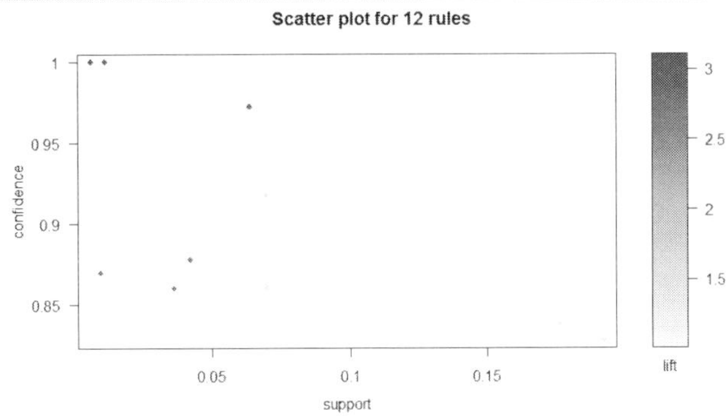

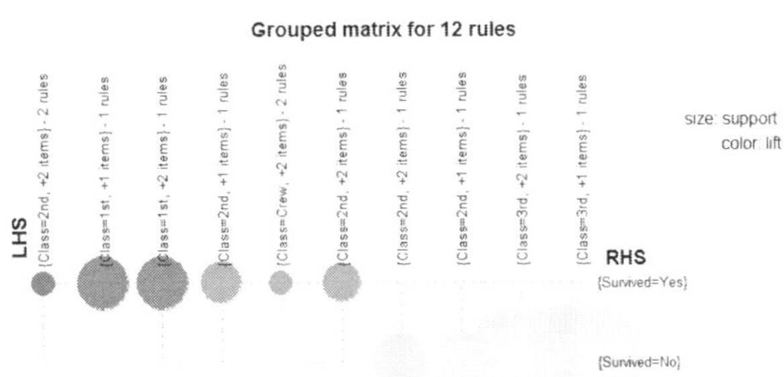


```
> plot(rules.sorted, method="graph", control=list(type="items"))
> # 그림에서 item은 (변수별 범주 수의 합)으로 10개(10=4+2+2+2)임
```

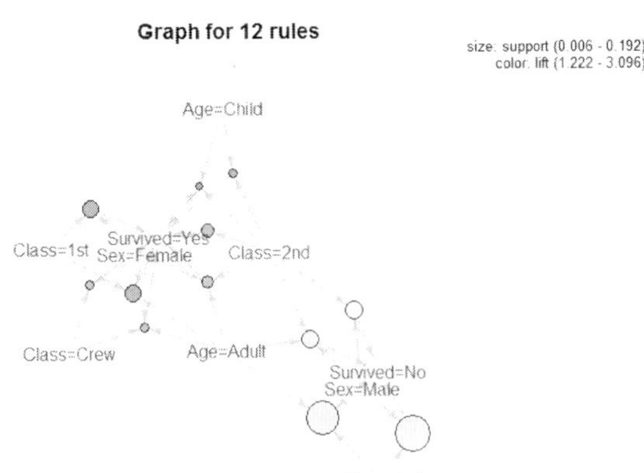

```
> # 평행좌표그림
> plot(rules.sorted, method="paracoord", control=list(reorder=TRUE))
```

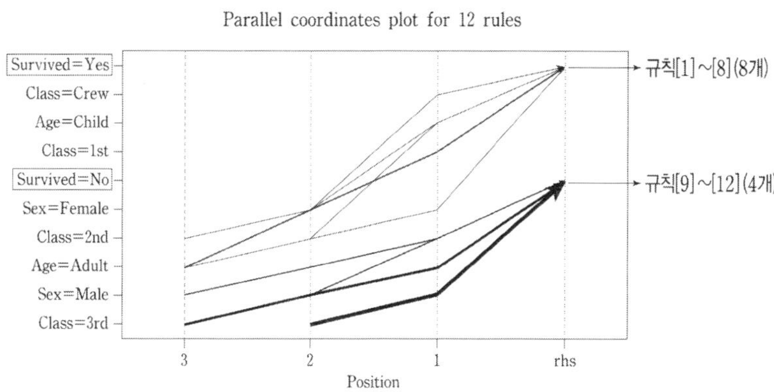


```
> ## 대화식(interactive) 그림
> # 선택된 규칙을 조사(inspect), 줌인(줌아웃), 규칙 필터링(color key에서 절단값 클릭)
> plot(rules.sorted, measure=c("support", "lift"),
           shading="confidence", interactive=TRUE)
Interactive mode.
Select a region with two clicks!

Number of rules selected: 4
    lhs                                rhs            support confidence lift order
[1] {Class=1st,Sex=Female}          => {Survived=Yes} 0.0641  0.972      3.01 3
[2] {Class=1st,Sex=Female,Age=Adult} => {Survived=Yes} 0.0636  0.972      3.01 4
[3] {Class=2nd,Sex=Female}          => {Survived=Yes} 0.0423  0.877      2.72 3
[4] {Class=2nd,Sex=Female,Age=Adult} => {Survived=Yes} 0.0363  0.860      2.66 4
```

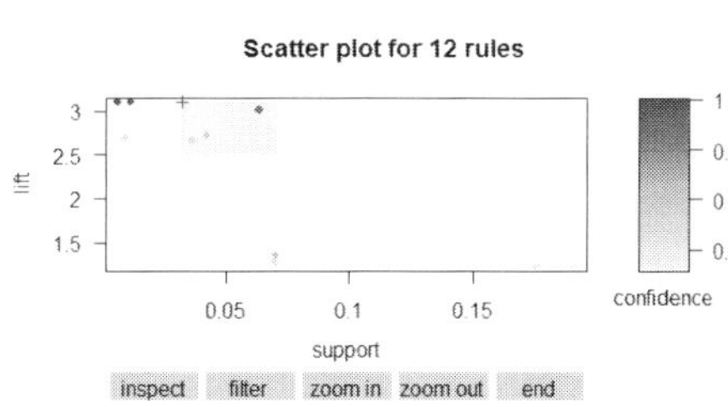


```
> ## 행렬-기반 시각화
> plot(rules.sorted, method="matrix", measure="lift")
Itemsets in Antecedent (LHS)
 [1] "{Class=2nd,Age=Child}"
```

```
 [2] "{Class=2nd,Sex=Female,Age=Child}"
 [3] "{Class=1st,Sex=Female}"
 ...
[11] "{Class=3rd,Sex=Male,Age=Adult}"
[12] "{Class=3rd,Sex=Male}"
Itemsets in Consequent (RHS)
[1] "{Survived=Yes}" "{Survived=No}"
```

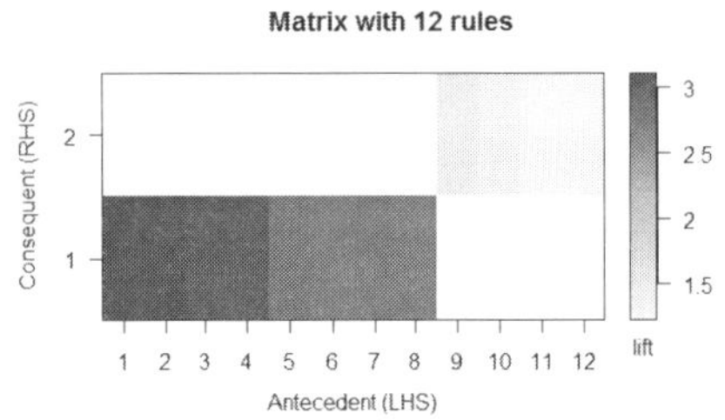


```
> plot(rules.sorted, method="matrix",
       measure="lift",
       control=list(reorder=TRUE))
Itemsets in Antecedent (LHS)
 [1] "{Class=2nd,Age=Child}"
 [2] "{Class=2nd,Sex=Female,Age=Child}"
 [3] "{Class=1st,Sex=Female}"
 ...
[11] "{Class=2nd,Sex=Male}"
[12] "{Class=2nd,Sex=Male,Age=Adult}"
Itemsets in Consequent (RHS)
[1] "{Survived=Yes}" "{Survived=No}"
```

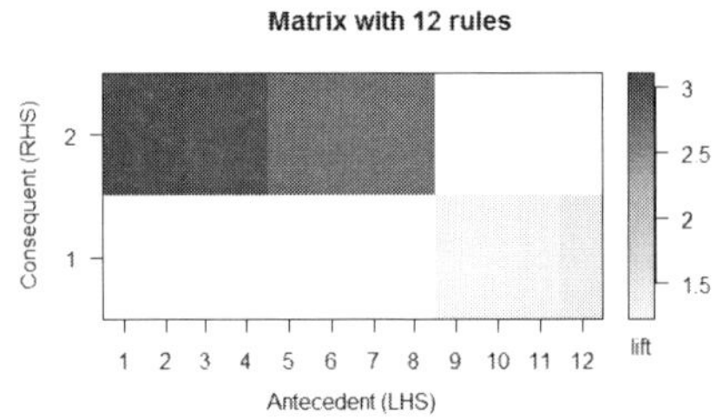


```
> plot(rules.sorted, method="matrix",
       measure=c("lift", "confidence"),
       control=list(reorder=TRUE))
Itemsets in Antecedent (LHS)
 [1] "{Class=2nd,Age=Child}"
 [2] "{Class=2nd,Sex=Female,Age=Child}"
 [3] "{Class=1st,Sex=Female}"
 ...
```

```
[11] "{Class=2nd,Sex=Male}"
[12] "{Class=2nd,Sex=Male,Age=Adult}"
Itemsets in Consequent (RHS)
[1] "{Survived=Yes}" "{Survived=No}"
```

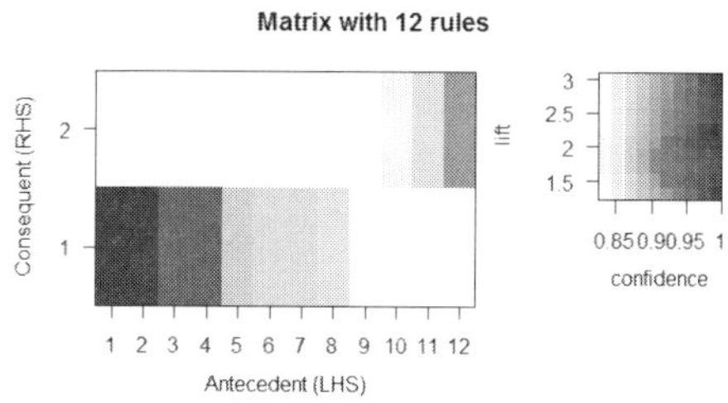


```
> plot(rules.sorted, method="matrix3D",
       measure="lift",
       control=list(reorder=TRUE))
Itemsets in Antecedent (LHS)
 [1] "{Class=2nd,Age=Child}"
 [2] "{Class=2nd,Sex=Female,Age=Child}"
 [3] "{Class=1st,Sex=Female}"
 ...
[11] "{Class=2nd,Sex=Male}"
[12] "{Class=2nd,Sex=Male,Age=Adult}"
Itemsets in Consequent (RHS)
[1] "{Survived=No}"  "{Survived=Yes}"
```

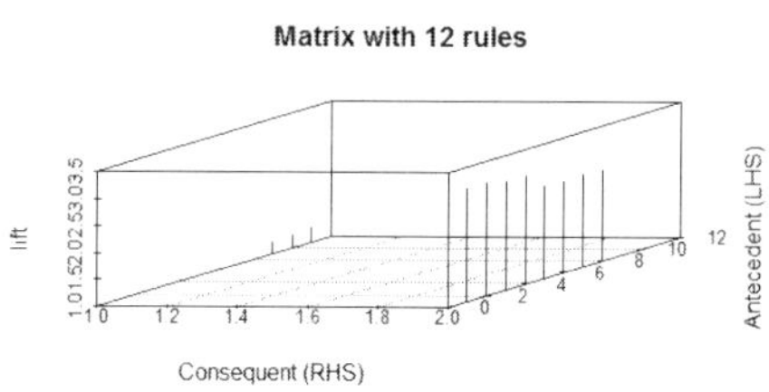

12장 주성분분석

12.1 서론

주성분분석(Principal Component Analysis, 이하 PCA)은 서로 연관된 여러 변수의 차원(변수의 수)을 축소하는 분석기법이다. PCA는 데이터 셋의 차원을 축소하되, 가능한 한 많은 정보(변동, variation)를 보존하고자 하는 분석기법으로, 수행원리는 다음과 같다. 먼저, 원 변수들의 선형결합을 통해 무상관인(uncorrelated) 변수들의 집합(이를 인자 또는 주성분이라 함)을 계산한다. (주성분의 수는 원 변수의 차원의 수만큼 만들어질 수 있으며, 이 가운데 소수의 처음 몇 개의 주성분이 원 변수들이 가지는 변동의 대부분을 가지도록 순서화된다.) 다음으로 고차원인 원 자료의 값을 소수의(저차원의) 주성분값만으로 변환한다(이때 다소의 정보의 손실이 발생한다). 이와 같은 데이터 셋의 차원 축소는 데이터를 저차원의 공간으로 시각화할 수 있으며, 데이터의 축약을 통해 몇몇 수치적 알고리즘의 계산 시간을 크게 감소시켜 준다. 또한, 많은 통계적 모형은 공변량 간의 높은 상관계수로 인해 어려움이 있으며, PCA는 서로 간에 상관성이 없는 공변량들의 선형결합을 제공하는 데 사용될 수도 있다.

12.2 주성분분석의 원리

PCA의 원리를 설명하면 다음과 같다. 먼저, PCA는 자료행렬 $X(n \times p$ 행렬)를 다음의 [그림 12.1]과 같이 두 개의 행렬 U와 V로 분해하는 것에 기초한다. 이때 소수의 $k(<p)$개 주성분을 사용하는 것은 고차원의 X를 (V를 통해) 보다 저차원인 U로 사영하는 것으로 이해할 수 있다.

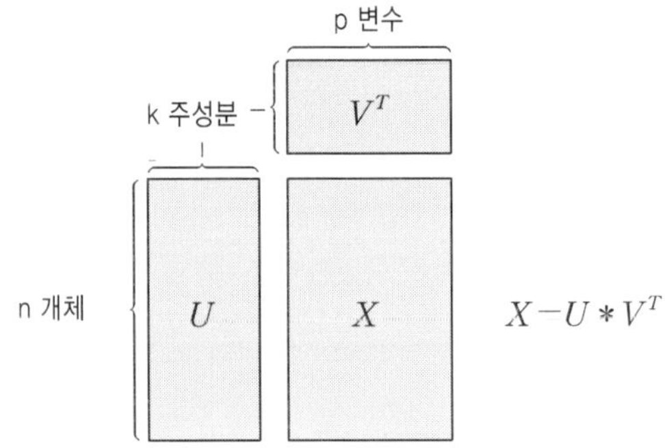

[그림 12.1] 주성분분석의 원리

두 행렬 U와 V는 직교행렬, U는 스코어(scores) 행렬, V는 부하(loadings)행렬로 불린다. 부하(loadings)는 주성분을 계산할 때 원 변수 각각에 대한 가중치(주성분의 계수)로 이해될 수 있다. 행렬 U는 회전된 좌표상(주성분 축)에서 원자료의 값을 구한 것이다.

행렬 U와 V 및 k값의 결정은 X^TX의 고윳값과 고유벡터를 통해 구해진다. 행렬 X^TX(:비-음정치 행렬임)에 대해 고윳값분해(eigenvalue decomposition)를 실시하면

$$X^TX = VDV^T$$

를 얻게 된다. 여기서 $D = diag(\lambda_1, \cdots, \lambda_p)$는 X^TX의 (비-음의)고윳값이 내림차순으로 정렬된 대각행렬이고, V는 X^TX의 고유벡터를 열로 가지는 직교행렬이다($V^TV = I$). 고윳값의 크기순으로 대응되는 p개의 고유벡터 가운데 처음 k개의 벡터로 행렬 V가 구성되며, 행렬 U는 $U = XV$를 통해 계산된다. 이때 k값의 결정은 고윳값의 값(변동에 대한 기여도)이 상대적으로 작은 것의 수만큼 버리는 방법으로 정한다. 예를 들어 다음의 [그림 12.2]는 $p=3$인 경우 제1주성분 축(PC1)으로부터 n개 자료의 제1주성분(U의 1열의 값)을 구하는 것을 보여 준다.

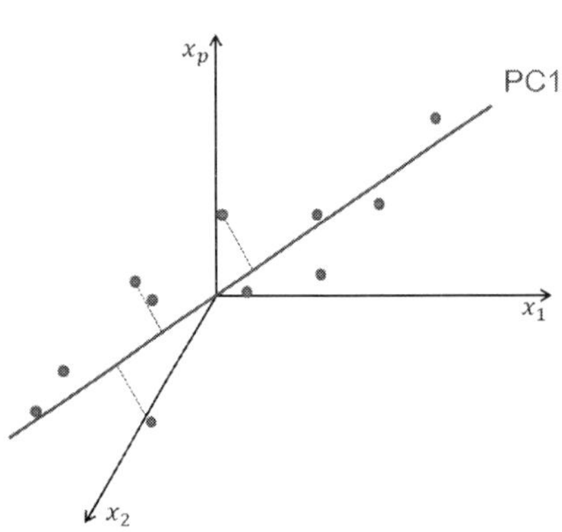

$$PC1 = (V\text{의 1열})*(x_1, x_2, \cdots, x_p)^T$$
$$= v_{11}x_1 + v_{21}x_2 + \cdots + v_{p1}x_p$$

[그림 12.2] 제1주성분 축과 제1주성분($p = 3$인 경우)

만약 처음 k개의 주성분을 선택하면, p−차원의 자료를 k−차원의 부공간으로 사영하게 된다. 다음과 같이 정의되는 R^2은 사영된 점들에 의해 보존되는 원자료의 분산의 비율을 나타낸다.

$$R^2 = \sum_{i=1}^{k} \lambda_i \,/\, \sum_{j=1}^{p} \lambda_j \,.$$

12.3 PCA의 개념과 수리

주성분분석은 다변량 분석에서 차지하는 비중이 매우 크다. 이 절에서는 주성분분석에 대한 이해를 돕기 위한 몇 가지 내용을 소개한다.

(a) PCA의 개념적 이해

X^TX의 고윳값분해를 통해 구해진 제1주성분 축(PC1)은 원자료를 임의의 새로운 축상의 값으로 사영시킨다고 할 때, 사영된 값들의 변동이 가장 커지도록 하는 축이 된다. 그 이유는 다음과 같다. 예를 들어 다음의 [그림 12.3]과 같은 2차원 자료를 생각하자. 이때 크기가 1인 임의의 단위벡터 w에 대해 원자료 z_i들을 w에 사영(projection)시킨 벡터 h_i는

$$\begin{aligned} h_i &= (z_i \cdot w)w \\ &= (z_i^T w)w \end{aligned}$$

이며, 사영된 값들의 분산(또는 변동)을 가장 크게 해 주는 축의 방향은 h_i의 크기인 $(z_i \cdot w)$의 분산을 최대화시키는 w를 찾는 문제와 동일하다.

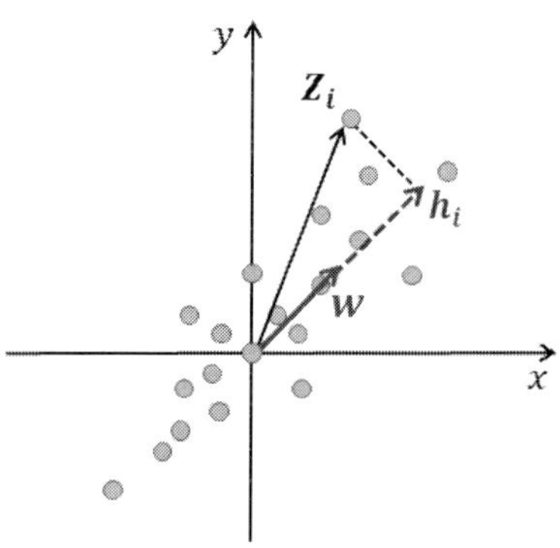

[그림 12.3] 주성분 축의 개념

사영된 값 $(z_i \cdot w)$들의 분산 σ_w^2은 z_i들이 이미 중심화(centering)되었다고 가정하면,

$$\begin{aligned}\sigma_w^2 &= \frac{1}{n}\sum_i (z_i \cdot w)^2 - \left(\frac{1}{n}\sum_i (z_i \cdot w)\right)^2 \\ &= \frac{1}{n}\sum_i (z_i \cdot w)^2 \\ &= \frac{1}{n}(Zw)^T(Zw),\ Z=(z_1^T,\cdots,z_n^T)^T : n\times p,\ w : p\times 1 \\ &= \frac{1}{n}w^T Z^T Z w \\ &= w^T\frac{Z^T Z}{n}w \\ &= w^T C w\end{aligned}$$

이 된다(위 식에서 C는 공분산행렬이 된다).

이제 구하고자 하는 문제는 w가 단위벡터($w^T w = 1$)라는 조건하에서 $w^T C w$를 최대로 하는 w를 찾는 최적화문제가 된다. 이 문제는 라그랑지 승수법(Lagrange multiplier method)을 통해 해결된다. 즉, 아래의 목적함수(Q)

$$Q = w^T C w - \lambda(w^T w - 1)$$

로부터 $\frac{\partial Q}{\partial w} = 0$인 w를 찾는 것이다. 즉,

$$\begin{aligned}&\frac{\partial Q}{\partial w} = 2Cw - 2\lambda w = 0 \\ \Leftrightarrow\ & Cw = \lambda w\end{aligned}$$

이며(이 식은 공분산행렬 C에 대한 고유벡터를 구하는 식과 동일), 따라서 공분산행렬 C의 고유벡터가 바로 제1주성분 축의 방향벡터가 됨을 의미한다. 또한 여기서 구해진 w를 σ_w^2의 결과에 대입하면 $\sigma_w^2 = w^T \lambda w = \lambda$가 되므로 w에 대응하는 고윳값 λ가 w 방향으로의 분산의 크기임을 알 수 있다.

(b) PCA와 SVD

$X^T X$의 고윳값과 고유벡터는 X의 특잇값분해(SVD)를 이용하여 구할 수도 있다. 먼저 X에 대한 SVD는

$$X = P\Delta Q^T$$

으로 주어진다. 여기서 P와 Q는 직교행렬이며, Δ는 특잇값(singular values)을 원소로 가지는 대각행렬이다. 이 관계로부터 다음의 관계식

$$X^TX = Q\Delta^2Q^T \quad (\text{and } XX^T = P\Delta^2P^T)$$

이 성립함을 쉽게 확인할 수 있다. 즉, X에 대한 SVD를 통해 X^TX의 고윳값분해를 수행할 수 있다. 이 방법은 고윳값분해보다 수치적으로 안정적이므로 실제의 분석에 많이 사용된다.

PCA에 대한 위의 설명에서 주의할 점은 다음과 같다.

(i) 행렬 X^TX는 산점도행렬(원자료 이용), 분산–공분산행렬(중심화 자료 이용) 또는 상관행렬(표준화 자료 이용) 가운데 하나가 될 수 있다. 사용될 행렬의 선택은 데이터에서 자료의 절대 크기(산점도행렬) 또는 변수들 간의 관계(상관행렬) 가운데 중요도를 어디에 두느냐에 따라 결정된다. 즉, PCA는 척도불변이 아니므로, 자료의 선택에 따라 결과가 달라진다(상관행렬에 기반한 PCA가 가장 널리 이용된다).

(ii) 고윳값분해에서 X^TX는 비음정치행렬이므로 비음의 고윳값을 가지며, 따라서 행렬 D $(=\Delta^2)$는 내림차순으로 정렬된 고윳값을 대각원소로 가지는 것으로 정의될 수 있다.

(iii) PCA는 p–차원의 자료를 k–차원의 부공간($k \leq p$)으로 사영시키되, 사영의 잔차제곱합(Residual Sum of Squares)이 최소가 되도록 하는 방법이다. 즉, 각 점에서 그들의 사영까지의 제곱거리의 합이 최소가 되도록 한다. 이 절차는 사영된 자료(U)의 공분산행렬[트레이스(trace)와 행렬식(determinant) 모두]을 최대화되도록 하는 것과 동등하다.

(iv) 주성분 수의 결정은 특정 응용에 따라 달라진다. 자료의 시각화 목적으로는 2개 또는 3개의 주성분이 주로 사용된다. 또한, 주성분 수에 대한 $(1-R^2)$의 그림은 원자료에 포함된 대부분의 변동을 포함하는 주성분의 수를 결정하는 데 유용하다.

다음의 [예제 1]은 R 패키지 {stats}의 prcomp( ) 함수를 이용한 PCA 분석을 수행하고, 그 결과를 시각화한다.

예제 1

iris 자료를 이용하여 PCA 분석을 수행한다.

```
> data(iris)
> head(iris, 3)

  Sepal.Length Sepal.Width Petal.Length Petal.Width Species
1          5.1         3.5          1.4         0.2  setosa
```

```
2          4.9          3.0          1.4          0.2  setosa
3          4.7          3.2          1.3          0.2  setosa
```

4개의 연속형 변수에 대해 PCA를 적용하고, 범주형 변수는 주성분을 이용하여 시각화하는 과정에 사용한다. 아래의 R 코드에서 연속형 자료에 대해 로그 변환을 수행하고, prcomp( ) 함수를 통해 PCA를 수행하기 전에 변수에 대해 중심화(center=TRUE)와 표준화(scale=TRUE)를 수행한다. prcomp( ) 함수에서 center=TRUE와 scale=FALSE가 디폴트이다.

```
> log.ir <- log(iris[, 1:4])
> ir.species <- iris[, 5]
> ir.pca <- prcomp(log.ir, center = TRUE, scale = TRUE)
```

변수의 왜도와 크기는 주성분에 영향을 미치므로 PCA 분석에 앞서 왜도 변환, 중심화, 표준화를 수행하는 것은 매우 바람직하다. 이 예제에서는 로그 변환을 수행하였으나 보다 일반적으로 Box-Cox 변환을 적용할 수 있다. 이 예제의 마지막 부분에서 모든 이러한 변환과 PCA의 적용이 {caret} 패키지의 preProcess( ) 함수의 단 일회의 호출을 통해 어떻게 수행되는지를 보여 준다.

print( ) 함수는 4개의 주성분(PCs) 각각의 표준편차와 연속형 변수의 선형결합계수를 나타내는 회전(또는 부하)을 제공한다.

```
> print(ir.pca)
Standard deviations:
[1] 1.7124583 0.9523797 0.3647029 0.1656840  # 표준화된 자료이므로 제곱(분산)의 합=4임

Rotation:
                    PC1         PC2        PC3         PC4
Sepal.Length  0.5038236 -0.45499872  0.7088547  0.19147575
Sepal.Width  -0.3023682 -0.88914419 -0.3311628 -0.09125405
Petal.Length  0.5767881 -0.03378802 -0.2192793 -0.78618732
Petal.Width   0.5674952 -0.03545628 -0.5829003  0.58044745
```

plot( ) 함수는 주성분과 관련된 분산을 그려준다. 이 그림은 이후 분석에서 몇 개의 주성분을 사용할 것인지에 대한 정보를 제공한다. 이 예제에서는 처음 2개의 주성분이 자료 변동의 대부분을 설명하는 것을 알 수 있다.

```
> plot(ir.pca, type = "l")
```

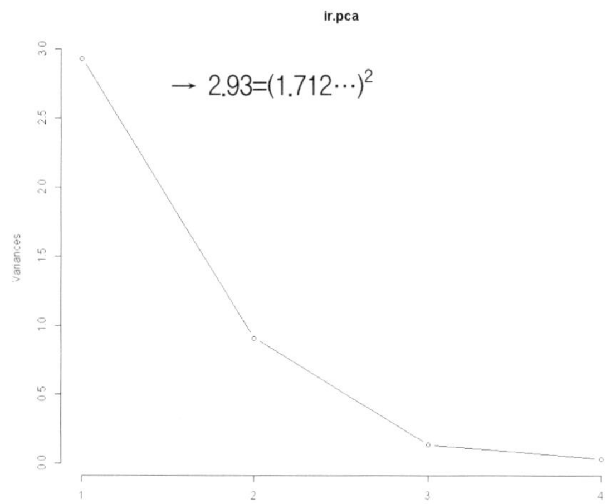

summary( ) 함수는 주성분들의 중요도(importance)를 제공한다. 첫 행은 각 주성분과 관련된 표준편차를 나타낸다. 두 번째 행은 각 주성분에 의해 설명되는 자료분산의 비율을 나타내며, 세 번째 열은 설명되는 분산의 누적 비율을 나타낸다. 여기서는 처음 2개의 주성분이 자료분산의 95% 이상을 설명함을 알 수 있다.

```
> summary(ir.pca)
Importance of components:
                          PC1    PC2     PC3     PC4
Standard deviation     1.7125 0.9524 0.36470 0.16568
Proportion of Variance 0.7331 0.2268 0.03325 0.00686
Cumulative Proportion  0.7331 0.9599 0.99314 1.00000
```

predict( ) 함수는 새로운 자료에 대해 그들의 주성분 값(PCs)을 예측해 준다. 여기서는 설명의 편의상 마지막 2개의 자료를 새로운 자료로 취급하여 예측을 수행하였다.

```
> predict(ir.pca, newdata=tail(log.ir, 2))
          PC1         PC2        PC3         PC4
149 1.0809930 -1.01155751 -0.7082289 -0.06811063
150 0.9712116 -0.06158655 -0.5008674 -0.12411524
```

biplot( ) 함수를 통해 PCA의 결과를 시각화할 수 있다.

```
> biplot(ir.pca)
```

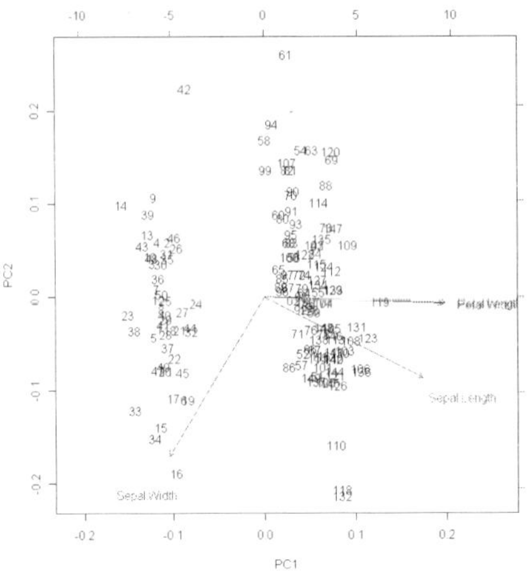

다음의 [예제 2]는 주성분분석 결과의 시각화를 소개한다. 제시된 프로그램을 분석에 활용하기 바란다.

예제 2 *

([예제 1]의 계속) 아래의 그림은 github에서 제공하는 {ggbiplot} 패키지의 ggbiplot( ) 함수를 이용하여 biplot을 그린 것이다.

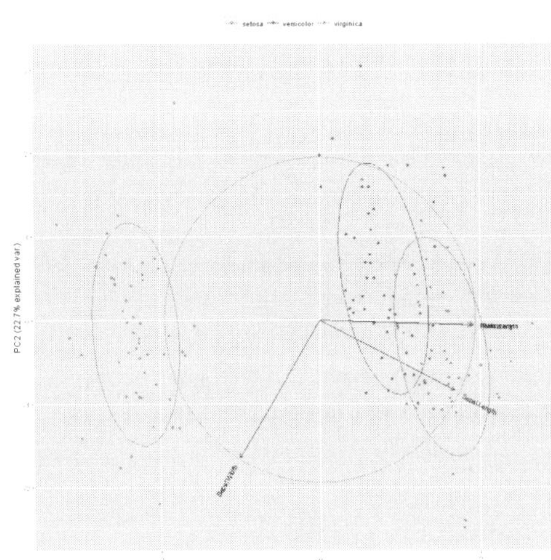

위 그림에 대한 R 코드를 소개하면 다음과 같다.

```
> library(devtools)
```

```
> install_github("ggbiplot", "vqv")
> library(ggbiplot)
> g <- ggbiplot(ir.pca, obs.scale=1, var.scale=1, groups=ir.species, ellipse=TRUE,
              circle=TRUE)
> g <- g + scale_color_discrete(name='')
> g <- g + theme(legend.direction='horizontal', legend.position='top')
> print(g)
```

이 그림은 처음 2개의 주성분에 데이터를 사영시킨 그림이다. 다른 주성분들이 choice= 옵션을 통해 선택될 수도 있다. 각 점의 색깔은 꽃의 종류에 따라 다르게 그려졌고, ellipse=TRUE를 통해 정규등고선 라인이 각 그룹에 대해 그려졌다(확률의 디폴트는 68%임).

아래의 그림은 주성분들에 대한 가능한 해석상의 직관을 얻기 위해 각 변수의 계수를 단위원 안에 그린 것이다.

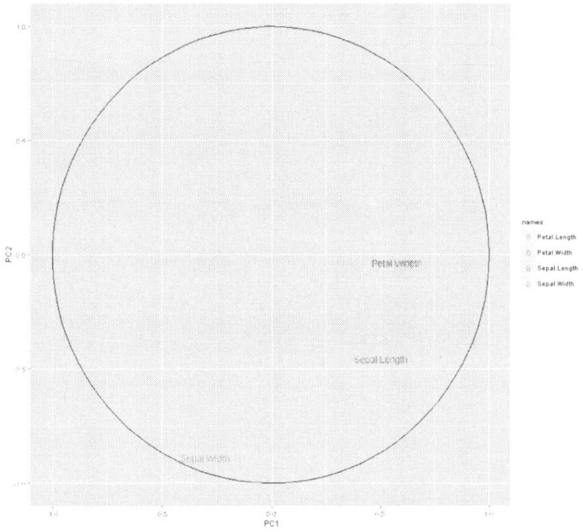

위 그림에 대한 R 코드를 참고로 제시하면 다음과 같다. 이 코드는 gist를 통해 얻을 수 있다.

```
> require(ggplot2)
> theta <- seq(0,2*pi,length.out = 100)
> circle <- data.frame(x = cos(theta), y = sin(theta))
> p <- ggplot(circle,aes(x,y)) + geom_path()
> loadings <- data.frame(ir.pca$rotation, .names = row.names(ir.pca$rotation))
> p + geom_text(data=loadings,
      mapping=aes(x = PC1, y = PC2, label = .names, colour = .names)) +
      coord_fixed(ratio=1) +labs(x = "PC1", y = "PC2")
```

마지막으로, 다음의 [예제 3]에서는 R 패키지 {caret}을 이용한 PCA 분석을 소개한다.

예제 3

([예제 1]의 계속) 앞서 언급한 바와 같이, 왜도의 수정을 위해 Box-Cox 변환을 수행하고, 중심화, 표준화를 각 변수에 수행한 뒤, {caret} 패키지의 preProcess( ) 함수의 한 번의 호출로 PCA를 수행한다.

```
> require(caret)
> trans = preProcess(iris[,1:4], method=c("BoxCox", "center", "scale", "pca"))
> PC = predict(trans, iris[,1:4])
```

디폴트로, preProcess( ) 함수는 적어도 데이터 분산의 95% 이상을 설명하는 데 필요한 주성분들(PCs)만을 저장(keep)하나, 이것은 thresh=0.95(디폴트) 옵션을 통해 변경될 수 있다.

```
> head(PC, 3)
        PC1        PC2
1 -2.303540 -0.4748260
2 -2.151310  0.6482903
3 -2.461341  0.3463921

> trans$rotation
                    PC1         PC2
Sepal.Length  0.5202351 -0.38632246
Sepal.Width  -0.2720448 -0.92031253
Petal.Length  0.5775402 -0.04885509
Petal.Width   0.5672693 -0.03732262
```

참고 주성분분석 고윳값분해

Σ를 X와 관련된 공분산행렬이라고 하자. Σ는 비-음정치 행렬이므로, 다음의 고윳값분해를 가진다.

$$\Sigma = C\Lambda C^{-1}.$$

위의 식에서 $\Lambda = diag(\lambda_1, \cdots, \lambda_p)$ 는 (비-음)의 고윳값이 내림차순으로 정렬된 대각행렬이고, C는 Σ의 고유벡터로 열이 구성되는 행렬이다. 우리는 제1주성분 p_1이 X의 열들의 선형결합($p_1 = aX$)이며 동시에 $\|a\|_2 = 1$ 이 되기를 원한다. 또한, p_1이 가능한 가장 큰 분산 $V(p_1) = a^T \Sigma a$ 을 가지기를 원한다. 이러한 a는 Σ의 가장 큰 고윳값에 대응하는 열 고유벡터로 주어지는 것으로 밝혀졌다(이에 대한 증명은 생략한다). 차 순위의 고유벡터는 가능한 최대의 분산을 가지는 선형결합을 제공하며, 보다 상위의 선형결합과는 무상관이 된다.

13장

군집분석 I

13.1 서론

군집분석(cluster analysis)은 각 개체에 대해 관측된 여러 개의 변수 $(x_1, x_2, \cdots, x_p)$ 값들로부터 n개의 개체를 유사한 성격을 가지는 몇 개의 군집으로 집단화하고, 형성된 군집들의 특성을 파악하여 군집들 사이의 관계를 분석하는 다변량 분석기법이다. 군집분석에 이용되는 다변량 자료는 별도의 반응변수가 요구되지 않으며, 오로지 개체들 간의 유사성(similarity)에만 기초하여 군집을 형성한다. 군집분석은 이상치 탐지에도 사용되며(4권 20장 참고), 심리학, 사회학, 경영학, 생물학 등 다양한 분야에 이용되고 있다.

군집분석의 방법은 매우 다양하다. 이 장에서는 계층적 군집과 k-평균군집을 소개한다.

13.2 계층적 군집

계층적 군집(hierarchical clustering)은 가장 유사한 개체를 묶어 나가는 과정을 반복하여 원하는 개수의 군집을 형성하는 방법이다. 보통 계통도 또는 덴드로그램(dendrogram)의 형태로 결과가 주어지며 각 개체는 하나의 군집에만 속하게 된다. 개체 간의 유사성(또는 거리)에 대한 다양한 정의가 가능하며, 군집 간의 연결법(최단연결법, 최장연결법, 평균연결법, 중심연결법, 와드연결법)에 따라 군집의 결과가 달라질 수 있다.

계층적 군집을 형성하는 방법에는 작은 군집으로부터 출발하여 군집을 병합해 나가는 병합적(agglomerative) 방법과, 큰 군집으로부터 출발하여 군집을 분리해 나가는 분할적(divisive) 방법이 있다. 다음의 [그림 13.1]은 병합적 방법으로 계층적 군집을 형성해 나가는 과정을 보여 준다. 한 개의 항목으로 시작하여 군집을 형성해 나가는 단계마다 모든 그룹 쌍 간의 거리를 계산하여 가까운 순으로 병합을 수행한다. 이 과정을 한 개 그룹만 남을 때까지 혹은 종료의 조건이 될 때까지 반복한다. 여기에서 그룹 혹은 항목 간의 상대적 거리가 가까울수록 유사성(similarity)이 높다고 말할 수 있다.

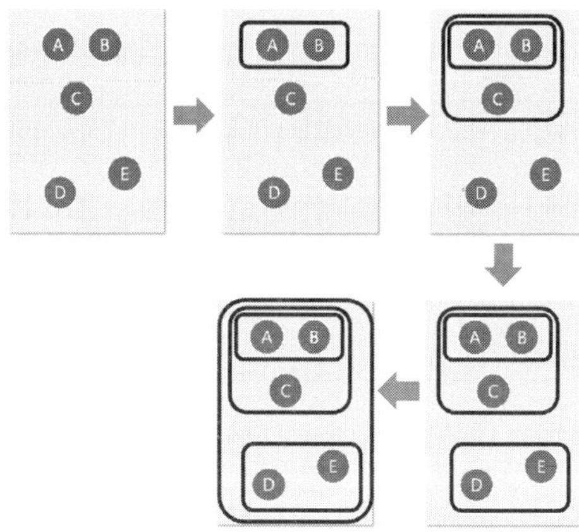

[그림 13.1] 계층적 군집의 군집 형성 과정(병합적 방법)

계층적 군집의 결과는 다음의 [그림 13.2]와 같이 덴드로그램(dendrogram)의 형태로 표현된다. 이 그림을 통해 군집들 간의 구조적 관계를 쉽게 살펴볼 수 있다. 이 구조를 통해서 항목 간의 거리, 군집 간의 거리를 알 수 있고 군집 내의 항목 간 유사정도를 파악함으로써 군집의 견고성을 해석할 수 있다.

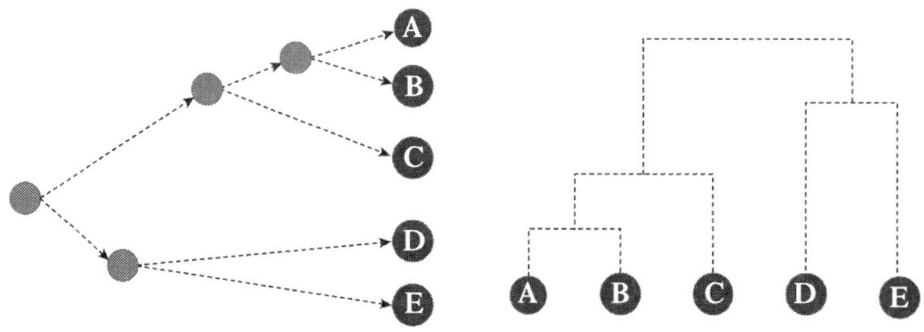

[그림 13.2] 계층적 군집 결과: 덴드로그램

계층적 군집을 수행할 때 두 군집 간의 거리를 측정하는 방법에 따라 병합방법이 달라진다. 거리측정(또는 병합) 방법에는 최단연결법, 최장연결법, 중심연결법, 평균연결법, 와드연결법이 있다.

최단연결법 또는 단일연결법(single linkage method)은 두 군집 사이의 거리를 각 군집에서 하나씩 관측값을 뽑았을 때 나타날 수 있는 거리의 최솟값으로 측정한다. 최단거리를 사용할 때 사슬 모양으로 생길 수 있으며, 고립된 군집을 찾는 데 중점을 둔 방법이다.

최장연결법 또는 완전연결법(complete linkage method)은 두 군집 사이의 거리를 각 군집에서 하나씩 관측값을 뽑았을 때 나타날 수 있는 거리의 최댓값으로 측정한다. 같은 군집에 속하는 관측값은 알려진 최대 거리보다 짧으며, 군집들의 내부 응집성에 중점을 둔 방법이다.

중심연결법(centroid linkage)은 두 군집의 중심 간의 거리를 측정한다. 두 군집이 결합될 때 새로운 군집의 평균은 가중평균을 통해 구해진다.

평균연결법(average linkage)은 모든 항목에 대한 거리 평균을 구하면서 군집화를 하기 때문에 계산양이 불필요하게 많아질 수 있다.

마지막으로 와드연결법(Ward linkage)은 군집 간의 거리에 기반을 두는 다른 연결법과는 달리 군집 내의 오차제곱합(error sum of square)에 기초하여 군집을 수행한다. 보통 두 군집이 합해지면 병합된 군집의 오차제곱합은 병합 이전 각 군집의 오차제곱합의 합보다 커지게 되는데, 그 증가량이 가장 작아지는 방향으로 군집을 형성해 나가는 방법이다. 와드연결법은 크기가 비슷한 군집끼리 병합하는 경향이 있다.

이상에서 언급한 여러 가지 연결법들을 그림으로 나타내면 다음의 [그림 13.3]과 같다.

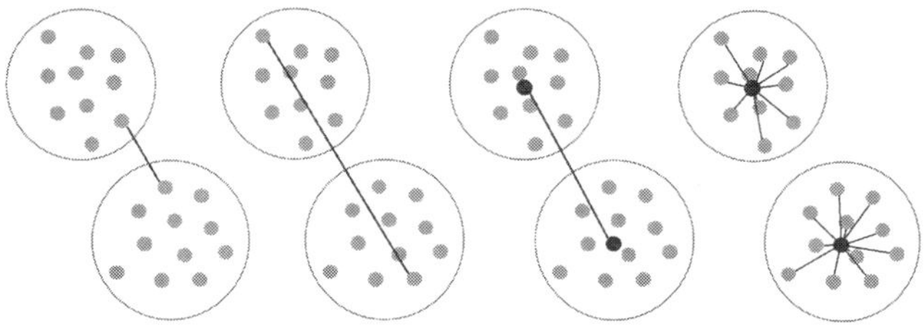

(a) 최단연결법 (b) 최장연결법 (c) 중심연결법 (d) 와드연결법

[그림 13.3] 군집 간의 거리 측정 방법

계층적 군집은 두 개체(또는 군집) 간의 거리(또는 비유사성)에 기반을 두고 군집을 형성해 나가므로 거리에 대한 정의가 필요하다.

모든 변수가 연속형인 경우에는 다음과 같은 다양한 거리가 사용될 수 있다.

○ 유클리드(Euclidean) 거리:

$$d(i, j) = \sqrt{\sum_{f=1}^{p} (x_{if} - x_{jf})^2}.$$

○ 맨하튼(Manhattan) 또는 시가(city-block) 거리:

$$d(i, j) = \sum_{f=1}^{p} |x_{if} - x_{jf}|.$$

○ 민코우스키(Minkowski) 거리:

$$d(i,\, j) = \left[\sum_{f=1}^{p} (x_{if} - x_{jf})^m \right]^{1/m}.$$

○ 표준화(standardized)거리:

$$d(i,\, j) = \sqrt{(x_i - x_j)'\, D^{-1}\, (x_i - x_j)},\quad D = Diag(S_{11}, \cdots, S_{pp}):\ \text{표본분산 (대각)행렬.}$$

○ 마할라노비스(Mahalanobis) 거리:

$$d(i,\, j) = \sqrt{(x_i - x_j)'\, S^{-1}\, (x_i - x_j)},\quad S = (S_{ij})_{p \times p}:\ \text{표본공분산행렬.}$$

이 가운데 유클리드 거리, 맨하튼 거리, 민코우스키 거리는 수학적 거리로 생각할 수 있으며, 표준화거리와 마할라노비스 거리는 통계적 거리로 생각할 수 있다. 표준화거리는 변수의 측정단위를 표준화한 거리이며, 마할라노비스 거리는 변수의 표준화와 함께 변수 간의 상관성(분포 형태)을 동시에 고려한 통계적 거리로 생각할 수 있다. 이 외에도 체비세프(Chebychev) 거리, 켄버라(Canberra) 거리가 있으며, 유사성 측도인 코사인(cosine) 거리, 상관계수(correlation coefficient) 등을 이용하여 거리를 정의할 수도 있다.

모든 변수가 명목형인 경우에는 개체 i와 j 간의 거리는 다음과 같이 정의될 수 있다.

$$d(i,\, j) = \text{(개체 } i\text{와 } j\text{에서 다른 값을 가지는 변수의 수)/(총변수의 수).}$$

이 외에도 명목형 자료에 대한 거리에는 유사성 측도인 단순일치계수(Simple Matching Coefficient), 자카드(Jaccard) 계수 등을 이용하거나, 순서형 자료의 경우에는 순위상관계수(rank correlation coefficient)를 이용하여 거리를 정의할 수 있다. 유사성(similarity)과 거리(distance)는 반대의 개념임에 유의하여 사용하기 바란다.

R에서 계층적 군집을 수행할 때, 병합적 방법을 사용하는 함수에는 hclust{stats}와 {cluster} 패키지의 agnes( ), mclust( ) 함수가 있으며, 분할적 방법을 사용하는 함수에는 {cluster} 패키지의 diana( ), mona( ) 함수가 있다.

다음의 [예제 1]은 hclust( ) 함수를 이용하여 계층적 군집을 수행한다.

예제 1

USArrests 자료는 미국 50개 주에서 1973년에 발생한 폭행, 살인, 강간 범죄를 주민 100,000명당 체포된 사람의 통계 자료이다. 주별 전체 인구에 대한 도시의 인구 비율을 함께 제공한다.

```
> data(USArrests)
> str(USArrests)
'data.frame':   50 obs. of  4 variables:
 $ Murder  : num  13.2 10 8.1 8.8 9 7.9 3.3 5.9 15.4 17.4 ...
 $ Assault : int  236 263 294 190 276 204 110 238 335 211 ...
 $ UrbanPop: int  58 48 80 50 91 78 77 72 80 60 ...
 $ Rape    : num  21.2 44.5 31 19.5 40.6 38.7 11.1 15.8 31.9 25.8 ...

> d <- dist(USArrests, method="euclidean")
> fit <- hclust(d, method="ave")
```

dist( )는 거리(또는 비유사성)행렬을 제공하는 함수로 method= 옵션을 통해 다양한 방식으로 거리를 정의할 수 있다. dist( ) 함수의 method= 옵션에는 "euclidean", "maximum", "manhattan", "binary", "minkowski" 등이 있다. hclust( ) 함수는 계층적 군집분석을 수행하는 함수로 method= 옵션을 통해 병합(또는 연결) 방법을 지정할 수 있다. hclust( ) 함수의 method= 옵션에는 "ward", "single", "complete", "average", "centroid" 등이 있다.

```
> par(mfrow=c(1,2))
> plot(fit)
> plot(fit, hang=-1)     # hang=-1은 label의 위치를 지정
> par(mfrow=c(1,1))
```

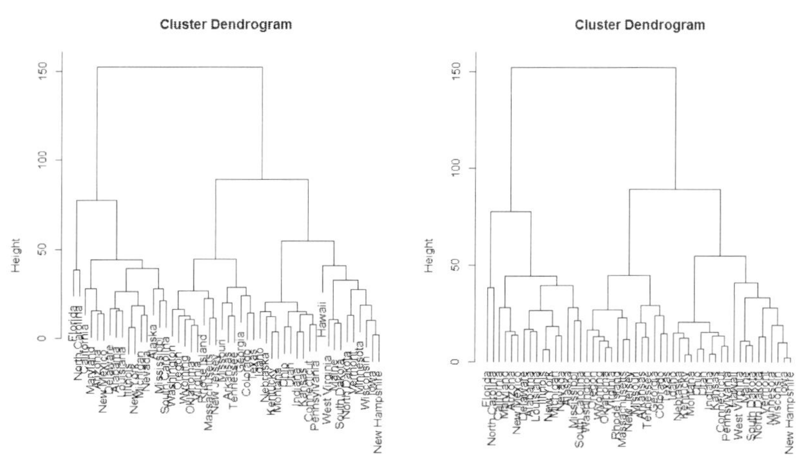

계층적 군집분석의 결과는 plot( ) 함수를 통해 덴드로그램으로 시각화할 수 있다.

```
> groups <- cutree(fit, k=6)
> groups
       Alabama         Alaska        Arizona       Arkansas     California 
             1              1              1              2              1 
      Colorado    Connecticut       Delaware        Florida        Georgia 
             2              3              1              4              2 
        Hawaii          Idaho       Illinois        Indiana           Iowa 
             5              3              1              3              5 
        Kansas       Kentucky      Louisiana          Maine       Maryland 
             3              3              1              5              1 
 Massachusetts       Michigan      Minnesota    Mississippi       Missouri 
             6              1              5              1              2 
       Montana       Nebraska         Nevada  New Hampshire     New Jersey 
             3              3              1              5              6 
    New Mexico       New York North Carolina   North Dakota           Ohio 
             1              1              4              5              3 
      Oklahoma         Oregon   Pennsylvania   Rhode Island South Carolina 
             6              6              3              6              1 
  South Dakota      Tennessee          Texas           Utah        Vermont 
             5              2              2              3              5 
      Virginia     Washington  West Virginia      Wisconsin        Wyoming 
             6              6              5              5              6 
```

cutree( )는 계층적 군집의 결과를 이용하여 tree의 높이(h)나 그룹의 수(k)를 옵션으로 지정하여 원하는 수의 그룹으로 나눌 수 있다.

```
> plot(fit)
> rect.hclust(fit, k=6, border="red")
```

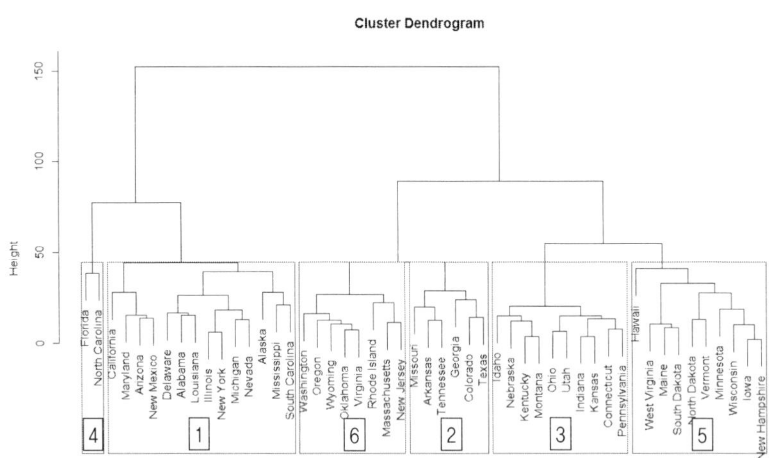

plot( ) 함수를 이용해 그린 덴드로그램은 rect.hclust( ) 함수를 이용하여 그룹을 사각형으로 구분지어 나타낼 수 있다. 위에서 cutree( ) 함수로 나누어진 그룹과 동일하게 표시되었음을 확인할 수 있다.

```
> hca <- hclust(dist(USArrests))
> plot(hca)
> rect.hclust(hca, k = 3, border = "red")
> rect.hclust(hca, h = 50, which = c(2,7), border = 3:4)
> # 높이(h) 50에서 cut 수행, 2와 7번에 사각형, 테두리 색상(border) 지정
```

rect.hclust( ) 함수는 그룹수(k)를 이용하여 그룹을 시각화할 뿐 아니라, tree의 높이(h)와 위치(which)를 이용하여 그룹의 전체 또는 일부를 나타낼 수 있다.

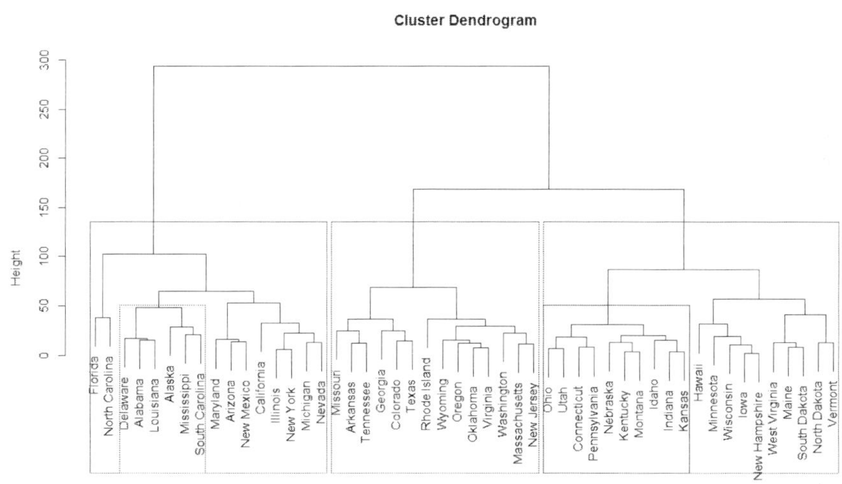

R 패키지 {cluster}의 agnes( ) 함수는 계층적 군집방법 중 병합적 방법을 이용하여 분석한다. 여기서 metric= 옵션을 통해 "euclidean", "manhattan" 등의 거리를 지정할 수 있으며, method= 옵션을 통해 병합(또는 연결) 방법을 지정할 수 있다. metric= 옵션을 이용하지 않고 daisy( ) 함수를 이용하여 거리를 계산할 수도 있다. daisy( ) 함수는 데이터 관측값 사이의 거리를 계산해 주며, 자료의 형태가 수치형일 필요가 없다는 점에서 앞서 소개한 dist( ) 함수보다 유연하다. daisy( ) 함수의 옵션에는 "euclidean", "manhattan", "gower" 등이 있다.

패키지 {cluster}의 daisy() 함수는 비유사성 행렬 계산을 수행한다. 이 함수는 데이터셋의 관측치들 간의 모든 쌍별 비유사성(거리)를 계산한다. 원 변수는 혼합형이 될 수 있다. 이 경우 또는 metric="gower"로 설정된 경우, 일반화된 Gower 공식이 사용된다. 이 함수의 일반형식과 주요 옵션은 다음과 같다.

```
daisy(x, metric = c("euclidean", "manhattan", "gower"),
      stand = FALSE, type = list(), ...)
```

- x는 수치형 행렬 또는 데이터프레임
- metric= "euclidean"(디폴트), "manhattan", "gower". Gower 거리는 "gower"를 지정하거나 x의 열중 수치형이 아닌 것이 포함될 때 자동적으로 적용된다. 이때 각 변수에 대해 특별한 표준화가 사전 적용됨
- type= 변수의 형태를 지정하는 리스트. "ordratio"(순서변수로 취급되는 비례척도 변수) "logratio"(대수적으로 변환 되어야 하는 비례척도의 변수), "asymm"(비대칭 이진형), "symm"(대칭 이진형) 가능. 지정되지 않은 변수는 통상적인 방식으로 해석됨

```
(예) (daisy() 함수의 활용 적용 예)
> library(cluster); data(flower)
> daisy(flower, type = list(asymm = 3))
> daisy(flower, type = list(asymm = c(1, 3), ordratio = 7))
> daisy(flower, type = list(asymm = c("V1", "V3"), symm = 2,
                            ordratio = 7, logratio = 8))
```

이진형 변수에 대한 거리(또는 유사성) 척도

이진형 속성에 대한 근접도(proximity) 척도를 소개하면 다음과 같다.

		개체 j	
		1	0
개체 i	1	q	r
	0	s	t

(a) 두 개체간의 거리(비유사도)

○ 대칭 이진형(symmetric binary): 1과 0이 동일한 가능성으로 나타나는 경우의 척도.

$$d(i,\, j) = \frac{r+s}{q+r+s+t}.$$

○ 비대칭 이진형(asymmetric binary): 1이 0보다 더 관심사인 경우의 척도(예: 질병의 발생).

$$d(i,\, j) = \frac{r+s}{q+r+s}.$$

(b) 두 개체간의 유사도

○ 단순일치계수(simple matching coefficient): $SMC = \frac{q+t}{q+r+s+t}$.

○ 자카드(Jaccard) 계수: $J = \frac{q}{q+r+s}$.

[예제] [표 13.1]은 3명의 환자에 대한 정보를 요약한 것이다(모든 변수가 이진형임). 환자 간의 거리는 다음과 같이 계산될 수 있다. 먼저 성별은 대칭적인 속성이므로 카운트에서 제외하고, 나머지 속성들을 비대칭 이진형으로 간주한다(Y와 P는 1로, N은 0으로 함). 이로부터 Jack과 Mary 간의 거리는 $(r+s)/(q+r+s)$=1/3이 된다. 같은 방법으로 Jack과 Jim, Jim과 Mary의 거리를 구하면 각각 2/3와 3/4이 된다.

[표 13.1] 3명의 환자에 대한 검사 결과

이름	성별	열	기침	검사-1	검사-2	검사-3	검사-4
Jack	M	Y	N	P	N	N	N
Mary	F	Y	N	P	N	P	N
Jim	M	Y	P	N	N	N	N

```
[R 코드]
> m <- matrix(c(1,0,1,0,0,0,
                1,0,1,0,1,0,
                1,1,0,0,0,0,
                0,0,0,1,0,1), 4, 6, byrow=T)
> # 특정 열이 모두 동일한 값을 가지는 것을 방지하기 위해 한 행(ignore)이 추가됨
> rownames(m) <- c("Jack", "Mary", "Jim", "ignore")
> colnames(m) <- c("fever", "cough", "test1", "test2", "test3", "test4")

> library(cluster)
> daisy(m, type=list(asymm=1:6))
Dissimilarities :
            Jack      Mary      Jim
Mary   0.3333333
Jim    0.6666667 0.7500000
ignore 1.0000000 1.0000000 1.0000000

Metric :  mixed ;  Types = A, A, A, A, A, A    # A: asymm(비대칭 이진형)
Number of objects : 4
```

[유의] 입력 자료가 숫자(0,1) 대신 문자("y","n")인 경우에는, 알파벳순으로 "n"은 0, "y"는 1로 간주되어, 비대칭 이진형 거리 측도에서 (0,0)의 빈도가 무시된다.

예제 2

USArrests 자료에 대해 agnes( ) 함수를 이용하여 계층적 군집을 수행한다.

```
> library(cluster)
> # stand=TRUE는 비유사성(거리)의 계산 전에 표준화를 수행함. 입력자료가 비유사성 행렬인 경우에는 무시됨
> agn1 <- agnes(USArrests, metric="manhattan", stand=TRUE)
> agn1
> par(mfrow=c(1,2))
> plot(agn1)
```

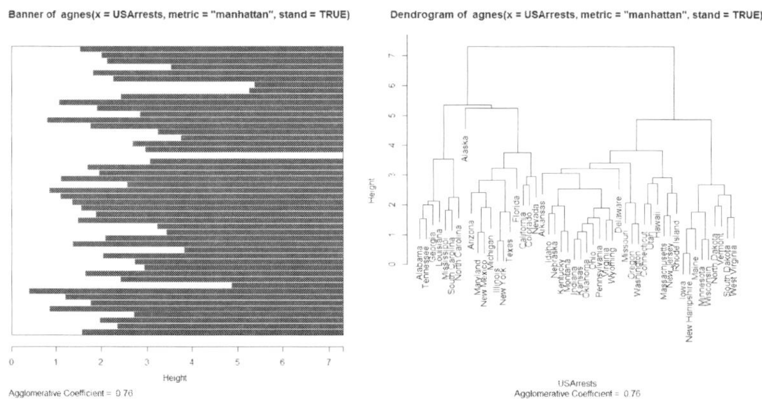


```
> agn2 <- agnes(daisy(USArrests), diss=TRUE, method="complete")
> # daisy() 함수는 비유사성 행렬을 계산하며, metric= "euclidean"(default), "manhattan",
"gower"와 stand= "FALSE"(default) 옵션 지정이 가능함
> # diss=TRUE는 입력자료가 비유사성 행렬임을 알려줌
> plot(agn2)
```

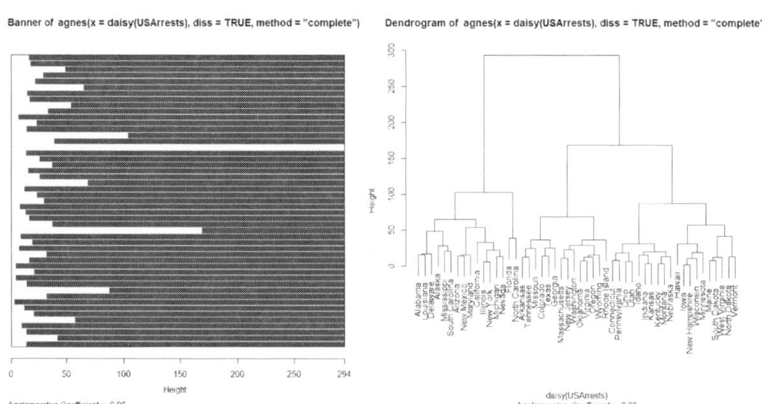

```
> # method=은 군집방법을 지정. "flexible"은 가중 평균연결법의 일반화된 방법이며 "average"(default), "single", "comflete", "ward", "weighted", "flexible", "gaverage"(generalized average) 지정 가능
> agn3 <- agnes(USArrests, method ="flexible", par.meth=0.6)
> plot(agn3)
> par(mfrow=c(1,1))
```

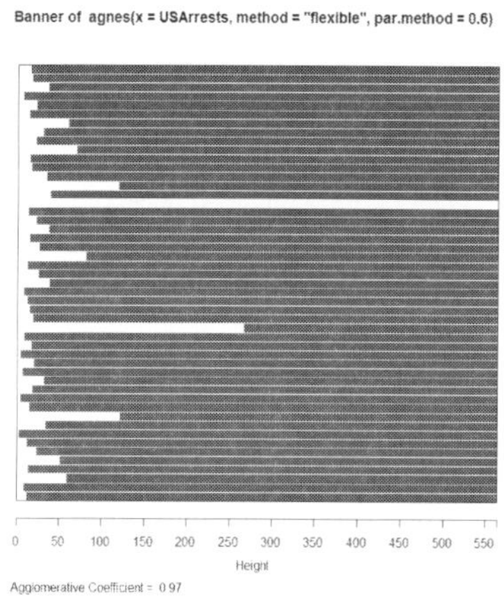

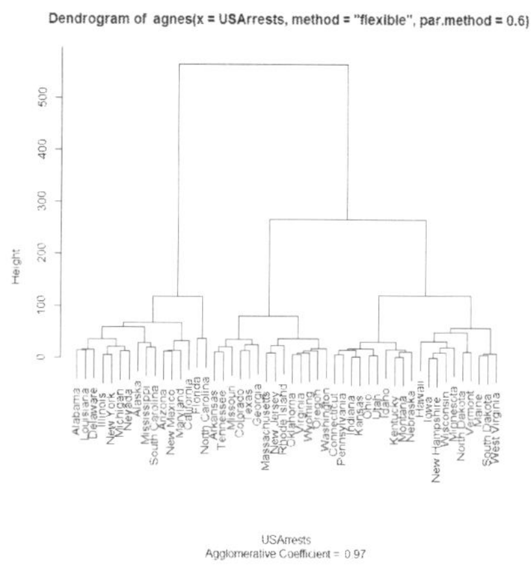

계층적 군집모형의 특징은 다음과 같다. 계층적 군집방법은 군집을 형성하는 단계에서 지역적(local) 최적화를 수행해 나가는 방법을 사용하므로 그 결과가 전역적인(global) 최적해라고 볼 수는 없다. 병합적 방법에서 한 번 군집이 형성되면 군집에 속한 개체는 다른 군집으로 이동할 수 없다. 중심연결법, 와드연결법 등에서는 군집의 크기에 가중을 두어 병합을 시도하므로 크기가 큰 군집과의 병합이 유도될 수 있다.

계층적 군집의 결과는 다양한 방법으로 시각화될 수 있다. 이 가운데 패키지 {ape}(:analyses of phylogenetics and evolution)는 몇 가지 흥미로운 그림을 제공한다.

예제 3

[예제 1]의 hclust 객체에 대해 다음을 수행하자.

```
> # 계층적 군집수행: hclust() 함수 이용
> fit <- hclust(d, method="ave")
> clus6 = cutree(fit, 6)     # 6개의 군집
> # 색상 지정
> colors = c("red", "blue", "green", "black", "cyan", "magenta")
> # hclust 객체(fit)를 phylo 객체로 전환: as.phylo{ape} 함수 이용
> plot(as.phylo(fit), type = "fan", tip.color = colors[clus6],
       label.offset = 1, cex = 0.7)
```

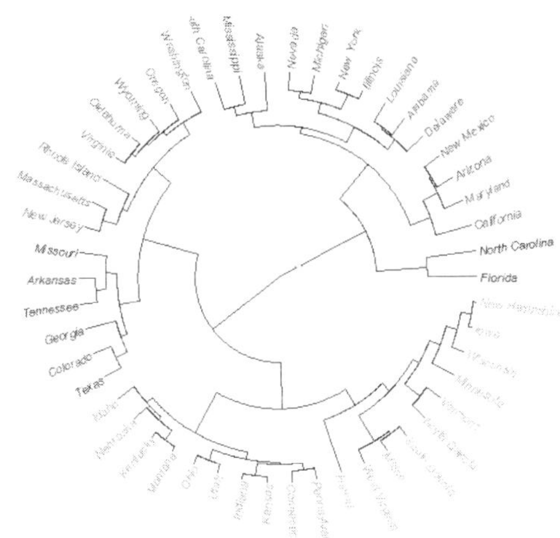

phylo 객체에 대한 plot( ) 함수의 형식은 다음과 같다.

```
plot(x, type = "phylogram", show.tip.label = TRUE,
     edge.color = "black", edge.width = 1, edge.lty = 1,
     tip.color = "black")
```

- x: phylo 객체
- type: "phylogram" (default), "cladogram", "fan", "unrooted" and "radial"
- show.tip.label: 레이블 나타냄(TRUE)
- edge.color, edge.width, edge.lty: 연결선의 색상, 너비, 형태를 지정
- tip.color: 레이블 색상

```
> # type = "cladogram"
> plot(as.phylo(fit), type = "cladogram", cex = 0.6, label.offset = 0.5)
> # type = "cladogram"
> plot(as.phylo(fit), type = "unrooted", cex = 0.6, no.margin = TRUE)
```

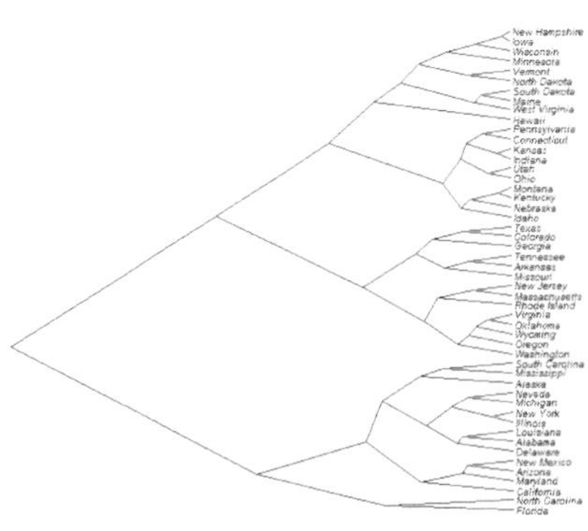

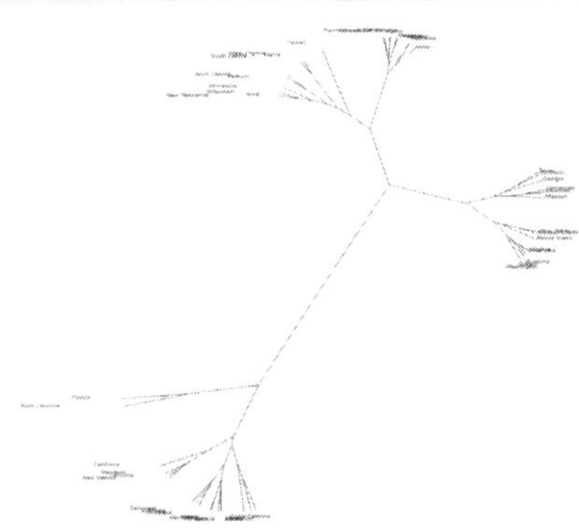

13.3 k-평균군집

k-평균군집(k-means clustering)은 원하는 군집 수만큼(k개) 초깃값을 지정하고, 각 개체(데이터)를 가까운 초깃값에 할당하여 군집을 형성한 뒤, 각 군집의 평균을 재계산하여 초깃값을 갱신한다. 갱신된 값에 대해 위의 할당과정을 반복하여 k개의 최종군집을 형성한다.

k-평균군집의 절차(알고리즘)는 다음과 같다.

[단계 1] 초기 (군집의) 중심으로 k개의 객체를 임의로 선택한다.
[단계 2] 각 자료를 가장 가까운 군집중심에 할당한다.
[단계 3] 각 군집 내의 자료들의 평균을 계산하여 군집의 중심을 갱신(update)한다.
[단계 4] 군집중심의 변화가 거의 없을 때(또는 최대 반복수)까지 [단계 2]와 [단계 3]을 반복한다.

위의 [단계 2]는 자료들의 군집의 중심점(평균)으로부터의 오차제곱합

$$E = \sum_{i=1}^{k} \sum_{x \in C_i} (x - \overline{x}_i)^2, \quad \overline{x}_i = \frac{1}{n} \sum_{x \in C_i} x$$

이 최소가 되도록 각 자료를 할당하는 과정이다.

다음의 [그림 13.4]는 k-평균군집의 절차를 나타낸 것이다.

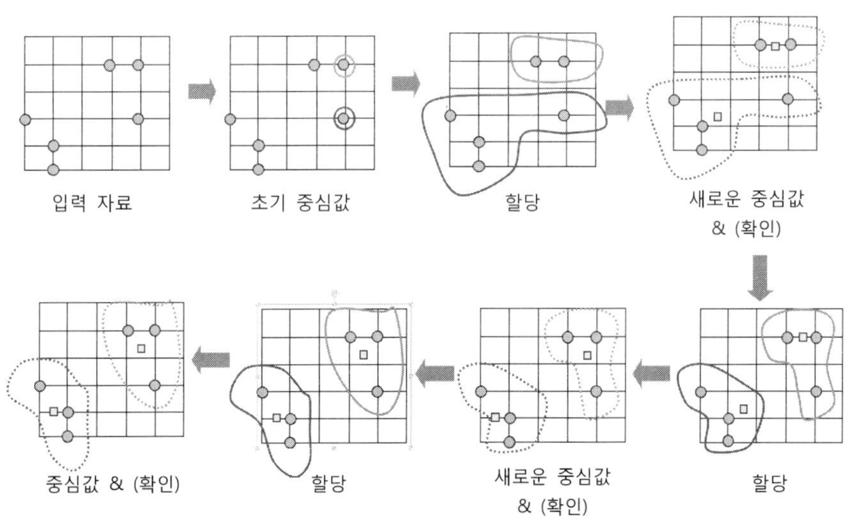

[그림 13.4] k-평균군집의 수행 절차

k-평균군집에서 군집의 수(k)는 미리 정해 주어야 하며, k-개의 초기 중심값은 임의로 선택될 수 있으나, 자룟값 중에서 무작위로 선택하는 것이 더 편리할 것이다. 다만 초기 중심점들은 서로 멀리 떨어져 있는 것이 바람직하며, 초깃값에 따라 군집 결과가 크게 달라질 수 있다. 또한 k-평균군집은 군집의 단계마다 군집중심으로부터의 오차제곱합을 최소화하는 방향으로 군집을 형성해나가는(부분 최적화를 수행하는) 탐욕적(greedy) 알고리즘으로 간주될 수 있으며, 안정된 군집은 보장하나 전체적으로 최적이라는 것은 보장하지 못한다.

k-평균군집은 알고리즘이 단순하며, 빠르게 수행되며 계층적 군집보다 많은 양의 자료를 다룰 수 있으며, 평균 등 거리 계산에 기반하므로 모든 변수가 연속적이어야 한다. 단점으로는 잡음이나 이상점에 영향을 많이 받으며(군집의 중심을 계산하는 과정에서), 볼록한 형태가 아닌(non-convex) 군집(예를 들어, U-형태의 군집)이 존재할 경우에는 성능이 떨어진다.

다음의 [그림 13.5]는 k-평균군집이 이상치 자료에 대해 민감하게 반응하는 과정을 보여준다.

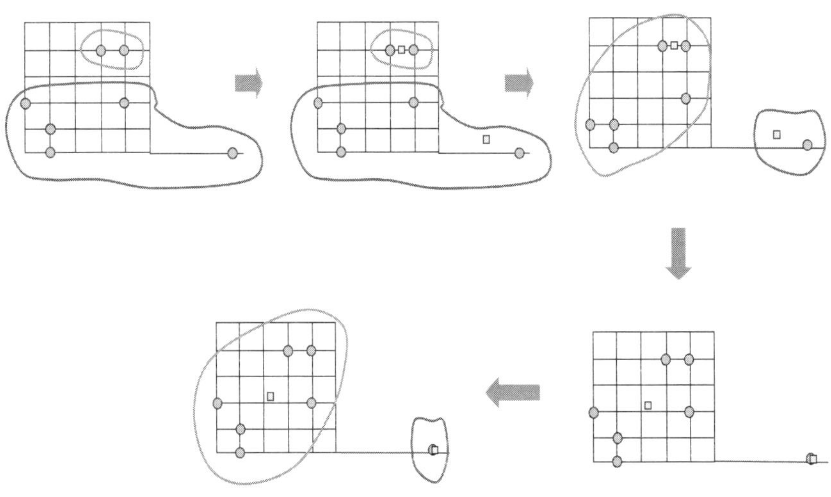

[그림 13.5] k-평균군집과 이상치 자료

이상치 자료에 민감한 k-평균군집의 단점을 보완하기 위해 군집을 형성하는 단계마다 평균 대신 대표개체를 사용하는 k-대표개체(k-medoids) 군집을 사용할 수 있다(R에서 k-대표개체 군집은 pam( ) 함수를 이용한다). k-평균군집을 수행하기 전 탐색적 자료분석을 통해 이상치를 미리 제거하는 것도 좋은 방법이다.

k-평균군집을 수행하는 R 함수에는 kmeans{stats}, kcca{flexclust}, cclust{flexclust}, cclust{cclust}, Kmeans{amap} 등이 있다. Kmeans{amap}은 kmeans{stats}와 그 사용법이 유사하다. 다음의 [예제 4]~[예제 6]은 이들 함수를 이용한 k-평균군집을 다룬다.

계층적 군집과는 달리 k-평균군집은 군집의 수를 미리 정해주어야 한다. 패키지 {Nbclust}를 통해 적절한 군집의 수에 대한 정보를 얻을 수 있다. 군집수에 따른 집단 내 제곱합(within-groups sum of squares)의 그래프를 그려보는 것도 군집수를 정하는 데 도움이 된다. 이 그래프는 아래의 함수를 이용하여 그릴 수 있다.

```
> wssplot <- function(data, nc=15, seed=1234){
              wss <- (nrow(data)-1)*sum(apply(data,2,var))
              for (i in 2:nc){
                   set.seed(seed)
                   wss[i] <- sum(kmeans(data, centers=i)$withinss)}
               plot(1:nc, wss, type="b", xlab="Number of Clusters",
                    ylab="Within groups sum of squares")}
```

위 함수에서 data는 수치형의 자료이며, nc는 고려할 군집의 최대 수, seed는 난수발생 초깃값이다.

다음의 [예제 4]는 kmeans( ) 함수를 이용하여 k-평균군집을 수행한다. 이때 임의로 선택되는 초깃값에 따라 결과가 달라지는 것을 없애기 위해서는 set.seed( )를 사용한다. 또한 nstart= 옵션은 다중(multiple)의 초깃값에 대해 k-평균군집을 수행하고 그 가운데 최적의 결과를 제시해 준다(종종 nstart=25를 추천한다).

예제 4

분석에 사용되는 자료는 패키지 {rattle.data}에서 제공하는 178개 이탈리안 와인에 대해 13가지의 화학적 성분을 측정한 자료이다.

```
> data(wine, package="rattle.data")
> head(wine)
  Type Alcohol Malic  Ash Alcalinity Magnesium Phenols Flavanoids Nonflavanoids
1    1   14.23  1.71 2.43       15.6       127    2.80       3.06          0.28
2    1   13.20  1.78 2.14       11.2       100    2.65       2.76          0.26
3    1   13.16  2.36 2.67       18.6       101    2.80       3.24          0.30
4    1   14.37  1.95 2.50       16.8       113    3.85       3.49          0.24
5    1   13.24  2.59 2.87       21.0       118    2.80       2.69          0.39
6    1   14.20  1.76 2.45       15.2       112    3.27       3.39          0.34
  Proanthocyanins Color  Hue Dilution Proline
1            2.29  5.64 1.04     3.92    1065
2            1.28  4.38 1.05     3.40    1050
3            2.81  5.68 1.03     3.17    1185
4            2.18  7.80 0.86     3.45    1480
5            1.82  4.32 1.04     2.93     735
6            1.97  6.75 1.05     2.85    1450
```

변수의 측정 단위(또는 범위)가 매우 다르므로 군집분석을 수행하기 전에 scale( ) 함수를 이용하여 표준화를 수행하고, 적절한 군집수를 정하기 위해 앞서 소개된 wssplot( ) 함수를 수행한다.

```
> df <- scale(wine[-1])
> wssplot(df)
```

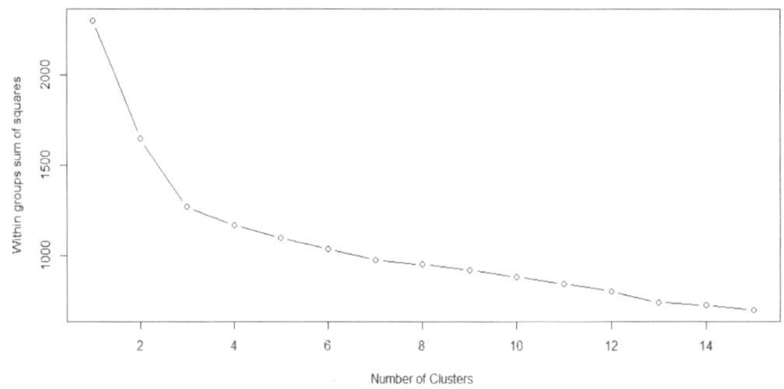

군집수 3에서 오차제곱합이 크게 감소되었음을 확인할 수 있다. 군집수의 결정은 아래와 같이 Nbclust {Nbclust}를 이용할 수도 있다.

```
> library(NbClust)
> set.seed(1234)
> nc <- NbClust(df, min.nc=2, max.nc=15, method="kmeans")
> table(nc$Best.n[1,])

 0  1  2  3 10 12 14 15
 2  1  4 15  1  1  1  1

> barplot(table(nc$Best.n[1,]),
          xlab="Numer of Clusters", ylab="Number of Criteria",
          main="Number of Clusters Chosen by 26 Criteria")
```

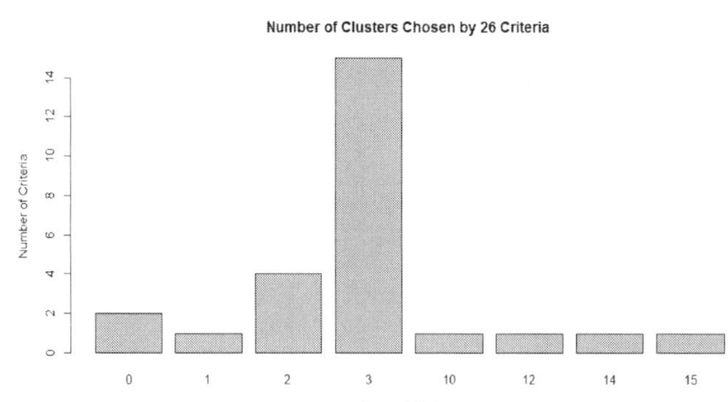

최적의 군집수를 정하기 위해 사용되는 지수(총 30개 중 여기서는 26개의 지수가 계산됨) 가운데 15개의 지수가 3을 최적의 군집수로 투표(majority voting)한 결과를 보여 준다.

군집의 수(k)를 3으로 하여 kmeans( )를 수행한 결과는 다음과 같다. 각 군집의 크기와 중심값을 보여준다. 군집결과의 시각화는 plot( ) 함수를 이용한다.

```
> set.seed(1234)
> fit.km <- kmeans(df, 3, nstart=25)    # nstart= 은 다중의 초깃값 수
> fit.km$size
[1] 62 65 51

> fit.km$centers
  Alcohol Malic   Ash Alcalinity Magnesium Phenols Flavanoids Nonflavanoids
1    0.83 -0.30  0.36      -0.61     0.576   0.883      0.975        -0.561
2   -0.92 -0.39 -0.49       0.17    -0.490  -0.076      0.021        -0.033
3    0.16  0.87  0.19       0.52    -0.075  -0.977     -1.212         0.724
  Proanthocyanins Color   Hue Dilution Proline
1           0.579  0.17  0.47     0.78    1.12
2           0.058 -0.90  0.46     0.27   -0.75
3          -0.778  0.94 -1.16    -1.29   -0.41

> plot(df, col=fit.km$cluster)
> points(fit.km$centers, col=1:3, pch=8, cex=1.5)
```

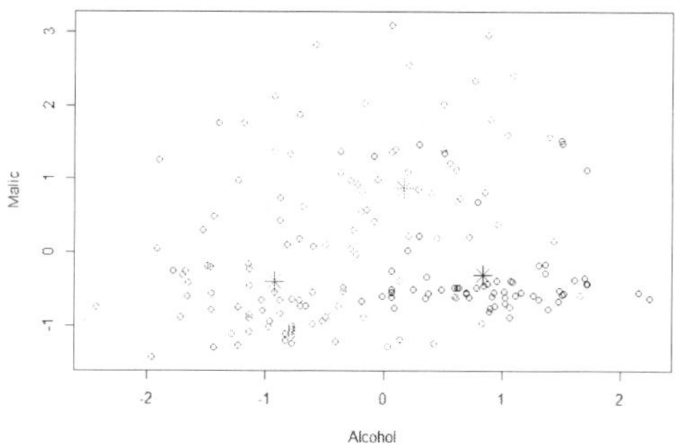

각 군집별로 변수의 요약값을 측정단위의 척도로 나타내면 다음과 같다.

```
> aggregate(wine[-1], by=list(cluster=fit.km$cluster), mean)

  cluster Alcohol Malic Ash Alcalinity Magnesium Phenols Flavanoids
1       1      14   1.8 2.4         17       106     2.8        3.0
2       2      12   1.6 2.2         20        88     2.2        2.0
3       3      13   3.3 2.4         21        97     1.6        0.7
  Nonflavanoids Proanthocyanins Color Hue Dilution Proline
1          0.29             1.9   5.4 1.07      3.2    1072
2          0.35             1.6   2.9 1.04      2.8     495
3          0.47             1.1   7.3 0.67      1.7     620
```

다음은 k-평균군집의 결과에 대한 정오분류표를 제시한다.

```
> ct.km <- table(wine$Type, fit.km$cluster)
> ct.km
     1  2  3
  1 59  0  0
  2  3 65  3
  3  0  0 48
```

패키지 {flexclust}의 randIndex( ) 함수를 이용하면 실제 와인의 종류(Type)와 군집 간의 일치도(agreement)를 나타내는 수정된 랜드 지수(adjusted Rand index, ARI)[1]를 구할 수 있다. 여기서 '수정된'의 의미는 우연에 의해 발생되는 경우를 고려한 값이다. 이 지수는 -1(no agreement)과 1(perfect agreement) 사이의 값을 가진다.

```
> library(flexclust)
> randIndex(ct.km)
     ARI
0.897495
```

다음의 [예제 5]는 패키지 {flexclust}의 kcca( ) 함수를 이용하여 k=평균군집을 수행한다. 패키지 {flexclust}는 다양한 시각화 기능을 제공한다.

예제 5

Nclus는 {flexclust} 패키지에서 제공하는 데이터로서 서로 다른 4개의 이변량 정규분포로부터 발생된 난수로 구성된 자료이다.

```
> library(flexclust)
> data("Nclus")
> plot(Nclus)
```

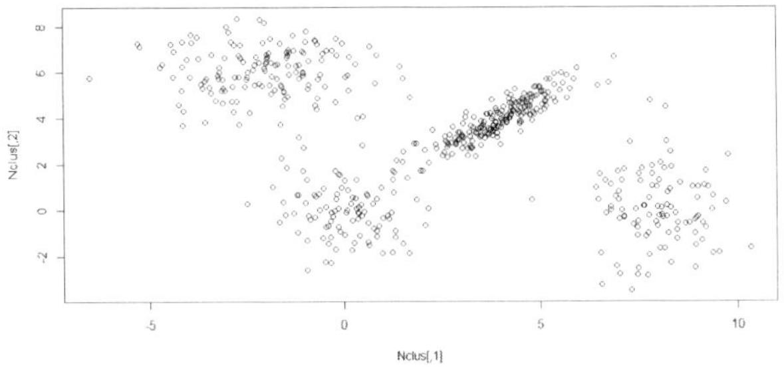

1) 수정된 랜드지수(ARI)는 두 개의 군집 결과 간의 유사성을 나타내는 측도이다.

```
> cl <- kcca(Nclus, k=4, family=kccaFamily("kmeans"))
> image(cl)
> points(Nclus)
```

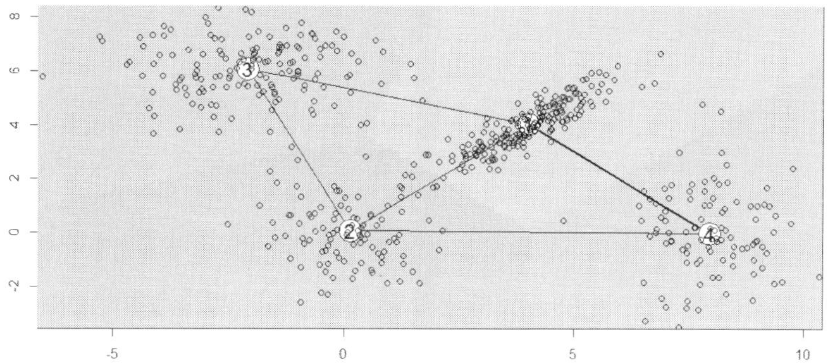

```
> barplot(cl)
```

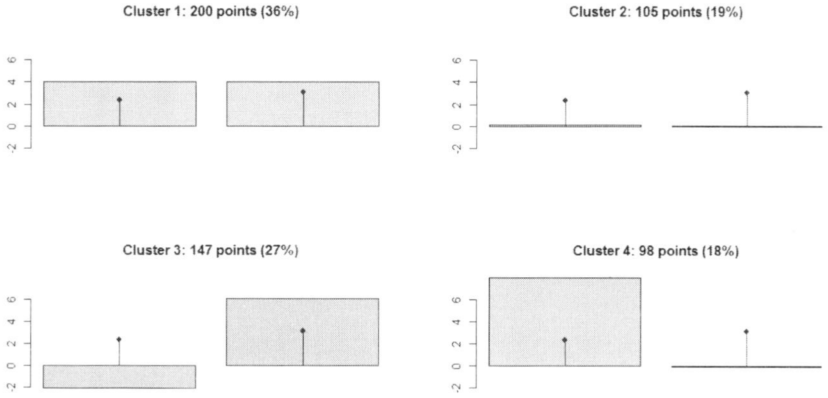

위 그림은 각 군집의 (변수별) 중심이 전체 군집의 중심(상자 안의 막대)으로부터 얼마나 벗어나 있는지를 나타낸다.

```
> stripes(cl)
```

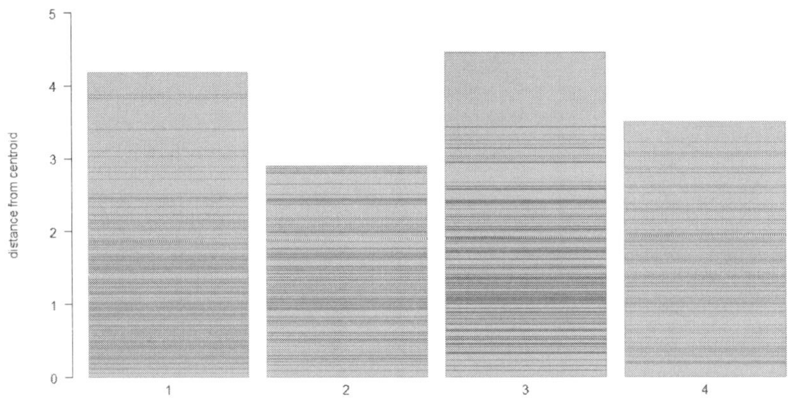

위 그림은 줄무늬를 이용하여 각 군집 내의 자료들이 해당 군집의 평균으로부터 얼마나 떨어져 있는지를 나타낸다.

R 패키지 {flexclust}의 kcca( ) 함수는 k-중심군집(k-centroids clustering)을 수행한다. family= 옵션을 이용하여 "kmeans", "kmedians", "angle", "jaccard" 또는 "ejaccard" 방법을 이용할 수 있으며, 여기서는 kmeans 옵션을 사용하였다. kcca( ) 함수의 적용 결과는 image{graphics}, barplot{graphics}, barchart{lattice}, stripes{flexclust} 함수 등을 통해 시각화될 수 있다.

다음 [예제 6]은 패키지 {cclust}의 cclust( ) 함수를 이용하여 k-평균군집을 수행한다. cclust( )는 convex clustering을 수행하는 함수로 패키지 {flexclust}에도 동일한 이름의 함수가 있으며, 두 함수의 기능은 동일하다.

예제 6

[예제 5]와 동일한 자료를 사용하여 분석한다.

```
> library(cclust)  # convex clustering
> cl.1 <- cclust(Nclus, 4, 20, method="kmeans")  # iter.max=20(최대 반복수)
> plot(Nclus, col=cl.1$cluster)
> points(cl.1$center, col = 1:4, pch = 8, cex=1.5)
```

cclust( ) 함수에서 method= 옵션에는 "kmeans", "hardcl", "neuralgas"가 있다. 이 가운데 "kmeans"는 MacQueen(1967)의 고전적인 kmeans 알고리즘을 사용하며, "hardcl"은 hard competitive learning 방법 사용하며, "neuralgas"은 이와 유사한 neural gas 알고리즘(Martinez 등, 1993)을 사용한다.

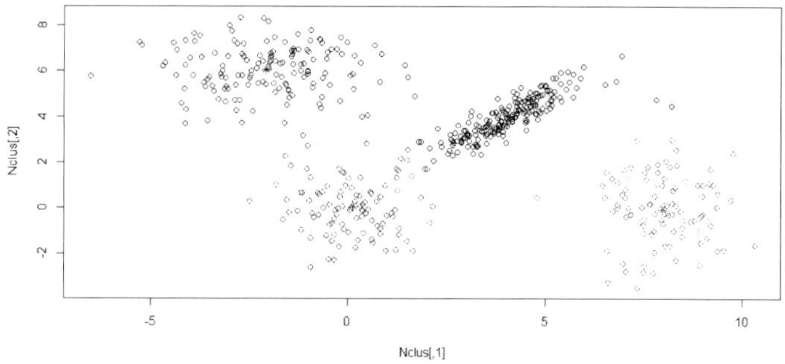

R 패키지 {cluster}의 clusplot( ) 함수는 2차원의 군집 그래프를 그려주는 함수이다. clusplot을 이용하면 군집의 반경과 관계까지 확인하여 볼 수 있다.

```
> library(cluster)
> clusplot(Nclus, cl.1$cluster)
```

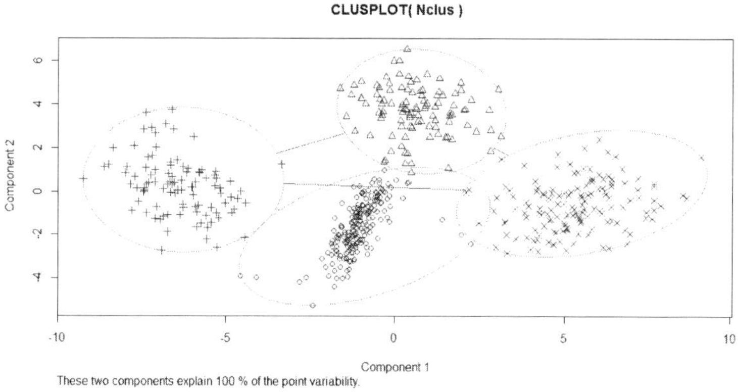

14장*

EM 알고리즘

14.1 서론

Dempster, Laird and Rubin(1977)에 의해 소개된 EM 알고리즘은 특정분포의 모수에 대한 최대가능도(ML)추정에 유용한 알고리즘이다. 특히, 관측 과정의 제약에 의해 결측 자료가 발생하는 경우, 또는 추정해야 할 모수의 수가 많거나 가능도함수의 형태가 복잡한 경우에 최대가능도 추정에 효과적인 해결책이 된다. EM 알고리즘은 간단히, 결측자료를 관측자료에 보완하여 최대화가 보다 쉬운 가능도함수를 정의하고 E-단계(Expectation step)와 M-단계(Maximization step)로 불리는 두 단계를 반복적으로 수행하여 모수를 추정하는 수치 해석적 방법이라고 할 수 있다. 여기서 결측자료는 관측되지 않은 잠재확률변수(hidden or latent random variable)의 값 [이를 잠재치(latent values)라고 함] 또는 모수값이 될 수 있으며, 관측된 원 자료에 결측자료를 포함시킨 보완된 자료를 완비자료(complete data) 또는 증대자료(augmented data)라고 한다. 따라서 수치적인 난점을 해결하기 위해 새로 정의된 가능도함수는 곧 완비자료의 가능도함수가 되며 이를 완비가능도함수(complete likelihood function)라고 한다.

14.2 EM 알고리즘

EM 알고리즘을 구체적으로 설명하면 다음과 같다. 관측자료 또는 불완비자료를 X, 잠재자료를 Z라고 하면 완비자료는 (X, Z)로 표현할 수 있으며, 추정해야 할 모수의 집합을 θ라고 할 때 관측자료의 가능도함수는 $f(X|\theta)$로, 완비자료의 가능도함수는 $f(X, Z|\theta)$로 나타낼 수 있다. EM 알고리즘의 E-단계는 관측된 가능도함수를 보완하기 위해 결측자료를 보완(augment)하는 단계로 다음과 같이 정의되는 조건부기댓값인 Q 함수를 계산한다.

$$Q(\theta \mid \theta^{(r)}) \equiv E_Z[\ln f(X, Z \mid \theta) \mid X, \theta^{(r)}] \,. \tag{1}$$

여기서, $\theta^{(r)}$은 현 단계에 주어진 모수추정치의 집합을 나타내며($\theta^{(0)}$는 초깃값), 정의된 Q 함수는 관측값과 모수추정치가 주어진 경우에 잠재변수가 추가된 완비자료의 로그-가능도함수에 대한 조건부기댓값을 의미한다. M-단계에서는 $Q(\theta|\theta^{(r)})$를 최대로 하는 θ를 계산하여 새로운 모수추정치 $\theta^{(r+1)}$로 가정한다. 즉,

$$\theta^{(r+1)} \quad \leftarrow \quad \arg\max_\theta Q(\theta|\theta^{(r)})$$

으로 표현할 수 있다. 이러한 과정을 θ가 특정한 값으로 수렴할 때까지 반복 수행한다. 보통 충분히 작은 ε에 대해

$$Q(\theta^{(r+1)}|\theta^{(r)}) - Q(\theta^{(r)}|\theta^{(r-1)}) \le \varepsilon, \qquad {}^\forall \varepsilon > 0$$

을 만족할 때까지 반복한다. 결국 EM 알고리즘의 기본원리는 직접적인 계산이 어려운 관측자료의 로그-가능도, $\ln f(X|\theta)$를 대신하여 완비자료에 대한 로그-가능도함수의 기댓값으로 최대가능도 추정치를 구하는 것이라 할 수 있다. 즉, $\ln f(X|\theta)$ 대신 계산이 수월한 완비자료의 로그-가능도함수의 기댓값, $Q(\theta|\theta^{(r)})$ 함수를 반복 수행함으로써 $\ln f(X|\theta)$를 최대로 하는 모수추정치를 얻을 수 있다.

14.3 응용: 혼합모형에서의 모수추정

이 절에서는 유한(finite) 혼합분포모형으로부터의 EM 알고리즘을 통한 모수추정을 소개한다.

(a) EM 알고리즘 이론

먼저 $X = \{x_1, \cdots, x_n\}$을 다음의 혼합분포로부터 독립적으로 관측된 자료라고 하자.

$$p(x|\theta) = \sum_{l=1}^{k} \alpha_l \, p_l(x|\theta_l). \tag{2}$$

여기서 θ는 모수집합으로 $\theta = \{\alpha_1, \cdots, \alpha_k, \theta_1, \cdots, \theta_k\}$이고, p_l은 모수가 $\theta_l(l = 1, \cdots, k)$인 l 번째 밀도함수를 나타내며, α_l은 각 단일분포의 혼합비율로 $\sum_{l=1}^{k} \alpha_l = 1$을 만족한다. 이러한 혼

합 분포의 로그-가능도함수는

$$\ln(L(\theta|X)) = \ln\prod_{i=1}^{n} p(x_i|\theta) = \sum_{i=1}^{n}\ln\left(\sum_{l=1}^{k}\alpha_l p_l(x_i|\theta_l)\right) \tag{3}$$

으로 합에 대한 로그 함수의 형태를 취하고 있어 이를 직접 최대화하기에는 계산상 어려움이 따른다. 이 경우, 앞서 제시한 EM 알고리즘을 이용하여 수치적으로 해결하는 것이 일반적이다.

먼저 관측자료 X를 불완비자료로, 관측되지 않은 $Z=\{z_1,\cdots,z_n\}$를 잠재자료라고 하자. 각 i에 대해 $z_i \in 1,\cdots,k$이고, i번째 표본이 h번째 분포로부터 생성되었다면 $z_i = h$이다. Z의 값을 이미 알고 있다면 관측자료의 로그-가능도함수는

$$\ln(L(\theta|X,Z)) = \ln(p(X,Z|\theta)) = \sum_{i=1}^{n}\ln(\alpha_{z_i} p_{z_i}(x_i|\theta_{z_i})) \tag{4}$$

으로 표현될 수 있으며 다양한 방법을 통해 모수추정치를 산출할 수 있다. 그러나 대부분의 경우 잠재 자료 Z의 값을 모르기 때문에 확률벡터로 간주하여 $Z|(X,\theta)$의 분포를 추정한 후 조건부기댓값(식 (1))의 최대화를 통해 모수를 추정하게 된다.

모수 $\theta^{(r)} = (\alpha_1^{(r)},\cdots,\alpha_k^{(r)},\theta_1^{(r)},\cdots,\theta_k^{(r)})$ 가 주어질 때,

$$p(z_i = h|x_i,\theta^{(r)}) = \frac{\alpha_h^{(r)} p_h(x_i|\theta_h^{(r)})}{p(x_i|\theta^{(r)})} = \frac{\alpha_h^{(r)} p_h(x_i|\theta_h^{(r)})}{\sum_{l=1}^{k}\alpha_l^{(r)} p_l(x_i|\theta_l^{(r)})}$$

이고, 따라서 $Z|(X,\theta)$의 분포는

$$p(z|x,\theta^{(r)}) = \prod_{i=1}^{n} p(z_i|x_i,\theta^{(r)})$$

이다.

따라서 완비가능도함수에 대한 조건부기댓값인 Q 함수는 다음의 식

$$\begin{aligned}
Q(\theta|\theta^{(r)}) &\equiv E_Z[\ln p(X,Z|\theta)|X,\theta^{(r)}] \\
&= \sum_{z}\ln p(x,z|\theta)\cdot p(z|x,\theta^{(r)}) \\
&= \sum_{l=1}^{k}\sum_{i=1}^{n}\ln(\alpha_l p_l(x_i|\theta_l))p(l|x_i,\theta^{(r)}) \\
&= \sum_{l=1}^{k}\sum_{i=1}^{n}\ln(\alpha_l)p(l|x_i,\theta^{(r)}) + \sum_{l=1}^{k}\sum_{i=1}^{n}\ln(p_l(x_i|\theta_l))p(l|x_i,\theta^{(r)})
\end{aligned} \tag{5}$$

으로 주어진다.

EM 알고리즘은 조건부기댓값인 식 (5)를 구하는 단계(E-단계)와 식 (5)의 Q 함수를 최대로 하는 모수 θ를 구하는 과정(M-단계)을 반복적으로 수행해 나감으로써 모수의 추정치를 개선해 나가는 일종의 반복 알고리즘이다. 이때, 반복횟수는 Q 함수의 최댓값의 변화가 충분히 작아질 때까지 수행한다.

위의 식 (5)의 최대화는 두 단계로 이루어진다. 즉, 식 (5)에서 α_l은 첫 번째 항에만 관련되며, θ_l은 두 번째 항에만 관련되어 있으므로 각 항의 최대화를 통해 α_l과 θ_l에 대한 개선된 추정치를 구할 수 있다.

(i) (α_l의 추정) 먼저 $\sum_l^k \alpha_l = 1$의 제약조건하에 혼합비율 α_l의 추정을 실시하자. 라그랑지 승수(Lagrange multiplier)를 λ로 하는 라그랑지 목적함수를 α_l로 미분하여 0으로 놓은 다음 방정식

$$\frac{\partial}{\partial \alpha_l}\left[\sum_{l=1}^{k}\sum_{i=1}^{n}\ln(\alpha_l)\,p(l|x_i,\theta^{(r)})+\lambda\left(\sum_{l=1}^{k}\alpha_l-1\right)\right]=0$$

또는

$$\sum_{i=1}^{n}\frac{1}{\alpha_l}p(l|x_i,\theta^{r})+\lambda=0 \tag{6}$$

의 해를 통해 식 (5)의 첫 번째 항을 최대화하는 모수추정치 $\hat{\alpha}_l$을 얻을 수 있다. 위의 식 (6)은

$$\alpha_l\lambda=-\sum_{i=1}^{n}p(l|x_i,\theta^{(r)})$$

으로 고쳐 쓸 수 있으며 양변에 모든 l에 대해 합을 취하면

$$\sum_{l=1}^{k}\alpha_l\lambda=-\sum_{i=1}^{n}\sum_{l=1}^{k}p(l|x_i,\theta^{(r)})$$

이 된다. 위 식은 $\sum_{l=1}^{k}\alpha_l=1$, $\sum_{l=1}^{k}p(l|x_i,\theta^{(r)})=1$이므로 $\lambda=-n$ 이 되어 α_l에 대한 추정치는 다음과 같이 계산된다.

$$\widehat{\alpha_l^{new}}=\frac{1}{n}\sum_{i=1}^{n}p(l|x_i,\theta^{(r)}). \tag{7}$$

(ii) (θ_l의 추정) 식 (5)의 두 번째 항의 최대화는 Newton-Raphson 방법 또는 Nelder-Mead 의 심플렉스 방법을 통해 구할 수 있다.

(b) 적용 예제

다음의 예를 통해 EM 알고리즘을 통한 혼합분포의 모수에 대한 최대가능도 추정 과정을 소개한다.

예제 1

미국 와이오밍주의 Old Faithful 간헐천에서 조사된 분출(eruption) 간에 대기 시간(waiting times)을 측정한 자료이다($n=272$). 이 자료에 대해 EM 알고리즘을 통해 혼합정규분포를 적합하고자 한다.

(a) 완비가능도함수

(i) 분석자료

```
> # 히스토그램
> data(faithful); attach(faithful)
> hist(waiting, main="Time between Old Faithful eruptions", xlab="Minutes", ylab="",
    cex.main=1.5, cex.lab=1.5, cex.axis=1.4)
```

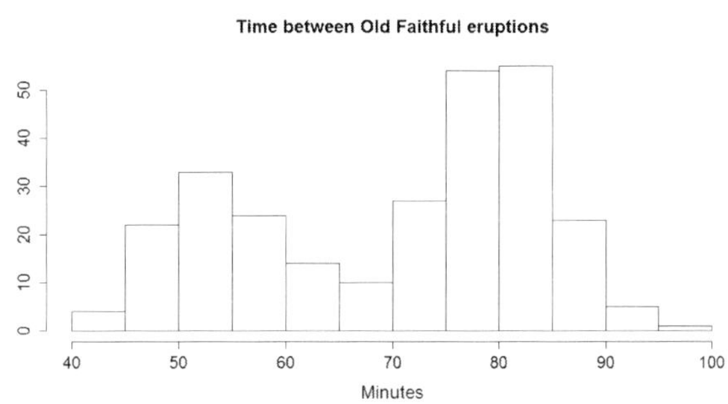

(ii) 적합모형: 위의 자료는 대기 시간이 짧고 긴 두 종류의 모집단 분포로부터의 자료가 혼합된 것으로 보인다. 따라서 두 개의 모정규분포의 혼합모형(혼합정규분포)으로 이 자료를 적합하기로 한다. 혼합정규분포의 확률밀도함수는 다음과 같이 표현된다.

$$f_X(x|\theta)=p\cdot\frac{1}{\sigma}\phi\left(\frac{x-\mu_1}{\sigma_1}\right)+(1-p)\cdot\frac{1}{\sigma}\phi\left(\frac{x-\mu_2}{\sigma_2}\right).$$

여기서 모수는 $\theta=(p,\mu_1,\mu_2,\sigma_1^2,\sigma_2^2)^T$이다.

(iii) 아이디어: 만약 각각의 관측값이 어느 그룹에 속하는지를 알고 있다면, 각 그룹에 정규분포를 쉽게 적합할 수 있다.

(iv) 결측자료: 각 자료의 소속 그룹을 나타내는 변수(Z_i)를 관측되지 않은 잠재변수(결측자료)라고 하자.

$$Z_i = \begin{cases} 1, & X_i \text{ 가 긴 대기 시간 그룹에 속함} \\ 0, & X_i \text{ 가 짧은 대기 시간 그룹에 속함.} \end{cases}$$

여기서 Z_i는 모수 p의 베르누이 분포를 가정한다. 즉, $Z_i \sim i.i.d.\ Bernoulli(p)$.

(v) 완비가능도함수:

$$L_n(\theta \mid X,Z) = \prod_{i=1}^{n} p^{Z_i}(1-p)^{1-Z_i} \cdot \frac{1}{\sigma_1^{Z_i}}\phi\left(\frac{X_i-\mu_1}{\sigma_1}\right)^{Z_i} \frac{1}{\sigma_2^{1-Z_i}}\phi\left(\frac{X_i-\mu_2}{\sigma_2}\right)^{1-Z_i}.$$

(vi) 로그-가능도함수:

$$\begin{aligned} l_n(\theta \mid X,Z) &= \sum_{i=1}^{n} Z_i \cdot \log(p) + \sum_{i=1}^{n}(1-Z_i) \cdot \log(1-p) \\ &\quad - \frac{1}{2}\sum_{i=1}^{n} Z_i \cdot \log(2\pi\sigma_1^2) - \frac{1}{2\sigma_1^2}\sum_{i=1}^{n} Z_i(X_i-\mu_1)^2 \\ &\quad - \frac{1}{2}\sum_{i=1}^{n}(1-Z_i) \cdot \log(2\pi\sigma_2^2) - \frac{1}{2\sigma_2^2}\sum_{i=1}^{n}(1-Z_i)(X_i-\mu_2)^2. \end{aligned}$$

(b) EM 알고리즘의 적용

[단계 1] (E-단계: 완비가능도함수의 조건부기댓값(Q 함수) 계산) $l_n(\theta \mid X,Z)$는 Z_i에 대해 선형이다. 완비로그-가능도함수의 조건부기댓값은 조건부평균 $E(Z_i \mid X_i, \theta^{(k)})$을 찾는 것으로 충분하다.

X가 주어질 때 Z의 조건부분포는

$$Z_i \mid X_i, \theta^{(k)} \sim Bernoulli(p_i^{(k)})$$

이다. 여기서

$$p_i^{(k)} = \frac{p^{(k)} \cdot \frac{1}{\sigma_1^{(k)}}\phi\left(\frac{X_i-\mu_1^{(k)}}{\sigma_1^{(k)}}\right)}{p^{(k)} \cdot \frac{1}{\sigma_1^{(k)}}\phi\left(\frac{X_i-\mu_1^{(k)}}{\sigma_1^{(k)}}\right) + (1-p^{(k)}) \cdot \frac{1}{\sigma_2^{(k)}}\phi\left(\frac{X_i-\mu_2^{(k)}}{\sigma_2^{(k)}}\right)}$$

이다. 따라서 조건부기댓값은

$$E(Z_i \mid X_i, \theta^{(k)}) = p_i^{(k)}$$

이 된다.

[단계 2] (M-단계: Q 함수를 최대화하는 모수값) Z_i에 $p_i^{(k)}$를 대입하여 다음의 목적함수 Q를 얻게 된다.

$$\begin{aligned} Q(\theta \mid \theta^{(k)}) &= \sum_{i=1}^{n} p_i^{(k)} \cdot \log(p) + \sum_{i=1}^{n} q_i^{(k)} \cdot \log(1-p) \\ &\quad - \frac{1}{2}\sum_{i=1}^{n} p_i^{(k)} \cdot \log(2\pi\sigma_1^2) - \frac{1}{2\sigma_1^2}\sum_{i=1}^{n} p_i^{(k)}(X_i - \mu_1)^2 \\ &\quad - \frac{1}{2}\sum_{i=1}^{n} q_i^{(k)} \cdot \log(2\pi\sigma_2^2) - \frac{1}{2\sigma_2^2}\sum_{i=1}^{n} q_i^{(k)}(X_i - \mu_2)^2. \end{aligned}$$

여기서 $q_i^{(k)} = 1 - p_i^{(k)}$이다. Q 함수를 최대화하는 모수추정치는 다음과 같이 주어진다(이 경우 Q 함수의 각 모수에 대한 일차미분식을 영으로 놓고 풀면 된다).

$$p^{(k+1)} = \frac{1}{n}\sum_{i=1}^{n} p_i^{(k)}, \quad \mu_1^{(k+1)} = \frac{\sum_{i=1}^{n} p_i^{(k)} X_i}{\sum_{i=1}^{n} p_i^{(k)}}, \quad \mu_2^{(k+1)} = \frac{\sum_{i=1}^{n} q_i^{(k)} X_i}{\sum_{i=1}^{n} q_i^{(k)}},$$

$$\sigma_1^{2(k+1)} = \frac{\sum_{i=1}^{n} p_i^{(k)} (X_i - \mu_1^{(k+1)})^2}{\sum_{i=1}^{n} p_i^{(k)}}, \quad \sigma_2^{2(k+1)} = \frac{\sum_{i=1}^{n} q_i^{(k)} (X_i - \mu_2^{(k+1)})^2}{\sum_{i=1}^{n} q_i^{(k)}}.$$

(c) R 프로그램

위의 EM 알고리즘을 수행하는 R 프로그램은 다음과 같다.

```
> em <- function(x,theta) {
          EZ <- theta[1]*dnorm(x,theta[2],sqrt(theta[4]))/
          (theta[1]*dnorm(x,theta[2],sqrt(theta[4])) +
          (1-theta[1])*dnorm(x,theta[3],sqrt(theta[5])))
        theta[1]<-mean(EZ)
        theta[2]<-sum(EZ*x)/sum(EZ)
        theta[3]<-sum((1-EZ)*x)/sum(1-EZ)
        theta[4]<-sum(EZ*(x-theta[2])^2)/sum(EZ)
        theta[5]<-sum((1-EZ)*(x-theta[3])^2)/sum(1-EZ)
        theta
          }
```

```
> iter <- function(x,theta,n){
            for(i in (1:n)) {
              theta<-em(x,theta)
              # cat(theta, "\n")
              theta
              }
            cat(theta)
            }

> options(digits=5)
> # data(faithful); attach(faithful)
> x <- waiting; theta <- c(0.4,50,80,25,25)
> iter(x,theta,30)
```

다음의 [표 14.1]은 위 프로그램의 수행 결과이다. 반복과정에서 모수의 추정치가 빠르게 수렴하는 것을 확인할 수 있다.

[표 14.1] EM 알고리즘의 반복 수행에 따른 모수추정 결과

반복(k)	$p^{(k)}$	$\mu_1^{(k)}$	$\mu_2^{(k)}$	$\sigma_1^{2(k)}$	$\sigma_2^{2(k)}$
0	0.4	50	80	25	25
1	0.34499	54.068	79.761	29.024	38.120
2	0.34993	54.264	79.851	31.191	37.381
3	0.35350	54.378	79.930	32.246	36.411
4	0.35597	54.456	79.984	32.948	35.724
5	0.35762	54.508	80.021	33.438	35.272
6	0.35873	54.544	80.045	33.776	34.979
7	0.35946	54.568	80.061	34.007	34.789
8	0.35995	54.584	80.071	34.163	34.665
9	0.36027	54.594	80.078	34.267	34.584
10	0.36048	54.601	80.082	34.336	34.531
11	0.36062	54.606	80.085	34.382	34.497
12	0.36071	54.609	80.087	34.413	34.474
13	0.36077	54.611	80.089	34.433	34.459
14	0.36081	54.612	80.089	34.446	34.449
15	0.36084	54.613	80.090	34.454	34.443
16	0.36085	54.614	80.090	34.460	34.438
17	0.36086	54.614	80.091	34.464	34.436
18	0.36087	54.614	80.091	34.466	34.434
19	0.36088	54.615	80.091	34.468	34.433
20	0.36088	54.615	80.091	34.469	34.432
30	0.36089	54.615	80.091	34.471	34.430

다음의 [예제 2]는 Old Faithful 자료에 대해 R 패키지 {mixtools}의 normalmixEM( ) 함수를 이용하여 혼합정규분포를 적합한다.

예제 2

([예제 1]의 계속) normalmixEM{mixtools} **함수를 이용하여 정규혼합분포를 적합한 결과는 다음과 같다.**

```
> library(mixtools)
> wait1 <- normalmixEM(waiting, lambda = .4, mu = c(50, 80), sigma = 5)
number of iterations= 10
> summary(wait1)
summary of normalmixEM object:
          comp 1    comp 2
lambda  0.360849  0.639151
mu     54.613616 80.090296
sigma   5.869093  5.869093
loglik at estimate:  -1034.002
```

(해석) [예제 1]의 결과와 거의 일치함을 알 수 있다.

적합된 정규혼합분포를 시각화하면 다음과 같다.

```
> plot(wait1, density=TRUE, cex.axis=1.4, cex.lab=1.4, cex.main=1.8,
      main2="Time between Old Faithful eruptions", xlab2="Minutes")
```

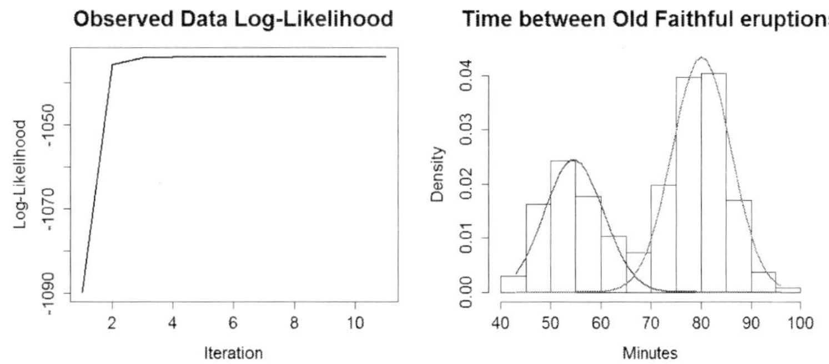

EM 알고리즘을 통해 모수를 추정하는 과정에서 반복횟수 2~3회만에 로그-가능도함수가 최댓값에 근사함을 알 수 있다.

15장

군집분석 II

15.1 서론

이 장에서는 군집분석을 수행하는 또 다른 방법으로 혼합분포군집과 밀도기반군집을 소개한다.

15.2 혼합분포군집

혼합분포군집(mixture distribution clustering)은 모형-기반(model-based)의 군집 방법으로 데이터가 k개의 모수적 모형(흔히 정규분포 또는 다변량 정규분포를 가정함)의 가중합으로 표현되는 모집단 모형으로부터 나왔다는 가정하에서 모수와 함께 가중치를 자료로부터 추정하는 방법을 사용한다. k개의 각 모형은 군집을 의미하며, 각 데이터는 추정된 k개의 모형 중 어느 모형으로부터 나왔을 확률이 높은지에 따라 군집의 분류가 이루어진다. 흔히 혼합모형에서의 모수와 가중치의 추정(최대가능도추정)에는 EM 알고리즘이 사용된다.

다음의 [그림 15.1]은 혼합분포모형을 통해 설명될 수 있는 데이터의 형태를 나타낸다. 그림 (a)는 자료의 분포형태가 다봉형(multi-modal)의 형태를 띠므로 단일분포로의 적합은 적절하지 않으며, 대략 3개 정도의 정규분포의 결합을 통해 설명될 수 있을 것으로 생각할 수 있다. 그림 (b)의 경우에도 여러 개의 이변량 정규분포의 결합을 통해 설명될 수 있을 것이다. 두 경우 모두 반드시 정규분포로 제한할 필요는 없다.

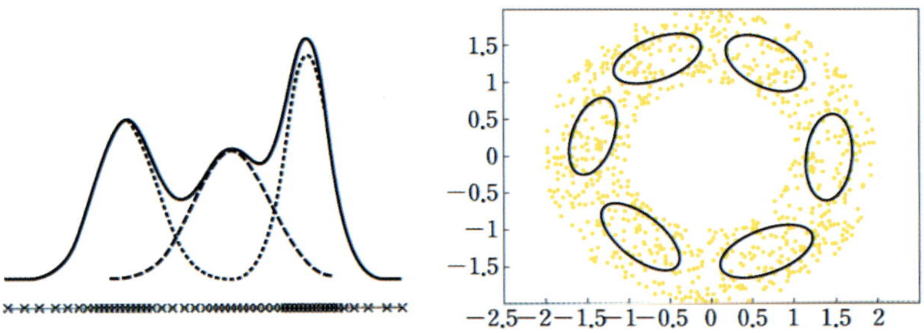

(a) 정규분포의 혼합모형 (b) 이변량 정규분포의 혼합모형

[그림 15.1] 혼합분포모형의 적용 예

실제의 자료분석에서 매우 복잡한 형태의 자료에 대해서도 충분한 개수의 정규분포를 고려하면 모집단 분포를 잘 근사해 낼 수 있다.

일반적으로 M개 분포(성분)의 가중합으로 표현되는 혼합모형(mixture model)은 다음과 같이 정의된다.

$$p(x|\theta) = \sum_{i=1}^{M} p(x|C_i, \theta_i) p(C_i).$$

위 식에서

- $p(x \mid C_i, \theta_i)$: 혼합 모델을 이루는 단일 확률밀도함수
- θ_i: i번째 분포의 모수벡터
- C_i: i번째 군집(클래스)
- $p(C_i)$: i번째 군집이 혼합모형에서 차지하는 중요도 또는 가중치(α_i)

이다.

이제 자료로부터 혼합모형의 모수를 추정하는 문제를 생각해 보자. 일반적으로 혼합분포에서의 모수추정은 단일분포의 경우와는 달리 가능도함수에 기초한 최대가능도추정이 쉽지 않다. 그 이유는 가능도함수(또는 로그-가능도함수)의 표현식이 복잡하여 미분을 통한 이론적 전개가 쉽지 않기 때문이다. 따라서 혼합분포에 대한 최대가능도추정을 위해 EM 알고리즘 등을 이용한다.

EM 알고리즘을 설명하면 다음과 같다. 편의상 모집단을 구성하는 각 집단의 분포는 정규분포를 따른다고 하자. 먼저, 다음의 [그림 15.2]에서와 같이 각 자료가 M개 중 어느 집단(클래스)으로부터 나온 것인지를 안다면 해당 모수의 추정이 어렵지 않을 것이다.

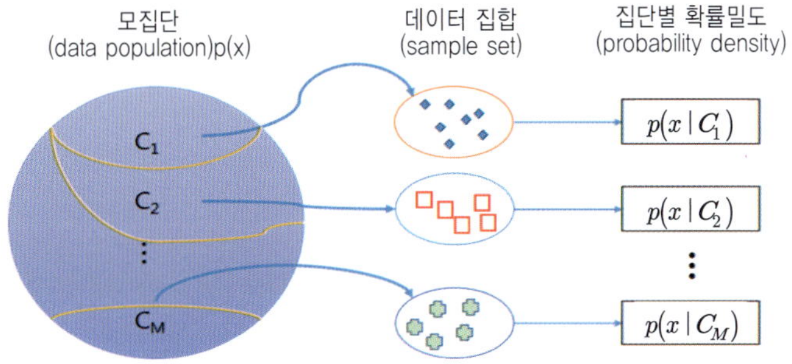

[그림 15.2] 자료의 소속 집단을 아는 경우

그러나 우리는 각 데이터가 어느 집단으로부터 나온 것인지를 모르므로, 이 정보만을 자료로부터 추정할 수 있다면 최대가능도추정의 문제는 쉽게 해결될 것이다. 따라서 각 자료가 어느 집단에 속하는지에 대한 정보를 가지는 잠재변수(latent variable)를 도입하자. 잠재변수를 Z라고 할 때, 모수에 대한 초깃값이 주어져 있다면(즉, 초기분포를 안다면) 각 자료가 어느 집단으로부터 나올 확률이 높은지에 대해 추정이 가능하다(E-단계). (만약 집단이 2개이고, 모든 자료에 대해 1집단에 속할 확률이 극단적으로 0 또는 1로만 추정되었다면, 이는 각 자료가 어느 집단에 속하는지를 아는 것과 마찬가지이므로 모수에 대한 추정이 쉽게 이루어진다.) 즉, 각 자료에 대해 Z의 조건부분포(어느 집단에 속할지에 대한)로부터 조건부기댓값을 구할 수 있다. 관측변수 X와 잠재변수 Z를 포함하는 (X, Z)에 대한 로그-가능도함수[이를 완비(augmented or complete) 로그-가능도함수라고 함]에 Z 대신 상수값 Z의 조건부기댓값을 대입하면, 로그-가능도함수를 최대로 하는 모수를 쉽게 찾을 수 있다(M-단계). 갱신된 모수추정치에 대해 위 과정을 반복한다면 수렴하는 값을 얻게 되고, 이는 최대가능도추정치로 사용될 수 있다.

즉, EM 알고리즘은 다음의 두 단계로 요약될 수 있으며, 수행 절차를 도식화하면 다음의 [그림 15.3]과 같다.

[E-단계] 잠재변수 Z의 조건부기댓값 계산
[M-단계] 가능도함수를 최대화하는 모수추정

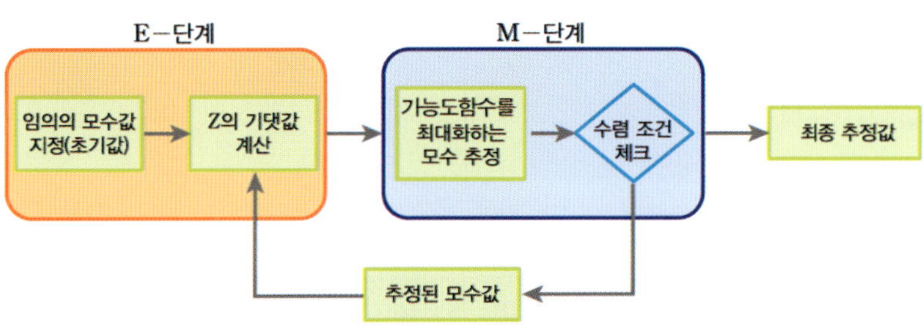

[그림 15.3] EM 알고리즘의 수행 절차

다음의 [그림 15.4]는 EM 알고리즘의 반복수행에 따른 모수의 추정과정을 보여 주는 예이다. 이 그림에서 L은 반복 횟수를 의미한다. 그림 (a)는 초기분포의 지정을 나타내며, 그림 (b)는 자료를 확률이 높은 분포(집단)로 할당한 것이다. 그림 (c)는 가능도함수를 가장 크게 해 주는 모수를 추정한 것이며, 그림 (d)~(f)는 자료의 재할당과 모수의 추정을 반복하는 과정을 나타낸다. 반복이 진행될수록 추정된 모수(분포)가 자료를 잘 적합하는 것을 확인할 수 있다.

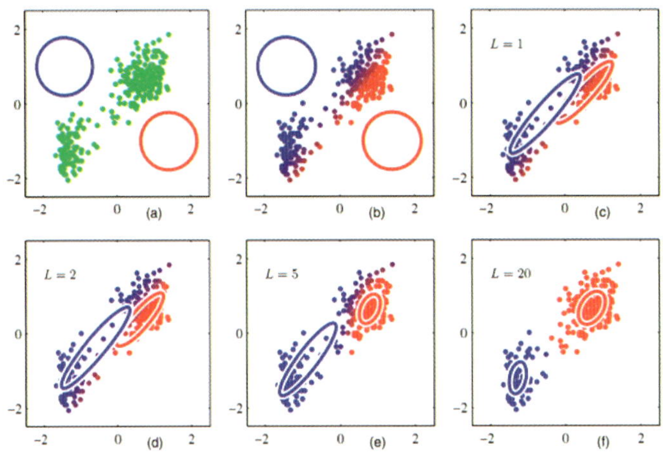

[그림 15.4] EM 알고리즘의 반복수행에 따른 모수의 추정과정

R에서 정규혼합분포의 추정과 군집화는 패키지 {mixtools}, {mclust}, {nor1mix}, {HDclassif}, {EMcluster} 등에서 가능하다.

다음의 [예제 1]은 R 패키지 {mixtools}의 normalmixEM() 함수를 통해 혼합분포군집을 수행한다.

예제 1

미국의 올드페이스풀 간헐천의 분출 간의 시간 자료(faithful)에 대해 정규혼합분포모형을 적합한다.

```
> library(mixtools)
> data(faithful)
> attach(faithful)
```

faithful 자료에 대한 히스토그램은 다음과 같다.

```
> hist(waiting, main="Time between Old Faithful eruptions", xlab="Minutes", ylab="",
cex.main=1.5, cex.lab=1.5, cex.axis=1.4)
```

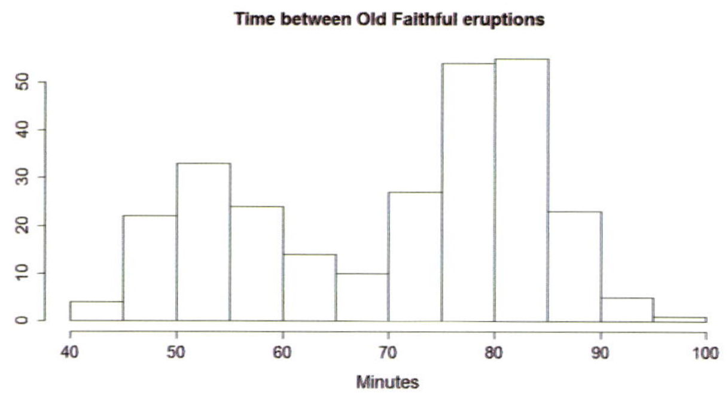

EM 알고리즘을 이용한 정규혼합분포의 추정결과는 다음과 같다.

```
> wait1 <- normalmixEM(waiting, lambda = .5, mu = c(55, 80), sigma = 5)
number of iterations= 9

> summary(wait1)
summary of normalmixEM object:
          comp 1   comp 2
lambda  0.36085  0.63915
mu     54.61364 80.09031
sigma   5.86909  5.86909
loglik at estimate:  -1034.002
```

추정된 정규혼합분포를 시각화하면 다음과 같다.

```
> plot(wait1, density=TRUE, cex.axis=1.4, cex.lab=1.4, cex.main=1.8,
      main2="Time between Old Faithful eruptions", xlab2="Minutes")
```

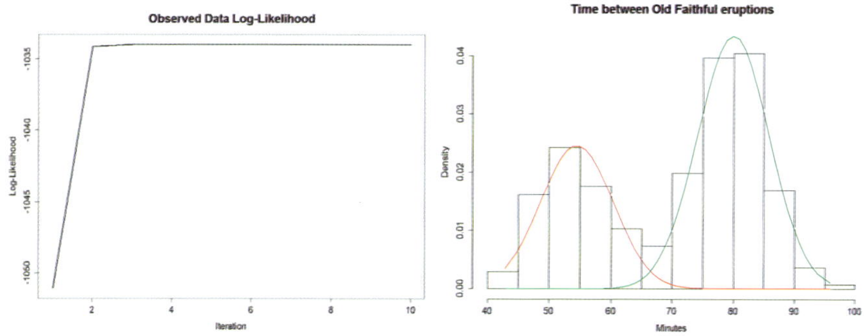

EM 알고리즘을 통해 모수를 추정하는 과정에서 반복횟수 2회만에 로그-가능도함수가 최대가 됨을 알 수 있다.

다음의 [예제 2]는 R 패키지 {mclust}의 Mclust( ) 함수를 통한 혼합분포군집을 수행한다.

예제 2

iris 자료에 대해 Mclust( ) 함수를 통해 군집분석을 수행하면 다음과 같다. 혼합분포의 모수추정치와 함께, 각 군집별 해당 자료에 대한 요약 결과를 제공한다.

```
> library(mclust)    # {Mclust}: model-based clustering

> mc <- Mclust(iris[,1:4], G = 3)
> summary(mc, parameters = TRUE)
----------------------------------------------------
Gaussian finite mixture model fitted by EM algorithm
----------------------------------------------------

Mclust VEV (ellipsoidal, equal shape) model with 3 components:

 log.likelihood   n df       BIC       ICL
      -186.0736 150 38 -562.5514 -566.4577

Clustering table:
 1  2  3
50 45 55

Mixing probabilities:
        1         2         3
0.3333333 0.3003844 0.3662823

Means:
              [,1]     [,2]     [,3]
Sepal.Length 5.006 5.914879 6.546670
Sepal.Width  3.428 2.777504 2.949495
Petal.Length 1.462 4.203758 5.481901
Petal.Width  0.246 1.298819 1.985322

Variances:
[,,1]
             Sepal.Length Sepal.Width Petal.Length Petal.Width
Sepal.Length   0.13322911  0.10940214  0.019196013 0.011587928
Sepal.Width    0.10940214  0.15497824  0.012098300 0.010011682
Petal.Length   0.01919601  0.01209830  0.028276976 0.005819438
Petal.Width    0.01158793  0.01001168  0.005819438 0.010693650
[,,2]
             Sepal.Length Sepal.Width Petal.Length Petal.Width
Sepal.Length   0.22561867  0.07613421   0.14679059  0.04331622
```

```
Sepal.Width     0.07613421  0.08020281  0.07370230  0.03435034
Petal.Length    0.14679059  0.07370230  0.16601076  0.04947014
Petal.Width     0.04331622  0.03435034  0.04947014  0.03335458
[,,3]
              Sepal.Length Sepal.Width Petal.Length Petal.Width
Sepal.Length    0.42946303  0.10788462  0.33465810  0.06547643
Sepal.Width     0.10788462  0.11602293  0.08918583  0.06141314
Petal.Length    0.33465810  0.08918583  0.36451484  0.08724485
Petal.Width     0.06547643  0.06141314  0.08724485  0.08671670
```

plot.Mclust( ) 함수는 다양한 방식으로 군집결과를 시각화한다.

```
> plot.Mclust(mc)
Model-based clustering plots:

1: BIC
2: classification
3: uncertainty
4: density
```

선택: 2

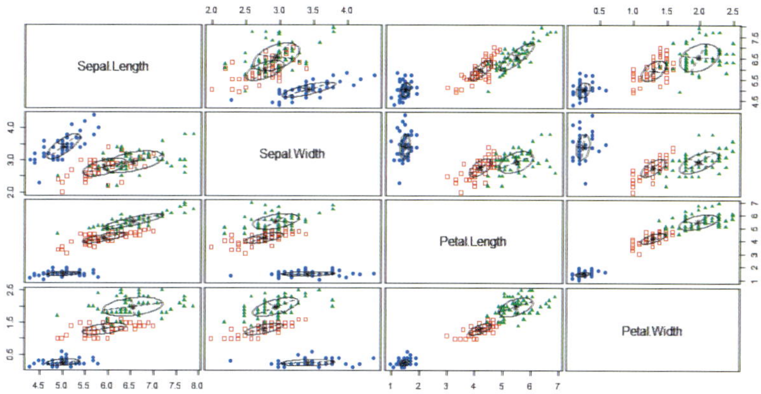

각 개체가 어느 그룹으로 분류되었는지는 다음을 통해 알 수 있다.

```
> str(mc)
> mc$classification
```

새로운 자료에 대한 분류는 predict( ) 함수를 이용한다.

```
> predict(mc, data= )
```

혼합분포군집의 특징은 다음과 같다. 혼합분포군집은 k-평균군집의 절차와 유사하나 확률분포를 도입하여 군집을 수행하는 모형-기반의 군집방법이다. 군집을 몇 개의 모수로 표현할 수 있으며, 서로 다른 크기나 모양의 군집을 찾을 수 있다. EM 알고리즘을 이용한 모수추정에서 데이터가 커지면 수렴하는 데 시간이 걸릴 수 있으며, 군집의 크기가 너무 작으면 추정의 정도가 떨어지거나 어려울 수 있다. k-평균군집과 마찬가지로 이상점 자료에 민감하므로 사전에 조치가 필요하다.

15.3* 밀도기반군집

밀도기반군집(density-based clustering)은 주변 밀도가 높은 각 데이터가 서로 가까이 위치하면 동일한 군집으로 묶이게 되는 방식을 사용한다. 보통 거리기반의 군집방법들은 보통 구형의 군집만을 찾기 때문에 임의의 형태의 군집을 찾는 데 어려움이 있으나, 밀도기반군집은 임의의 형태의 군집을 찾는 데 장점을 가진다.

DBSCAN(Density-Based Spatial Clustering of Applications with Noise)은 밀도기반군집의 대표적인 알고리즘이다. 이 방법은 잡음을 포함한 공간 데이터를 다루는 데 적합하며, 다음의 [그림 15.5]와 같이 어떤 특이한 형태의 군집을 찾는 데 유리하다.

[그림 15.5] 밀도기반군집의 활용 예: DBSCAN 알고리즘

DBSCAN은 두 개의 파라미터를 요구한다. ϵ(eps)과 조밀영역(dense region)을 구성하는 데 필요한 개체의 최소 수(minPts)를 요구한다. 이 알고리즘은 임의의 초깃값에서 출발한다. 이 점에서 ϵ-반경 내에 충분히 많은 점들이 포함되어 있으면 군집이 시작되며, 그렇지 않으면 잡음(noise)으로 간주된다.

알고리즘이 수행될 때 각 자료점은 먼저 코어점(core point), 경계점(border point), 잡음점(noise point)으로 나누어진다. 한 점의 ϵ-반경 내에 minPts보다 많은 개체가 포함되면 그 점을 코어점이라고 한다. 경계점은 ϵ-반경 내에 minPts와 동일한 개체를 포함하는 점이며, 잡음점은

ϵ–반경 내에 minPts보다 작은 수의 개체를 포함하는 점이다. 다음의 [그림 15.6]은 $\epsilon = 1$ 이고 minPts=4인 경우에 각 점을 나타낸 것이다.

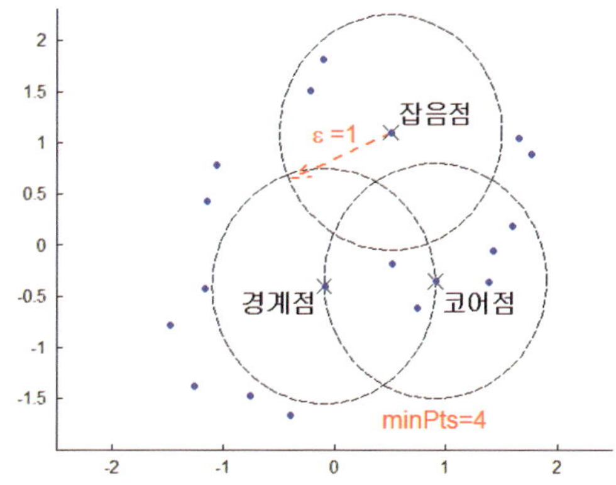

[그림 15.6] 코어점, 경계점, 잡음점

DBSCAN 알고리즘의 수행규칙은 다음의 [그림 15.7]과 같다. 그림 (a)에서와 같이 만약 점 p 로부터 ϵ–반경 내에 위치하는 점 q는 p로부터 직접 밀도-도달가능(directly density–reachable) 관계에 있다고 한다. 그림 (b)에서와 같이 p와 q 사이에 $p_1, p_2, \cdots, p_n$, $p_1 = p, p_n = q$ 점들의 체인(chain)이 있어 그들 간에 p_{i+1}이 p_i로부터 직접 밀도-도달가능 관계에 있다면, q는 p로부터 밀도-도달가능(density–reachable) 관계라고 한다. 그림 (c)에서와 같이 점 o가 있어 두 점 p, q가 모두 점 o로부터 밀도-도달가능 관계일 경우, 두 포인트 p와 q는 점 o에 의해 서로 밀도-연결된(density–connected) 관계라고 한다. 세 경우(그림 (a)~(c)) 모두에서 점 p, q가 (minPt 조건을 만족하는) 모두 코어점이면 동일한 군집에 포함시킨다. DBSCAN은 주어진 자료에 대해 밀도-연결된 군집이 완전히 발견될 때까지 계속한다.

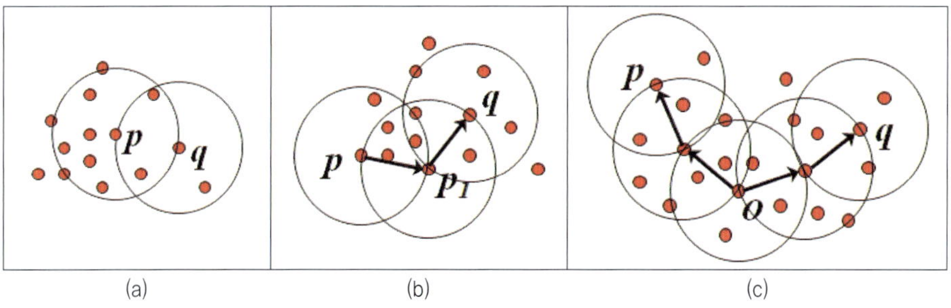

[그림 15.7] DBSCAN 알고리즘의 수행규칙

DBSCAN 알고리즘을 요약하면 다음과 같다. 이 알고리즘은 모든 코어점이 어느 한 군집에는 속하도록 군집을 형성한다.

[단계1] ϵ(eps)과 minPts를 설정하여 점들을 구분
[단계2] 잡음점을 군집에서 제외
[단계3] ϵ-반경 안에 있는 코어점들을 서로 연결
[단계4] 연결된 코어점들을 하나의 군집으로 형성
[단계5] 경계점은 관련된 코어점을 포함하는 군집 중 하나에 할당

다음의 [그림 15.8]은 DBSCAN 알고리즘에 따라 군집이 형성되는 과정을 보여 준다.

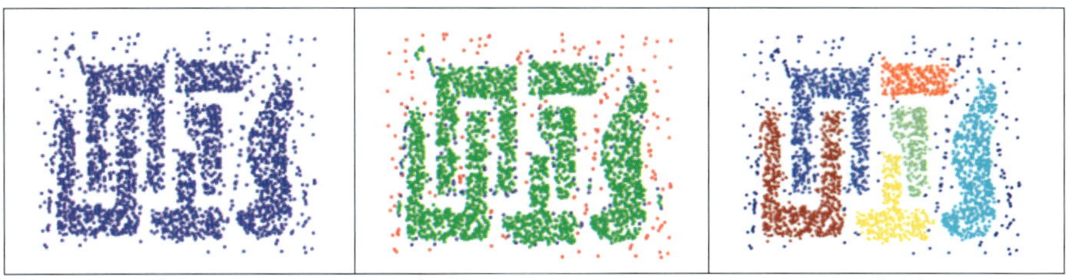

원자료　　점의 구분: Core, Border, Noise　　군집결과

[그림 15.8] DBSCAN 알고리즘의 군집 형성 과정

다음의 [예제 3]은 R 패키지 {fpc}의 dbscan() 함수를 통해 밀도기반군집을 수행한다.

예제 3

ruspini{cluster}는 4개의 그룹 내에 75개의 점으로 구성된 자료이다.

```
> data(ruspini)
> ruspini <- ruspini[sample(1:nrow(ruspini)),] # shuffle rows
> str(ruspini)
'data.frame':   75 obs. of  2 variables:
 $ x: int  117 5 47 31 4 22 78 55 34 64 ...
 $ y: int  115 63 149 60 53 74 16 155 141 30 ...

> plot(ruspini)   # ruspani 자료의 산점도
```

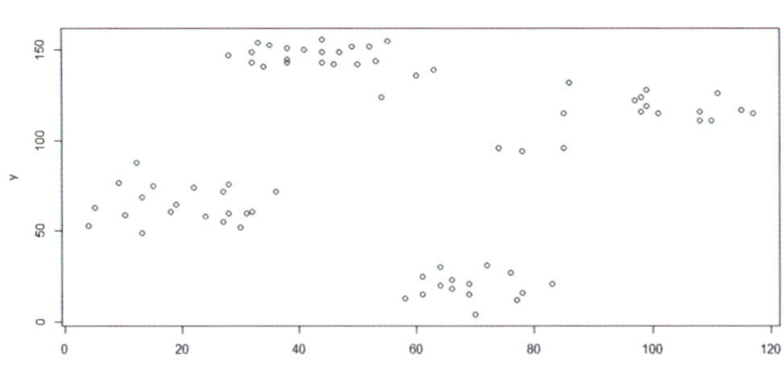

R 패키지 {fpc}의 dbscan( )은 밀도기반군집을 수행하는 함수이다. 연결가능성거리(reachability distance) 또는 ϵ-반경을 이용하여 군집화하며, 여기서 그 거리(eps 옵션)는 20으로 한다.

```
> library(fpc)
> ds <- dbscan(ruspini, eps=20)
> ds
dbscan Pts=75 MinPts=5 eps=20
       0  1  2  3  4    # 0은 어느 군집에도 속하지 못하는 점(이상치)으로 경계점 가운데 2개
border 2  0  0  1  0
seed   0 23 20 14 15    # seed 점(=core 점)의 수가 72개임
total  2 23 20 15 15

> str(ds)
List of 4
 $ cluster: num [1:75] 1 2 1 3 4 1 2 1 2 3 ...
 $ eps    : num 20
 $ MinPts : num 5
 $ isseed : logi [1:75] TRUE TRUE TRUE TRUE TRUE TRUE ...   # TRUE의 수=72(=seed 점의 수)
 - attr(*, "class")= chr "dbscan"

> plot(ruspini, col=ds$cluster+1)
```

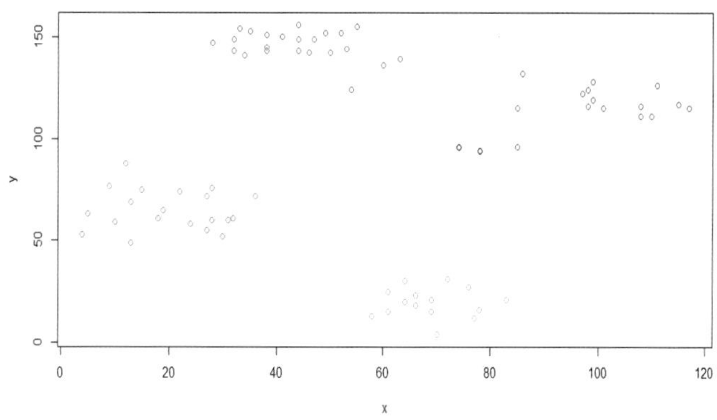

밀도기반군집의 결과로써 4개의 군집과 잡음점을 나타낸다. 잡음점은 4개의 군집 어디에도 속하지 않는 자료이다. 또한 잡음점은 ds$cluster의 값이 0으로 제공되므로, 이를 그래프에 나타내고자 할 때는 col=ds$cluster+1을 사용하면 된다.

예제 4

iris 자료에 대해 dbscan( ) 함수를 이용한 밀도기반군집을 수행하고, 새로운 자료에 대해 적용한다.

```
> library(fpc)  # flexible procedure for clustering
> iris2 <- iris[-5]
> ds <- dbscan(iris2, eps=0.42, MinPts=5)  # eps의 지정은 200쪽을 참고할 것
> # dbscan의 결과를 참 군집과 비교
> table(ds$cluster, iris$Species)
   setosa versicolor virginica
 0      2         10        17
 1     48          0         0
 2      0         37         0
 3      0          3        33

> plot(ds, iris2)
```

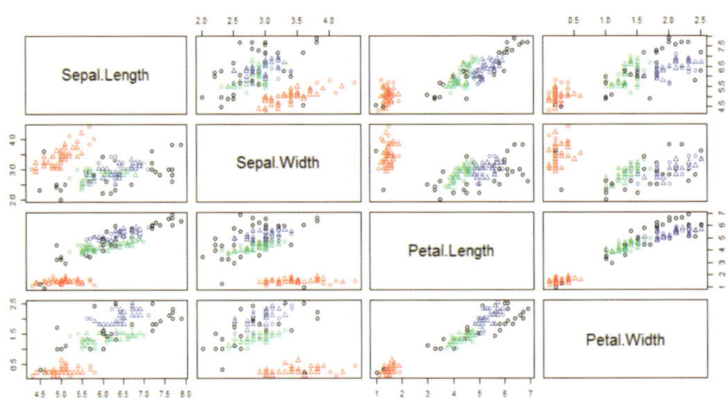

위 그림에서 검은색의 점은 어느 군집에도 속하지 않는 잡음점을 나타낸다. 아래 그림에서는 0이 이에 해당된다. 아래의 plotcluster( ) 함수는 {fpc}에서 제공한다.

```
> plotcluster(iris2, ds$cluster)
```

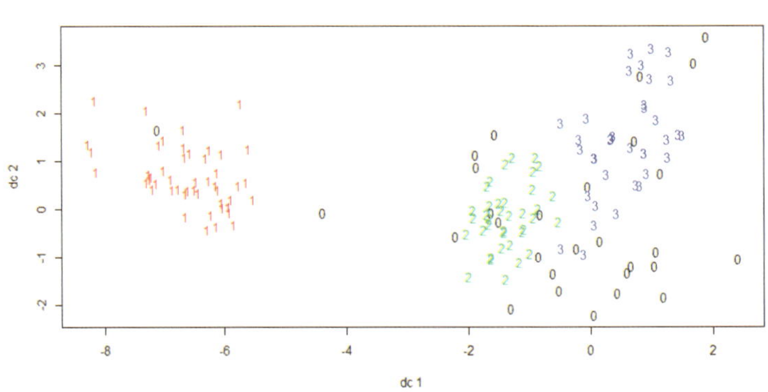

다음은 새로운 자료에 대해 위의 결과를 적용하는 과정이다.

먼저 검증용 자료를 생성한다. 원자료로부터 10개의 표본을 취하여, 균일분포로부터 발생된 약간의 잡음(noise)을 더하여 새로운 검증용 자료를 만든다.

```
> set.seed(1000)
> temp1.data <- sample(1:nrow(iris), 10)
> temp2.data <- iris[temp1.data, -5]
> test.data <- temp2.data+matrix(runif(10*4, min=0, max=0.4), nrow=10, ncol=4)
```

검증용 자료에 대해 구축된 모형을 적용하고, 그 결과를 시각화한다.

```
> test.out <- predict(ds, iris2, test.data)
> plot(iris2[c(1,4)], col=ds$cluster+1)
> points(test.data[c(1,4)], pch="*", col=test.out+1, cex=2)
```

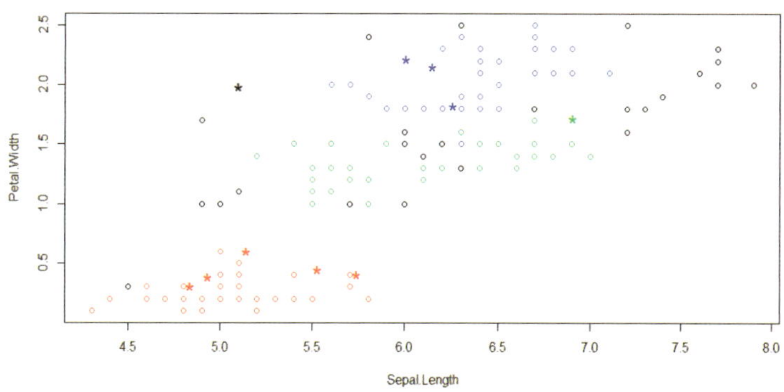

검증용 자료의 군집결과를 잡음이 배제된 원자료의 결과(Species)와 비교를 수행한다.

```
> table(test.out, iris$Species[temp.data])
test.out setosa versicolor virginica
       0      0          0         1
       1      5          0         0
       2      0          1         0
       3      0          1         2
```

다음의 [예제 5]는 밀도기반군집과 거리에 기반한 k-평균군집과의 차이를 잘 보여 준다.

예제 5

임의로 생성된 자료에 대해 dbscan( ) 함수를 적용한 예제이다. 비교를 위해 k-평균군집도 수행하였다.

먼저 자료를 다음의 절차에 따라 생성한다.

```
> set.seed(7979)
> get.sample <- function (n=1000, p=0.7) {
                  x1 <- rnorm(n)
                  y1 <- rnorm(n)
                  r2 <- 7+rnorm(n)
                  t2 <- runif(n,0,2*pi)
                  x2 <- r2*cos(t2)
                  y2 <- r2*sin(t2)
                  r <- runif(n)>p
                  x <- ifelse(r,x1,x2)
                  y <- ifelse(r,y1,y2)
                 d <- data.frame(x=x, y=y)
                 d
                 }
> test.sample1 <- get.sample()
> test.sample1 <- as.data.frame(test.sample1)
> colnames(test.sample1) <- c("x", "y")
```

자료에 대한 이해를 위해 시각화한다.

```
> plot(test.sample1)
> library(KernSmooth)
> r <- bkde2D(test.sample1, bandwidth=c(0.5,0.5))  # 2D binned kernel density estimate 계산
> persp(r$fhat, scale=T, expand=0.3, col="white", theta = 30, phi = 30)
```

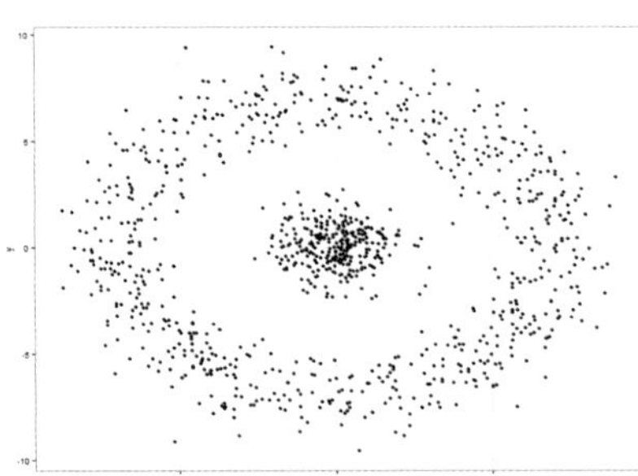

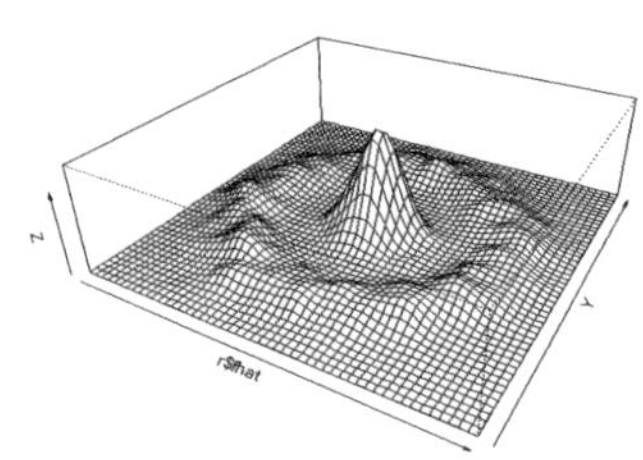

다음으로 dbscan( ) 함수를 이용하여 군집분석을 수행한다.

```
> library(fpc)
> test.dbscan1 <- dbscan(test.sample1, eps=0.8, MinPts=5)
> n <- max(test.dbscan1$cluster)  # n은 군집의 수
> dscenter <- as.data.frame(matrix(0, nrow=1, ncol=2))
> for (i in 1:n){
    dscenter[i,] <- colMeans(test.sample1[test.dbscan1$cluster == i,]) # 각 군집의 평균
  }

> plot(test.sample1, col=test.dbscan1$cluster+1)
```

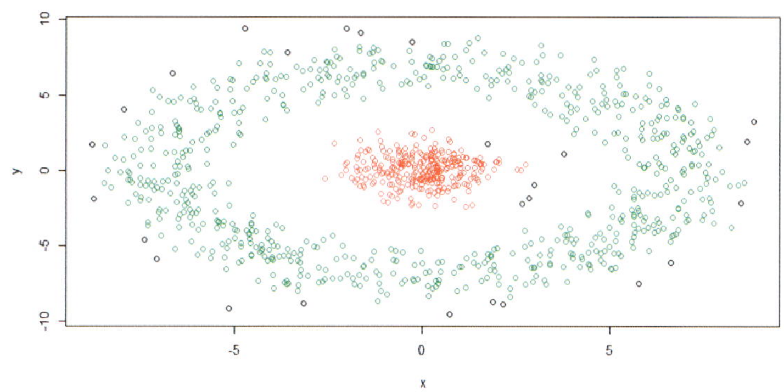

비교를 위해 k-평균군집(k=2)을 적용한 결과는 다음과 같다. 이 경우 k-평균군집은 효과적으로 군집을 형성하지 못함을 알 수 있다.

```
> test.kmeans1 <- kmeans(test.sample1, centers=2)
> plot(test.sample1, col=test.kmeans1$cluster+1)
```

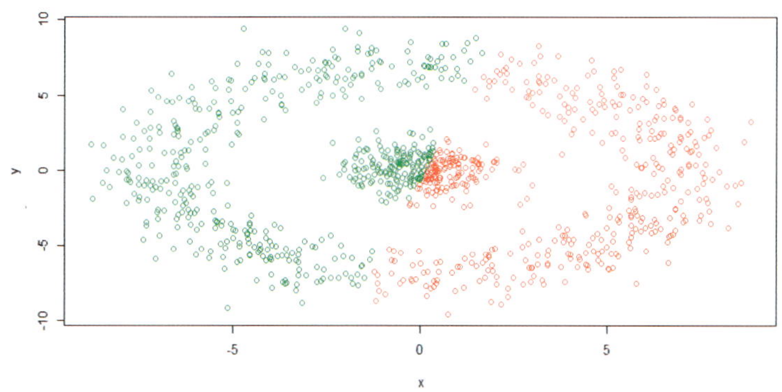

DBSCAN의 장, 단점은 다음과 같다. 장점으로는 k-평균군집과는 달리 군집의 수를 미리 정할 필요가 없으며, 임의의 형태를 가지는 군집을 찾을 수 있다. 잡음 자료에 대한 정보를 제공해 주며 이상치에 민감하게 반응하지 않는다. 또한 DBCSAN은 단 두 개의 파라미터만 요구하며, 데이터베이스에서 값들의 순서에는 민감하지 않다. 단점으로는 이 방법이 결정적(deterministic)이지 않다는 것이다. 즉, 경계점은 두 군집 모두에 속할 수 있다는 것이다. 그러나 이러한 경우는 자주 발생되지 않으며 군집결과에 작은 영향만을 미친다. 코어점과 잡음점에 대해서는 결정적이라고 할 수 있다. 고차원 자료의 경우 '차원의 저주(curse of dimensionality)'로 인해 거리측도가 무의미하거나, 이로 인해 적절한 반경(ϵ)을 찾기 어렵다. 모든 군집에 대해 적절한 minPt와 ϵ을 선택하기 어렵기 때문에 밀도의 차이가 매우 다른 군집을 형성할 수 없다.

참고 DBSCAN에서 최적의 eps(ϵ)을 결정하는 방법

(i) 모든 점에 대해 k-인접이웃과의 거리를 계산한다. 여기서 k는 인접이웃의 수로 minPoints를 사용한다.

(ii) k-거리(k-번째 인접이웃과의 거리)들을 오름차순으로 정렬한 그림에서 경사가 급해지는 값('knee')을 최적의 eps로 결정한다.

R에서 kNNdistplot{dbscan} 함수를 이용할 수 있다. 예를 들어, [예제 4]에 대해 적용한 결과는 다음과 같다. 예제에서 사용된 eps=0.42(점선)가 'knee'에 근사한 값임을 알 수 있다.

```
> dbscan::kNNdistplot(iris2, k=5)
> abline(h=0.42, lty=2)
```

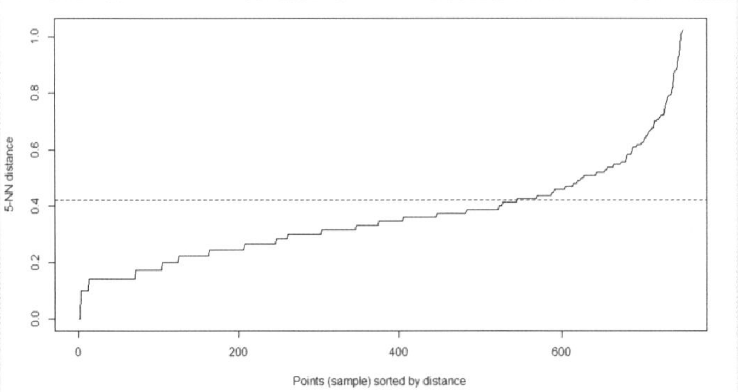

4부

주요 알고리즘

16장* PageRank 알고리즘

16.1 서론

PageRank는 구글 검색(Google Search)에서 사용되는 방법으로, 그들의 검색엔진 결과에서 웹사이트의 순위(중요도)를 매기는 알고리즘이다. 1990년도 후반에 개발된 이 방법은 당시 Yahoo, Altavista에서 사용하던 디렉토리 기반의 알고리즘(문서의 중요도는 무시하고 단순 나열식으로 제시)과는 차별화되는 방법으로, 이에 기반한 검색 기술을 바탕으로 구글 사가 설립되었다. PageRank는 구글의 창업자 가운데 한 사람인 Larry Page에 기인한다.

16.2 기초 개념

PageRank 알고리즘의 핵심 아이디어는 다음과 같이 요약된다. "i) 다른 페이지로부터 많은 입력 연결(incoming link)을 가지는 페이지는 순위(중요도)가 높아지고, ii) 높은 순위의 페이지가 인용(연결)하는 페이지의 순위도 같이 높아지며, iii) 출력 연결(outcoming link)이 많은 페이지로부터의 입력 연결을 가지는 페이지의 순위는 출력 연결의 수에 비례해서 낮아진다"는 것이다. 다음의 [그림 16.1]은 PageRank 알고리즘이 적용된 하나의 결과를 보여 준다.

[그림 16.1]에서 숫자는 페이지의 중요도를 나타내는 PageRank를 의미하며, 전체 페이지의 PageRank의 합은 1이 된다. 페이지 C의 경우 가장 중요한 페이지인 B에서 인용하므로, (입력 연결이 훨씬 많은) 페이지 E보다 순위가 높게 나타남을 알 수 있다.

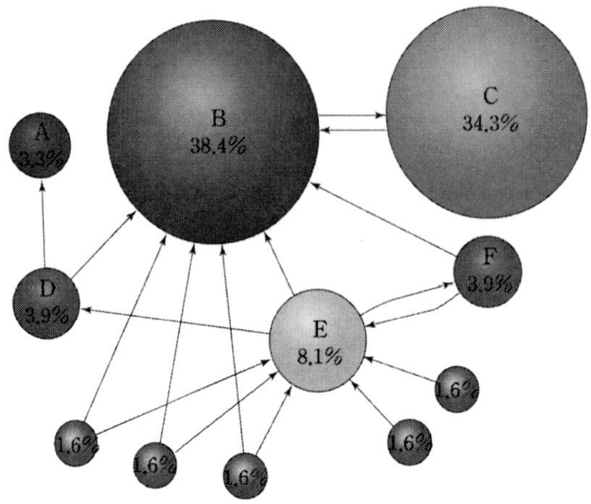

[그림 16.1] PageRank 알고리즘이 적용된 예제

가령 이 세상의 모든 웹페이지에 대해 PageRank가 구해져 있다면, 누군가가 검색어를 입력하는 순간, 그 검색어를 포함하는 페이지를 순위에 따라 배열하기만 하면 그만이다. 물론 이론적으로 간단하다고 해서 구현이 간단한 것은 아니다. 다루어질 웹페이지의 수가 엄청나게 큰 경우에는 MapReduce 등의 분산병렬처리를 위한 빅데이터 기술이 요구된다.

위 그림에서의 PageRank를 계산하는 과정은 다음 절에서 소개한다.

16.3 PageRank 알고리즘

PageRank 알고리즘의 원리를 이해하기 위해 다음의 예를 통해 설명하기로 한다. 다음의 [그림 16.2]는 6개의 웹페이지와 그들 간의 네트워크를 나타낸다. 그림에서 화살표는 웹페이지 간의 연결을 나타낸다. 예를 들어, 웹페이지 A는 웹페이지 B와 D로의 연결을 가진다. 이들 연결과 이들이 가지는 다소 간의 숨겨진 정보는 PageRank 알고리즘의 가장 중요한 부분이다.

PageRank에 앞서 많은 사람들은 이들 연결 정보를 어떻게 검색에 활용할지에 대해 고민해 왔다. 기본적으로 웹페이지로 들어오는 연결(incoming links)의 수가 많을수록 중요한 페이지로 생각할 수 있다. 이 기준을 위 그림에 적용하면 웹페이지의 중요도(순위)는 A 〉 (C, D) 〉 B 〉 (E, F)이 될 것이다. 이 방법은 그럴 듯해 보이지만, 흥미로운 사실을 놓치고 있다. 즉, (웹)페이지 A로 들어오는 연결이 많으므로 A가 중요한 것은 명백하지만, 이 페이지가 중요하므로 이 페이지로부터 직접 연결되는 페이지는 네트워크의 다른 연결들보다 더 중요하게 취급되어야 한다는 것이며, 이 사실을 고려한 것이 바로 PageRank 알고리즘이라고 할 수 있다.

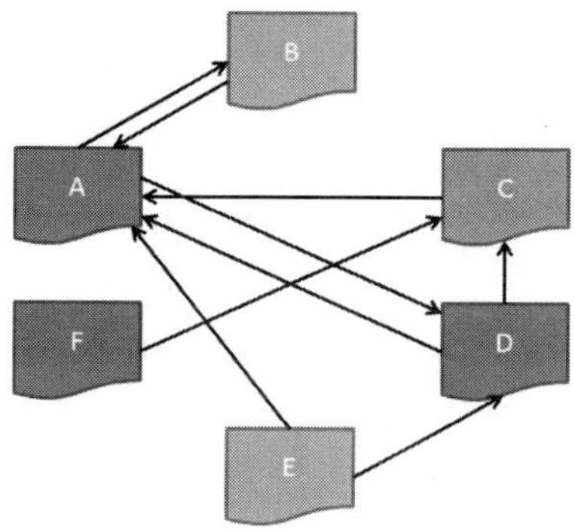

[그림 16.2] 웹페이지 간의 네트워크

위 그림에서의 웹-서핑을 생각해 보자. 임의로 웹페이지를 선택하고 내용을 읽은 후, 연결된 웹페이지로 이동하는 과정을 반복해 나가되(연결 클릭 과정), 지루해지는 순간에는 임의로 새로운 웹페이지를 선택(랜덤 점핑 과정)한 뒤 다시 이 과정을 반복한다고 하자. 이러한 임의의 웹-서핑 과정에서 우리는 단계마다 모든 웹페이지 각각에 도달할 확률을 계산해 낼 수 있다. 그 과정은 다음의 절차로 수행된다.

[단계 1] 웹페이지의 연결 관계를 행렬로 나타낸다.

웹페이지 연결 행렬

다른 페이지와 링크를 가지는 페이지 \ 다른 페이지의 링크에서 언급되는 페이지	A	B	C	D	E	F
A	0	1	0	1	0	0
B	1	0	0	0	0	0
C	1	0	0	0	0	0
D	1	0	1	0	0	0
E	1	0	0	1	0	0
F	0	0	1	0	0	0

위의 그림에서 웹페이지가 한곳의 연결만 가진다면 해당 웹페이지가 선택될 확률은 100%이다. 만약 2개 또는 그 이상의 연결을 가진다면 특정 웹페이지가 선택될 확률은 연결 수에 비례하여 줄어들 것이다. 위 행렬을 이들 확률로 변경하여 다음의 전이행렬을 만든다.

[단계 2] 전이행렬(transition matrix)을 구한다.

전이 행렬

다른 페이지의 링크에서 언급되는 페이지 (열) / 다른 페이지와 링크를 가지는 페이지 (행)

	A	B	C	D	E	F
A	**0**	**1/2**	**0**	**1/2**	**0**	**0**
B	**1**	**0**	**0**	**0**	**0**	**0**
C	**1**	**0**	**0**	**0**	**0**	**0**
D	**1/2**	**0**	**1/2**	**0**	**0**	**0**
E	**1/2**	**0**	**0**	**1/2**	**0**	**0**
F	**0**	**0**	**1**	**0**	**0**	**0**

위의 행렬(이하, M 행렬)은 랜덤 웹-서핑의 두 단계(연결 클릭, 랜덤 점핑) 가운데 연결 클릭의 계산에 유용하다. 예를 들어, $t=0$ 시점에서 웹페이지가 임의로 선택된다고 할 때, 다음 클릭($t=1$ 시점)에서 특정 웹페이지(A)에 도달할 확률은 다음과 같다.

전이 행렬의 열로부터 취한 값

$$p_{next-click}(A) = 0\left(\frac{1}{6}\right)+1\left(\frac{1}{6}\right)+1\left(\frac{1}{6}\right)+\left(\frac{1}{2}\right)\left(\frac{1}{6}\right)+\left(\frac{1}{2}\right)\left(\frac{1}{6}\right)+0\left(\frac{1}{6}\right).$$

특정 페이지에서 시작할 확률은 동일함

위의 식을 일반화하면 다음과 같다. 즉, $t+1$ 시점에서 페이지 d_j에 연결될 확률은 다음 식을 통해 구해진다.

$$p_{t+1}(d_j) = \sum_{i=1}^{N} M_{ij} p_t(d_i).$$

$t=1$ 시점에서 각 페이지에 도달할 확률을 계산하면 다음의 [표 16.1]과 같다.

[표 16.1] 시점 $t = 1$에서 각 페이지에 도달할 확률

t	p(A)	p(B)	p(C)	p(D)	p(E)	p(F)
0	0.166667	0.166667	0.166667	0.166667	0.166667	0.166667
1	0.5	0.083333	0.25	0.166667	0	0

위의 결과로부터 한 번의 클릭으로 E 또는 F에 도달할 확률은 영(zero)임을 알 수 있다. PageRank 알고리즘은 이 과정을 반복하여 모든 웹페이지들의 순위를 얻게 된다. $t = 2$ 시점에서 A에 도달할 확률은 다음과 같이 계산된다.

$$p_{t=2}(A) = 0(0.5) + 1(0.8\dot{3}) + 1(0.25) + \left(\frac{1}{2}\right)(0.1\dot{6}) + \left(\frac{1}{2}\right)(0) + 0(0) = 0.41\dot{6}.$$

위 식의 성분은 전과 마찬가지로 (전이행렬 M의 원소)×($t = 1$ 시점에서의 확률)임을 알 수 있다. 이 과정을 수렴할 때($t = 20$ 시점)까지 반복한 결과는 다음의 [표 16.2]와 같다.

[표 16.2] 시점 t에서 각 페이지에 도달할 확률

t	p(A)	p(B)	p(C)	p(D)	p(E)	p(F)
0	0.166667	0.166667	0.166667	0.166667	0.166667	0.166667
1	0.5	0.083333	0.25	0.166667	0	0
2	0.416667	0.25	0.083333	0.25	0	0
3	0.458333	0.208333	0.125	0.208333	0	0
4	0.437500	0.229167	0.104167	0.229167	0	0
5	0.447917	0.218750	0.114583	0.218750	0	0
6	0.442708	0.223958	0.109375	0.223958	0	0
7	0.445313	0.221354	0.111979	0.221354	0	0
8	0.444010	0.222656	0.110677	0.222656	0	0
9	0.444661	0.222005	0.111328	0.222005	0	0
10	0.444336	0.222331	0.111003	0.222331	0	0
11	0.444499	0.222168	0.111165	0.222168	0	0
12	0.444417	0.222249	0.111084	0.222249	0	0
13	0.444458	0.222209	0.111125	0.222209	0	0
14	0.444438	0.222229	0.111104	0.222229	0	0
15	0.444448	0.222219	0.111115	0.222219	0	0
16	0.444443	0.222224	0.111109	0.222224	0	0
17	0.444445	0.222221	0.111112	0.222221	0	0
18	0.444444	0.222223	0.111111	0.222223	0	0
19	0.444445	0.222222	0.111111	0.222222	0	0
20	0.444445	0.222222	0.111111	0.222222	0	0

위의 결과에 의하면 웹페이지의 중요도는 A 〉 (B, D) 〉 C 〉 (E, F)의 순으로 앞서 소개한 결과와 다소 차이가 있음을 알 수 있다. 특히 B가 더 상위로 바뀐 것은 중요도가 큰 A와 연결되어 있기 때문이라고 할 수 있다.

지금까지의 내용은 '연결 클릭'에 대한 계산 과정이다. PageRank 알고리즘은 여기에 '랜덤 점핑'의 과정을 더함으로써 완성된다. 이 과정을 수행하기 위해서는 서핑 과정의 어느 시점에서든 싫증을 느끼고 다른 페이지로 임의로 이동할 확률(이를 α라고 함)을 지정해 주어야 한다.

$t+1$ 시점에서 페이지 d_j에 연결될 확률을 '랜덤 점핑'을 고려하여 구한 식은 다음과 같이 주어진다.

$$p_{t+1}(d_j)=\sum_{i=1}^{N} M_{ij} p_t(d_j).$$

랜덤 점핑으로 페이지에 도달할 확률

$$p_{t+1}(d_j)=(1-\alpha)\sum_{i=1}^{N}\left[M_{ij} p_t(d_j)\right]+\alpha\sum_{i=1}^{N}\left[\frac{1}{N} p_t(d_i)\right]$$

위 식에서 두 번째 항의 $\sum$은 페이지 d_i에서 랜덤 점핑으로 페이지 d_j에 도달할 확률을 모두 더한 값이다.

위 식을 이용하여 $t=1$ 시점에서 각 웹페이지에 도달할 확률을 계산하면 다음과 같다([표 16.3]).

$$p_{t=1}(A)=(1-\alpha)(0.5)+\alpha\left[\frac{1}{N}p_{t=0}(A)+\frac{1}{N}p_{t=0}(B)+\frac{1}{N}p_{t=0}(C)+\frac{1}{N}p_{t=0}(D)+\frac{1}{N}p_{t=0}(E)+\frac{1}{N}p_{t=0}(F)\right].$$

$$p_{t=1}(A)=(1-0.15)(0.5)+0.15\left[\frac{1}{6}\left(\frac{1}{6}\right)+\frac{1}{6}\left(\frac{1}{6}\right)+\frac{1}{6}\left(\frac{1}{6}\right)+\frac{1}{6}\left(\frac{1}{6}\right)+\frac{1}{6}\left(\frac{1}{6}\right)+\frac{1}{6}\left(\frac{1}{6}\right)\right].$$

$$p_{t=1}(A)=(0.85)(0.5)+0.15\left(\frac{1}{6}\right)=0.45.$$

[표 16.3] 시점 $t=1$에서 각 페이지에 도달할 확률(랜덤 점핑을 고려한 결과)

t	p(A)	p(B)	p(C)	p(D)	p(E)	p(F)
0	0.166667	0.166667	0.166667	0.166667	0.166667	0.166667
1	0.45	0.095833	0.2375	0.166667	0.025	0.025

같은 방법으로 $t=2$ 시점에서의 확률을 수렴할 때까지 계산하면 다음과 같다. 여기서 수렴은 행들 간의 절대거리의 합(δ)이 기준 이하가 되는 경우를 말한다.

$$p_{t=2}(A) = (1-\alpha)\sum_{i=1}^{N}\left[M_{iA}\,p_{t=1}(d_i)\right] + \alpha\sum_{i=1}^{N}\left[\frac{1}{N}p_{t=1}(d_i)\right].$$

$$\begin{aligned} p_{t=2}(A) = {} & (0.85)\left[0(0.45)+1(0.0958\dot{3})+1(0.2375)+0.5(0.1\dot{6})+0.5(0.025)+0(0.025)\right] \\ & +(0.15)\left[\frac{1}{6}(0.45)+\frac{1}{6}(0.0958\dot{3})+\frac{1}{6}(0.2375)+\frac{1}{6}(0.1\dot{6})+\frac{1}{6}(0.025)+\frac{1}{6}(0.025)\right]. \end{aligned}$$

$$p_{t=2}(A) = (0.85)(0.429167)+0.15\left(\frac{1}{6}\right) = 0.389792.$$

이 과정을 수렴할 때($t=20$ 시점)까지 반복한 결과는 다음의 [표 16.4]와 같다.

[표 16.4] 시점 t에서 각 페이지에 도달할 확률(랜덤 점핑을 고려한 결과)

t	p(A)	p(B)	p(C)	p(D)	p(E)	p(F)	δ
0	0.166667	0.166667	0.166667	0.166667	0.166667	0.166667	
1	0.45	0.095833	0.2375	0.166667	0.025	0.025	0.708333
2	0.389792	0.216250	0.117083	0.226875	0.025	0.025	0.361250
3	0.415380	0.190661	0.142672	0.201286	0.025	0.025	0.102354
4	0.404505	0.201537	0.131797	0.212162	0.025	0.025	0.043501
5	0.409127	0.196915	0.136419	0.207540	0.025	0.025	0.018488
6	0.407163	0.198879	0.134454	0.209504	0.025	0.025	0.007857
7	0.407998	0.198044	0.135289	0.208669	0.025	0.025	0.003339
8	0.407643	0.198399	0.134934	0.209024	0.025	0.025	0.001419
9	0.407794	0.198248	0.135085	0.208873	0.025	0.025	0.000603
10	0.407729	0.198312	0.135021	0.208937	0.025	0.025	0.000256
11	0.407757	0.198285	0.135048	0.208910	0.025	0.025	0.000109
12	0.407745	0.198297	0.135037	0.208922	0.025	0.025	4.63E-05
13	0.407750	0.198292	0.135042	0.208917	0.025	0.025	1.97E-05
14	0.407748	0.198294	0.13504	0.208919	0.025	0.025	8.36E-06
15	0.407749	0.198293	0.13504	0.208918	0.025	0.025	3.55E-06
16	0.407748	0.198293	0.13504	0.208918	0.025	0.025	1.51E-06
17	0.407749	0.198293	0.13504	0.208918	0.025	0.025	6.42E-07
18	0.407749	0.198293	0.13504	0.208918	0.025	0.025	2.73E-07
19	0.407749	0.198293	0.13504	0.208918	0.025	0.025	1.16E-07

PageRank 알고리즘의 수학적 표현

위의 반복과정을 웹페이지의 크기가 매우 큰 실제의 문제에 적용하는 것은 불가능하다. 실제 PageRank 알고리즘의 수행은 다음의 과정을 통해(행렬연산의 반복수행을 통해) 매우 빠르게 수행된다.

$$p_{t+1}(d_j)=(1-\alpha)\sum_{i=1}^{N}\left[M_{ij}p_t(d_i)\right]+\alpha\sum_{i=1}^{N}\left[\frac{1}{N}p_t(d_i)\right].$$

$$p_{t+1}(d_j)=\sum_{i=1}^{N}\left[\frac{1}{N}\alpha+(1-\alpha)M_{ij}\right]p_t(d_i).$$

$$Assume\ I=\begin{bmatrix} I/N\cdots 1/N \\ \vdots \quad \ddots \quad \vdots \\ 1/N\cdots 1/N \end{bmatrix}.$$

시점 $t+1$에서 확률 벡터

행렬 연산에 필요한 전치

$$\vec{p}_{t+1}=(\alpha I+(1-\alpha)M)^{T}p_t.$$

시점 t에서 확률 벡터

[참고] 다음의 [그림 16.3]은 [그림 16.2]에서 (F → C)만 (C → F)로 바꾼 것이다. 이 그림의 페이지 F와 같이 어떤 페이지로도 나가지 않는 페이지가 존재할 경우에는 문제가 된다. 만약 F에 도달하게 되면, 다른 페이지로 이동할 수가 없으므로 알고리즘이 중단하게 된다. 이 경우에는 '랜덤 점핑'이 작동하도록 알고리즘을 보완하여 사용한다. 즉, 이 경우에는 α를 1로 놓고 알고리즘을 계속 작동시킨다.

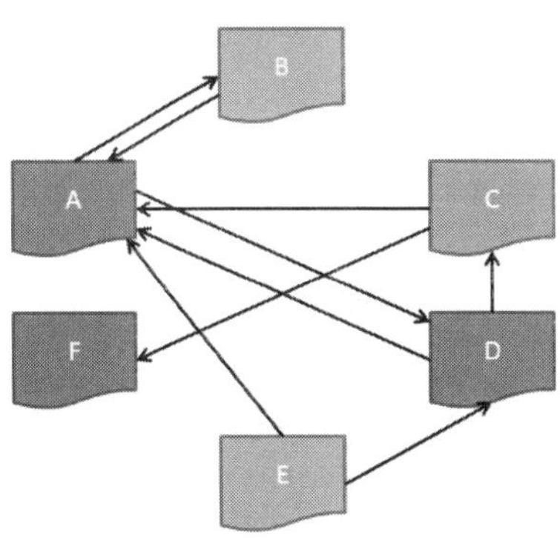

[그림 16.3] 웹페이지 간의 네트워크

PageRank 알고리즘은 네트워크 구조를 가지는 모든 자료에 적용될 수 있다. 대표적인 응용으로는 문서 검색(text retrieval)을 들 수 있다.

R의 page.rank{igraph} 함수는 PageRank 알고리즘을 수행한다. 이를 활용한 분석 예제는 다음과 같다.

예제 1

R 패키지 간의 의존구조를 파악한다.

R의 {miniCRAN} 패키지는 선택된 패키지들만을 포함하는 CRAN의 미니 버전을 만들어 준다. pkgDep {miniCRAN} 함수는 패키지의 모든 종속성을 가져오는 마법 함수이다. 패키지들 간에는 다음의 3가지 종류의 종속성이 있다.

- 수입(imports): 가장 중요한 종속성으로, 처음에 설치하는 데 필요한 재귀 종속성(recursive dependencies)을 가진 완전한 패키지임
- 제안(suggests): 종속성이 몇 가지 기능으로 제한되므로 재귀적 권한이 필요하지 않음
- 증대(enhances): 현재 패키지가 다른 패키지에 무언가를 추가하고 재귀적 종속성이 필요하지 않음

```
> ## 패키지의 의존성 구조 파악
> library(miniCRAN)
> library(igraph)
> pkgs <- "ggplot2"
> pkgDep(pkgs, suggests=FALSE, enhances=FALSE, includeBasePkgs = TRUE)
 [1] "ggplot2"      "digest"       "grid"         "gtable"       "MASS"
 [6] "plyr"         "reshape2"     "scales"       "stats"        "tibble"
[11] "lazyeval"     "grDevices"    "graphics"     "utils"        "methods"
[16] "Rcpp"         "stringr"      "RColorBrewer" "dichromat"    "munsell"
[21] "labeling"     "assertthat"   "colorspace"   "stringi"      "magrittr"
[26] "tools"

> pkgDep(pkgs, suggests=TRUE, enhances=FALSE, includeBasePkgs = TRUE)
 [1] "ggplot2"       "digest"        "grid"          "gtable"        "MASS"
 [6] "plyr"          "reshape2"      "scales"        "stats"         "tibble"
[11] "lazyeval"      "grDevices"     "graphics"      "utils"         "methods"
[16] "Rcpp"          "stringr"       "RColorBrewer"  "dichromat"     "munsell"
[21] "labeling"      "assertthat"    "colorspace"    "stringi"       "magrittr"
[26] "tools"         "jsonlite"      "rex"           "httr"          "crayon"
[31] "withr"         "mime"          "curl"          "openssl"       "R6"
[36] "lattice"       "survival"      "Formula"       "latticeExtra"  "cluster"
[41] "rpart"         "nnet"          "acepack"       "foreign"       "gridExtra"
[46] "data.table"    "htmlTable"     "viridis"       "htmltools"     "base64enc"
[51] "knitr"         "checkmate"     "Matrix"        "splines"       "backports"
[56] "evaluate"      "highr"         "markdown"      "yaml"          "maps"
[61] "sp"            "nlme"          "mvtnorm"       "TH.data"       "sandwich"
[66] "codetools"     "zoo"           "praise"        "SparseM"       "MatrixModels"
[71] "caTools"       "rprojroot"     "bitops"        "gdtools"       "BH"
[76] "covr"          "ggplot2movies" "hexbin"        "Hmisc"         "mapproj"
[81] "maptools"      "mgcv"          "multcomp"      "testthat"      "quantreg"
[86] "rmarkdown"     "svglite"
```

(해석) {ggplot2} 패키지는 26개의 패키지에 대해 수입 종속성을 가지며, 다른 패키지 61개는 패키지를 제안한다.

```
> # 패키지 간 의존성 구조의 시각화
> plot(makeDepGraph(pkgs, includeBasePkgs=FALSE, suggests=FALSE,
      enhances=TRUE), legendPosEdge = c(-1, 1),
      legendPosVertex = c(1, 1), vertex.size=20)
```

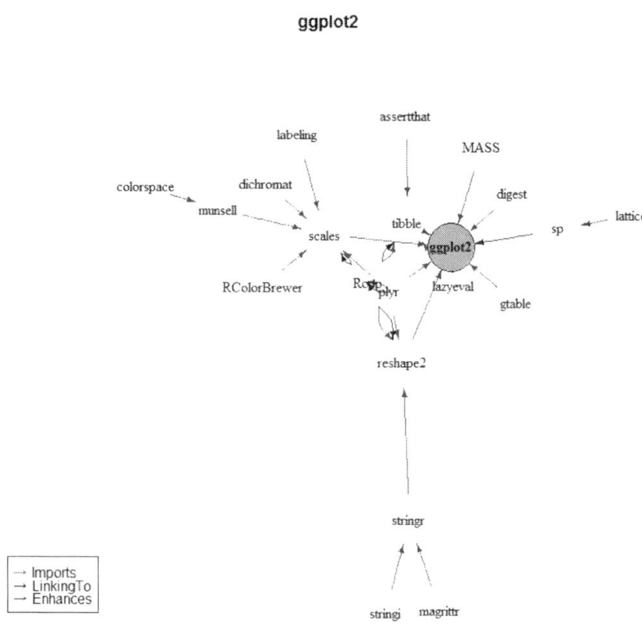

(해석) {lattice}와 {stringr}과 같은 패키지는 {ggplot2}에 직접 연결되지는 않지만, {ggplot2}의 설치에 앞서 설치되어야 한다.

예제 2

PageRank 알고리즘을 사용하여 인기 있는 R 패키지를 분석한다.

```
> library(miniCRAN)
> library(igraph)
> library(magrittr)
> # 특정 날짜에 사용 가능한 패키지의 행렬을 다운로드
> MRAN <- "http://mran.revolutionanalytics.com/snapshot/2017-01-18/"
> pdb <- MRAN %>%
        contrib.url(type = "source") %>%
        available.packages(type="source", filters = NULL)
```

```
> # {miniCRAN}을 사용하여 패키지 종속성의 그래프 그리기
> # (약간의 시간이 소요됨)
> g <- pdb[, "Package"] %>%
      makeDepGraph(availPkgs = pdb, suggests=FALSE,
                   enhances=TRUE, includeBasePkgs = FALSE)
> # {igraph}의 page.rank 알고리즘 사용
> pr <- g %>%
      page.rank(directed = FALSE) %>%
      use_series("vector") %>%
      sort(decreasing = TRUE) %>%
      as.matrix %>%
      set_colnames("page.rank")
> # 분석결과
> head(pr, 25)
                page.rank
Rcpp          0.026033035
MASS          0.016784540
ggplot2       0.011201874
Matrix        0.008882641
mvtnorm       0.007240153
survival      0.006938915
plyr          0.006909997
lattice       0.006059320
dplyr         0.005288676
httr          0.005040271
stringr       0.004707220
sp            0.004651505
jsonlite      0.004504083
RcppArmadillo 0.004447624
igraph        0.004329491
reshape2      0.003842209
foreach       0.003834437
XML           0.003685244
data.table    0.003337246
coda          0.003204005
RCurl         0.002985679
shiny         0.002911751
magrittr      0.002830974
nlme          0.002769065
zoo           0.002673564

> # 상위 패키지의 의존성 그래프 작성
> set.seed(42)
> pr %>%
  head(25) %>%
  rownames %>%
```

```
makeDepGraph(pdb) %>%
plot(main="Top packages by page rank", cex=0.5)
```

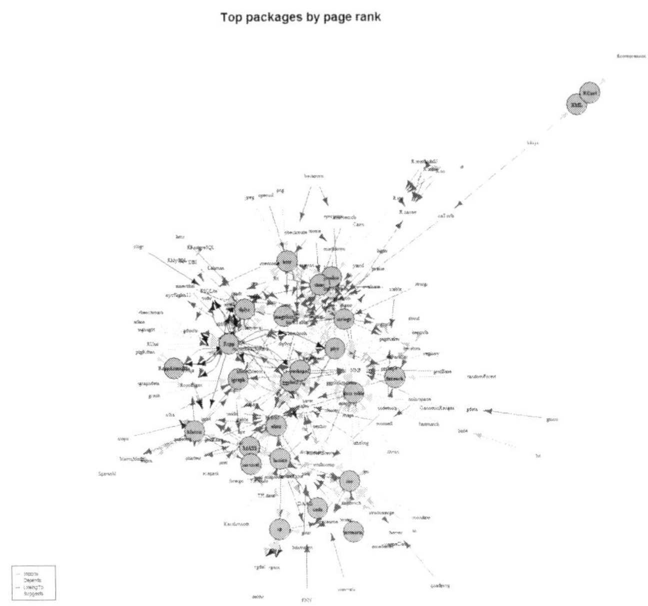

예제 3

dolphin 자료[1]를 이용하여 분석한다. dolphin 자료는 뉴질랜드의 다우트 풀 사운드(Doubtful Sound)에 살고 있는 62마리 돌고래의 무방향(undirected) 소셜 네트워크 자료이다.

```
> setwd("H:/")
> dolphinEdges <- read.csv("dolphin_edges.csv")     # edge
> head(dolphinEdges)
    From      To
1    CCL  Double
2   DN16 Feather
3   DN21 Feather
4   Beak    Fish
5 Bumper    Fish
6   DN16 Gallatin

> dolphinVertices <- read.csv("dolphin_vertices.csv")     # vertex(또는 node)
> head(dolphinVertices)
```

1) Lusseau, D. et al.(2003). Behavioral Ecology and Sociobiology 54, 396-405.

```
        Name Gender
1       Beak   Male
2 Beescratch   Male
3     Bumper   Male
4        CCL Female
5      Cross   Male
6       DN16 Female

> # graph_from_data_frame() 함수: 데이터프레임 자료를 igraph 형식으로 바꿈
> dolphin <- graph_from_data_frame(dolphinEdges, vertices=dolphinVertices,
             directed=FALSE)
> class(dolphin)
[1] "igraph"

> dolphin
IGRAPH UN-- 62 159 --
+ attr: name (v/c), Gender (v/c)
+ edges (vertex names):
 [1] CCL       --Double   DN16      --Feather
 [3] DN21      --Feather  Beak      --Fish
 [5] Bumper    --Fish     DN16      --Gallatin
 [7] DN21      --Gallatin Feather   --Gallatin
 [9] Beak      --Grin     CCL       --Grin
[11] Beak      --Haecksel Grin      --Hook
[13] Beescratch--Jet      DN21      --Jet
[15] Feather   --Jet      Gallatin  --Jet
+ ... omitted several edges

> plot(dolphin, vertex.shape="none", vertex.label=V(dolphin)$media,
       vertex.label.font=3, vertex.label.color="blue", vertex.label.cex=1,
       edge.color="gray10")
```

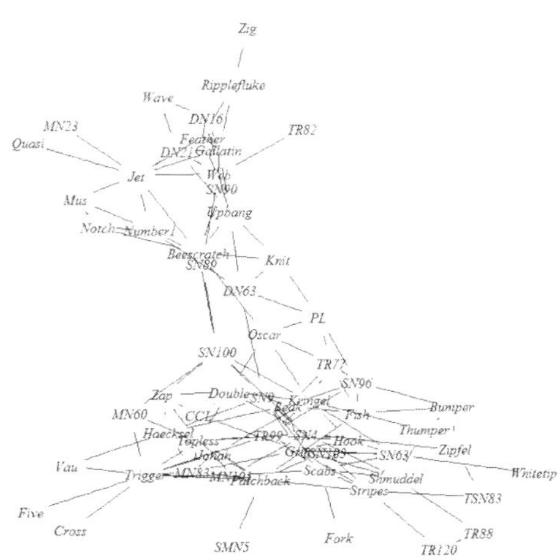

```
> pr <- dolphin %>%
        page.rank(directed = FALSE) %>%
        use_series("vector") %>%
        sort(decreasing = TRUE) %>%
        as.matrix %>%
        set_colnames("page.rank")
> head(pr, 10)
            page.rank
Grin       0.03214449
Jet        0.03172814
Trigger    0.03129936
Web        0.03009537
SN4        0.02987534
Topless    0.02951420
Scabs      0.02842307
Patchback  0.02645855
Gallatin   0.02615688
Beescratch 0.02465072
```

17장* 협업필터링

17.1 서론

협업필터링(Collaborative Filtering, 이하 CF)은 많은 사용자들(collaborating)의 선호도 또는 취향 정보를 수집하여 사용자들의 관심사를 자동적으로 예측(filtering)하게 해주는 방법이다. CF 접근법의 기본 가정은 "특정 이슈에 대해 사람 A가 사람 B와 동일한 의견을 가진다면, 다른 이슈에 대해서도 A는 임의로 선택된 다른 사람의 의견보다는 B의 의견과 보다 유사할 것이다"라는 것이다. 예를 들어, TV 취향에 대한 CF 추천시스템은 어떤 시청자의 취향(likes or dislikes)에 대한 부분적인 기록이 있다면 어떤 TV 쇼를 그 시청자가 좋아할지에 대해 예측을 수행할 수 있다. 이러한 예측의 특정은 해당 사용자에 특정되지만, 많은 사용자로부터의 정보를 사용한다는 점이다. 이 방법은 관심 있는 각 항목에 대해 (비-특정된) 평균 점수(예를 들어, 투표한 수)를 제공하는 보다 단순한 접근법과는 다르다.

협업필터링은 사용자 개개인에 대해 맞춤형의 추천서비스(마케팅)를 제공한다는 점에서 연령이나 지역 등으로 사용자를 구분하여 마케팅을 진행하던 기존의 방식과는 차별화된다. 이 방법은 아마존(Amazon), 넷플릭스(Netflix) 등의 기업에서 적용하여 큰 성공을 거두고 있으며, 웹페이지, 도서, 음악, 영화, 논문, 신문기사, 맛집, 관광지 추천 등의 여러 분야에 활용되고 있다.

17.2 협업필터링 방법

협업필터링의 방법에는 사용자-기반 CF(user-based CF)와 항목-기반 CF(item-based CF)가 있다. 다음의 [그림 17.1]은 두 가지 방법의 차이점을 잘 보여 준다. 실선 화살표는 사용자가 구매한 항목을 점선 화살표는 사용자에게 추천된 항목을 나타낸다. 양방향 화살표(↔)는 항목추천에 앞서 사용자 간(또는 항목 간)에 가장 유사한 관계를 보이는 것끼리 짝을 지은 것이다.

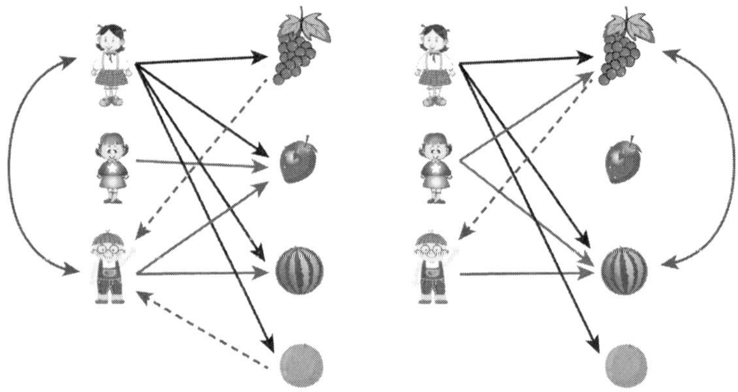

(a) 사용자-기반 협업필터링 (b) 항목-기반 협업필터링

[그림 17.1] 협업필터링의 유형

위 그림에서는 사용자가 특정 항목을 구매했는지 여부(0 또는 1)의 자료만으로 유사도를 구했지만, 구매 여부 대신 사용자자의 평가 점수(0~10점)가 유사도 계산에 이용될 수도 있다.

17.3 유사성 측도

이 절에서는 협업필터링의 추천 성능을 좌우하는 유사성 측도를 소개한다. 유사성(또는 비유사성) 측도에는 유클리드 거리, (피어슨) 상관계수, 코사인 거리, 자카드 계수 등이 있다.

사용자 i와 j가 m개의 항목에 대해 평가한 점수를 각각 $r_i=(r_{i,1},r_{i,2},\cdots,r_{i,m})^T$와 $r_j=(r_{j,1},r_{j,2},\cdots,r_{j,m})^T$ 라고 할 때, (비)유사성 측도는 다음과 같이 정의된다.

○ 유클리드 거리:

$$\sqrt{\sum_{i=1}^{m}(r_{i,k}-r_{j,k})^2}. \text{ (비유사성 측도)}$$

○ 피어슨 상관계수:

$$simil(i,j)=Corr(r_i,r_j)=\frac{\sum_{k=1}^{m}(r_{i,k}-\bar{r}_i)(r_{j,k}-\bar{r}_j)}{\sqrt{\sum_{k=1}^{m}(r_{i,k}-\bar{r}_i)^2}\sqrt{\sum_{k=1}^{m}(r_{j,k}-\bar{r}_j)^2}}.$$

○ 코사인 거리:

$$simil(i,j) = \cos(r_i, r_j) = \frac{r_i \cdot r_j}{\|r_i\| \times \|r_j\|} = \frac{\sum_{k=1}^{m} r_{i,k} r_{j,k}}{\sqrt{\sum_{k=1}^{m} r_{i,k}^2} \sqrt{\sum_{k=1}^{m} r_{j,k}^2}}.$$

다음의 [그림 17.2]는 유클리드 거리와 코사인 거리 간의 차이를 잘 보여 준다.

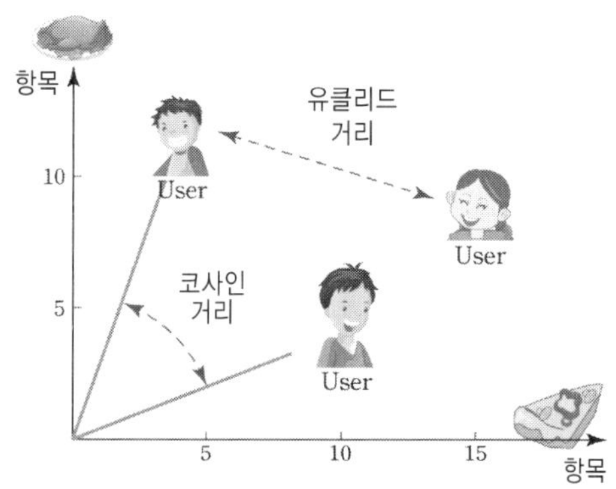

[그림 17.2] 유클리드 거리와 코사인 거리

자카드 계수(Jaccard coefficient)는 평가 점수가 이진형(예를 들어, 1: 구매, 0: 비구매)으로 주어지는 경우에 유사성 유용한 측도로 다음과 같이 주어진다.

○ 자카드 계수: $J(A,B) = \frac{|A \cap B|}{|A \cup B|}$.

여기서 $|A \cup B|$는 사용자 A 또는 B가 구매한 항목의 수, $|A \cap B|$는 사용자 A와 B가 모두 구매한 항목의 수이다.

17.4 사용자-기반 협업필터링

사용자-기반(user-based) 협업필터링은 다음의 과정을 따른다.

(i) 활성 사용자(예측이 있는 사용자)와 동일한 등급 패턴을 공유하는 사용자를 찾는다.
(ii) (i)에서 찾은 유사 사용자의 평점을 사용하여 활성 사용자에 대한 예측을 계산한다.

여기서는 사용자-기반의 근접이웃(nearest neighbor) 추천(필터링) 알고리즘을 소개한다. 먼저, k-근접이웃 기반의 추천 과정은 다음의 [그림 17.3]과 같다. 이 그림에서 당신과 가장 유사한 k-이웃을 찾고, 각 항목에 대한 이웃들의 평가를 이용하여 추천을 수행하는 것이다.

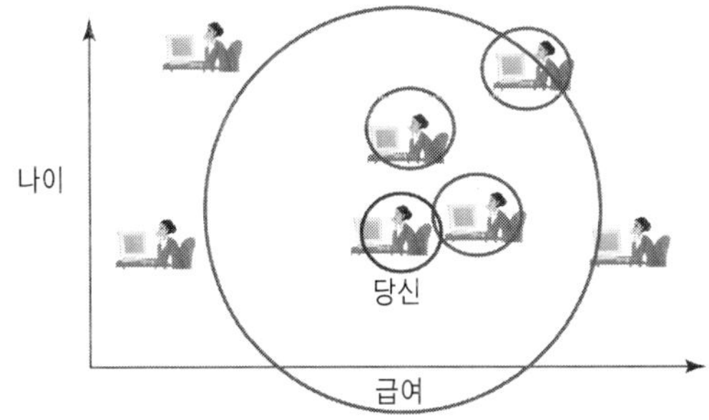

[그림 17.3] k-근접이웃 기반 추천

사용자(또는 항목) 간의 유사성(similarity)은 이웃 사용자(또는 항목)를 결정하는 데 이용된다. 사용자 u와 유사성이 높은 상위 k-이웃 사용자의 집합을 U라고 하자. 이때 사용자 u의 항목 a에 대한 선호도 예측값($r_{u,a}$)은, 이웃 사용자들의 항목 a에 대한 평가 점수의 집계로 다음과 같이 계산된다.

$$r_{u,a} = agg_{j \in U}\, r_{j,a}.$$

위 식의 우변은 이웃 사용자들의 항목 a에 대한 평가 점수($r_{j,a}$)의 집계(aggregate)를 의미한다. 사용자 i와 j 간의 유사도를 $simil(i,j)$라고 할 때, 집계함수의 종류는 다음과 같다.

- $r_{u,a} = \frac{1}{n}\sum_{j \in U} r_{j,a}.$
- $r_{u,a} = c\sum_{j \in U} simil(u,j)\, r_{j,a}.$
- $r_{u,a} = \bar{r}_u + c\sum_{j \in U} simil(u,j)\, r_{j,a}.$

여기서 k는 정규화 상수로 $c = 1/\sum_{j \in U}|simil(u,j)|$ 이고, $\bar{r}_u$는 사용자 u가 평가한 모든 항목에 대한 평가 점수의 평균이다.

각 항목에 대한 선호도 예측값을 이용하여, 이 값이 높은 상위 몇 개의 항목을 대상 사용자에게 추천하게 된다.

17.5 항목-기반 협업필터링

항목-기반(item-based) 협업필터링(x를 구입한 사용자가 y도 구입)은 항목 중심 방식으로 진행된다.

(i) 항목 쌍 간의 관계를 결정하는 항목-항목(item-item) 행렬을 작성한다.
(ii) 행렬을 검사하고 해당 사용자의 데이터를 비교하여 현재 사용자의 취향을 추측한다.

(사용자-기반에 비해) 항목-기반 협업필터링은 특히 사용자 수와 관련하여 확장이 유연한 장점을 가진다.

(a) 구매여부 자료에 대한 항목-기반 협업필터링

등급이 부여되지 않고, 구매 여부만을 아는 경우, 다음에 소개되는 슬로프원 및 등급-기반 알고리즘은 적용되지 않는다. 이진(binary) 항목 기반 협업필터링의 예로는 사용자 항목행렬에서 구매를 나타내는 이진 벡터 사이의 코사인을 계산하는 아마존의 항목 간(item-to-item) 특허 알고리즘이 있다. 다음의 예를 통해 이를 소개한다. 다음의 [표 17.1]은 고객이 구매한 항목 자료이다.

[표 17.1] 고객의 각 항목 구매여부 자료

고객	항목 1	항목 2	항목 3
A	구매	비구매	구매
B	비구매	구매	구매
C	비구매	구매	비구매

위의 자료에서 항목 간의 코사인 거리는 다음과 같다.

- 항목 1과 항목 2: $\frac{(1,0,0)\cdot(0,1,1)}{\|(1,0,0)\|\|(0,1,1)\|}=0$.
- 항목 1과 항목 3: $\frac{(1,0,0)\cdot(1,1,0)}{\|(1,0,0)\|\|(1,1,0)\|}=\frac{1}{\sqrt{2}}$.
- 항목 2와 항목 3: $\frac{(0,1,1)\cdot(1,1,0)}{\|(0,1,1)\|\|(1,1,0)\|}=\frac{1}{2}$.

위의 결과로부터 항목 1을 구매한 고객은 항목 3을 추천받고, 항목 2를 구매한 고객은 항목 3을 추천받으며, 항목 3을 구매한 고객은 항목 1을 추천받는다.

(b) 평가(등급) 자료에 대한 슬로프원 협업필터링

슬로프원(slope one) 알고리즘은 다른 항목에 대한 평가에 기초하여 특정 항목의 평가 점수를 기울기가 1인 회귀식($f(x) = x + b$)을 사용하여 예측하는 단순한 알고리즘이다. 여기서 단일모수(b)는 단순히 두 항목의 등급 간의 평균 차이이다. 이것은 어떤 경우에선 선형회귀보다 훨씬 더 정확하다고 알려졌으며, 저장 용량도 절반 또는 그 이하만을 필요로 한다.

예를 들어, 다음의 [그림 17.4]를 생각해 보자. 사용자 A가 항목 I와 항목 J를 1, 1.5로 평가하였다. 사용자 B가 항목 I를 2로 평가한 경우, 슬로프원 알고리즘에 의한 항목 J에 대한 평가 예측값은 2.5가 타당할 것이다.

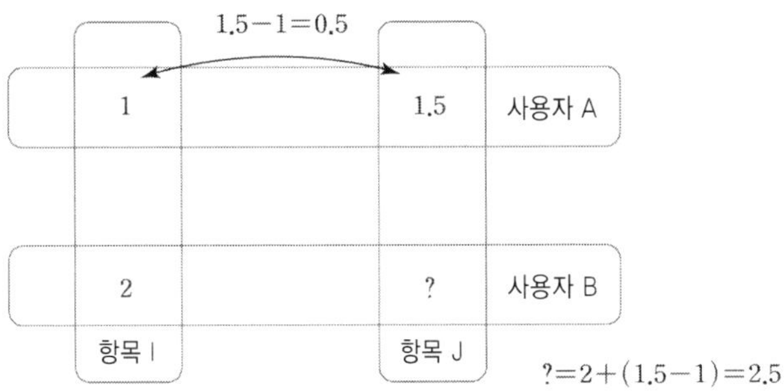

[그림 17.4] 슬로프원 알고리즘의 추정 원리

보다 현실적인 예로 다음의 [표 17.2]의 자료를 생각해 보자.

[표 17.2] 고객의 항목에 대한 평가 자료

고객	항목 1	항목 2	항목 3
A	5	3	2
B	3	4	미평가
C	미평가	2	5

위의 자료에서 항목 간의 평점의 평균 차이는 다음과 같다.

- 항목 1과 항목 2: [2+(−1)]/2=0.5 (평가한 고객 수=2).
- 항목 1과 항목 3: 3 (평가한 고객 수=1).
- 항목 2와 항목 3: [1+(−3)]/2=−1 (평가한 고객 수=2).

위의 결과로부터, 고객 C의 항목 1에 대한 평가 예측값은 다음과 같이 계산된다.

$$\frac{2\times 2.5+1\times 8}{2+1}=4.33.$$

고객 B의 항목 3에 대한 평가 예측값은 $(1\times 0+2\times 5)/(1+2)=3.33$이 된다.

17.6 메모리-기반과 모형-기반 협업필터링

협업필터링 알고리즘에는 메모리-기반과 모형-기반 방식의 두 가지 주요 범주가 있다.

메모리-기반(memory-based) 방법은 단순히 모든 등급을 암기하고 사용자-항목과 나머지 행렬 사이의 관계를 기반으로 추천을 수행한다. 모형-기반(model-based) 방법에서는 평가 행렬을 기반으로 모수화된 모형을 먼저 적합한 뒤, 적합모형을 기반으로 추천이 이루어진다.

가장 널리 사용되는 두 가지 메모리-기반 방법은 사용자-기반(user-based)과 항목-기반(item-based) 협업필터링이다. 이러한 방법은 유사 사용자 또는 항목의 등급을 참조하고 가장 가까운 사용자/항목 등급의 가중합을 기반으로 추천을 수행하는 이웃 기반 방법의 예이다. 사용자-기반 CF 방법은 두 명의 사용자가 일부 항목에서 유사한 등급을 갖는 경우 나머지 항목에 대해서도 유사한 등급을 갖게 된다는 가정하에 작성된다. 항목-기반 CF도 동일하지만 항목 관점이 수행된다.

반면 모형-기반 방법은 모수화된 모형을 작성하고 모형에서 반환된 최상위 순위의 항목을 추천한다. 예를 들어, 슬로프원 방법은 변수가 일정한 간단한 예측변수 집합(두 항목의 각 쌍에 하나씩)을 학습한다. 따라서 이 변수는 두 항목의 평점 간의 평균 차이를 나타낸다. 이 방법을 사용하면 빠른 계산과 합리적인 정확성을 쉽게 얻을 수 있다. 모형-기반 방법의 다른 예로 SVD 근사(SVD approximation)가 있다. 이 방법에서 순위행렬은 SVD(singular value decomposition)에 기초하여 분해되고, 그 다음 처음 r개의 가장 의미 있는 개체만을 유지하여 재구성된다. 이 과정을 통해 순위행렬의 누락 값을 예측할 수 있다.

R에서 추천시스템을 제공하는 패키지에는 {recommenderlab}, {recosystem}, {SlopeOne}, {SVDApproximation}이 있다. 다음의 [예제 1]에서는 이들 패키지의 사용 방법과 함께, 특정 데이터 셋을 이용하여 그 성능을 비교한다(출처: http://rpubs.com/tarashnot/recommender_comparison).

예제 1

분석에 사용될 데이터는 {SVDApproximation} 패키지에서 제공하는 1M MovieLens 자료이다. 이 자료는 3706명의 사용자가 6040개의 영화에 대한 약 1백만 건의 평가 자료이다. 평가 등급은 1에서 5이다. 이 데이터 셋의 일반 통계는 아래 그림에서 볼 수 있으며(회색 선은 중간 값을 나타냄), 등급 행렬의

희박성 수준은 0.0450이다.

```
> # 분석에 필요한 패키지 설치/로딩
> install.packages("recommenderlab")
> install.packages("recosystem")

> library(devtools)
> install_github(repo = "SlopeOne", username = "tarashnot")
> install_github(repo = "SVDApproximation", username = "tarashnot")
> library(recommenderlab)
> library(recosystem)
> library(SlopeOne)
> library(SVDApproximation)

> library(data.table)
> library(RColorBrewer)
> library(ggplot2)

> # 데이터 셋
> data(ratings)
> head(ratings)
   user item rating
1:    1    1      5
2:    6    1      4
3:    8    1      4
4:    9    1      5
5:   10    1      5
6:   18    1      4

> visualize_ratings(ratings_table = ratings)
```

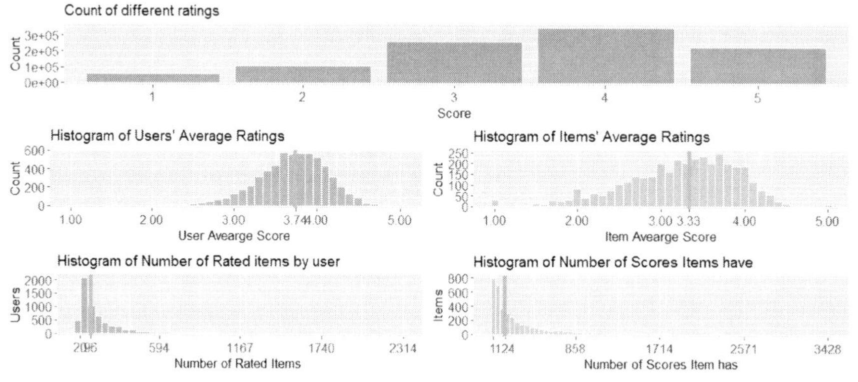

(a) {recommanderlab} 패키지

{recommenderlab} 패키지를 사용하려면 먼저 데이터를 희박행렬(sparse matrix) 형식으로 변환해야 한다.

(i) Most popular(item average) 접근법

```
> # 데이터를 희박행렬로 변환
> sparse_ratings <- sparseMatrix(i = ratings$user, j = ratings$item,
        x = ratings$rating,
        dims = c(length(unique(ratings$user)),
        length(unique(ratings$item))),
        dimnames = list(paste("u", 1:length(unique(ratings$user)), sep = ""),
                    paste("m", 1:length(unique(ratings$item)), sep = "")))
> sparse_ratings[1:10, 1:10]
10 x 10 sparse Matrix of class "dgCMatrix"
   [[ suppressing 10 column names 'm1', 'm2', 'm3' ... ]]

u1  5 . . . . . . . . .
u2  . . . . . . . . . .
u3  . . . . . . . . . .
u4  . . . . . . . . . .
u5  . . . . . 2 . . . .
u6  4 . . . . . . . . .
u7  . . . . . 4 . . . .
u8  4 . . 3 . . . . . .
u9  5 . . . . . . . . .
u10 5 5 . . . . 4 . . .
```

{recommenderlab}은 희박행렬에서 쉽게 만들 수 있는 realRatingMatrix 객체와 함께 작동한다.

```
> real_ratings <- new("realRatingMatrix", data = sparse_ratings)
> real_ratings
6040 x 3706 rating matrix of class 'realRatingMatrix' with 1000209 ratings.
```

일부 평점을 예측하려면 추천자(recommender)를 구축해야 한다. 예측의 왜곡을 피하려면 알고리즘을 적용하기 전에 데이터를 정규화해야 한다. 여기서는 사용자의 평균으로(모든 알려진 등급에서 각 사용자의 평균을 빼서) 정규화한다.

```
> model <- Recommender(real_ratings, method = "POPULAR",
                       param=list(normalize = "center"))
```

```
> # 처음 5명 사용자에 대한 등급 예측
> prediction <- predict(model, real_ratings[1:5], type="ratings")
> as(prediction, "matrix")[,1:5]
         m1       m2       m3       m4       m5
u1       NA 3.864537 3.748432 3.489864 3.768903
u2 4.192675 3.389036 3.272931 3.014363 3.293402
u3 4.381458 3.577818 3.461714 3.203145 3.482184
u4 4.669973 3.866334 3.750229 3.491661 3.770700
u5 3.625962 2.822322 2.706218 2.447649 2.726688

> # 이 접근법의 RMSE 계산
> set.seed(1)
> e <- evaluationScheme(real_ratings, method="split", train=0.8, given=-5)
> #5 ratings of 20% of users are excluded for testing
> model <- Recommender(getData(e, "train"), "POPULAR")
> prediction <- predict(model, getData(e, "known"), type="ratings")
> rmse_popular <- calcPredictionAccuracy(prediction, getData(e, "unknown"))[1]
> rmse_popular
     RMSE
0.9610123
```

(ii) 사용자-기반 CF

사용자-기반 CF는 가장 가까운 사용자(가장 가까운 이웃)의 집계된 평가를 기반으로 예측을 형성한다. 가장 가까운 이웃은 사용 가능한 평가를 사용하여 계산되는 사용자 간의 유사성을 기반으로 정의된다. 이 방법은 비슷한 평가의 사용자가 항목을 유사하게 평가한다는 가정하에 작동한다는 점을 이해하는 것이 중요하다.

그러한 추천자를 교육하는 데 사용되는 많은 다른 유사성 측정 방법이 있다. 협업필터링에 가장 널리 사용되는 것은 피어슨 상관계수와 코사인 유사성이다.

사용자-기반 CF의 알고리즘은 다음과 같다.

[단계 1] 사용자 u와 다른 모든 사용자 간의 유사성을 계산한다. 이를 위해 선호하는 유사성 척도를 사용할 수 있다.

[단계 2] 사용자 u와 가장 유사한 상위 n명의 사용자를 선택한다.

[단계 3] 사용자 n에 대한 미지 등급에 대한 예측을 가장 가까운 n명의 사용자로부터 이용 가능한 평점(평가)의 평균 또는 n명의 가장 가까운 사용자의 (유사 거리에 대한) 평점으로 계산한다.

최적의 n값을 찾으려면 별도의 평가용 검사 집합이나 교차타당성검사를 사용할 수 있다. 여기서는 코사인 유사성(cosine similarity)을 사용하고 교차타당성검증을 기반으로 n을 50으로 선택하였다. n의 다른 수에 대한 결과는 다음 그림과 같다.

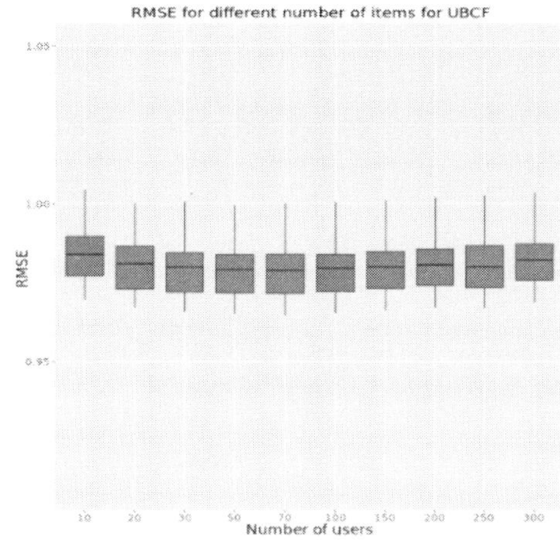

위 그림에서 우리는 n을 50으로 선택하였으나, n=20도 충분히 좋다고 할 수 있다. 평가 예측과 UBCF의 평가는 Most Popular 접근법과 같은 방식으로 수행될 수 있다.

```
> # 모형구축
> # nn=50: 인접이웃의 수를 50으로 함
> model <- Recommender(real_ratings, method = "UBCF",
                 param=list(normalize = "center", method="Cosine", nn=50))
> # 예측수행
> prediction <- predict(model, real_ratings[1:5], type="ratings")
> as(prediction, "matrix")[,1:5]
         m1       m2       m3       m4       m5
u1       NA 4.211122 4.198299 4.188679 4.188679
u2 3.921419 3.648803 3.677701 3.710468 3.753001
u3 3.985738 3.799285 3.850174 3.891836 3.861364
u4 4.167479 4.183525 4.190476 4.190476 4.195312
u5 3.275539 3.071561 3.122653 3.118225 3.146465

> # RMSE 계산
> set.seed(1)
> model <- Recommender(getData(e, "train"), method = "UBCF",
                 param=list(normalize = "center", method="Cosine", nn=50))
> prediction <- predict(model, getData(e, "known"), type="ratings")
> rmse_ubcf <- calcPredictionAccuracy(prediction, getData(e, "unknown"))[1]
> rmse_ubcf
     RMSE
0.9922194
```

(iii) 항목-기반 CF

항목-기반 CF은 사용자-기반 방식과 매우 유사하다. 그러나 이 경우에는 사용자가 아닌 항목 간에 유사성이 계산된다. 사용자는 자신이 좋아하는 다른 항목과 비슷한 항목을 선호할 것이라고 가정한다.

항목-기반 CF의 알고리즘은 다음과 같다.

[단계 1] 이용 가능한 사용자의 평가(등급)에 기초하여 모든 항목 간의 유사성 행렬을 계산한다. 이를 위해 선호하는 유사성 척도를 사용할 수 있다.

[단계 2] 사용자 u에 대해:

- 가장 가까운 n개의 항목만 각 항목에 저장한다.
- 유사성에 대한 사용자의 가용한 가중 평가에 기초하여 사용자 u의 이용 가능한 평가를 기반으로 각 항목의 예측 등급을 계산한다.

사용자-기반 CF와 마찬가지로, 우리는 코사인 유사성을 사용하고 교차타당성에 의해 n=350을 선택하였다. n의 변화에 따른 RMSE는 다음 그림과 같다.

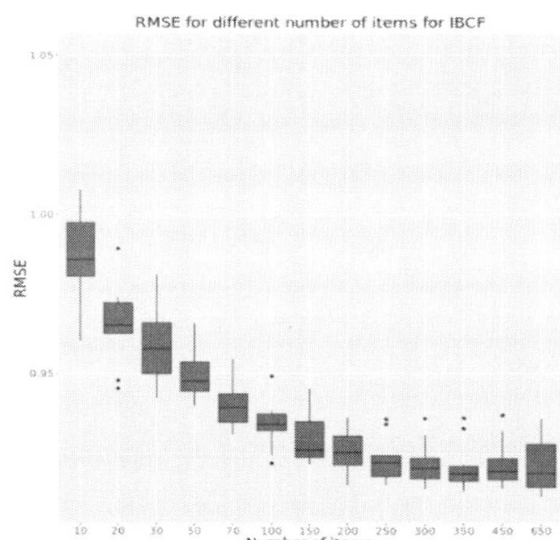

이 그림은 사용자-기반 CF와 약간 다른 패턴을 보여 준다. 무엇보다 가장 가까운 항목의 수가 증가하면 훨씬 더 나은 결과를 얻을 수 있다. 또한, 최적의 값은 사용자 기반 CF와 비교할 때 훨씬 높다.

항목 기반 CF는 사용자-기반 CF보다 테스트 집합에서 낮은 RMSE를 달성할 수 있는 능력을 제공하므로 주어진 데이터 셋에 더 적합하다.

평가 예측과 IBCF의 평가는 사용자-기반 CF 또는 Most-popular 접근법과 동일한 방식으로 수행될 수 있다.

```
> # 모형구축 - 컴퓨터 수행 시간이 많이 걸림에 유의(약 10분)
> # k=350: 인접 항목의 수를 350으로 정함(교차타당성 방법을 이용)
> # 인접 항목의 수가 클수록 훨씬 더 나은 결과를 제공함(사용자-기반의 경우보다는 큰 값을 사용)
> model <- Recommender(real_ratings, method = "IBCF",
                  param=list(normalize = "center", method="Cosine", k=350))
> # 예측 수행
> prediction <- predict(model, real_ratings[1:5], type="ratings")
> as(prediction, "matrix")[,1:8]
         m1       m2       m3       m4       m5       m6       m7       m8
u1       NA 4.315856 4.077801 4.309387 4.299674 4.419849 4.000000 4.122938
u2 4.229380 3.890647 3.905199 3.987753 4.061174 3.828620 4.003760 4.487145
u3 4.004607 4.174743 4.256458 4.214143 4.098748 4.109843 4.147706 4.408627
u4 4.254916 4.500481 4.083806 4.462319 4.118940 4.404064 4.269858 4.195575
u5 3.518569 3.804019 3.549567 3.653532 4.137978       NA 3.791349 3.595634

> # RMSE 계산
> set.seed(1)
> model <- Recommender(getData(e, "train"), method = "IBCF",
                  param=list(normalize = "center", method="Cosine", k=350))

> prediction <- predict(model, getData(e, "known"), type="ratings")
> rmse_ubcf <- calcPredictionAccuracy(prediction, getData(e, "unknown"))[1]
> rmse_ubcf
    RMSE
1.044858
```

(b) {SlopeOne} 패키지

슬로프원(Slope One)은 Daniel Lemire와 Anna Maclachlan(2005)의 논문 '온라인 평가 기반 협업 필터링을 위한 Slope One Predictors'에서 소개된 방법이다. 이 알고리즘은 항목의 유사성을 기반으로 협업 필터링을 수행하는 가장 간단한 방법 중 하나이다. 이 방법은 구현 및 사용이 매우 쉽고, 이 알고리즘의 정확도는 보다 복잡하고 리소스-집약적인 알고리즘의 정확도와 동일하다.

슬로프원 방법은 각 항목 간의 평균 평점 차이로 작동하고 가중치를 기반으로 예측을 수행한다. {SlopeOne} 패키지는 데이터테이블(data.table) 객체와 함께 작동한다. 꽤 빠르지만 거대한 데이터 셋의 경우 많은 RAM을 필요로 한다.

```
> # 평가 데이터 셋의 변수 이름과 유형을 패키지에 적합하게 변경함
> names(ratings) <- c("user_id", "item_id", "rating")
> ratings <- data.table(ratings)
> ratings[, user_id := as.character(user_id)]
> ratings[, item_id := as.character(item_id)]
```

```
> setkey(ratings, user_id, item_id)

> # 데이터 셋을 훈련용과 평가용으로 나눔
> set.seed(1)
> in_train <- rep(TRUE, nrow(ratings))
> in_train[sample(1:nrow(ratings),
    size = round(0.2 * length(unique(ratings$user_id)), 0) * 5)] <- FALSE
> ratings_train <- ratings[(in_train)]
> ratings_test <- ratings[(!in_train)]

> # 등급 정규화
> ratings_train_norm <- normalize_ratings(ratings_train)

> # 슬로프원 모형구축 - 큰 메모리가 필요함
> model <- build_slopeone(ratings_train_norm$ratings)
> # 평가용 자료에 대한 예측 수행
> predictions <- predict_slopeone(model,
                    ratings_test[ , c(1, 2), with = FALSE],
                    ratings_train_norm$ratings)
> unnormalized_predictions <- unnormalize_ratings(normalized =
                ratings_train_norm, ratings = predictions)
> # 평가용 자료에 대한 RMSE 계산
> rmse_slopeone <- sqrt(mean((unnormalized_predictions$predicted_rating -
                        ratings_test$rating) ^ 2))
> rmse_slopeone
[1] 0.8962808
```

(c) {recosystem} 패키지

GD를 이용한 행렬분해(matrix factorization)는 추천 시스템 문제를 해결하는 데 널리 사용되는 기법이다. 주요 개념은 더 낮은 차원의 두 행렬 $P(k \times m)$와 $Q(k \times n)$의 곱으로 행렬 $R(m \times n)$을 근사하는 것이다.

행렬 P는 사용자의 잠재 요인을 나타낸다. 따라서 행렬 P의 각 k 요소 열은 각 사용자를 나타낸다. 행렬 Q의 각 k 요소 열은 각 항목을 나타낸다. 따라서 사용자 u에 의한 항목 i에 대한 평가를 찾으려면 간단히 두 개의 벡터의 곱 $P[,u]^T Q[,i]$를 계산해야 한다. 이 패키지에 대한 자세한 설명은 앞서 언급한 출처 사이트에 안내되어 있다.

이 패키지는 헤더 없이 디스크에 저장된 3개열의 데이터와 작동한다.

```
> data(ratings)
> set.seed(1)
> in_train <- rep(TRUE, nrow(ratings))
> in_train[sample(1:nrow(ratings),
    size = round(0.2 * length(unique(ratings$user)), 0) * 5)] <- FALSE

> ratings_train <- ratings[(in_train)]
> ratings_test <- ratings[(!in_train)]

> write.table(ratings_train, file = "trainset.txt", sep = " ", row.names = FALSE,
            col.names = FALSE)
> write.table(ratings_test, file = "testset.txt", sep = " ", row.names = FALSE,
            col.names = FALSE)

> # 추천자(recommender) 객체를 생성
> r = Reco()
```


추천자의 매개변수를 조절할 수 있다: 잠재 요인의 수(dim), 기울기 감소 단계 비율(lrate), 과적합을 피하기 위한 벌점모수(cost). 이것을 쉽고 빠르게 수행하기 위해 cost는 약간 작은 값으로 설정될 수 있으며 tunning 동안 dim은 이 값을 채택한다.

```
> opts <- r$tune("trainset.txt", opts = list(dim = c(1:20), lrate = c(0.05),
        nthread = 4, cost = c(0), niter = 200, nfold = 10,
                verbose = FALSE))
```

모형은 최적의 조절매개변수를 통해 훈련될 수 있다(교차타당성 방법을 이용).

```
> r$train("trainset.txt", opts = c(opts$min, nthread = 4, niter = 500,
        verbose = FALSE))
```

아래 그림은 잠재 인자의 수에 따른 교차타당성 RMSE를 나타낸다.

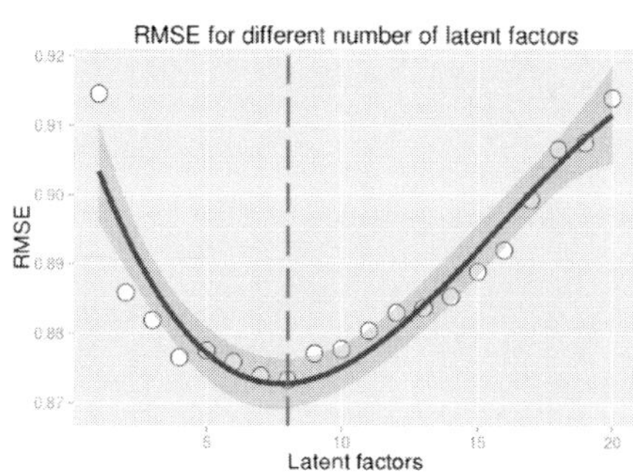

```
> # 검증용 자료에 대한 예측 수행과 RMSE 계산
> outfile = tempfile()
> r$predict("testset.txt", outfile)
> scores_real <- read.table("testset.txt", header = FALSE, sep = " ")$V3
> scores_pred <- scan(outfile)
> rmse_mf <- sqrt(mean((scores_real-scores_pred) ^ 2))
> rmse_mf
[1] 0.8605387
```

(d) {SVDApproximation} 패키지

SVD 근사 접근법에서는 순위행렬을 SVD로 분해한 뒤, 처음 r개의 값(entities)만을 유지하여 재구성한다. 이렇게 하면 누락된 값을 예측할 수 있다. SVD 근사 방법은 위에서 설명한 행렬분해와 유사하지만 사용자 및 항목의 잠재요인은 다른 방식으로 검색된다.

SVD 근사 알고리즘은 다음과 같다.

[단계 1] 모든 결측값을 항목의 평균값으로 대체한다.
[단계 2] 사용자의 평균을 빼서 행렬을 정규화한다(채워지지 않은 초기 평가행렬에 의해 계산됨).
[단계 3] R의 SVD를 수행한다.
[단계 4] 행렬 U의 처음 r열, 행렬 S의 r행과 r열, 행렬 V의 r열을 유지하여 행렬 R을 재구성한다: $U[1:r,] \times S[1:r, 1:r] \times V[,1:r]^T$.

여기서 r은 분해의 잠재인자의 수를 나타내며 이 모수의 최적값은 교차타당성 방법 또는 타당성을 위한 별도의 등급을 사용하여 찾을 수 있다. 우리의 데이터 셋의 경우 타당성검증 세트에서 RMSE의 최솟값은 r=24에 해당한다. 그러나 UBCF의 경우 이 값을 10 ~ 15로 줄일 수 있으며 이로 인해 성능 손실이 거의 없다. 처음 24개의 주성분이 변동성의 17%를 설명하며, 이것은 예측을 위해 충분하다. 더 많은 성분을 사용하면 과적합을 유발할 것이다.

```
> set.seed(1)
> mtx <- split_ratings(ratings_table = ratings,
                       proportion = c(0.7, 0.15, 0.15))
> # 모형구축
> model <- svd_build(mtx)
> # 최적의 r 찾기
> model_tunes <- svd_tune(model, r = 2:50)
```

성분의 수에 따른 검증 및 평가용 자료에 대한 RMSE의 그림은 다음과 같다.

```
> model_tunes$train_vs_valid
```

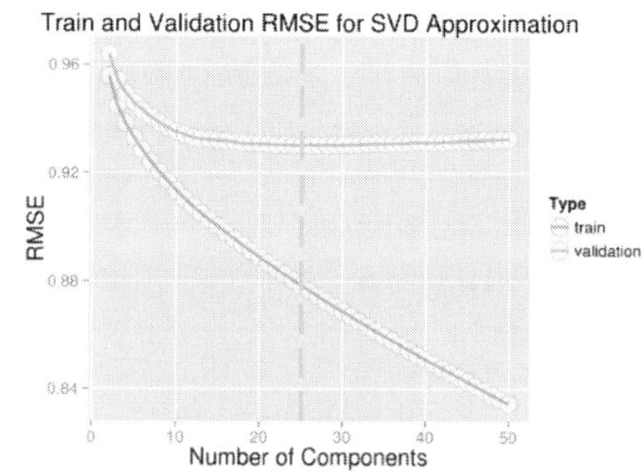


```
> # 검증용 자료에 대한 RMSE
> rmse_svd <- svd_rmse(model, r = model_tunes$r_best,
                       rmse_type = c("test"))
> rmse_svd
[1] 0.9313392
```

(e) 알고리즘 비교

각 알고리즘에 대해 10개의 시뮬레이션을 수행하였다. 서로 다른 알고리즘에 대한 RMSE 추정치는 다음 그림에서 확인할 수 있다.

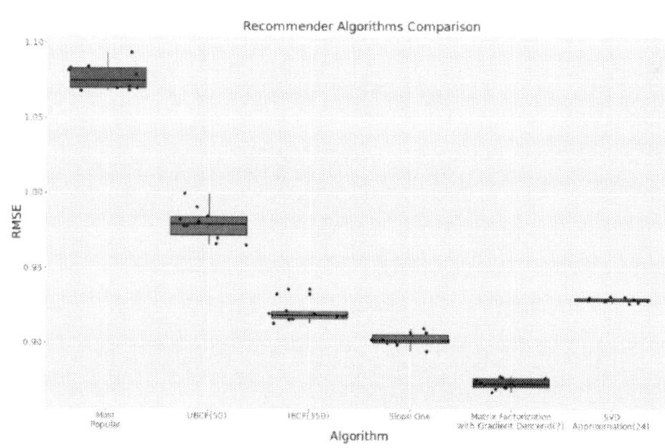

메모리-기반 접근 방식에서 항목-기반 CF가 가장 좋은 결과를 보여 준다. 그것은 Most Popular 방법 또는 사용자-기반 CF보다 훨씬 뛰어나다.

확률 기울기 감소를 사용한 행렬분해 기법이 최상의 성능을 보여 준다(RMSE=0.873). 또한 이 방법을 사용하면 좋은 결과를 얻기 위해 5～8가지 인자만 사용하면 충분하다. 슬로프원의 성능도 우수하다. 이 방법은 행렬분해와 비교하여 훈련시간이 훨씬 적다.

또한 다음 플롯은 알고리즘의 두 가지 다른 특성인 훈련시간(R에 설명된 라이브러리 사용)과

튜닝 복잡성의 비교를 보여 준다. 더 밝은 직사각형은 더 나은 값(높은 정확도, 적은 교육 시간, 낮은 튜닝 복잡성)을 의미한다. 행렬분해방법은 정확도의 관점에서 볼 때 최고이지만 조절하고 훈련하는 것이 더 어렵다.

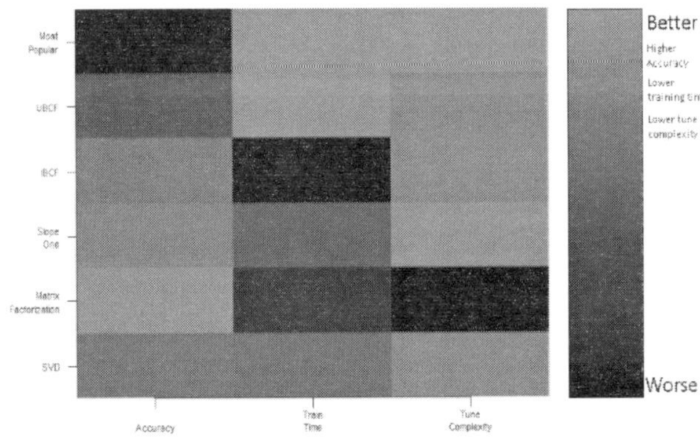

18장* 유전 알고리즘

18.1 서론

유전 알고리즘(genetic algorithm, 이하 GA)은 생물학적 진화와 자연 선택의 기본원리에 영감을 받은 확률적 탐색 알고리즘이다. GA는 선택(selection), 교차(crossover), 변이(mutate)와 같은 진화의 생물학적 메커니즘을 모방함으로써, 적자가 약자를 지배하는 생명체의 진화를 흉내 낸다. GA는 일종의 전역 최적화 기법으로, 연속(미분이 가능하거나 불가능한) 또는 이산함수에 대한 최적화 문제(optimization problem)를 해결하는 데 매우 효과적인 방법이다(제약 조건이 포함되어도 무방함).

GA 알고리즘의 활용은 매우 다양하다. 통상적인 미분-기반의 방법으로는 최적화가 어려운 일차원 또는 이차원 함수의 최적화 문제와 사용자 정의(user-defined) 목적함수의 최적화가 요구되는 통계적 문제 등에 적용될 수 있다.

18.2 유전 알고리즘

다음의 간단한 예를 통해 유전 알고리즘의 아이디어를 소개한다.

(i) {1, 5, 6, 8, 3, 7, 3, 5, 9, 0} 중 3개를 골라서 20으로 만드는 문제가 있다고 하자. 여기서 유전체는 각 숫자이며, 각 해의 유전자는 (1,5,3)과 같이 유전체 3개의 집합으로 이루어진다. 적합도함수(fitness function)를 20과 얼마나 가까운지를 나타내는 값으로 둔다면, (1,5,3)에 대한 적합도는 f((1,5,3)) = 11이 된다.

(ii) 먼저 첫 세대를 아무렇게나 생성한다. 첫 세대가 만약 { (1,5,3) (8,0,9) (9,9,8) (3,7,5) }으로 형성되었다고 하자. 각각의 적합도를 구하면 { 11, 3, 6, 5 }이 되며, 이 값이 높을수

록 20에서 멀기 때문에 해로서 부적당하다는 것을 의미하며, 따라서 세대를 거침에 따라 살아남을 확률이 낮게 된다.

(iii) 다음 세대를 형성하기 위해 이 세대의 개체 중 2개의 유전자를 선택한다. 이때 선택은 적합도를 기준으로 확률적으로 선택한다(룰렛 알고리즘이 자주 쓰인다). 위의 예에서 적합도가 3인 (8,0,9)는 적합도가 6인 (9,9,8)에 비해 훨씬 높은 선택 기회를 가진다. 선택된 2개의 유전자의 유전체는 랜덤한 위치에서 교환되어 새로운 세대가 형성된다. 예로 (8,0,9), (9,9,8)이 선택되었고 교배위치가 첫 번째 자리로 무작위로 결정되었다면 다음 세대의 개체는 (8,9,8), (9,0,9)가 되며, 각각의 적합도는 5, 2가 된다.

다음의 [그림 18.1]은 일반적인 유전 알고리즘의 흐름도이다. 사용자는 먼저 변수의 유형(type)과 문제의 인코딩을 정의하여야 한다. 그 다음 적합도함수가 정의되며, 이는 종종 최적화될 목적함수이다. 보다 일반적으로 개인에게 상대적인 가치를 부여하는 함수일 수 있다. 교차 또는 변이와 같은 유전 연산자는 진화과정의 각 단계마다 확률적으로 적용되므로 발생확률이 설정되어야 한다. 마지막으로 수렴기준이 제시되어야 한다.

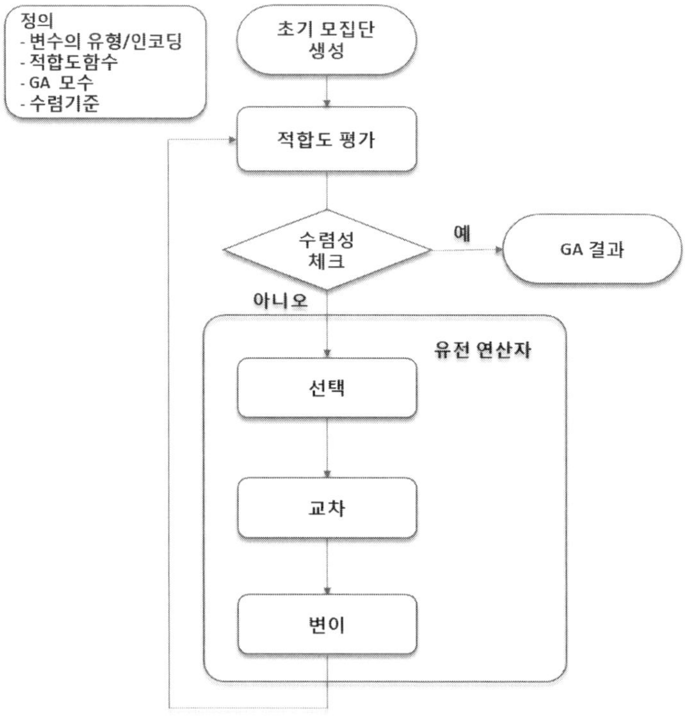

[그림 18.1] 유전 알고리즘(GA)의 흐름도

R의 ga{GA} 함수는 유전 알고리즘을 이용하여 적합도함수(fitness function)를 최대화하는 값을 찾아준다. 이 알고리즘은 순차적 또는 병렬적으로 수행될 수 있다. 이 함수의 일반형식과 주요 옵션은 다음과 같다.

```
ga(type = c("binary", "real-valued", "permutation"),
      fitness, ...,

      min, max, nBits,
      population = gaControl(type)@population,
      selection = gaControl(type)@selection,
      crossover = gaControl(type)@crossover,
      mutation = gaControl(type)@mutation,
      popSize = 50, pcrossover = 0.8, pmutation = 0.1,
      elitism = max(1, round(popSize * 0.05)),
      monitor = gaMonitor, maxiter = 100, run = maxiter,
      maxfitness = -Inf, names = NULL, suggestions, seed)
```


- fitness=: 적합도함수를 지정
- nBits=: 이진(binary) 인코딩된 최적화에서 사용될 비트 수를 지정
- population=: 초기모집단을 임의로 생성하기 위한 R 함수
- selection=: 선택을 수행하기 위한 R 함수
- crossover=: 교차를 수행하기 위한 R 함수
- mutation=: 변이를 수행하기 위한 R 함수
- popSize=: 모집단 크기
- elitism=: 각 세대에서 살아남는 최적 적합 개인의 수. 디폴트는 상위 5%의 개인이 매 반복에서 살아남음.

예제 1

함수 $f(x) = (x^2 + x)\cos(x)$을 최대화하는 x를 유전 알고리즘을 통해 찾는다. 단, $-10 < x < 10$이다.

```
> # 함수 정의
> f <- function(x)  (x^2+x)*cos(x)
> min <- -10; max <- 10
> curve(f, min, max)
```

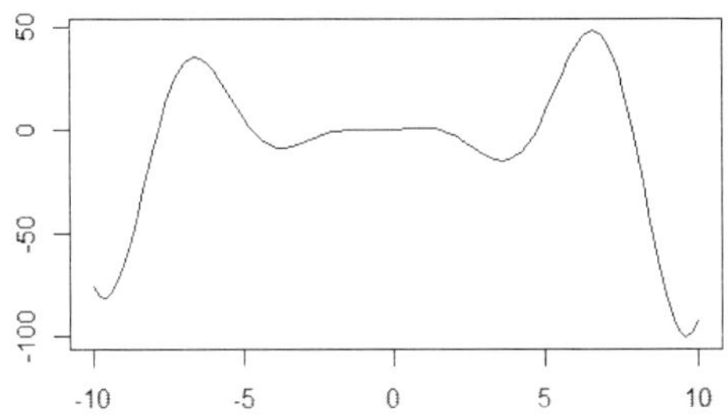


```
> # 유전 알고리즘 적용
> GA <- ga(type = "real-valued", fitness = f, min = min, max = max)
GA | iter = 100
Mean = 38.70473 | Best = 47.70562

> summary(GA)
+-----------------------------------+
|         Genetic Algorithm         |
+-----------------------------------+

GA settings:
Type                  =  real-valued
Population size       =  50
Number of generations =  100
Elitism               =  2
Crossover probability =  0.8
Mutation probability  =  0.1
Search domain =
     x1
Min -10
Max  10

GA results:
Iterations             = 100
Fitness function value = 47.70562
Solution =
          x1
[1,] 6.56054
```

(해석) 유전 알고리즘의 과정에 사용된 주요 옵션이 제시되어 있다. 해는 x=6.56에서 최댓값 47.7을 가진다.

```
> plot(GA)
```

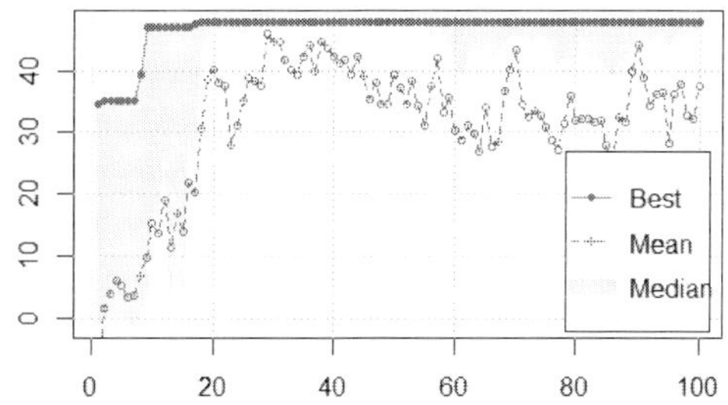

(해석) 유전 알고리즘의 매 반복(세대)에서 50개(population=50) 결과에 대한 최적값, 평균, 중앙값의 변화를 보여 준다. 최적값은 반복 20 근방에서 안정적인 상태를 보이고 있다.

```
> # R 최적화 함수 optimize(), nlm()와의 비교
> opt.sol <- optimize(f, lower = min, upper = max, maximum = TRUE)
> nlm.sol <- nlm(function(...) -f(...), 0, typsize = 0.1)
> curve(f, min, max)
> points(GA@solution, GA@fitnessValue, col = 2, pch = 20)
> points(opt.sol$maximum, opt.sol$objective, col = 3, pch = 8)
> points(nlm.sol$estimate, -nlm.sol$minimum, col = 4, pch = 17)
> legend(x = -5, y = -50, title = "Solutions",
         legend = c("ga", "optimize", "nlm"), pch = c(20,8,17), col = 2:4)
```

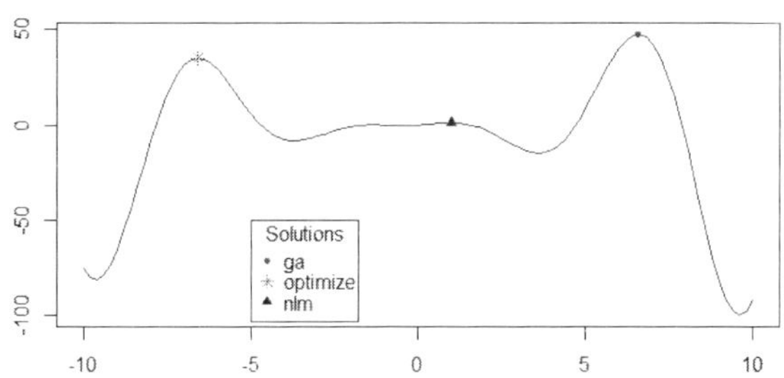

(해석) GA 알고리즘은 전역 최댓값을 올바르게 제공하는 반면, R의 다른 최적화 함수인 optimize( )와 nlm( )은 지역 최댓값으로 잘못 수렴함을 보여 준다. 참고로, optimize( ) 함수는 golden section search와 successive parabolic interpolation을 결합한 방법을 사용하며, nlm( ) 함수는 Newton-형의 알고리즘을 사용한다.

다음의 [예제 2]는 배낭문제(knapsack problem)로 알려진 조합최적화의 유명한 문제를 다룬다. 이 문제를 간단히 소개하면, 한 여행자가 가지고 가는 배낭에 담을 수 있는 무게의 최댓값이 정해져 있고(capacity), 일정 가치(profit)와 무게(weight)가 있는 짐들을 배낭에 넣을 때, 가치의 합이 최대가 되도록 짐을 고르는 방법을 찾는 문제이다.

예제 2

(배낭문제: knapsack problem) 무게 w_i와 가치 p_i가 주어져 있고, 배낭의 용량이 W일 때, $\sum_{i=1}^{n} x_i w_i \le W$의 제약조건하에서 $\sum_{i=1}^{n} x_i p_i$를 최대화하는 이진(binary) 벡터 $x=(x_1, x_2, \cdots, x_n)$를 찾는다. i-번째 항목 $x_i (i=1,2,\cdots,n)$는 1(배낭에 선택) 또는 0(배낭에 미선택)의 값을 가진다.

```
> # 문제 설정
> p <- c(6, 5, 8, 9, 6, 7, 3)    # 가치(profit)
> w <- c(2, 3, 6, 7, 5, 9, 4)    # 무게(weight)
> W <- 9    # 용량(capacity)
> knapsack <- function(x)
          {
           f <- sum(x*p)
           penalty <- sum(w)*abs(sum(x*w)-W)
           f - penalty
          }
> GA <- ga("binary", fitness = knapsack, nBits = length(w),
            maxiter = 1000, run = 200, popSize = 20, seed = 12345)
GA | iter = 204
Mean = -2.35 | Best = 15.00

> summary(GA)
+-----------------------------------+
|         Genetic Algorithm         |
+-----------------------------------+

GA settings:
Type                  =  binary
Population size       =  20
Number of generations =  1000
Elitism               =  1
Crossover probability =  0.8
Mutation probability  =  0.1

GA results:
Iterations             = 204
Fitness function value = 15
Solution =
     x1 x2 x3 x4 x5 x6 x7
[1,]  1  0  0  1  0  0  0
```

(해석) 항목 1과 4가 선택되었으며, 이때 가치의 합은 15(=6+9)이다.

```
> sum(p*GA@solution)
[1] 15

> sum(w*GA@solution)
[1] 9
```

다음의 [예제 3]에서는 또 다른 조합최적화 문제인 순회외판원 문제(traveling salesman problem)를 다룬다. 이 문제는 여러 도시를 방문하는 외판원의 이동 순서를 정하는 문제로 간단히 설명하면 다음과 같다. 외판원이 방문해야 할 여러 도시가 있고 한 도시에서 다른 도시로 이동하는 비용(또는 거리)이 모두 주어졌을 때, 모든 도시들을 단 한 번만 방문하고 원래 시작점으로 돌아오는 최소 비용(거리)의 이동 순서를 찾는 문제이다.

예제 3

(순회판매원 문제: traveling salesman problem, **이하** TSP) eurodist{datasets} **자료는 유럽의** 21**개 도시들 간의 거리(단위:** km)**를 제공한다.**

```
> # 분석자료: 도시 간 거리행렬
> data("eurodist", package = "datasets")
> D <- as.matrix(eurodist)
> # 여행 거리 정의
> tourLength <- function(tour, distMatrix)
          {
           tour <- c(tour, tour[1])
           route <- embed(tour, 2)[,2:1]
           sum(distMatrix[route])
          }
> # 적합도함수 정의
> tspFitness <- function(tour, ...) { 1/tourLength(tour, ...) }
> # 유전 알고리즘 수행
> GA <- ga(type = "permutation",
              fitness = tspFitness, distMatrix = D,
              min = 1, max = attr(eurodist, "Size"),
              popSize = 50, maxiter = 5000, run = 500,
              pmutation = 0.2,
              seed = 20120614)

GA | iter = 909
Mean = 7.042570e-05 | Best = 7.756147e-05

> plot(GA)
```

4부 주요 알고리즘

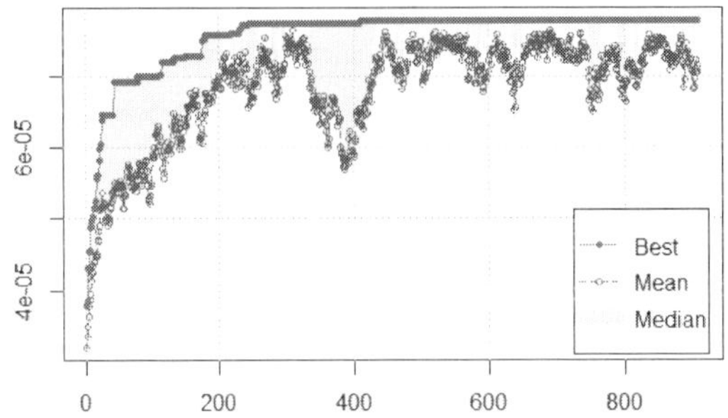


```
> summary(GA)
+-----------------------------------+
|          Genetic Algorithm        |
+-----------------------------------+

GA settings:
Type                  =  permutation
Population size       =  50
Number of generations =  5000
Elitism               =  2
Crossover probability =  0.8
Mutation probability  =  0.2

GA results:
Iterations             = 909
Fitness function value = 7.756147e-05
Solutions =
     x1 x2 x3 x4 x5 x6 x7 x8 x9 x10 x11 x12 x13 x14 x15
[1,] 20 10  6 17 21  1 19 16  8  13  15   2  14   9  12
[2,] 10  6 17 21  1 19 16  8 13  15   2  14   9  12   5
     x16 x17 x18 x19 x20 x21
[1,]   5  18   4   3  11   7
[2,]  18   4   3  11   7  20
```

(해석) 최단 거리의 도시의 방문 순서는 20(Stockholm) → 10(Hamburg) → 6 → 17 → ... → 7(Copenhagen) → 20(Stockholm) 이다.

```
> apply(GA@solution, 1, tourLength, D)
[1] 12893 12893

    > ## 분석결과의 시각화
    > # 다차원척도법에 의한 도시 지도 작성: 나종화(2017)의 4권 참고
    > # 도시 간의 거리를 이용하여 좌표점을 결정함
```

```
   > mds <- cmdscale(eurodist)

> x <- mds[,1]; y <- -mds[,2]
> par(mar = c(2.5,2.5,1.5,1.5))
> plot(x, y, type="n", asp=1, xlab="", ylab="")
> abline(h = pretty(range(x), 10), v = pretty(range(y), 10),
       col = "light gray")
> # GA에 의한 최적 경로 추가
> tour <- GA@solution[1,]
> tour <- c(tour, tour[1])
> n <- length(tour)
> arrows(x[tour[-n]], y[tour[-n]], x[tour[-1]], y[tour[-1]],
        length = 0.15, angle = 25, col = "steelblue", lwd = 2)
> text(x, y, labels(eurodist), cex=0.8)
```

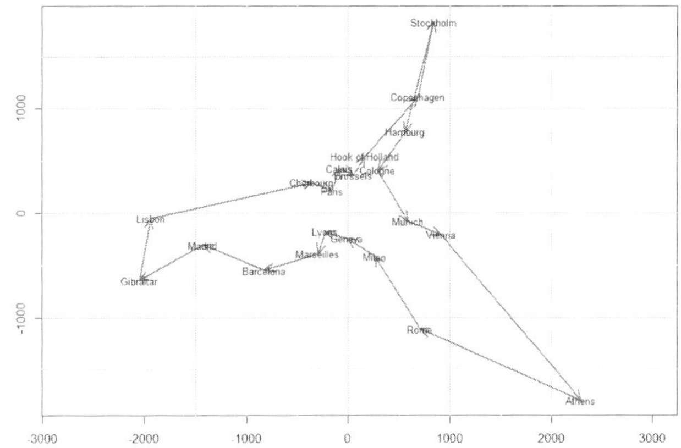

TSP는 택배회사에서 배달 순서를 정하는 문제, 인쇄회로기판을 만드는 공정을 모델링하는 데 이용될 수 있다. 후자의 문제에서, 드릴로 회로 기판에 구멍을 뚫는 기계가 있다면, '도시'는 구멍에 해당하고 '이동 비용'은 드릴의 위치를 이동시키는 데 필요한 시간이라고 생각할 수 있다.

TSP에 대한 다른 해법으로는 담금질 기법(simulated annealing)이 있다. 이 방법은 광대한 탐색 공간 안에서 주어진 함수의 전역 최적화에 대한 좋은 근사를 제공하는 알고리즘으로, 유전 알고리즘과 함께 여러 분야에 폭넓게 사용된다.

5부

비정형 데이터마이닝

19장 텍스트마이닝

19.1 서론

텍스트마이닝(text mining)은 전통적인 질적 연구기법에 적합하지 않은 대규모 데이터 셋을 분석하고 이해하는 데 널리 사용되는 방법이다. 이러한 도구는 소셜 미디어의 주제를 이해하거나 비정형 데이터에서 정보를 검색하는 등 다양한 정보 문제에 적용되어 왔다. 텍스트마이닝은 연구 탐색 초기에 매우 유용한 도구가 될 수 있으므로 분석 중에 텍스트 데이터가 테마 및 개념을 연구자에게 제안할 수 있다. 이것은 가설과 질문이 사전에 알려지지 않은 경우(특히 귀납적 연구 접근법과 같이) 추가 연구 질문 및 분석 접근법을 구성하는 데 유용한 시작점을 제공할 수 있다. 또한 이러한 도구는 시각화 또는 기타 그래픽 도구에서 향후 분석을 위해 텍스트 기반 데이터를 정리 및 구조화하는 데 도움을 줄 수 있다. 유형의 연구 이익 이외에도 텍스트마이닝은 재미있고 유익한 발견 과정이 될 수 있다.

이 장에서는 R의 텍스트마이닝 패키지에서 제공하는 기본적인 분석 과정을 소개한다. R의 {tm} 패키지는 코퍼스(corpus)로 알려진 텍스트 문서 모음에 대한 분석을 제공한다.

19.2 워드클라우드: 예제

문서에 등장하는 단어들의 빈도가 주어지면 막대그래프 또는 워드클라우드로 요약할 수 있다. 텍스트마이닝 과정에서 단어들의 빈도는 문서-단어 행렬로부터 쉽게 구해진다.

R 패키지 {wordcloud}의 wordcloud( ) 함수는 워드클라우드 그림을 제공한다. 이 함수의 일반 형식과 주요 옵션은 다음과 같다.

```
wordcloud(words, freq, scale=c(4,.5), min.freq=3, max.words=Inf,
      random.order=TRUE, random.color=FALSE, rot.per=.1,
      colors="black", ordered.colors=FALSE, use.r.layout=FALSE,
      fixed.asp=TRUE, ...)
```

- words: 단어
- freq: 빈도
- scale=c(4,.5): 길이 2의 벡터로 단어의 크기 범위를 나타냄
- min.freq=3: 빈도가 3 이하인 단어는 플롯에서 제외함
- max.words=Inf: 그려질 최대 단어의 수. 최소 빈도 항목은 생략됨
- random.order=TRUE: 단어를 랜덤하게 배치함. FALSE는 내림차 빈도로 그려짐
- random.color=FALSE: 색상을 랜덤하게 선택함. FALSE는 빈도에 따라 선택됨
- rot.per=.1: 90도 회전 단어의 비율
- colors="black": 최소~최대 빈도 색상 단어
- ordered.colors=FALSE: TRUE이면 색상이 순서대로 단어에 할당됨

만약 freq가 생략 시 words는 문자형 벡터 또는 코퍼스가 될 수 있다. words가 벡터이고 freq가 생략된 경우는 플롯에 앞서 불용어(stopwords)가 제거되어야 한다.

워드클라우드는 문서로부터 등장하는 단어의 빈도를 세어 시각화하는 방법으로 주로 사용되나 다양하게 활용될 수 있다. 다음의 [예제 1]은 국내의 KOSPI200 자료에 대해 워드클라우드를 적용한 예를 보여 준다.

예제 1

KOSPI200에 속한 종목 가운데 시가총액 기준으로 상위 100개의 종목에 대한 현재가를 빈도로 간주하여 워드클라우드를 작성하기로 한다. 자료는 인터넷에서 다음의 절차에 따라 수집할 수 있다: 네이버 → 증권 → 국내증시 → 시가총액 → csv 파일로 저장(copy & paste).

```
> # 패키지 설치
> library(RColorBrewer)
> library(wordcloud)
> library(ggplot2)

> # 자료 불러오기
> stock <- read.csv("C:/korea_stock.csv", header = T)

> ## 워드클라우드 분석 수행
> palete <- brewer.pal(8, "Dark2")   # 글자색 지정
> wordcloud(stock$종목명, stock$현재가,
```

```
                scale=c(4,0.5), rot.per=0.25,
                random.order=F, random.color=T, colors=palete)
```

```
> # 상위 20개 종목에 대한 막대그래프
> ggplot(data=stock[1:20,], aes(x=종목명, y=현재가)) +
        coord_flip() + geom_bar(stat="identity")
```

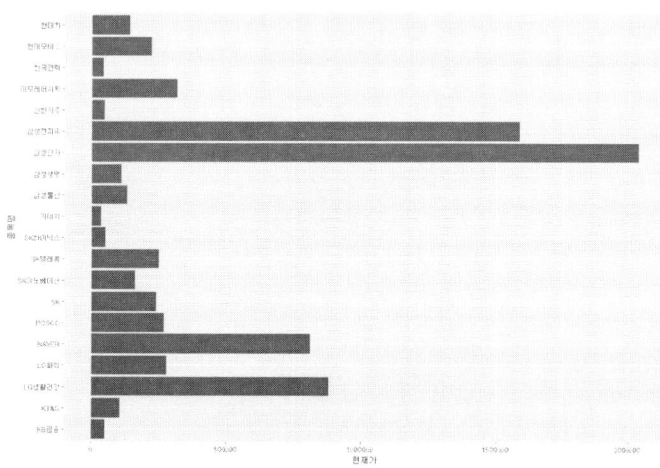

19.3 텍스트마이닝의 절차 소개

이 절에서는 19 ~ 21장에 걸쳐 다루어질 텍스트마이닝 분석의 전반에 대한 분석 절차를 소개한다. 다음의 [그림 19.1]은 텍스트마이닝 분석의 흐름도를 나타낸다. [부록 I]에서는 보다 자세한 그림과 함께 분석에 사용되는 R 패키지와 함수도 제시하였다.

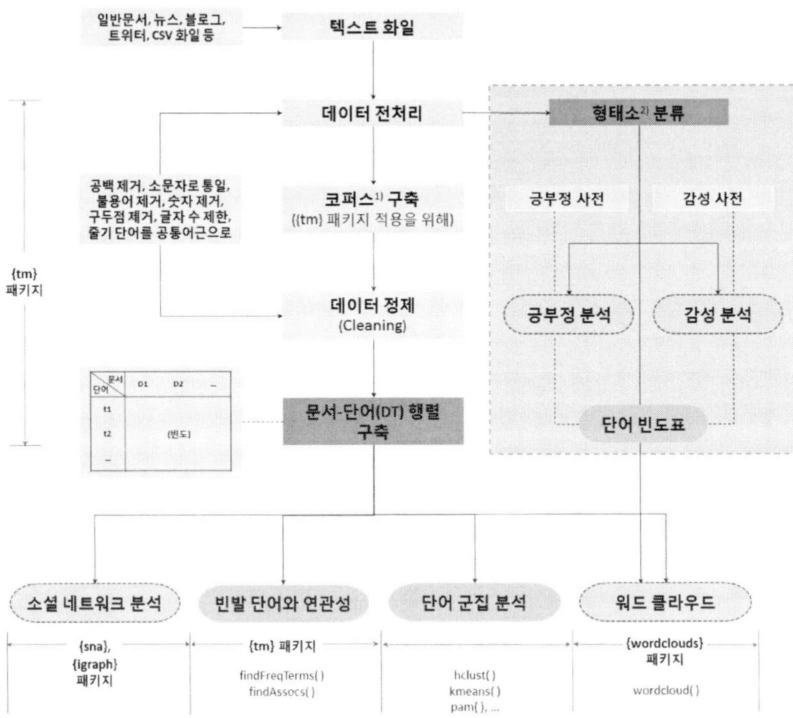

1) 코퍼스(Corpus) : 한 개 또는 여러 개의 문서 집합
2) 형태소 : 의미를 갖는 단어의 최소 단위 (9가지 또는 22가지)

[그림 19.1] 텍스트마이닝 분석 흐름도

19.4 예제를 통한 텍스트마이닝

(출처: http://journal.code4lib.org/articles/11626)

예제 2

{tm} 패키지에서 제공하는 자료를 이용하여 텍스트마이닝을 수행한다. 이 자료는 20개의 XML 파일(파일명: reut-00001.xml ~ reut-00023.xml)로 구성되었다([그림 19.2]). 자료의 위치는 "C:/Users/.../R/win-library/3.3/tm/texts/crude" 이다(문서명 일련번호에서 3, 17, 20번은 없음).

```
<?xml version="1.0"?>
<REUTERS NEWID="127" OLDID="5670" CGISPLIT="TRAINING-SET" LEWISSPLIT="TRAIN" TOPICS="YES">
   <DATE>26-FEB-1987 17:00:56.04</DATE>
 - <TOPICS>
      <D>crude</D>
   </TOPICS>
 - <PLACES>
      <D>usa</D>
   </PLACES>
   <PEOPLE/>
   <ORGS/>
   <EXCHANGES/>
   <COMPANIES/>
   <UNKNOWN>Y f0119 reute u f BC-DIAMOND-SHAMROCK-(DIA 02-26 0097</UNKNOWN>
 - <TEXT>
      <TITLE>DIAMOND SHAMROCK (DIA) CUTS CRUDE PRICES</TITLE>
      <DATELINE>NEW YORK, FEB 26 -</DATELINE>
      <BODY>Diamond Shamrock Corp said that effective today it had cut its contract prices for crude oil by 1.50 dlrs a barrel. The reduction
         brings its posted price for West Texas Intermediate to 16.00 dlrs a barrel, the copany said. "The price reduction today was made in
         the light of falling oil product prices and a weak crude oil market," a company spokeswoman said. Diamond is the latest in a line of
         U.S. oil companies that have cut its contract, or posted, prices over the last two days citing weak oil markets. Reuter</BODY>
   </TEXT>
</REUTERS>
```

[그림 19.2] XML 자료의 예시(화일명: reut-00001.xml)

(a) 자료 불러오기: VCorpus( ) 함수

```
> # XML 자료 불러오기
> library(tm)
> library(XML)
> reut21578 <- system.file("texts", "crude", package = "tm")
> text_corpus <- VCorpus(DirSource(reut21578),
                  readerControl = list(reader = readReut21578XMLasPlain))
> text_corpus
<<VCorpus>>
Metadata:  corpus specific: 0, document level (indexed): 0
Content:  documents: 20

> writeLines(as.character(text_corpus[[1]]))
Diamond Shamrock Corp said that
effective today it had cut its contract prices for crude oil by
1.50 dlrs a barrel.
    The reduction brings its posted price for West Texas
Intermediate to 16.00 dlrs a barrel, the copany said.
    "The price reduction today was made in the light of falling
oil product prices and a weak crude oil market," a company
spokeswoman said.
    Diamond is the latest in a line of U.S. oil companies that
```

5부 비정형 데이터마이닝

```
have cut its contract, or posted, prices over the last two days
citing weak oil markets.
 Reuter
```

(b) 데이터 정제: tm_map( ) 함수

아래는 tm_map( ) 함수를 이용하여 차례대로 공백 제거, 소문자로 통일, 불용어(stopwords) 제거, 줄기 단어(stem terms)를 그들의 공통 어근(common root)으로, 숫자 제거, 구두점 제거를 수행하는 과정이다.

```
> # 데이터 정제(cleaning)
> text_corpus <- tm_map(text_corpus, stripWhitespace)
> text_corpus <- tm_map(text_corpus, content_transformer(tolower))
> text_corpus <- tm_map(text_corpus, removeWords, stopwords("english"))
> text_corpus <- tm_map(text_corpus, stemDocument)
> text_corpus <- tm_map(text_corpus, removeNumbers)
> text_corpus <- tm_map(text_corpus, removePunctuation)
```

(c) 문서-단어 행렬 구성: DocumentTermMatrix( ) 함수

```
> # 문서-단어 행렬
> dtm <- DocumentTermMatrix(text_corpus)
> dtm
<<DocumentTermMatrix (documents: 20, terms: 847)>>
Non-/sparse entries: 1622/15318
Sparsity           : 90%
Maximal term length: 16
Weighting          : term frequency (tf)

> dim(dtm)
[1]  20 847

> # 희소한 단어 제거: 군집(clustering) 등에 유용
> # sparse= 는 1에 가까울수록 희소함(0~1)
> dtm2 <- removeSparseTerms(dtm, sparse=0.95)
> dim(dtm2)
[1]  20 306     # 단어가 크게 줄어듦(847 -> 306)
```

텍스트 분석의 어려움 중 하나는 빈번한 단어가 특정 분석에 더 많은(또는 적은) 가치가 있는지를 결정하는 것이다. 연구의 목표에 따라 매우 일반적인 단어보다 드문 단어를 탐구하는 데 더 많은 관심이 있을 수도 있다. 또는 우리가 원하는 단어의 길이를 지정하고 매우 일반적인 단어를 제외할지 여부를 결정할 수 있다.

여기서는 5개(~20개) 이상의 문서에 나타나고, 단어의 길이가 3 ~ 15자 사이인 단어를 추출한다.

```
> # 4개 이상의 문서에 나타나고, 단어의 길이가 3~15인 단어를 추출
> dtmr <-DocumentTermMatrix(text_corpus,
                    control = list(wordLengths = c(3,15),
                    bounds = list(global = c(4,20))))
> dim(dtmr)
[1] 20 91     # 단어가 91개로 줄어듦
```

일단 문서-단어 행렬이 생성되면 이를 기반으로 다양한 분석이 가능하다. 여기에는 21장에서 소개될 소셜 네트워크 분석도 포함된다. 다음은 문서-단어 행렬을 이용한 여러 가지 분석을 소개한다.

(d) 문서-단어 행렬을 이용한 분석

여기서는 편의상 축소된 자료가 아닌 dtm 자료를 이용하여 분석을 수행한다.

① 코퍼스 이해를 위한 기본함수

findFreqTerms ( ) 함수: 단어의 하한 빈도를 지정하여(lowfreq= 옵션) 특정 문서-단어 행렬을 평가한다.

```
> # 출현 빈도가 5 이상인 단어
> findFreqTerms(dtm, lowfreq = 5)
> freq <- sort(colSums(as.matrix(dtm)), decreasing=TRUE)
> head(freq, 50)
     oil      said     price      opec       mln    market      last
      85        73        48        47        31        26        24
  barrel       bpd      dlrs     crude    reuter     saudi      will
      23        23        23        21        21        18        18
  ...(생략)

> tail(freq, 50)
  succeed    suharto     suppli     suppos   surround      swift      talk
        1          1          1          1          1          1         1
   tanker    tanurah      taper      teach   telephon     termin      test
        1          1          1          1          1          1         1
    ...(생략)

> # 위 결과를 csv 파일로 저장
> # getwd()와 setwd() 함수를 이용하여 저장 위치를 지정
> write.csv(freq, file = "frequencies.csv")
```

② 빈발 단어 탐색

findAssocs( ) 함수는 자주 사용되는 빈발 단어를 탐색한다. 이 함수는 문서-단어 행렬에서 특정 단어(term= 로 지정)와 상관 제한(0 ~ 1)을 만족하는 단어를 찾는다. 상관제한 1은 항상 함께 나타남을 의미한다.

5부 비정형 데이터마이닝

```
> # 단어 "oil"과 60% 이상 같이 나타나는 단어를 찾음
> findAssocs(dtm,term="oil",0.6)
$oil
        opec          tri         want      analyst
        0.87         0.81         0.81         0.79
       clear         late       winter         said
        0.79         0.79         0.79         0.78
      ...(중략)
      demand          now         must         forc
        0.66         0.65         0.62         0.60

> # 단어 "kuwait"과 80% 이상 같이 나타나는 단어를 찾음
> findAssocs(dtm,term="kuwait",0.8)
$kuwait
   ecuador   ability    abroad       ali    almost     alvit  baseless
      0.96      0.94      0.94      0.94      0.94      0.94      0.94
      body   certain  challeng     charg    clever  committe committee
      0.94      0.94      0.94      0.94      0.94      0.94      0.94
    ...(중략)
      name    remark     appar    intern     march     daili
      0.84      0.84      0.82      0.82      0.82      0.81
```

③ 특정 단어와 상관된 단어의 시각화

기본적으로 plot( ) 함수는 선택된 상관관계 임계값과 함께 소수의 무작위로 선택된 단어에 대해 그림을 그려준다(수행마다 다른 그림이 제공됨). 그러나 일반적으로 특정 관심사와 관련된 단어를 그리는 것이 훨씬 더 유용하다. R이 임의로 단어를 선택하도록 하는 대신, 우리는 특정 목표 단어와 상관이 있는 단어 목록을 전달할 수 있다. 다음 명령은 findAssocs( ) 함수를 사용하여 "oil"과 관련된 상관관계 계수 및 단어 목록을 검색한 다음 name( ) 함수를 사용하여 반환된 단어 목록을 검색하고, 이를 plot( ) 함수에 전달한다.

```
> # 상관이 0.7 이상인 단어 그림: 단어는 임의로 선택됨
> plot(dtm, corThreshold = 0.7)

> # 특정 단어("oil")와 상관이 0.7 이상인 단어들 가운데 상관이 0.8 이상인 단어 간의 그림
> plot(dtm, terms = names(findAssocs(dtm,term="oil",0.7)[["oil"]]),
       corThreshold = 0.8)
```

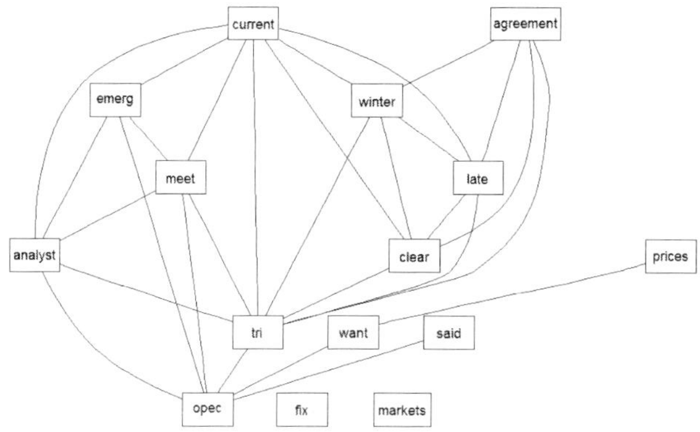


```
> # attrs= 옵션으로 플롯의 여러 특성을 제어함
> # 예: 색, 노드 모양, 글꼴 크기 등
> plot(dtm, terms = names(findAssocs(dtm,term="oil",0.7)[["oil"]]),
       corThreshold = 0.8,
       attrs=list(node=list(label="foo",
                            fillcolor="lightgreen",
                            fontsize="16",
                            shape="ellipse"),
                  edge=list(color="cyan"),
                  graph=list(rankdir="LR")))
```

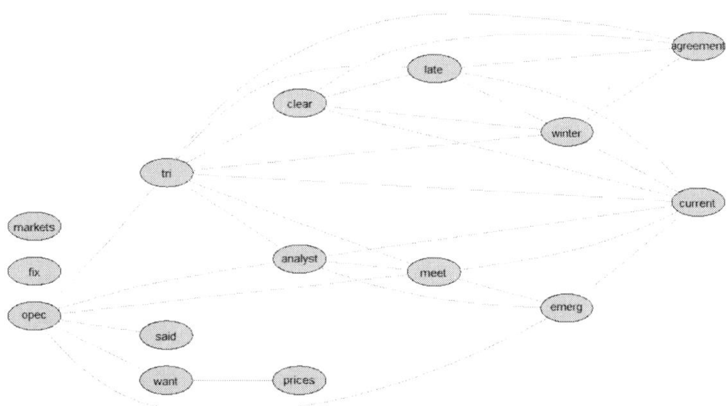

④ 워드클라우드

워드클라우드(wordcloud)는 한눈에 단어 빈도를 나타낼 수 있는 유용한 도구이다. R에서 wordcloud를 생성하는 것은 {Rgraphviz} 패키지를 사용하며 매우 간단하다. 위에 작성된 freq 변수를 사용하여 단어 및 빈도를 wordcloud( ) 함수에 전달하여 워드클라우드를 그린다. 먼저, 자동으로 RColorBrewer 패키지를 로드하는 wordcloud 라이브러리를 설치하고 로드한 다음 여러 인수(단어 목록, 빈도 및 포함을 원하는 최소 빈발 단어)를 취하는 wordcloud( ) 함수를 실행한다.

```
> # 워드클라우드: wordcloud{wordcloud} 함수 이용
> install.packages("wordcloud")
> library(wordcloud)
> wordcloud(names(freq), freq, min.freq=5)
> wordcloud(names(freq), freq, min.freq=5, max.words=Inf,
            random.order=FALSE,
            colors=brewer.pal(8, "Accent"),
            scale=c(7,.4), rot.per=0)
```

(설명) 인자에 대한 설명: max.words= 는 그림에 포함할 단어의 수를 제어한다(이 경우 빈도가 5 이상인 모든 단어를 의미). random.order=FALSE는 가장 높은 빈도 단어가 먼저 플롯되고 강제로 클라우드의 중앙에 표시된다. {RColorBrewer} 패키지에서 사전 정의된 색상표 중 하나와 일반적으로 사용되는 색상 인수가 사용될 수 있다. 또한 가장 빈번한 단어와 최소 빈도 사이의 크기 차이를 결정하는 배율 인자(scale=)와 rot.per= 인자를 사용하여 세로로 그려지는 단어의 수를 제어한다(0: 모든 단어를 가로로, 1: 모든 단어를 세로로 배열함).

⑤ 단어 클러스터링

클러스터링은 다양한 기존 클러스터링 알고리즘을 사용하여 문서 내에서 유사한 단어를 그룹화하는 방법이다. 클러스터링은 사전에 범주가 알려지지 않은 대형 문서에 매우 유용하다. 먼저, 문서-단어 행렬(행이 단어임)을 만들고, 다음으로 작업할 좋은 크기의 목록을 얻을 때까지 희박성(sparcity)을 조작한다(대략 40개 단어가 읽기 가능한 클러스터의 크기임).

```
> # 단어 클러스터링: 20여개 단어를 사용함(sarse= 옵션으로 조절)
> # TermDocumentMatrix() 함수 사용: DocumentTermMatrix() 함수와 구분할 것
> tdm <- TermDocumentMatrix(text_corpus)
> tdm2 <- removeSparseTerms(tdm, sparse=0.7)
```

```
> dim(tdm2)
[1] 24 20
> d <- dist(as.matrix(tdm2))
> hc <- hclust(d)
> plot(hc)
```

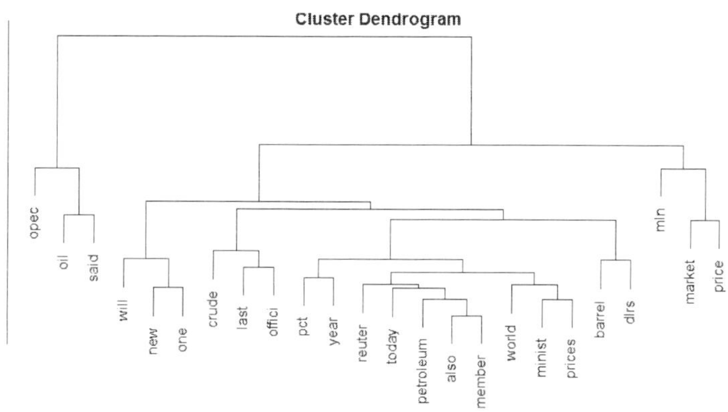


```
> groups <- cutree(hc, k=3)
> rect.hclust(hc, k=3, border="red")
```

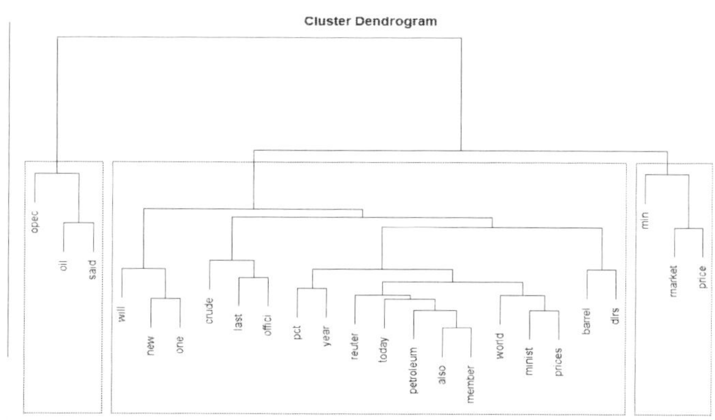

(e) CSV 자료 다루기

위의 예제에서는 XML 자료를 다루었으나, CSV 자료를 불러올 때는 read.csv( ) 함수를 사용한다.

```
> # csv 자료 읽어오기
> text_data <- read.csv("filename.csv", header = TRUE)
```

다음 단계에서는 텍스트 코퍼스를 작성은 앞서 파일 디렉토리에 사용된 DirSource( ) 함수 대신 DataFrameSource( ) 함수를 사용하여 CSV의 각 행을 별개의 문서로 처리하도록 지시한다.

```
> text_corpus <- Corpus(DataframeSource(text_data))
```

위에서 다룬 동일한 절차를 이 데이터 소스에 적용할 수 있다. 텍스트 정제, 문서 단어 행렬 생성 및 다양한 분석 등. 이 과정을 통해 소셜 네트워크 분석을 수행하는 것도 유용하다. 이때 노드(nodes)는 단어, 연결선(links)은 단어 간의 인접행렬(단어 간의 관계의 근접성 측정)이 사용될 수 있다.

19.5 사례 분석: 한국어 자료

분석에 사용될 자료는 휴대폰에서 발생하는 전자파의 건강과 관련한 일반인들의 인식도를 알아보기 위해 소셜미디어로부터 연관된 키워드들을 포함하는 텍스트를 수집한 자료이다. 이 자료는 최근 3년(2014.1 ~ 2016.12) 기간에 걸쳐 뉴스, 블로그 및 트위터에서 발생한 총 23,968건의 자료를 정제한 것으로, 자료의 형태는 [그림 19.3]과 같다(파일명: 휴대폰_건강.csv).

	A	B	C	D	E	F	G	H	I
1	body								
2	₩n전자파가 임산부에 미치는 영향 ₩n전자파는 누구에게나 해롭겠지만 ₩n특히 산모와 태아에게								
3	₩n전기의 보이지 않는 악영향 - 전자파 대처법 ₩n지금 여러분 앞에 전자기계가 보이시나요 ? 이								
4	₩n임신초기때 몸을 조심해야하기 때문에 거의 집에 있는 시간이 많을것이다. 그렇다보면 자연스								
5	₩n["전자파"에 대하여] ₩n(*전자파란 ? 파장을 가지고 있는 모든 전파를 일컫습니다.) ₩n전기제품								
6	₩n ₩n지금 우리는 고령화와 저출산으로 사회적 문제에 직면하고 있으며 불임 문제 역								
7	₩n["전자파"에 대하여] ₩n(*전자파란 ? 파장을 가지고 있는 모든 전파를 일컫습니다.) ₩n전기제품								
8	₩n전자파가 정말 몸에 악영행을 주는 것 같습니다. 이미 스마트 폰이나 다양한 전자기 제품들이								
9	₩n안녕하세요! IBS 블로그 기자단 권수연입니다. ₩n우리 주변에 많은 가전 제품들이 있습니다. 그								
10	₩n["전자파"에 대하여] ₩n(*전자파란 ? 파장을 가지고 있는 모든 전파를 일컫습니다.) ₩n전기제품								

[그림 19.3] 분석자료(파일명: 휴대폰_건강.csv)

예제 3

소셜미디어로부터 수집된 "휴대폰+전자파+건강 관련 키워드들"을 포함하는 자료에 대해 텍스트마이닝을 수행한다. 한글 자료에 대한 처리를 위해서는 {KoNLP} 등의 추가 패키지가 필요하며, 전처리, 형태소 분류 등에서도 영문과는 차이가 있으므로 유의하기 바란다.

```
> # 패키지 로딩
> library(tm)
> library(KoNLP)1)
> library(RColorBrewer)
> library(wordcloud)
```

1) 설치 시 오류 해결법: Naver에서 "KoNLP 패키지 설치 오류"를 검색하기 바람.

```
> ## (1) 데이터 불러오기
> 휴대폰 <- read.csv("C:/휴대폰_건강.csv", header=F)
> str(휴대폰)
'data.frame':   841 obs. of  1 variable:
 $ body: Factor w/ 489 levels "- 정답은 모른다. 전자파의 뇌종양 연관성 연구 중이나 아직 확실치 않아 [이데일리 이순용 기자] 휴대전화를 바지 주머니에 넣고 다니"| __truncated__,..: 348 332 324 135 100 135 349 261 136 317 ...

> 휴대폰 <- 휴대폰&body
> str(휴대폰)
 Factor w/ 489 levels "- 정답은 모른다. 전자파의 뇌종양 연관성 연구 중이나 아직 확실치 않아 [이데일리 이순용 기자] 휴대전화를 바지 주머니에 넣고 다니"| __truncated__,..: 348 332 324 135 100 135 349 261 136 317 ...

> ## (2) 불용어 제거
> 휴대폰 <- gsub("[[:space:]]", " ", 휴대폰)
> 휴대폰 <- gsub("\n", "", 휴대폰)
> 휴대폰 <- gsub("\r", "", 휴대폰)
> 휴대폰 <- gsub("\\n", "", 휴대폰)
> 휴대폰 <- gsub("\\n)", "", 휴대폰)
> 휴대폰 <- gsub("http://[[:graph:]]*","", 휴대폰)
> 휴대폰 <- gsub("https///[[:graph:]]*","", 휴대폰)
> 휴대폰 <- gsub("///[[:graph:]]*","", 휴대폰)
> 휴대폰 <- gsub("@[[:graph:]]*","",휴대폰)
> 휴대폰 <- gsub("RT","", 휴대폰)
> 휴대폰 <- gsub("@","", 휴대폰)
> 휴대폰 <- gsub("\\(","", 휴대폰)
> 휴대폰 <- gsub("\\d)","", 휴대폰)

> ## (3) 형태소 분류 -> 명사만 추출하기 위해
> # 세종 사전 불러오기: 한글 처리에 필요
> useSejongDic()
> # mergeUserDic(data.frame(c("대한민국"), c("ncn")))    # 필요 시 추가
> tran <- Map(extractNoun, 휴대폰)    # 명사만 추출
> tran <- unique(tran)
> tran <- sapply(tran, unique)
> tran <- sapply(tran, function(x) {Filter(function(y) {
   nchar(y) <= 4 && nchar(y) > 1 && is.hangul(y) }    # 한글 자료만 추출
   ,x)} )
> tran <- Filter(function(x){length(x) >= 2}, tran)  # 길이가 2 이상인 단어만 추출
> names(tran) <- paste("Tr", 1:length(tran), sep="")
> tran[1]
$Tr1
 [1] "임산부"    "영향"     "누구"     "산모"     "태아"     "경우"     "철분"
 [8] "유발"     "전자파"    "보호"     "사용"     "가능"     "전기담요" "불가피"
[15] "취침"     "가동"     "중지"     "전기"     "제품"     "강력"     "품목"
```

5부 비정형 데이터 마이닝

```
[22] "하나"     "정도"     "내부"     "발생"     "인체"     "밀착"     "해서"
[29] "컴퓨터"   "측면"     "방출량"   "최소"     "마찬가지" "앞쪽"     "뒤쪽"
[36] "프린터"   "복사기"   "스탠드"   "조심"     "임신"     "개월"     "이후"
[43] "주당"     "시간"     "이내"     "제한"     "장시간"   "오랫동안" "피로"
[50] "요통"     "어깨통"   "두통"     "초래"     "방법"     "수칙"     "작업"
[57] "휴식"     "민감"     "검증"     "앞치마"   "착용"     "주변"     "선인장"
[64] "근육"     "경직"     "운동"     "피로감"   "해소"     "인치"     "모니터"
[71] "방출"     "노트북"

> # 모든 명사를 추출, 저장
> 휴대폰word <- data.frame(unlist(tran))
> write.csv(휴대폰word, "C:/휴대폰word.csv")
> # 저장된 csv 파일의 형태(휴대폰word.csv)
```

	A	B	C
1		unlist.tran.	
2	43297	가가	
3	40492	가게	
4	42848	가게	
5	43476	가게	
6	43608	가게	
7	44076	가게	
8	65528	가게	
9	1537	가격	
10	4419	가격	

```
> ## (4) 워드클라우드 분석
> word <- read.csv("C:/휴대폰word.csv", header = T)
> # word <- melt(tran)
> wordcount <- table(word[,2])    # 단어 카운트
> head(sort(wordcount, decreasing = T), 100)
> names(head(sort(wordcount,decreasing = T), 100))    # 상위 100개만 보기
> palete <- brewer.pal(8,"Dark2")    # 글자색 지정
> wordcloud(names(wordcount), freq=wordcount, scale=c(3,0.5), rot.per=0.25,
            min.freq=30, random.order=F, random.color=T, colors=palete)
```

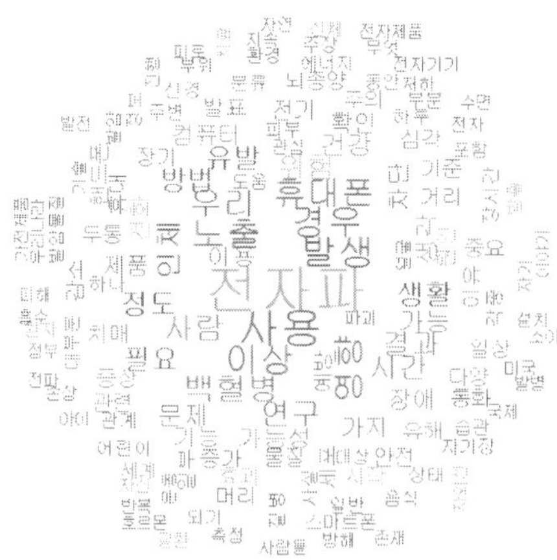

20장
감성분석

20.1 서론

감성분석(sentiment analysis)(또는 opinion mining이라고도 함)은 텍스트에서 의견, 감정 및 감성(정서)을 추출하는 것을 의미한다. 감성분석의 가장 일반적인 응용 중 하나는 웹에서 태도와 감정을 추적하는 것이다. 특히 제품, 서비스, 브랜드 또는 사람을 태깅하는 데 적합하다. 주요 아이디어는 특정 잠재 고객이 긍정적(positive)인지 부정적(negative)인지를 판단하는 것이다. 감성분석은 마케팅에서 고객 서비스에 이르기까지 다양한 애플리케이션에 대한 리뷰 및 소셜 미디어에 널리 적용된다.

보다 일반적으로 정의하면, 감성분석은 어떤 주제 또는 문서의 전반적인 문맥 극성(polarity)과 관련하여 화자(speaker) 또는 작가의 태도를 결정하는 것을 목표로 한다. 태도는 자신의 판단이나 평가, 정서적인 상태(즉, 저작자의 감정 상태) 또는 의도된 감정적 의사소통(즉, 저자가 독자에게 가지기를 바라는 감정적인 효과) 등이 될 수 있다. 감성분석은 소스 자료에서 주관적인 정보를 식별하고 추출하기 위해 자연어 처리, 텍스트 분석 및 계산 언어학을 사용한다.

20.2* {tidytext} 패키지를 이용한 감성분석

(출처: https://cran.r-project.org/web/packages/tidytext/vignettes/tidytext.html)

Tidy(정돈된) 데이터 원칙을 사용하면 많은 텍스트마이닝 작업을 보다 쉽고 효율적이며 이미 널리 사용되는 도구와 일관되게 만들 수 있다. Tidy 데이터프레임을 가지는 텍스트마이닝에 필요한 많은 인프라는 이미 dplyr, broom, tidyr 및 ggplot2와 같은 패키지에 있다. {tidytext} 패키지에서는 텍스트를 tidy 형식으로(to) 변환하거나 tidy 형식으로부터(from) 변환하고, tidy 도구와 기존 텍스트마이닝 패키지 간에 원활하게 전환할 수 있는 기능 및 지원 데이터 셋을 제공한다.

여기서는 {tidytext}를 이용한 몇 가지 텍스트마이닝의 예를 소개한다.

제인 오스틴(Jane Austen)의 소설을 tidy 형식으로 바꿀 수 있다. 출판된 오스틴의 6개 소설을 {janeaustenr} 패키지의 텍스트를 사용하여 tidy 형식으로 변환한다. {janeaustenr} 패키지는 그것들을 1라인당-1행(one-row-per-line) 형식으로 제공한다.

```
> library(janeaustenr)
> library(dplyr)
> library(stringr)
> original_books <- austen_books() %>%
        group_by(book) %>%
        mutate(linenumber = row_number(),
        chapter = cumsum(str_detect(text, regex("^chapter [\\divxlc]",
        ignore_case = TRUE)))) %>%
        ungroup()
> original_books
# A tibble: 73,422 × 4
                    text                book linenumber chapter
                   <chr>              <fctr>      <int>   <int>
1  SENSE AND SENSIBILITY Sense & Sensibility          1       0
2                        Sense & Sensibility          2       0
3         by Jane Austen Sense & Sensibility          3       0
4                        Sense & Sensibility          4       0
5                 (1811) Sense & Sensibility          5       0
6                        Sense & Sensibility          6       0
7                        Sense & Sensibility          7       0
8                        Sense & Sensibility          8       0
9                        Sense & Sensibility          9       0
10             CHAPTER 1 Sense & Sensibility         10       1
# ... with 73,412 more rows
```

이것을 tidy 데이터 셋으로 사용하려면 1행당-1토큰(one-token-per-row) 형식으로 다시 구조화해야 한다. unnest_tokens(tidytxt} 함수는 텍스트를 열로 가지는 데이터프레임을 1행당-1 토큰 형식으로 변환해 준다.

```
> library(tidytext)
> tidy_books <- original_books %>%
               unnest_tokens(word, text)
> tidy_books
# A tibble: 725,054 × 4
                book linenumber chapter        word
```

```
                 <fctr>      <int>  <int>       <chr>
1  Sense & Sensibility          1      0       sense
2  Sense & Sensibility          1      0         and
3  Sense & Sensibility          1      0 sensibility
4  Sense & Sensibility          3      0          by
5  Sense & Sensibility          3      0        jane
6  Sense & Sensibility          3      0      austen
7  Sense & Sensibility          5      0        1811
8  Sense & Sensibility         10      1     chapter
9  Sense & Sensibility         10      1           1
10 Sense & Sensibility         13      1         the
# ... with 725,044 more rows
```

이 함수는 {tokenizers} 패키지를 사용하여 각 행을 단어로 분리한다. 디폴트 토큰화는 단어에 대한 것이지만 다른 옵션에는 문자, ngrams, 문장, 행, 문단 또는 regex 패턴 주위의 분리가 포함된다.

이제 데이터가 1행당-1단어로 저장되어 있으므로 {dplyr}와 같은 tidy 도구로 데이터를 조작할 수 있다. anti_join() 함수를 사용하여 불용어(tidytext 데이터 셋 stop_words에 보관)를 제거할 수 있다.

```
> data("stop_words")
> cleaned_books <- tidy_books %>%
                 anti_join(stop_words)
```

또한 count() 함수를 사용하여 모든 책에서 사용된 가장 일반적인 단어를 찾을 수 있다.

```
> cleaned_books %>%
            count(word, sort = TRUE)
# A tibble: 13,914 × 2
     word     n
    <chr> <int>
1    miss  1855
2    time  1337
3   fanny   862
4    dear   822
5    lady   817
6     sir   806
7     day   797
8    emma   787
9  sister   727
10  house   699
# ... with 13,904 more rows
```

감성분석(sentiment analysis)은 내부결합(inner join)으로 수행할 수 있다. 세 개의 감성 어휘집은 {tidytext} 패키지 내의 sentiments 데이터 셋에 있다. NRC 어휘집의 joy 점수를 가지는 단어를 살펴보기로 한다. Emma에서 가장 흔한 joy 단어는 무엇인가?

```
> nrcjoy <- get_sentiments("nrc") %>%
              filter(sentiment == "joy")
> tidy_books %>%
      filter(book == "Emma") %>%
      semi_join(nrcjoy) %>%
      count(word, sort = TRUE)
Joining, by = "word"
# A tibble: 303 × 2
      word     n
     <chr> <int>
1     good   359
2    young   192
3   friend   166
4     hope   143
5    happy   125
6     love   117
7     deal    92
8    found    92
9  present    89
10    kind    82
# ... with 293 more rows
```

또는 대신 각 소설에서 감성이 어떻게 변하는지 확인할 수 있다. Bing 사전을 사용하여 각 단어에 대한 감성 점수를 찾은 다음, 각 소설의 지정된 섹션에서 긍정(positive)과 부정(negative)의 수를 센다.

```
> library(tidyr)
> bing <- get_sentiments("bing")
> janeaustensentiment <- tidy_books %>%
        inner_join(bing) %>%
        count(book, index = linenumber %/% 80, sentiment) %>%
        spread(sentiment, n, fill = 0) %>%
        mutate(sentiment = positive - negative)
Joining, by = "word"
```

이제 우리는 각 소설의 그림 궤도를 가로 질러 이러한 감성 점수를 그릴 수 있다.

```
> library(ggplot2)
> ggplot(janeaustensentiment, aes(index, sentiment, fill = book)) +
        geom_bar(stat = "identity", show.legend = FALSE) +
        facet_wrap(~book, ncol = 2, scales = "free_x")
```

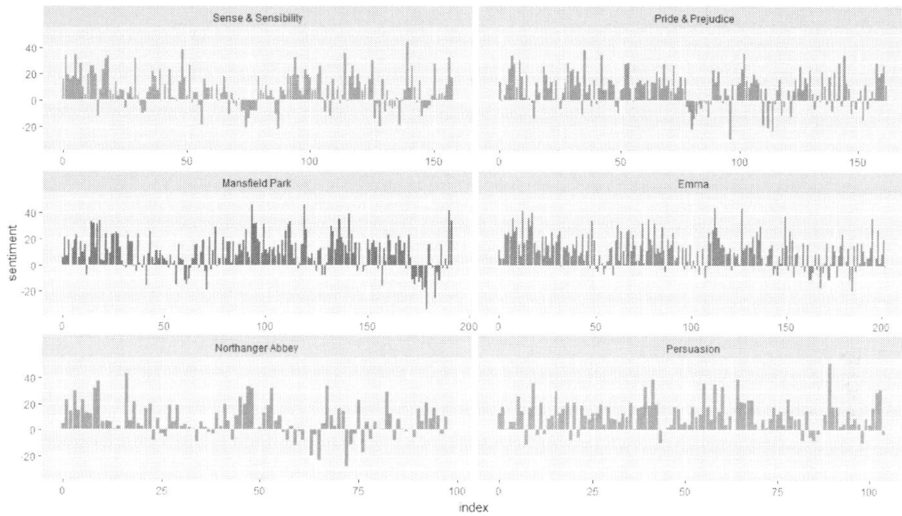


```
> ## 가장 일반적인 긍정적, 부정적 단어
```

감성과 단어가 모두 포함된 데이터프레임이 가지는 한 가지 장점은 각 감성에 기여하는 단어 수를 분석할 수 있다는 점이다.

```
> bing_word_counts <- tidy_books %>%
      inner_join(bing) %>%
      count(word, sentiment, sort = TRUE) %>%
      ungroup()
Joining, by = "word"

> bing_word_counts
# A tibble: 2,585 × 3
     word sentiment     n
    <chr>     <chr> <int>
1    miss  negative  1855
2    well  positive  1523
3    good  positive  1380
4   great  positive   981
5    like  positive   725
6  better  positive   639
7  enough  positive   613
```

```
8      happy  positive   534
9       love  positive   495
10 pleasure  positive   462
# ... with 2,575 more rows
```

시각적으로 볼 수 있으며 tidy 데이터프레임을 처리하기 위한 도구를 일관되게 사용하는 방식 때문에 ggplot2로 바로 연결할 수 있다.

```
> bing_word_counts %>%
      filter(n > 150) %>%
      mutate(n = ifelse(sentiment == "negative", -n, n)) %>%
      mutate(word = reorder(word, n)) %>%
      ggplot(aes(word, n, fill = sentiment)) +
      geom_bar(stat = "identity") +
      theme(axis.text.x = element_text(angle = 90, hjust = 1)) +
      ylab("Contribution to sentiment")
```

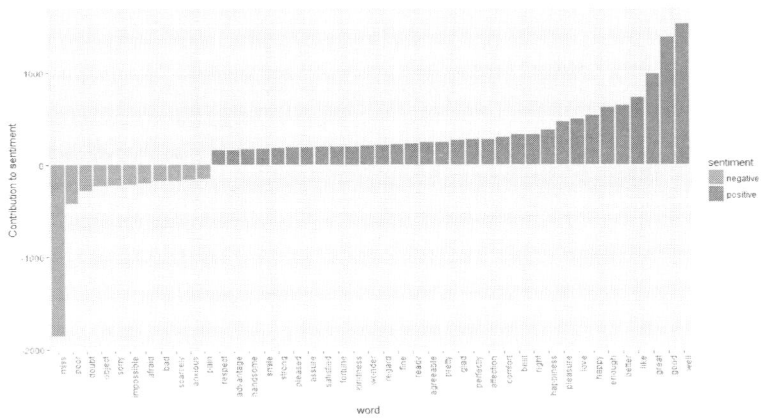

이를 통해 감성분석에서 이상을 발견할 수 있다. "miss"라는 단어는 부정으로 코딩되어 있지만 오스틴의 작품에서 젊은 미혼 여성을 대한 제목으로 사용된다. 우리의 목적에 부합한다면 bind_rows(0 함수를 사용하여 사용자 정의 불용어 목록에 "miss"를 쉽게 추가할 수 있다.

```
> ## 워드클라우드
```

우리는 이 tidy 텍스트마이닝 접근법이 ggplot2와 잘 작동한다는 것을 알았지만 데이터를 tidy 형식으로 유지하는 것이 다른 플롯에도 유용하다.

예를 들어, {wordcloud} 패키지를 이용하여 오스틴의 작품에서 가장 일반적인 단어를 전체적으로 다시 살펴보기로 한다.

```
> library(wordcloud)
> cleaned_books %>%
    count(word) %>%
    with(wordcloud(word, n, max.words = 100))
```

comparison.cloud( )와 같은 다른 함수에서는 {reshape2}의 acast( )를 가지고 행렬로 변환해야 할 수도 있다. 감성분석을 통해 내부결합(inner join)을 사용하여 긍정적이고 부정적인 단어에 태그를 추가하고 가장 일반적인 긍정 및 부정 단어를 찾는다. 우리가 데이터를 comparison.cloud( )로 보낼 필요가 있을 때까지, 데이터는 tidy 형식이므로 조인, 파이핑 및 {dplyr}로 모두 수행할 수 있다.

```
> library(reshape2)
> tidy_books %>%
      inner_join(bing) %>%
      count(word, sentiment, sort = TRUE) %>%
      acast(word ~ sentiment, value.var = "n", fill = 0) %>%
      comparison.cloud(colors = c("#F8766D", "#00BFC4"), max.words = 100)
Joining, by = "word"
```

```
> ## 단어를 넘어서는 단위의 분석
```

많은 유용한 작업이 단어 수준에서의 토큰화로부터 수행될 수 있다. 그러나 때때로 텍스트의 다른 단위가 유용하거나 필요하다. 예를 들어, 어떤 감성분석 알고리즘은 전체 문장의 감성을 이해하려고 unigrams(즉, 단일 단어) 이상을 조사한다. 이러한 알고리즘은 아래의 문장

```
I am not having a good day.
```

이 부정으로 인해 행복이 아닌 슬픈 문장임을 이해하려고 한다. 스탠포드 CoreNLP 도구와 {sentimentr} R 패키지(Github에서 제공)는 감성분석 알고리즘의 예이다. 이를 위해 텍스트를 문장으로 토큰화할 수 있다.

```
> PandP_sentences <- data_frame(text = prideprejudice) %>%
                    unnest_tokens(sentence, text, token = "sentences")
```

하나의 예를 들면 다음과 같다.

```
> PandP_sentences$sentence[2]
[1] "however little known the feelings or views of such a man may be on his first entering
a neighbourhood, this truth is so well fixed in the minds of the surrounding families,
that he is considered the rightful property of some one or other of their daughters."
```

문장 토큰화에서 UTF-8로 인코딩된 텍스트, 특히 대화 섹션과 관련하여 약간의 문제가 있는 것 같다. 구두점을 ASCII로 사용하면 훨씬 효과적이다.

unnest_tokens()의 또 다른 옵션은 regex 패턴을 사용하여 토큰으로 분할하는 것이다. 예를 들어 오스틴의 소설의 텍스트를 장별로 데이터프레임으로 분할하는 데 사용할 수 있다.

```
> austen_chapters <- austen_books() %>%
                     group_by(book) %>%
                     unnest_tokens(chapter, text, token = "regex",
                            pattern = "Chapter|CHAPTER [\\dIVXLC]") %>%
                     ungroup()
> austen_chapters %>%
        group_by(book) %>%
        summarise(chapters = n())
# A tibble: 6 × 2
                 book chapters
               <fctr>    <int>
1 Sense & Sensibility       51
2   Pride & Prejudice       62
3      Mansfield Park       49
4                Emma       56
5    Northanger Abbey       32
6          Persuasion       25
```

우리는 각 소설의 정확한 장의 수(와 각 소설 제목을 위한 "추가"행)를 되찾았다. 이 데이터프레임에서 각 행은 하나의 장에 해당한다.

이 장의 시작 부분에서, 우리는 비슷한 regex를 사용하여 오스틴의 소설에 있는 모든 장이 한 줄에 하나씩 정리된 tidy 데이터프레임을 찾았다. 우리는 tidy 텍스트 분석을 사용하여 오스틴의 소설에서 가장 부정적인 장이 무엇인지 등의 질문을 할 수 있다. 먼저, Bing 어휘집에서 부정적인 단어 목록을 얻는다. 둘째, 장의 길이를 정규화 할 수 있도록 각 장에 몇 개의 단어가 들어있는지에 대한 데이터프레임을 만든다. 그 다음 각 장에서 부정적인 단어의 수를 찾고 각 장의 총 단어로 나눈다. 어떤 장이 부정적인 단어의 비율이 가장 높은가?

```
> bingnegative <- get_sentiments("bing") %>%
                  filter(sentiment == "negative")
> wordcounts <- tidy_books %>%
                group_by(book, chapter) %>%
                summarize(words = n())
> tidy_books %>%
      semi_join(bingnegative) %>%
      group_by(book, chapter) %>%
      summarize(negativewords = n()) %>%
      left_join(wordcounts, by = c("book", "chapter")) %>%
      mutate(ratio = negativewords/words) %>%
      filter(chapter != 0) %>%
```

5부 비정형 데이터마이닝

```
        top_n(1)
Joining, by = "word"
Selecting by ratio
Source: local data frame [6 x 5]
Groups: book [6]

                 book chapter negativewords words      ratio
               <fctr>   <int>         <int> <int>      <dbl>
1 Sense & Sensibility      43           161  3405 0.04728341
2   Pride & Prejudice      34           111  2104 0.05275665
3      Mansfield Park      46           173  3685 0.04694708
4                Emma      15           151  3340 0.04520958
5   Northanger Abbey       21           149  2982 0.04996647
6          Persuasion       4            62  1807 0.03431101
```

이 결과는 각 책에서 가장 부정적인 단어가 있는 장으로, 장의 단어 수로 정규화되어 있다. 이들 장에서 무엇이 일어나고 있는가? "Sense and Sensibility"의 제43장에서 마리안느는 심각한 질병으로 죽음에 임박해 있고, "Pride and Prejudice"의 제34장에서 다르씨가 처음으로 프러포즈한다(매우 나쁘게!). "Mansfield Park"의 제46장은 책의 끝 부분에서 모든 사람들이 헨리의 불륜 스캔들을 알게 되었을 때이다. "Emma"의 제15장은 끔찍한 엘튼씨가 프러포즈할 때였고, "Northanger Abbey"의 제21장은 캐서린은 고딕 양식의 살인 판타지 속 깊은 곳에 빠져 있었다. "Persuasion"의 제4장은 독자들이 앤이 웬트워스 대위를 거부하고 얼마나 슬퍼하는지, 그리고 그것이 얼마나 끔찍한 실수였는지를 깨닫게 되는 것에 대한 완전한 플래시백을 얻을 때이다.

Tidy 접근법의 텍스트마이닝에 대한 자세한 내용은 Silge와 Robinson(2017)의 "Text Mining with R – A Tidy Approach"를 참고하기 바란다.

20.3* 문서-단어 행렬과 코퍼스 객체 간의 변환: tidy{tidytext} 함수

(a) Tidy 문서-단어 행렬

많은 기존의 텍스트마이닝 데이터 셋은 DocumentTermMatrix(문서-단어 행렬) 클래스 형태로 존재한다({tm} 패키지로부터). 예를 들어, {topicmodels} 패키지의 2246 Associated Press 기사의 코퍼스는 다음과 같다.

```
> library(tm)
> data("AssociatedPress", package = "topicmodels")
> AssociatedPress
```

```
<<DocumentTermMatrix (documents: 2246, terms: 10473)>>
Non-/sparse entries: 302031/23220327
Sparsity           : 99%
Maximal term length: 18
Weighting          : term frequency (tf)
```

tidy 도구를 사용하여 이를 분석하려면 먼저 1문서당-1행당-1단어 데이터프레임으로 변환해야 한다. tidy{tidytext} 함수는 이 기능을 수행한다(tidy( ) 함수에 대한 자세한 내용은 {broom} 패키지를 참조 바람).

```
> library(dplyr)
> library(tidytext)
> ap_td <- tidy(AssociatedPress)
> ap_td
# A tibble: 302,031 × 3
   document       term count
      <int>      <chr> <dbl>
1         1     adding     1
2         1      adult     2
3         1        ago     1
4         1    alcohol     1
5         1  allegedly     1
6         1      allen     1
7         1 apparently     2
8         1   appeared     1
9         1   arrested     1
10        1    assault     1
# ... with 302,021 more rows
```

이 비네트에 표시된 것처럼 텍스트를 이 형식으로 사용하면 {tidytext} 패키지로 분석하는 것이 편리하다. 예를 들어, 이 신문기사에 대한 감성분석을 수행할 수 있다.

```
> # 감성분석 수행
> ap_sentiments <- ap_td %>%
        inner_join(get_sentiments("bing"), by = c(term = "word"))
> ap_sentiments
# A tibble: 30,094 × 4
   document     term count sentiment
      <int>    <chr> <dbl>     <chr>
1         1 assault     1  negative
2         1 complex     1  negative
3         1   death     1  negative
4         1    died     1  negative
5         1    good     2  positive
6         1 illness     1  negative
```

```
7         1  killed     2  negative
8         1    like     2  positive
9         1   liked     1  positive
10        1 miracle     1  positive
# ... with 30,084 more rows

> # 가장 부정적인 문서 찾기
> library(tidyr)
> ap_sentiments %>%
      count(document, sentiment, wt = count) %>%
      ungroup() %>%
      spread(sentiment, n, fill = 0) %>%
      mutate(sentiment = positive - negative) %>%
      arrange(sentiment)
# A tibble: 2,190 × 4
   document negative positive sentiment
      <int>    <dbl>    <dbl>     <dbl>
1      1251       54        6       -48
2      1380       53        5       -48
3       531       51        9       -42
4        43       45       11       -34
5      1263       44       10       -34
6      2178       40        6       -34
7       334       45       12       -33
8      1664       38        5       -33
9      2147       47       14       -33
10      516       38        6       -32
# ... with 2,180 more rows

> # 긍정적이고 부정적인 감성에 기여한 단어를 시각화
> library(ggplot2)
> ap_sentiments %>%
      count(sentiment, term, wt = count) %>%
      ungroup() %>%
    filter(n >= 150) %>%
    mutate(n = ifelse(sentiment == "negative", -n, n)) %>%
    mutate(term = reorder(term, n)) %>%
    ggplot(aes(term, n, fill = sentiment)) +
    geom_bar(stat = "identity") +
    theme(axis.text.x = element_text(angle = 90, hjust = 1)) +
    ylab("Contribution to sentiment")
```

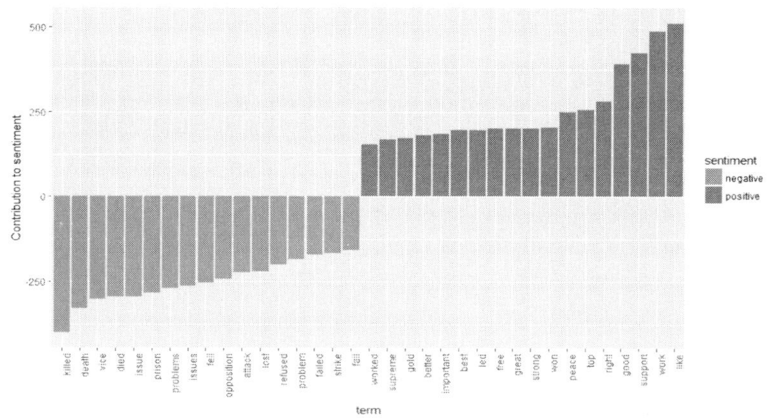

{quanteda} 패키지의 dfm 클래스에도 tidy() 함수를 사용할 수 있다. {quanteda}는 "quantitative analysis of textual data"의 약어이다.

```
> library(quanteda)
> # naugCorpus: 미국 대통령의 취임 연설문 자료
> # 리스트 객체로 4개의 데이터프레임 원소를 가짐
> data("inaugCorpus", package = "quanteda")
> d <- quanteda::dfm(inaugCorpus)
> d
Document-feature matrix of: 58 documents, 9,232 features (91.6% sparse).
> ## Document-feature matrix of: 57 documents, 9,215 features.
> tidy(d)
# A tibble: 44,725 × 3
          document   term count
             <chr>  <chr> <dbl>
1  1789-Washington fellow     3
2  1793-Washington fellow     1
3       1797-Adams fellow     3
4   1801-Jefferson fellow     7
5   1805-Jefferson fellow     8
6     1809-Madison fellow     1
7     1813-Madison fellow     1
8      1817-Monroe fellow     6
9      1821-Monroe fellow    10
10      1825-Adams fellow     3
# ... with 44,715 more rows
```

(b) Tidy 텍스트 데이터를 DocumentTermMatrix로 변환(casting)

기존의 텍스트마이닝 도구나 알고리즘은 희박(sparse) 문서-단어 행렬에서만 작동한다. 따라서 {tidytext}는 tidy 형식에서 이 행렬로 변환하기 위한 cast_verbs를 제공한다.

```
> ap_td
# A tibble: 302,031 × 3
   document       term count
      <int>      <chr> <dbl>
1         1     adding     1
2         1      adult     2
3         1        ago     1
4         1    alcohol     1
5         1  allegedly     1
6         1      allen     1
7         1 apparently     2
8         1   appeared     1
9         1   arrested     1
10        1    assault     1
# ... with 302,021 more rows

> # 문서-단어 행렬로 변환
> ap_td %>%
    cast_dtm(document, term, count)
<<DocumentTermMatrix (documents: 2246, terms: 10473)>>
Non-/sparse entries: 302031/23220327
Sparsity           : 99%
Maximal term length: 18
Weighting          : term frequency (tf)

> # {quanteda}의 dfm 클래스로 변환
> ap_td %>%
    cast_dfm(term, document, count)
Document-feature matrix of: 10,473 documents, 2,246 features (98.7% sparse).

> # 행렬 객체로 변환
> m <- ap_td %>%
    cast_sparse(document, term, count)
> class(m)
[1] "dgCMatrix"
attr(,"package")
[1] "Matrix"
```

이를 통해 {dplyr} 및 기타 tidy 도구를 사용하여 읽기, 필터링 및 처리를 쉽게 수행할 수 있다. 그런 다음 데이터를 기계학습 응용 프로그램용 문서-단어 행렬로 변환할 수 있다.

(c) 코퍼스 자료의 정리(tidying)

또한 {tm} 패키지로부터 코퍼스 객체를 정리(tidy)할 수 있다. 예를 들어, 20개의 문서를 포함하는 코퍼스에서 하나씩 고려하자.

```
> reut21578 <- system.file("texts", "crude", package = "tm")
> reuters <- VCorpus(DirSource(reut21578),
      readerControl = list(reader = readReut21578XMLasPlain))
> reuters
<<VCorpus>>
Metadata:  corpus specific: 0, document level (indexed): 0
Content:  documents: 20
```

tidy( ) 함수는 문서당 1행의 표를 만든다.

```
> reuters_td <- tidy(reuters)
> reuters_td
# A tibble: 20 × 17
                       author datetimestamp description
                        <chr>        <dttm>       <chr>
1                        <NA>          <NA>
2  BY TED D'AFFLISIO, Reuters          <NA>
3                        <NA>          <NA>
4                        <NA>          <NA>
5                        <NA>          <NA>
6                        <NA>          <NA>
7    By Jeremy Clift, Reuters          <NA>
8                        <NA>          <NA>
9                        <NA>          <NA>
10                       <NA>          <NA>
11                       <NA>          <NA>
12                       <NA>          <NA>
13                       <NA>          <NA>
14                       <NA>          <NA>
15                       <NA>          <NA>
16                       <NA>          <NA>
17                       <NA>          <NA>
18                       <NA>          <NA>
19 By BERNICE NAPACH, Reuters          <NA>
20                       <NA>          <NA>
# ... with 14 more variables: heading <chr>, id <chr>, language <chr>,
#   origin <chr>, topics <chr>, lewissplit <chr>, cgisplit <chr>,
#   oldid <chr>, topics_cat <list>, places <list>, people <chr>, orgs <chr>,
#   exchanges <chr>, text <chr>
```

마찬가지로, {quantuma} 패키지에서 코퍼스 객체를 tidy하게 정리할 수 있다.

```
> library(quanteda)
> data("inaugCorpus")
> inaugCorpus
Corpus consisting of 58 documents and 3 docvars.

> # 코퍼스는 57개의 문서와 3개의 문서변수(docvars)로 구성된다.
> inaug_td <- tidy(inaugCorpus)
> inaug_td
# A tibble: 58 × 4
                                                                    text
*                                                                  <chr>
1  Fellow-Citizens of the Senate and of the House of Representatives:\n\nAmong
2    Fellow citizens, I am again called upon by the voice of my country to exe
3    When it was first perceived, in early times, that no middle course for Am
4  Friends and Fellow Citizens:\n\nCalled upon to undertake the duties of the
5    Proceeding, fellow citizens, to that qualification which the Constitution
6    Unwilling to depart from examples of the most revered authority, I avail
7    About to add the solemnity of an oath to the obligations imposed by a sec
8    I should be destitute of feeling if I was not deeply affected by the stro
9    Fellow citizens, I shall not attempt to describe the grateful emotions wh
10   In compliance with an usage coeval with the existence of our Federal Cons
# ... with 48 more rows, and 3 more variables: Year <dbl>,
#   President <chr>, FirstName <chr>
```

이렇게 하면 unnest_tokens() 함수와 같은 tidy 도구로 작업하여 메타 데이터와 함께 텍스트를 분석할 수 있다.

```
> inaug_words <- inaug_td %>%
     unnest_tokens(word, text) %>%
     anti_join(stop_words)
Joining, by = "word"

> inaug_words
# A tibble: 50,156 × 4
   Year  President FirstName   word
  <dbl>      <chr>     <chr>  <chr>
1  1789 Washington    George fellow
2  1789 Washington    George fellow
3  1789 Washington    George fellow
4  1793 Washington    George fellow
5  1797      Adams      John fellow
6  1797      Adams      John fellow
7  1797      Adams      John fellow
```

```
8   1801  Jefferson    Thomas fellow
9   1801  Jefferson    Thomas fellow
10  1801  Jefferson    Thomas fellow
# ... with 50,146 more rows
```

예를 들어, 단어의 출현(appearance)이 시간에 따라 어떻게 변하는지 확인할 수 있다.

```
> inaug_freq <- inaug_words %>%
      count(Year, word) %>%
      ungroup() %>%
      complete(Year, word, fill = list(n = 0)) %>%
      group_by(Year) %>%
      mutate(year_total = sum(n),
             percent = n / year_total) %>%
      ungroup()
> inaug_freq
# A tibble: 501,990 × 5
    Year        word     n year_total     percent
   <dbl>       <chr> <dbl>      <dbl>       <dbl>
1   1789           1     0        529 0.000000000
2   1789       1,000     0        529 0.000000000
3   1789         100     0        529 0.000000000
4   1789 100,000,000     0        529 0.000000000
5   1789 120,000,000     0        529 0.000000000
6   1789         125     0        529 0.000000000
7   1789          13     0        529 0.000000000
8   1789        14th     1        529 0.001890359
9   1789        15th     0        529 0.000000000
10  1789          16     0        529 0.000000000
# ... with 501,980 more rows
```

예를 들어, {broom} 패키지를 사용하여 각 단어에 대한 로지스틱 회귀를 수행할 수 있다.

```
> models <- inaug_freq %>%
      group_by(word) %>%
      filter(sum(n) > 50) %>%
      do(tidy(glm(cbind(n, year_total - n) ~ Year, .,
             family = "binomial"))) %>%
      ungroup() %>%
      filter(term == "Year")
> models
# A tibble: 114 × 6
          word  term    estimate   std.error statistic      p.value
         <chr> <chr>       <dbl>       <dbl>     <dbl>        <dbl>
1          act  Year 0.006364883 0.002152252  2.957312 3.103335e-03
```

```
2          action  Year  0.002092966 0.001900141  1.101479 2.706882e-01
3  administration  Year -0.006674172 0.001839091 -3.629061 2.844538e-04
4         america  Year  0.020006138 0.001543509 12.961464 2.023476e-38
5        american  Year  0.008182894 0.001273539  6.425321 1.315916e-10
6       americans  Year  0.031598925 0.003457040  9.140456 6.218973e-20
7       authority  Year -0.005852677 0.002316016 -2.527045 1.150266e-02
8        business  Year  0.003318870 0.001986348  1.670840 9.475334e-02
9          called  Year -0.002218557 0.002065965 -1.073860 2.828854e-01
10        century  Year  0.015493277 0.002416870  6.410471 1.450704e-10
# ... with 104 more rows

> models %>%
    filter(term == "Year") %>%
    arrange(desc(abs(estimate)))
# A tibble: 114 × 6
       word  term    estimate    std.error statistic       p.value
      <chr> <chr>       <dbl>        <dbl>     <dbl>         <dbl>
1  americans  Year  0.03159892 0.0034570404  9.140456 6.218973e-20
2    america  Year  0.02000614 0.0015435091 12.961464 2.023476e-38
3    century  Year  0.01549328 0.0024168702  6.410471 1.450704e-10
4       live  Year  0.01401278 0.0024189653  5.792883 6.918816e-09
5        god  Year  0.01389399 0.0018661441  7.445293 9.672943e-14
6  democracy  Year  0.01346352 0.0023279003  5.783546 7.314201e-09
7      earth  Year  0.01294880 0.0022275185  5.813104 6.132502e-09
8    freedom  Year  0.01283668 0.0012847736  9.991393 1.662290e-23
9     powers  Year -0.01231688 0.0019732102 -6.242050 4.318728e-10
10     world  Year  0.01200071 0.0009741139 12.319614 7.103384e-35
# ... with 104 more rows
```

이 모형을 volcano 플롯으로 표시하여 효과 크기와 유의성을 비교할 수 있다.

```
> library(ggplot2)
> models %>%
    mutate(adjusted.p.value = p.adjust(p.value)) %>%
    ggplot(aes(estimate, adjusted.p.value)) +
    geom_point() +
    scale_y_log10() +
    geom_text(aes(label = word), vjust = 1, hjust = 1,
              check_overlap = TRUE) +
    xlab("Estimated change over time") +
    ylab("Adjusted p-value")
```

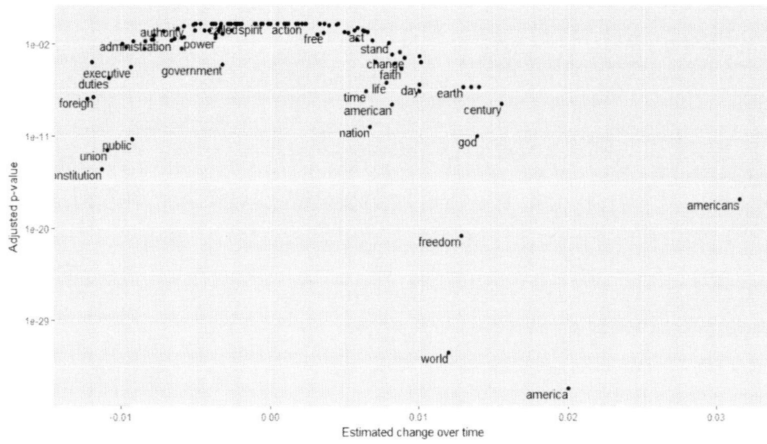

또한 {ggplot2} 패키지를 사용하여 시간이 지남에 따라 빈도가 변경된 상위 6개 용어를 표시할 수 있다.

```
> library(scales)
> models %>%
      top_n(6, abs(estimate)) %>%
      inner_join(inaug_freq) %>%
      ggplot(aes(Year, percent)) +
      geom_point() +
      geom_smooth() +
      facet_wrap(~ word) +
      scale_y_continuous(labels = percent_format()) +
      ylab("Frequency of word in speech")
Joining, by = "word"
`geom_smooth()` using method = 'loess'
```

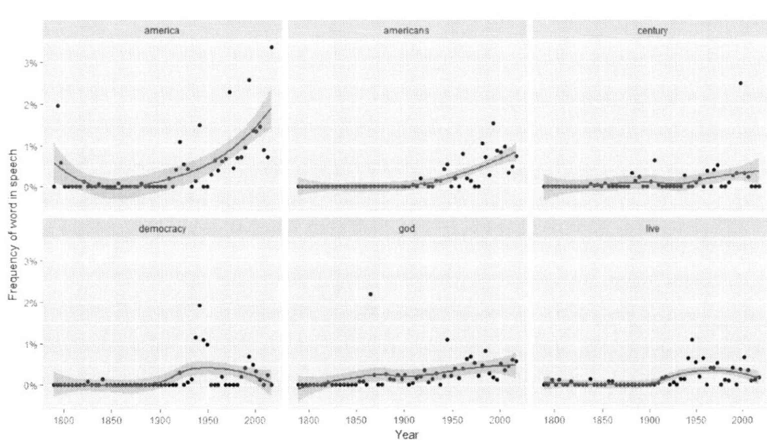

20.4 사례분석: 한국어 자료

이 절에서는 19.5절의 사례분석에서 다룬 "전자파+휴대폰+건강관련 키워드들"을 포함하는 텍스트 자료(휴대폰word.csv)에 대해 긍부정 분석을 실시한다. 긍부정 분석은 긍정 단어와 부정에 속하는 단어를 카운트하는 방법으로 수행된다. 따라서 이 분석을 위해서는 [그림 20.1]과 같은 긍정과 부정 단어를 모아둔 사전이 구축되어 있어야 한다. 이 사전은 분석의 내용과 목적에 따라 그 내용이 달라질 수 있다(필요 시 단어를 추가하면 됨).

(a) 긍정 사전 (b) 부정 사전

[그림 20.1] 긍부정 사전

예제 1

19.5절의 [예제 3]의 결과 자료에 대해 긍부정 분석을 실시한다. 이 자료의 형태는 [그림 20.2]와 같다.

	A	B
1		unlist.tran.
2	43297	가가
3	40492	가게
4	42848	가게
5	43476	가게
6	43608	가게
7	44076	가게
8	65528	가게
9	1537	가격
10	4419	가격
11	4819	가격
12	25180	가격
13	25487	가격
14	26421	가격
15	32603	가격

[그림 20.2] 분석자료(파일명: 휴대폰word.csv)

```
> library(ggplot2)
> library(RColorBrewer)

> # 긍부정 사전 읽어오기
> pos.words <- readLines("C:/positiveword.txt")
> neg.words <- readLines("C:/negativeword.txt")

> # 긍부정(감성) 점수 계산 함수
> score.sentiment <- function(sentences, pos.words, neg.words,
    .progress='none'){
  require(plyr)
  require(stringr)
    scores <- laply(sentences, function(sentences,pos.words,neg.words){
    sentence <- gsub('[[:punct:]]',"",sentences)
    sentence <- gsub('[[:cntrl:]]',"",sentence)
    sentence <- gsub('//d+',"",sentence)
    sentence <- tolower(sentence)
    word.list <- str_split(sentence,'//s+')
    words <- unlist(word.list)
    pos.matches <- match(words,pos.words)
    neg.matches <- match(words, neg.words)
    pos.matches <- !is.na(pos.matches)
    neg.matches <- !is.na(neg.matches)
    score <- sum(pos.matches) - sum(neg.matches)
    return(score)}, pos.words, neg.words, .progress = .progress)
  scores.df <- data.frame(score=scores, text=sentences)
  return(scores.df)
  }

> # 분석자료 불러오기
> word <- read.csv("C:/휴대폰word.csv", header = T)
> word <- word[,2]

> # 긍부정 점수
> anal1 = score.sentiment(word,pos.words,neg.words,.progress = 'text')
> (count1 <- table(anal1[,1]))

  -1     0     1
 7586 58996  5356

 # 긍, 부정 단어의 수를 카운트 함
> termFrequency <- rowSums(as.matrix(count1))
> names(termFrequency) <- c("부정","객관","긍정")
> termFrequency
 부정  객관  긍정
 7586 58996  5356
```

```
> # 분석결과 시각화: 막대 그래프
> ggplot(data.frame(term = names(termFrequency), freq = termFrequency),
    aes(term, freq)) +
    geom_bar(stat="identity",fill="#FC8D62", colour="black") +
    geom_text(aes(label=freq), vjust=1.5,
              colour="white",position=position_dodge(.9), size=5)
```

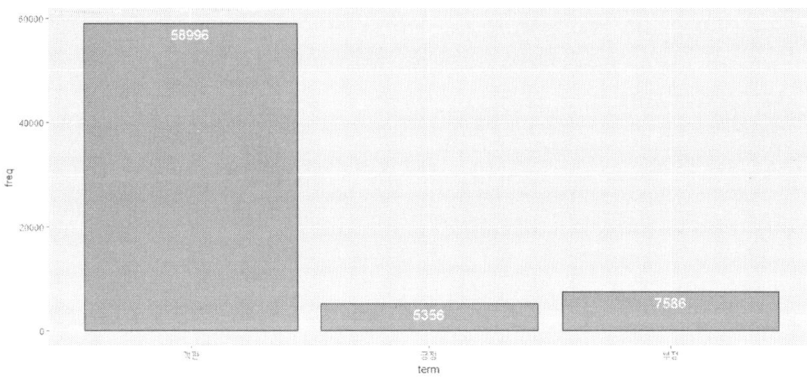


```
> # 분석결과 시각화; 파이 차트
> palete <- brewer.pal(7,"Set2")
> # display.brewer.pal(7,"Set2")
> count <- count1[-2]
> percentlabels <- round(100*count/sum(count),1)
> pielabels <- paste(percentlabels,"%",sep = "")
> pie(count, main="휴대폰 - 긍부정 분석", col=palete[c(1,5)], labels=pielabels)
> legend("topright",c("부정","긍정"),cex=1.2, fill=palete[c(1,5)])
```

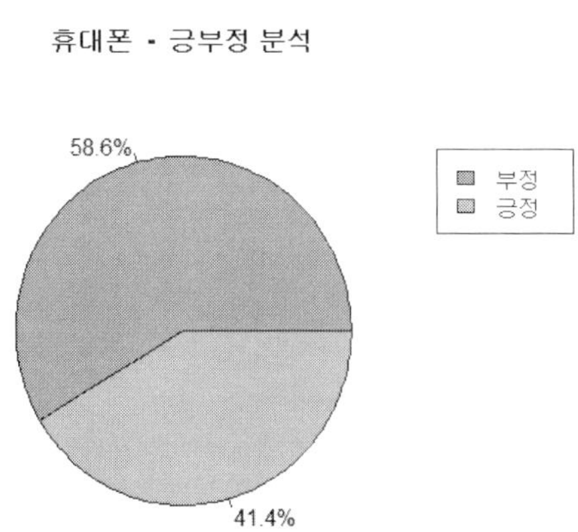


```
> # 부정 단어 출력(빈도순으로)
> neg <- subset(anal1, anal1[,1] %in% c(-1))
> wordcount1<- table(neg[,2])
```

```
> # head(sort(wordcount1,decreasing = T),50)
> names(head(sort(wordcount1,decreasing = T),100))
  [1] "백혈병"   "정도"     "이용"     "물질"     "치매"     "거리"     "증상"
  [8] "두통"     "유해"     "뇌종양"   "감소"     "심각"     "질병"     "신경"
 [15] "발암"     "저하"     "자신"     "피로"     "환자"     "아이"     "파괴"
 [22] "반복"     "존재"     "인간"     "발견"     "수치"     "스트레스" "변형"
 [29] "사회"     "부족"     "위협"     "아래"     "걱정"     "경고"     "만성"
 [36] "증후군"   "우려"     "근거"     "유산"     "불안"     "정신"     "치명"
 [43] "반대"     "중독"     "근육"     "확실"     "제거"     "금지"     "여성"
 [50] "과도"     "분명"     "마련"     "억제"     "우울증"   "유도"     "혼란"
 [57] "배출"     "얼마"     "노인"     "평소"     "의견"     "매트"     "위축"
 [64] "대책"     "방지"     "불가능"   "상대"     "진동"     "휴식"     "담배"
 [71] "무시"     "가격"     "고민"     "공사"     "마찰"     "부담"     "소음"
 [78] "악취"     "약화"     "구분"     "민감"     "불완전"   "행위"     "수분"
 [85] "오랫동안" "차이"     "악화"     "충격"     "피곤"     "결핍"     "직업"
 [92] "강조"     "개인"     "연기"     "예민"     "경기"     "비열"     "이름"
 [99] "교란"     "기형"

> # 긍정 단어 출력(빈도순으로)
> pos <- subset(anal1, anal1[,1] %in% c(1))
> wordcount2<- table(pos[,2])
> # head(sort(wordcount2,decreasing = T),50)
> names(head(sort(wordcount2,decreasing = T),100))
  [1] "사용"   "영향"   "가능"   "전화"   "기능"   "안전"   "다양"   "사실"   "피부"
 [10] "세계"   "에너지" "지속"   "진행"   "자연"   "환자"   "아이"   "내용"   "정상"
 [19] "선택"   "만큼"   "노력"   "상당"   "정확"   "성인"   "종류"   "권장"   "조절"
 [28] "촉진"   "스마트" "기억"   "작동"   "현대"   "전원"   "활동"   "생산"   "반응"
 [37] "주목"   "미래"   "추정"   "고무"   "개선"   "경험"   "작업"   "현실"   "활용"
 [46] "파장"   "모습"   "적극"   "호흡"   "건설"   "준비"   "전문"   "간단"   "자유"
 [55] "민감"   "최신"   "추천"   "교육"   "치유"   "편리"   "현명"   "명확"   "사용자"
 [64] "향상"   "보상"   "특징"   "구조"   "사랑"   "조명"   "통합"   "기록"   "깨끗"
 [73] "바람"   "안심"   "지식"   "지원"   "파란"   "궁금"   "따뜻"   "무해"   "적당"
 [82] "증명"   "특별"   "한지"   "경제"   "유용"   "감각"   "계약"   "사전"   "접근"
 [91] "창조"   "최초"   "편안"   "활발"   "완화"   "감정"   "기운"   "진실"   "평가"
[100] "표현"
```

21장 소셜 네트워크 분석

21.1 서론

소셜 네트워크 분석(social network analysis, 이하 SNA)은 네트워크 및 그래프 이론을 사용하여 사회 구조를 조사하는 프로세스이다. 이것은 네트워크 구조를 노드(nodes)(개별 행위자, 사람 또는 네트워크 내의 사물)와 이들을 연결하는 연결선(links)(관계 또는 상호작용)으로 특징짓는다. 소셜 네트워크 분석을 통해 일반적으로 시각화되는 사회 구조의 예로는 소셜 미디어 네트워크, 밈(memes) 확산, 우정과 지인 네트워크, 협동 그래프, 친족 관계, 질병 전파 및 성관계가 포함된다. 이러한 네트워크는 종종 노드가 점으로 표시되고 관계가 선으로 표시되는 사회학적 그래프를 통해 시각화된다.

소셜 네트워크 분석은 현대 사회학의 핵심 기술로 부상하였다. 또한 인류학, 생물학, 커뮤니케이션 연구, 경제학, 지리학, 역사학, 정보학, 조직학, 정치학, 사회 심리학, 개발 연구, 사회 언어학, 컴퓨터 과학 분야에서 중요한 지평을 얻었으며 현재는 소비자 도구로도 유용하게 활용되고 있다.

21.2 소셜 네트워크 분석: 예제

예제 1

다음의 [표 21.1]은 공공데이터 포털사이트(http://www.data.go.kr)에서 제공하는 "대전광역시 서구 공연행사장 정보.csv" 파일을 기초로 작성한 자료이다. 각 열은 공연장소를 나타내며, 각 행은 공연유형을 나타낸다. 각 셀의 빈도는 공연 횟수를 나타낸다. 이 자료를 토대로 공연장소와 공연유형의 연결 관계를 소셜 네트워크 분석을 통해 시각화한다. 이 예제에서와 같이 행과 열이 다른 경우, 즉 두 세트의 요소 간의 네트워크를 2상(2-mode) 또는 2부(bipartite) 네트워크라고 한다.

[표 21.1] 2상 네트워크 자료

	예술의전당	팀하모닉스	연희단한별	서구문화원	가무악한울	시립무용단
클래식	5	0	0	0	0	0
연극	2	0	0	0	0	0
다원	0	1	0	1	0	0
국악	1	0	1	1	1	0
발레	2	0	0	0	0	0
한국무용	0	0	0	0	0	1

R 패키지 {sna}를 이용하여 네트워크 분석을 수행한다.

```
> library(sna)
> # 자료 입력
> a <- matrix(c(5,0,0,0,0,0,
              2,0,0,0,0,0,
              0,1,0,1,0,0,
              1,0,1,1,1,0,
              2,0,0,0,0,0,
              0,0,0,0,0,1),
              byrow = T, ncol=6)
> n <- nrow(a)
> m <- ncol(a)
> colnames(a) <- c("예술의전당","팀하모닉스","연희단한별",
                "서구문화원","가무악한울","시립무용단")
> rownames(a) <- c("클래식","연극","다원","국악","발레","한국무용")

> # 자료구조 변경: 2상 네트워크 분석을 위한 형태로 변경
> b <- rbind(cbind(matrix(0,n,n),a), cbind(t(a), matrix(0,m,m)))
> b     # b는 행렬 객체임
                        예술의전당 팀하모닉스 연희단한별 서구문화원 가무악한울 시립무용단
클래식      0 0 0 0 0 0          5          0          0          0          0          0
연극        0 0 0 0 0 0          2          0          0          0          0          0
다원        0 0 0 0 0 0          0          1          0          1          0          0
국악        0 0 0 0 0 0          1          0          1          1          1          0
발레        0 0 0 0 0 0          2          0          0          0          0          0
한국무용    0 0 0 0 0 0          0          0          0          0          0          1
예술의전당  5 2 0 1 2 0          0          0          0          0          0          0
팀하모닉스  0 0 1 0 0 0          0          0          0          0          0          0
연희단한별  0 0 0 1 0 0          0          0          0          0          0          0
서구문화원  0 0 1 1 0 0          0          0          0          0          0          0
가무악한울  0 0 0 1 0 0          0          0          0          0          0          0
시립무용단  0 0 0 0 0 1          0          0          0          0          0          0
```

```
> # 꼭짓점의 색상 지정
> vertex.col <- c(rep("gray50",n), rep("red",m))
> # 꼭짓점의 크기 지정
> vertex.cex <- c(rep(1,n), rep(2,m))
```

gplot{sna} 함수는 그래프의 2차원 시각화를 제공한다. 꼭짓점 배열과 색상 등의 다양한 옵션이 제공되므로 도움말을 참고하기 바란다.

```
> # 네트워크 분석의 시각화: 2차원 시각화 그래프 작성
> gplot(b, mode="circle", displaylabels = T, boxed.labels = F,
        vertex.col=vertex.col, vertex.cex=vertex.cex,
        label.col=vertex.col, label.cex=1, usearrows = F,
        edge.col = "grey50", edge.lwd = 0.7)
```

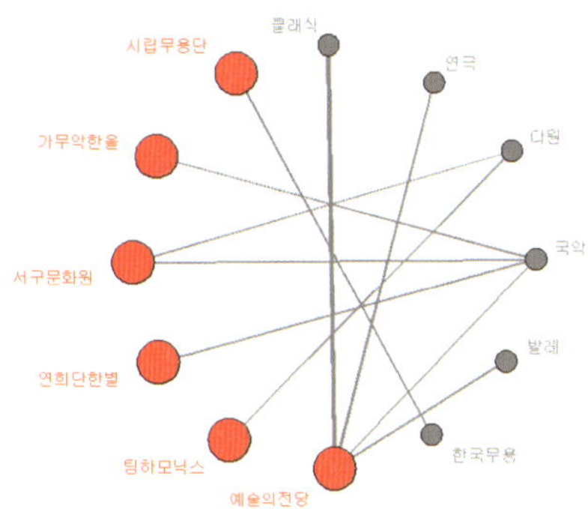


```
> # mode="circle" 옵션 생략 시
```

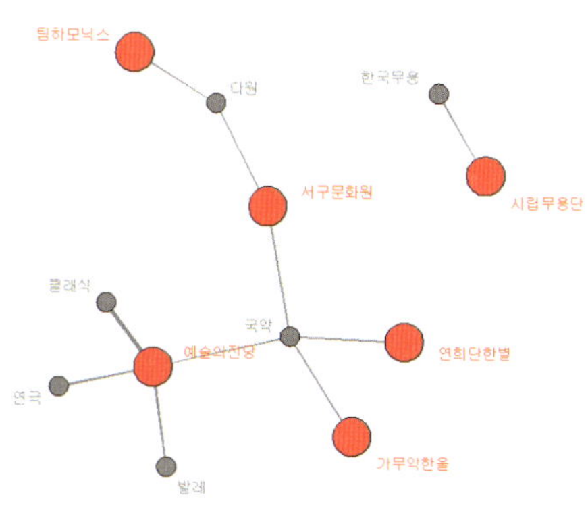

위의 [예제 1]의 자료에 대해 행(또는 열)들 만의 관계를 시각화하는 1상 네트워크 분석을 수행할 수 있다. 이를 위해서는 [표 21.1]의 자료를 1상 네트워크 분석에 필요한 형태로 변환하여야 한다. 예를 들어, 열(공연장소)들 간의 네트워크 관계를 파악하고자 할 때는 다음의 [표 21.2]와 같은(행과 열 이름이 동일한) 형태의 자료가 요구된다.

1상 네트워크 자료는 많은 응용에서 직접 구해지지만, [표 21.1]과 같은 2상 네트워크 자료로부터 유도될 수도 있다([예제 2] 참고). 예를 들어, [표 21.2]에서 '예술의전당'과 '연희단한별'은 '국악'을 통해 서로 연결됨을 [예제 1]의 분석 결과(네트워크 그림)을 통해 쉽게 확인할 수 있다.

[표 21.2] 1상 네트워크 자료

	예술의전당	팀하모닉스	연희단한별	서구문화원	가무악한울	시립무용단
예술의전당	0	0	1	1	1	0
팀하모닉스	0	0	0	1	0	0
연희단한별	1	0	0	1	1	0
서구문화원	1	1	1	0	1	0
가무악한울	1	0	1	1	0	0
시립무용단	0	0	0	0	0	0

예제 2

[예제 1]의 자료로부터 1상 네트워크 자료를 만들어, 열(또는 행) 기준의 네트워크 분석을 수행한다.

```
> # 1상 네트워크 자료: 열(공연장소) 기준
> a.c <- t(a)%*%a
> diag(a.c) <- 0     # 대각원소는 0으로 전환
> # a.c[which(a.c >=1)] <- 1     # 비가중 네트워크 분석 시에 사용

> # 행과 열에 동일한 이름 부여
> rownames(a.c) <- c("예술의전당","팀하모닉스","연희단한별",
                     "서구문화원","가무악한울","시립무용단")
> colnames(a.c) <- rownames(a.c)

> # 2차원 네트워크 그림
> gplot(a.c, displaylabels = T, boxed.labels = F,
       vertex.col = "blue", edge.lwd = a.c/2, edge.col="grey50",
       label.pos = 3, usearrows = F)
```

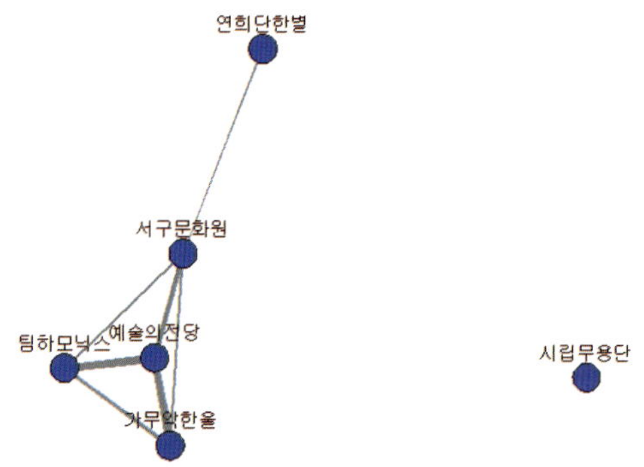


```
> # 근접중심성 계산
> round(closeness(1/a.c, cmode="suminvundir", ignore.eval=F),2)
[1] 0.7 0.5 0.7 0.8 0.7 0.0

> # 중개중심성 계산
> round(betweenness(a.c),2)
[1] 0 0 0 6 0 0
```

(해석) 근접중심성 관점에서 중심 노드는 "서구문화원"이다. 중개중심성 관점에서의 중심 노드 역시 "서구문화원"으로 나타났다. 근접중심성에서 cmode="suminvundir" 옵션은 "최단 거리의 역수(즉, 근접성)"의 평균으로 중심성을 정의한다.

[참고] 행(공연유형)들 간의 네트워크 관계를 분석하고자 할 때는 자료를 다음과 같이 바꾸어 수행하면 된다. 네트워크 분석 결과를 함께 제시한다.

```
> # 행 기준
> a.r <- a%*%t(a)     # 열 기준의 경우에는 t(a)%*%a을 사용함
> diag(a.r) <- 0
```

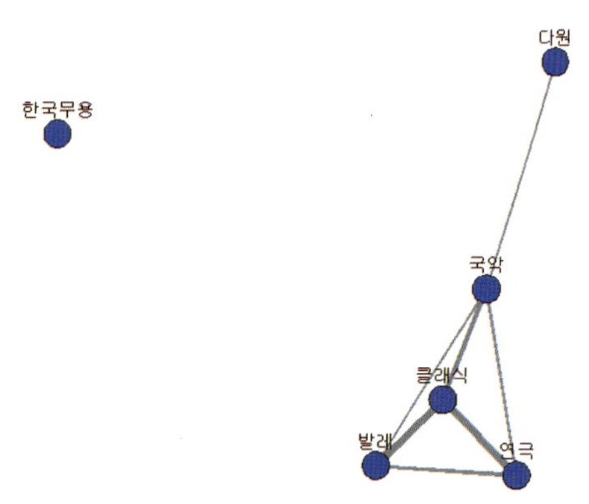

21.3* 소셜 네트워크 분석

이 절에서는 R의 {igraph}와 {sna} 패키지를 이용한 소셜 네트워크 분석의 예를 소개한다. 다음의 [예제 3]과 [예제 4]는 {igraph}를 이용한 예제로 Katherine Ognyanova(2016)을 참고한 것이다(보다 자세한 내용은 http://www.kateto.net을 참고하기 바란다). [예제 5]는 {sna}를 이용한 예이다.

용어

- 노드(node) = 꼭짓점(vertex)
- 연결선(link) = 모서리(edge) = 연결(tie)

예제 3

패키지 {igraph}를 이용한 네트워크 시각화 방법을 소개한다.

(a) 자료 불러오기/확인

```
> # 네트워크 자료 불러오기
> node1 <- read.csv("c:/node1.csv", header=T, as.is=T)
> link1 <- read.csv("c:/link1.csv", header=T, as.is=T)
> # 자료 확인
> node1
    id               media media.type type.label audience.size
1  s01            NY Times          1  Newspaper            20
2  s02     Washington Post          1  Newspaper            25
3  s03 Wall Street Journal          1  Newspaper            30
...
16 s16  WashingtonPost.com          3     Online            28
17 s17             AOL.com          3     Online            33

> link1
   from  to weight      type
1   s01 s02     10 hyperlink    # 아래 행과 "from","to","type"의 유형이 동일함
2   s01 s02     12 hyperlink
3   s01 s03     22 hyperlink
...
51  s03 s05      1 hyperlink
52  s07 s03      1   mention
```

```
> nrow(node1); length(unique(node1$id))
[1] 17
[1] 17

> nrow(link1); nrow(unique(link1[,c("from", "to")]))
[1] 52
[1] 49
```

(해석) 중복된 연결이 있음을 알 수 있다(52 ≠ 49이므로).

```
> ## 중복된 다중연결을 병합
> link1 <- aggregate(link1[,3], link1[,-3], sum)
> # link[,3]("weight")을 link[,-3]("from", "to"와 "type")의 유형별로 더함
> link1 <- link1[order(link1$from, link1$to),]
> colnames(link1)[4] <- "weight"
> rownames(link1) <- NULL
> link1
   from  to      type weight
1   s01 s02 hyperlink     22
2   s01 s03 hyperlink     22
3   s01 s04 hyperlink     21
...
48  s16 s17   mention     21
49  s17 s04 hyperlink      4
```

(비교) simplify( ) 함수는 루프와 다중 연결선을 포함하지 않는 단순 그래프를 생성한다. 여기서는 다른 연결선 type이 합쳐지지 않도록 하기 위해 simplify( ) 함수를 사용하지 않았다. 사용 예로 simplify(net1, edge.attr.comb=list(weight="sum", "ignore"))은 가중치는 합해지고, 다른 속성들은 무시되고 삭제된다는 의미이다.

(b) 자료(데이터프레임)를 igraph 객체로 전환

네트워크 자료를 igraph 객체로 전환한다. 전환은 graph_from_data_frame( ) 함수를 이용한다. 이 함수는 두 개의 데이터프레임을 d와 vertices로 지정한다.

- d= 네트워크의 연결선(edges) 데이터프레임 지정
- vertices= 노드 데이터프레임 지정
- 각 데이터프레임의 추가적인 열들은 속성(attributes)으로 취급함

```
> library(igraph)
> net1 <- graph_from_data_frame(d=link1, vertices=node1, directed=T)

> # 결과객체 확인
```

```
> class(net1)
[1] "igraph"
> net1
IGRAPH DNW- 17 49 --
+ attr: name (v/c), media (v/c), media.type (v/n), type.label
| (v/c), audience.size (v/n), type (e/c), weight (e/n)
+ edges (vertex names):
 [1] s01->s02 s01->s03 s01->s04 s01->s15 s02->s01 s02->s03 s02->s09
 [8] s02->s10 s03->s01 s03->s04 s03->s05 s03->s08 s03->s10 s03->s11
...
[43] s14->s13 s15->s01 s15->s04 s15->s06 s16->s06 s16->s17 s17->s04
```

(해석) "IGRAPH DNW- 17 49 --"은 igraph 객체로 DNW(Directed, Named, Weighted) 그래프이며, 노드와 연결선의 수가 각각 17, 49임을 나타낸다. 즉, 노드가 name 속성을 가지며, 연결선이 weight 속성을 가진 그래프이다. attr: 은 노드와 연결선의 속성을 나타내며 (v/c), (v/n). (e/c) 등은 각각 다음을 의미하며, edges(...): 은 연결선(49개)을 나타낸다.

- (v/c) : vertex-level character attribute
- (v/n) : vertex-level numeric attribute
- (e/c) : edge-level character attribute
- (g/c) : graph-level character attribute, ...

(c) igraph 객체 다루기

```
> ## 노드, 연결선, 속성 확인
> V(net1)
+ 17/17 vertices, named:
 [1] s01 s02 s03 s04 s05 s06 s07 s08 s09 s10 s11 s12 s13 s14 s15 s16
[17] s17

> E(net1)
+ 49/49 edges (vertex names):
 [1] s01->s02 s01->s03 s01->s04 s01->s15 s02->s01 s02->s03 s02->s09
 [8] s02->s10 s03->s01 s03->s04 s03->s05 s03->s08 s03->s10 s03->s11
...
[43] s14->s13 s15->s01 s15->s04 s15->s06 s16->s06 s16->s17 s17->s04

> V(net1)$media
 [1] "NY Times"          "Washington Post"    "Wall Street Journal"
 [4] "USA Today"         "LA Times"           "New York Post"
 ...
```

```
[16] "WashingtonPost.com"  "AOL.com"

> E(net1)$type
 [1] "hyperlink" "hyperlink" "hyperlink" "mention"   "hyperlink"
 [6] "hyperlink" "hyperlink" "hyperlink" "hyperlink" "hyperlink"
...
[46] "hyperlink" "hyperlink" "mention"   "hyperlink"

> ## igraph 객체로부터 연결선 목록과 인접행렬 추출: 행렬객체로
> edge <- as_edgelist(net1, names=T)
> adj <- as_adjacency_matrix(net1, attr="weight")
> edge
      [,1]  [,2]
 [1,] "s01" "s02"
 [2,] "s01" "s03"
 [3,] "s01" "s04"
 ...
[48,] "s16" "s17"
[49,] "s17" "s04"

> adj
17 x 17 sparse Matrix of class "dgCMatrix"
   [[ suppressing 17 column names 's01', 's02', 's03' ... ]]

s01  . 22 22 21  .  .  .  .  .  .  .  .  .  . 20  .  .
s02 23  . 21  .  .  .  .  .  1  5  .  .  .  .  .  .  .
s03 21  .  . 22  1  .  .  4  .  2  1  1  .  .  .  .  .
s04  .  . 23  .  .  1  .  .  .  . 22  3  .  .  .  .  2
s05  1 21  .  .  .  .  .  .  2  .  .  .  .  . 21  .  .
s06  .  .  .  .  .  1  .  .  .  .  .  .  .  .  . 21 21
s07  .  .  1  .  .  .  . 22  . 21  .  .  .  4  .  .  .
s08  .  .  2  .  .  . 21  . 23  .  .  .  .  .  .  .  .
s09  .  .  .  .  .  .  .  .  . 21  .  .  .  .  .  .  .
s10  .  .  2  .  .  .  .  .  .  .  .  .  .  .  .  .  .
s11  .  .  .  .  .  .  .  .  .  .  .  .  .  .  .  .  .
s12  .  .  .  .  .  2  .  .  .  .  .  . 22 22  .  .  .
s13  .  .  .  .  .  .  .  .  .  .  . 21  .  .  .  .  1
s14  .  .  .  .  .  .  .  .  .  .  1  . 21  .  .  .  .
s15 22  .  .  1  .  4  .  .  .  .  .  .  .  .  .  .  .
s16  .  .  .  .  . 23  .  .  .  .  .  .  .  .  .  . 21
s17  .  .  .  4  .  .  .  .  .  .  .  .  .  .  .  .  .

> class(edge)
[1] "matrix"
> class(adj)
```

```
[1] "dgCMatrix"
attr(,"package")
[1] "Matrix"
> ## igraph 객체로부터 연결선과 꼭짓점 추출: 데이터프레임 객체로
> as_data_frame(net1, what="edge")
   from  to      type weight
1   s01 s02 hyperlink     22
2   s01 s03 hyperlink     22
3   s01 s04 hyperlink     21
...
48  s16 s17   mention     21
49  s17 s04 hyperlink      4

> as_data_frame(net1, what="vertices")
    name               media media.type type.label audience.size
s01  s01            NY Times          1  Newspaper            20
s02  s02     Washington Post          1  Newspaper            25
s03  s03 Wall Street Journal          1  Newspaper            30
s04  s04           USA Today          1  Newspaper            32
s05  s05            LA Times          1  Newspaper            20
...
s16  s16  WashingtonPost.com          3     Online            28
s17  s17             AOL.com          3     Online            33
```

(d) 네트워크 그림 그리기

다음의 [표 21.3]은 igraph 객체의 플롯 모수를 나타낸다. plot(igraph 객체) 함수의 주요 옵션은 노드 옵션('vertex.'로 시작)과 연결선 옵션('edge.'로 시작)이 있다. R에서 다음을 수행하여 확인할 수 있다.

```
> ?igraph.plotting
```

[표 21.3] igraph의 플롯 모수

NODES	
vertex.color	노드 색상
vertex.frame.color	노드 경계(테두리) 색상
vertex.shape	"none", "circle", "square", "csquare", "rectangle" "crectangle", "vrectangle", "pie", "raster", "sphere"
vertex.size	노드의 크기(디폴트는 15)
vertex.size2	노드의 두 번째 크기(예: rectangle에 대해)
vertex.label	노드의 레이블에 사용되는 문자형 벡터
vertex.label.family	레이블의 폰트 족(예: "Times", "Helvetica")
vertex.label.font	폰트: 1 plain 2 bold 3 italic 4 bold italic 5 symbol
vertex.label.cex	폰트 크기(곱셈 인자, 장치 의존적)
vertex.label.dist	레이블과 꼭짓점 간의 거리
vertex.label.degree	꼭짓점에 대한 레이블의 위치 0 우, "pi" 좌, "pi/2" 아래, "-pi/2" 위

[표 21.3] igraph의 플롯 모수(계속)

EDGES	
edge.color	연결선 색상
edge.width	연결선 너비(디폴트 1)
edge.arrow.size	화살표 크기(디폴트 1)
edge.arrow.width	화살표 너비(디폴트 1)
edge.lty	선의 형태: 0("blank"), 1("solid"), 2("dashed"), 3("dotted"), 4("dotdash"), 5("longdash"), 6("twodash")
edge.label	연결선 레이블에 사용되는 문자형 벡터
edge.label.family	레이블의 폰트 족(예: "Times", "Helvetica")
edge.label.font	폰트: 1 plain 2 bold 3 italic 4 bold italic 5 symbol
edge.label.cex	연결선 레이블의 폰트 크기
edge.curved	연결선 곡률(0~1): FALSE는 1, TRUE는 0.5
arrow.mode	연결선에 화살표 여부 지정: 0 no arrow, 1 back, 2 forward, 3 both
OTHER	
margin	플롯 주변의 빈 공간 여백, 길이가 4인 벡터
frame	TRUE면, 플롯이 프레임됨
main	주제목
sub	부제목

[표 21.3]의 다양한 옵션을 사용한 네트워크 그림의 활용 예는 다음과 같다.

(i) 네트워크 그림 1 - 단순한 형태

```
> plot(net1, edge.arrow.size=.4)
```

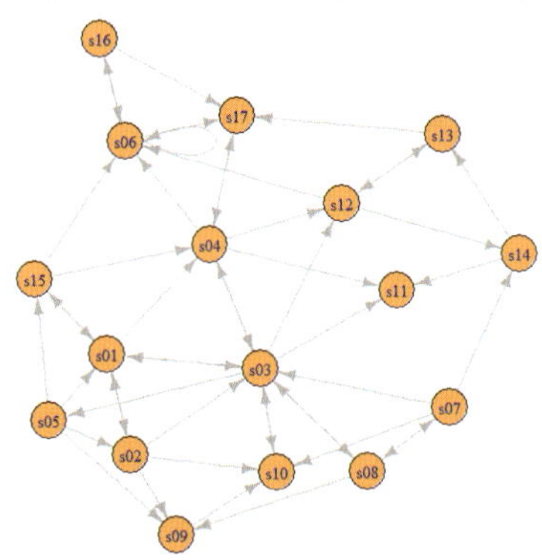

(ii) 노드와 연결선의 옵션 지정 - plot( ) 함수 내의 지정(방법 1)

```
> # 그래프에서 루프(loops) 제거
> net1 <- simplify(net1, remove.multiple = F, remove.loops = T)
> # 곡선 연결선 그림(edge.curved=.1)과 화살표 크기 축소
```

```
> plot(net1, edge.arrow.size=.4, edge.curved=.1)
> # 노드와 경계선 색상 지정, vertex 레이블을 media 속성값으로 지정
> plot(net1, edge.arrow.size=.2, edge.curved=0,
       vertex.color="orange", vertex.frame.color="#555555",
       vertex.label=V(net1)$media, vertex.label.color="black",
       vertex.label.cex=.7)
```

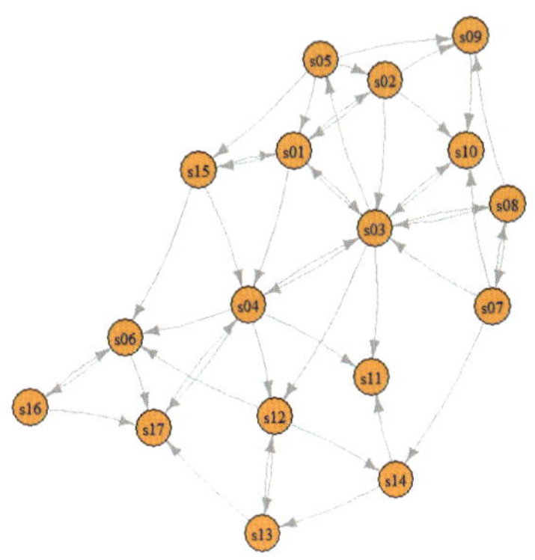

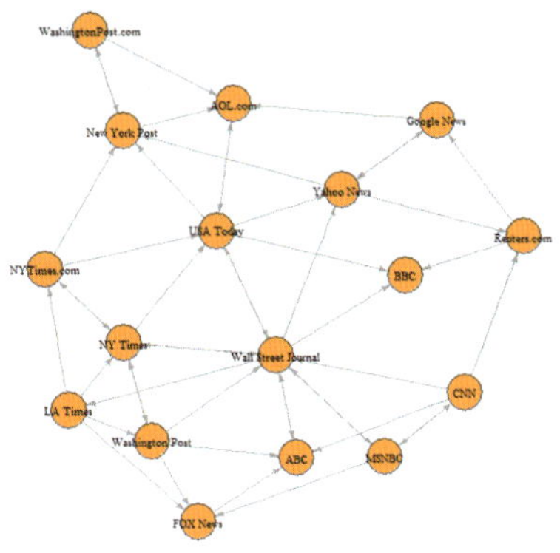

(iii) 노드와 연결선의 옵션 지정 - igraph 객체에 속성을 추가(방법 2)

```
> # 속성 media.type에 따라 색상 지정
> colrs <- c("gray50", "tomato", "gold")
> V(net1)$color <- colrs[V(net1)$media.type]
> # 속성 audience.size에 따라 노드의 크기 지정
> V(net1)$size <- V(net1)$audience.size*0.7
> # 현재의 레이블은 노드 ID임
> # 레이블을 NA로 설정하면 레이블이 표시되지 않음
> V(net1)$label.color <- "black"
> V(net1)$label <- NA
> # weight에 따라 연결선의 너비 지정
> E(net1)$width <- E(net1)$weight/6
> # 화살표의 크기와 연결선의 색상 변경
> E(net1)$arrow.size <- .2
> E(net1)$edge.color <- "gray80"
> plot(net1)
> # plot() 함수에서 속성들을 재지정하면 이것이 우선함
> plot(net1, edge.color="orange", vertex.color="gray50")
```

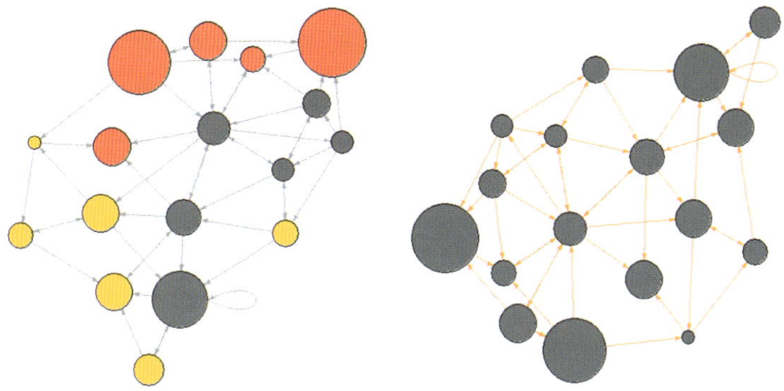

(iv) 기타 활용

```
> # 사용된 컬러에 대한 범례를 추가함
> plot(net1)
> legend(x=-1.1, y=-1.1, c("Newspaper","Television", "Online News"), pch=21,
         col="#777777", pt.bg=colrs, pt.cex=2.5, bty="n", ncol=1)
> # 때때로 의미론적(semantic) 네트워크에서 노드의 레이블만 그림
> plot(net1, vertex.shape="none", vertex.label=V(net1)$media,
      vertex.label.font=2, vertex.label.color="gray40",
      vertex.label.cex=.7, edge.color="gray85")
```

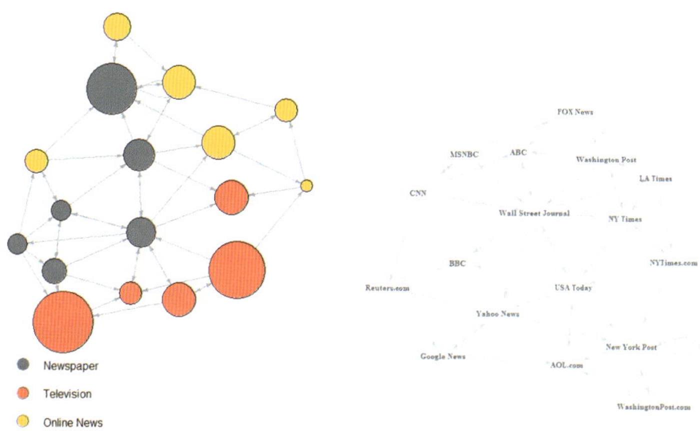


```
> # 원본 노드 색을 기준으로 그래프의 연결선을 색칠함
> # "ends ()"를 사용하여 각 연결선의 시작 노드를 가져옴
> edge.start <- ends(net1, es=E(net1), names=F)[,1]
> edge.col <- V(net1)$color[edge.start]
> plot(net1, edge.color=edge.col, edge.curved=.1)
```

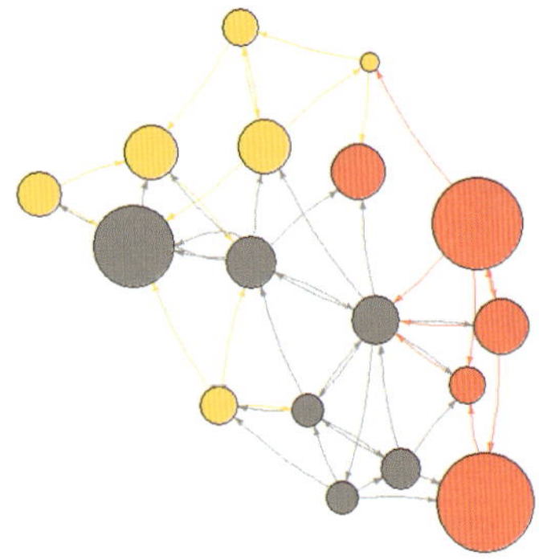

(v) 대화식(interactive) 네트워크 플롯

tkplot{igraph} 함수는 대화식 네트워크 플롯을 제공한다. 이것은 작은 그래프의 레이아웃을 조정하려는 경우 유용하다. 레이아웃을 수동으로 조정한 후, 노드의 좌표들을 가져올 수 있고, 이를 다른 플롯을 위해 사용할 수 있다.

```
> tkid <- tkplot(net1)     # tkid는 열리게 될 tkplot()의 id 임
> l <- tkplot.getcoords(tkid)     # tkplot으로부터 좌표를 택함(grab)
> tk_close(tkid, window.close = T)
> plot(net1, layout=l)
```

(vi) 노드의 연결선수(degree)

노드에 연결된 연결선의 수(degree)는 입선수(in-degree)와 출선수(out-degree)를 합한 것이다.

```
> ## 연결선수: degree() 함수 이용
> # mode= "all"(="total"), "out", "in"이 가능. 무방향 네트워크의 경우는 무시됨
> deg <- degree(net1, mode="all")
> plot(net1, vertex.size=deg*3)
```

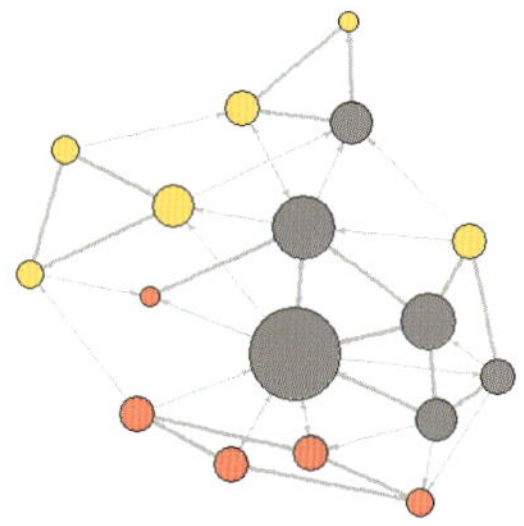

```
> # 연결선수의 분포
> hist(deg, breaks=1:vcount(net1)-1, main="Histogram of node degree")
> deg.dist <- degree_distribution(net1, cumulative=T, mode="all")
> plot(x=0:max(deg), y=1-deg.dist, pch=19, cex=1.2, col="orange",
     xlab="Degree", ylab="Cumulative Frequency")
```

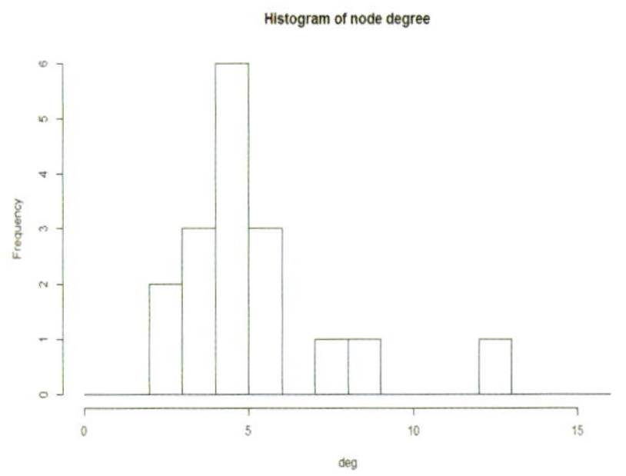

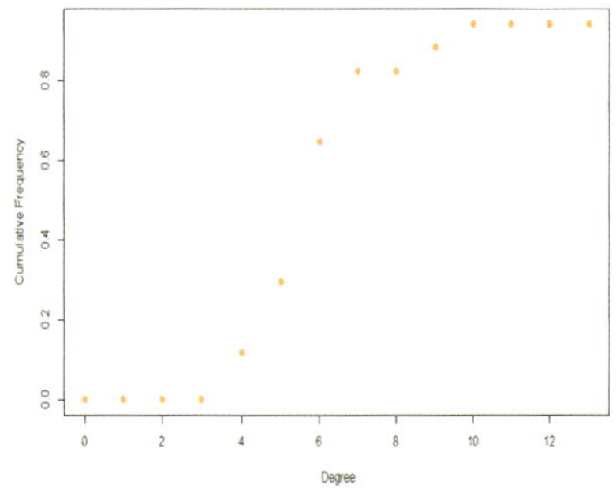


```
> # 네트워크에서 연결선의 밀도
> # 모든 가능한 연결선수에 대한 현재 연결선의 비율
> edge_density(net1, loops=F)
[1] 0.1764706
> ecount(net1)/(vcount(net1)*(vcount(net1)-1))     # 방향 네트워크의 경우
[1] 0.1764706
```

(vii) 중심성(centrality)과 중심화(centralization)

노드의 중심성과 그래프의 중심화 함수를 다룬다. 중심화 함수는 res(꼭짓점 중심성), centralization, theoretical_max(해당 크기의 그래프에 대한 최대 중심화 점수)를 제공한다. 중심성 함수는 노드의 부분집합에 대해서도 수행될 수 있다(vids= 옵션 이용). 이것은 시간 소모적인 매우 큰 그래프의 경우에 유용하다. 사회연결망에서 특정 노드가 차지하는 비중을 의미하는 중심성에는 연결선수, 근접중심성, 중개중심성, 고유벡터 중심성 등이 있다.

① 연결선수(degree): 특정 노드에 직접 연결되는 선의 수로 정의된다. 연결선의 수는 들어오는 선(입선)과 나가는 선(출선)의 수를 합하거나 나누어 계산될 수 있다. 많은 수의 연결선을 가지는 노드를 중심 노드로 여기는 방법이다.

```
> ## 연결선수: 노드에 연결되는 선의 수
> degree(net1, mode="all")     # mode="all"("total"), "out", "in"
s01 s02 s03 s04 s05 s06 s07 s08 s09 s10 s11 s12 s13 s14 s15 s16 s17
  8   6  13   9   5   6   5   5   4   5   3   6   4   4   5   3   5

> centr_degree(net1, mode="all", normalized=T)
$res
 [1]  8  6 13  9  5  6  5  5  4  5  3  6  4  4  5  3  5

$centralization
[1] 0.24

$theoretical_max
[1] 512
```

(해석) 연결선수 기준에서 3번 노드가 가장 중요한 노드이다. degree{sna} 함수를 이용할 수도 있다.

② 근접중심성(closeness centrality): 특정 노드에서 다른 노드들까지의 (a) 최단 거리의 평균의 역수, 또는 (b) 최단거리의 역수의 평균으로 정의된다. 여기서 거리는 수학적 거리(거쳐 가는 경로의 길이)뿐 아니라 상관계수를 통해 정의될 수도 있다. 참고로 정의 (b)는 정의 (a)보다 로버스트(robust)한 성질을 가진다.

```
> ## 근접 중심성: 그래프에서 다른 노드와의 거리에 의한 중심성
> # 네트워크에서 해당 노드의 다른 노드들과의 평균 측지(geodestic) 거리의 역수
> closeness(net1, mode="all", weights=NA)
  s01   s02   s03   s04   s05   s06   s07   s08   s09   s10   s11   s12
0.033 0.030 0.042 0.038 0.032 0.031 0.030 0.029 0.026 0.029 0.032 0.036
  s13   s14   s15   s16   s17
0.027 0.029 0.030 0.022 0.029

> centr_clo(net1, mode="all", normalized=T)
$res
 [1] 0.53 0.48 0.67 0.62 0.52 0.50 0.48 0.46 0.41 0.47 0.52 0.57 0.43 0.47
[15] 0.48 0.36 0.46

$centralization
[1] 0.38

$theoretical_max
[1] 7.7
```

(해석) 근접중심성의 관점에서도 3번 노드가 가장 중요하다. closeness{sna} 함수를 이용할 수도 있다.

③ 고유벡터 중심성(eigenvector centrality): 중요한 노드에 많이 연결된 노드가 중심노드라 여기는 방법으로 네트워크 행렬에 대한 고윳값분해를 이용하여 계산한다.

```
> ## 고유벡터 중심성: 연결(connection) 중심성의 합에 비례한 중심성
> # 그래프 행렬의 제1 고유벡터의 값
> eigen_centrality(net1, directed=T, weights=NA)
$vector
 s01  s02  s03  s04  s05  s06  s07  s08  s09  s10  s11  s12  s13  s14  s15  s16
0.66 0.33 1.00 0.91 0.33 0.75 0.12 0.37 0.35 0.60 0.73 0.75 0.35 0.29 0.33 0.25
 s17
0.75

$value
[1] 3    (이하 생략)

> centr_eigen(net1, directed=T, normalized=T)
$vector
 [1] 0.66 0.33 1.00 0.91 0.33 0.75 0.12 0.37 0.35 0.60 0.73 0.75 0.35 0.29 0.33
[16] 0.25 0.75

$value
[1] 3    (이하 생략)
```

(해석) 고유벡터 중심성 관점에서도 3번 노드가 가장 중요하다. evcent{sna} 함수를 이용할 수도 있다.

④ 중개중심성(betweenness centrality): 노드 사이의 연결성의 관점에서 중요하게 취급되는 측도이다. 이는 특정노드가 이를 제외한 모든 두 개 노드 간의 최단 경로에 놓이게 되는 비율로 정의된다. 중개중심성은 노드 사이를 연결하는 허브(hub) 노드를 찾는 데 유용하다.

```
> ## 중개(betweenness) 중심성: 다른 노드를 연결하는 중개인 위치에 의한 중심성
> # 노드 또는 연결선을 통과하는 측지의 수
> betweenness(net1, directed=T, weights=NA)
   s01    s02    s03    s04    s05    s06    s07    s08    s09    s10    s11
 24.00   5.83 127.00  93.50  16.50  20.33   1.83  19.50   0.83  15.00   0.00
   s12    s13    s14    s15    s16    s17
 33.50  20.00   4.00   5.67   0.00  58.50

> edge_betweenness(net1, directed=T, weights=NA)
 [1] 10.8 11.3  8.3  9.5  4.0 12.5  3.0  2.3 24.0 16.0 31.5 32.5  9.5  6.5 23.0
[16] 65.3 11.0  6.5 18.0  8.7  5.3 10.0  6.0 11.2 15.0 21.3 10.0  2.0  1.3  4.5
[31] 11.8 16.8  6.8 16.8 31.0 17.0 18.0 14.5  7.5 28.5  3.0 17.0  5.7  9.7  6.3
[46]  1.0 15.0 74.5
```

5부 비정형 데이터마이닝

```
> centr_betw(net1, directed=T, normalized=T)
$res
 [1]  24.00   5.83 127.00  93.50  16.50  20.33   1.83  19.50   0.83  15.00
[11]   0.00  33.50  20.00   4.00   5.67   0.00  58.50

$centralization
[1] 0.45

$theoretical_max
[1] 3840
```

(해석) 중개 중심성의 관점에서도 3번 노드가 가장 중요하다. betweenness{sna}를 이용할 수도 있다.

(viii)* 허브(hubs)와 권한(authorities)

Jon Kleinberg가 개발한 허브 및 권한 알고리즘은 처음에 웹 페이지를 검사하는 데 사용되었다. 허브에는 많은 수의 발신 링크(outgoing links)가 있는 카탈로그가 포함될 것으로 예상된다. 반면 권한은 아마도 고품질 관련 정보 때문에 허브로부터 많은 수신 링크(incoming links)를 얻게 될 것이다.

```
> hs <- hub_score(net1, weights=NA)$vector
> as <- authority_score(net1, weights=NA)$vector
> plot(net1, vertex.size=hs*50, main="Hubs")
> plot(net1, vertex.size=as*30, main="Authorities")
```

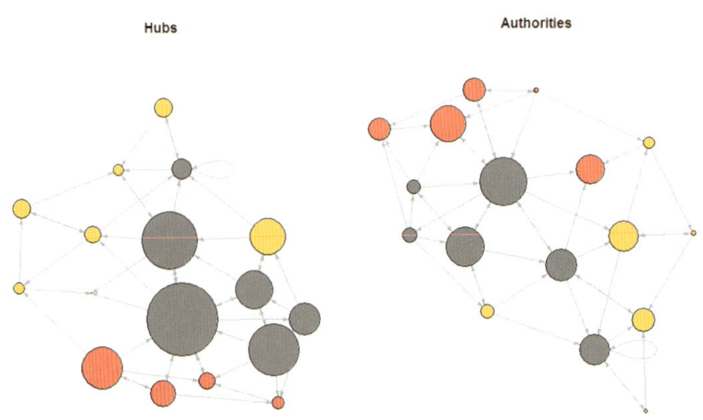

(ix)* 부그룹(subgroups)과 커뮤니티(communities)

먼저 우리의 네트워크를 무방향 네트워크로 전환한다. 전환을 수행하는 방법에는 여러 가지가 있다.

- 연결된 노드 쌍 사이에 무방향 링크를 만들거나(mode = "collapse").
- 네트워크에서 각 방향 링크에 대해 잠재적으로 멀티플렉스(다중) 그래프가 되는 무방향 링크를 생성한다(mode = "each").

- 그래프에서 각 대칭 링크에 대해 무방향 링크를 만든다(mode = "mutual").

연결 A → B와 연결 B → A가 하나의 무방향 링크로 합쳐지는(collapsed) 경우에는, 앞서 simplify( )에서와 같이, 그들의 연결선 속성을 가지고, 'edge.attr.comb' 매개변수를 이용하여 수행할 작업을 지정한다. 여기서 링크의 '가중치'는 합산되고 다른 모든 다른 연결선 속성들은 무시되고 삭제된다.

```
> net1.sym <- as.undirected(net1, mode= "collapse",
                            edge.attr.comb=list(weight="sum", "ignore"))
```

① 동아리(cliques): 무방향 그래프의 완전한 부그룹

```
> # 동아리 찾기
> cliques(net1.sym)     # 동아리 목록
[[1]]
+ 1/17 vertex, named:
[1] s01

[[2]]
+ 1/17 vertex, named:
[1] s02
...

[[75]]
+ 4/17 vertices, named:
[1] s01 s02 s03 s05

> sapply(cliques(net1.sym), length)     # 동아리 크기
 [1] 1 1 1 1 1 1 1 1 1 1 1 1 1 1 1 1 1 2 2 2 2 2 2 2 2 2 2 ...(생략)
[45] 2 2 2 2 2 2 2 2 2 2 2 3 3 3 3 3 3 3 3 3 3 3 3 3 3 3 3 3 3 3 4

> largest_cliques(net1.sym)     # 최대 노드 수를 가진 동아리
[[1]]
+ 4/17 vertices, named:
[1] s03 s01 s02 s05

> vcol <- rep("grey80", vcount(net1.sym))
> vcol[unlist(largest_cliques(net1.sym))] <- "gold"
> plot(as.undirected(net1.sym), vertex.label=V(net1.sym)$name,
       vertex.color=vcol)
```

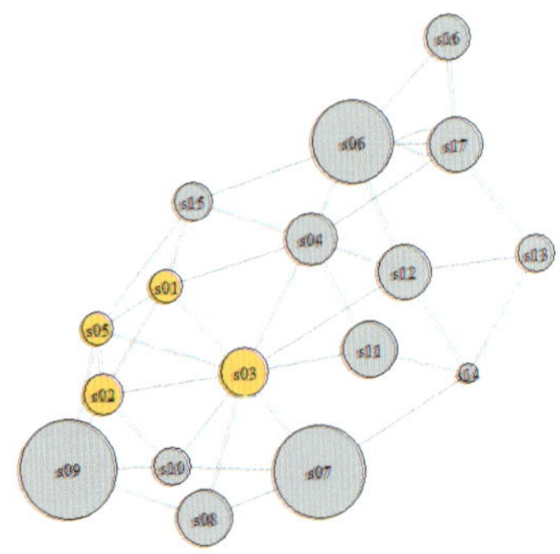

② 커뮤니티 탐색(community detection)

여러 알고리즘은 그룹 전체의 연결 수가 적은 고밀도로 연결된 노드로 구성된 그룹을 탐지하는 것을 목표로 한다.

▌edge betweenness에 기반한 커뮤니티 탐색(Newman-Girvan):

High-betweenness edges가 순차적으로 제거되고(각 단계에서 재계산) 네트워크의 최적 파티셔닝이 선택된다.

```
> ceb <- cluster_edge_betweenness(net1)
> dendPlot(ceb, mode="hclust")
> plot(ceb, net1)
```

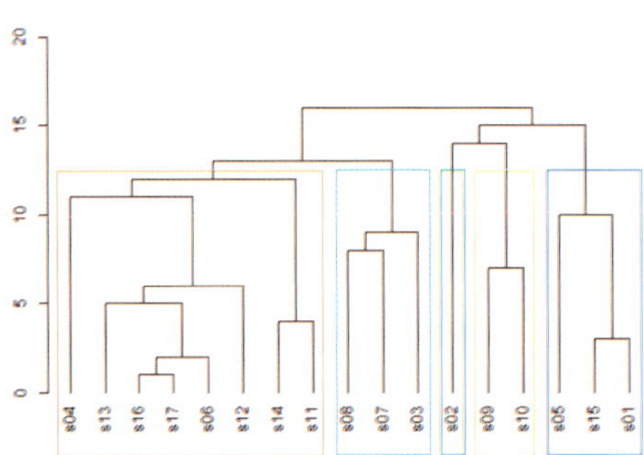

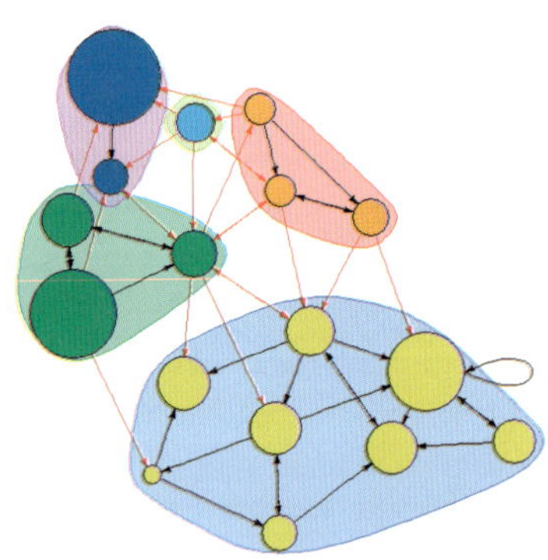

```
> # 커뮤니티 탐색 igraph 객체 살펴보기:
> class(ceb)
[1] "communities"
> length(ceb)      # 커뮤너티(communities)의 수
[1] 5
```

```
> membership(ceb) # 각 노드의 커뮤니티 회원
s01 s02 s03 s04 s05 s06 s07 s08 s09 s10 s11 s12 s13 s14 s15 s16 s17
  1   2   3   4   1   4   3   3   5   5   4   4   4   4   1   4   4

> modularity(ceb) # 그래프 파티셔닝의 모듈 방식
[1] 0.292751

> crossing(ceb, net1)   # 부울(boolean) 벡터: 커뮤니티의 가장자리에 대해 TRUE
s01|s02 s01|s03 s01|s04 s01|s15 s02|s01 s02|s03 s02|s09 s02|s10
   TRUE    TRUE    TRUE   FALSE    TRUE    TRUE    TRUE    TRUE
...
s17|s04
  FALSE
```

파티셔닝을 위한 높은 모듈성은 커뮤니티 내의 밀집된(dense) 연결과 공동체 간의 희박한(sparse) 연결을 반영한다.

▌ 전파(propagating) 레이블에 의한 커뮤니티 탐색:

노드 레이블을 할당하고 랜덤화하여 각 vertex의 레이블을 이웃 간에 가장 자주 나타나는 레이블로 대체한다. 이러한 단계는 각 vertex가 이웃의 가장 일반적인 레이블을 가질 때까지 반복된다.

```
> clp <- cluster_label_prop(net1)
> plot(clp, net1)
```

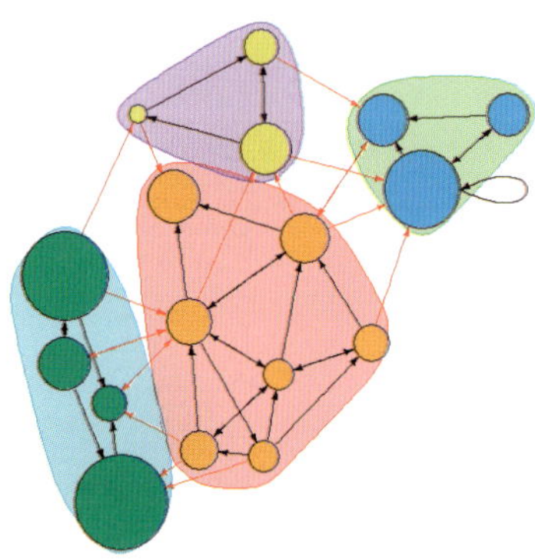

▌ 모듈성(modularity)의 탐욕 최적화에 의한 커뮤니티 탐색:

```
> cfg <- cluster_fast_greedy(as.undirected(net1))
> plot(cfg, as.undirected(net1))

> # 또한 우리는 내장 플롯에 의존하지 않고 커뮤니티를 플롯할 수 있음:
```

```
> V(net1)$community <- cfg$membership
> colrs <- adjustcolor( c("gray50", "tomato", "gold", "yellowgreen"), alpha=.6)
> plot(net1, vertex.color=colrs[V(net1)$community])
```

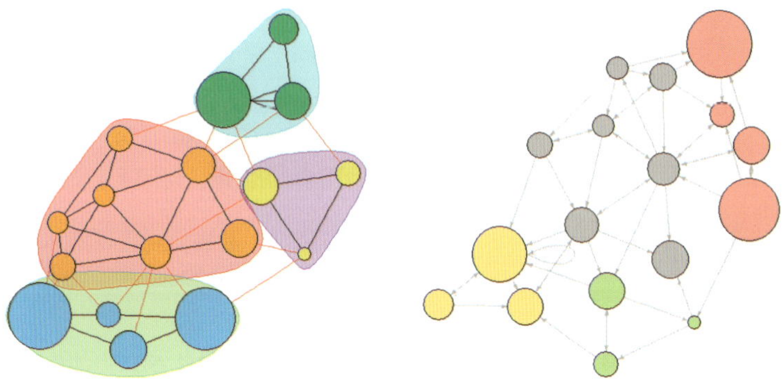

③ K-코어(core) 분해

k-core는 모든 노드가 적어도 k degree를 가지고 있는 최대 부(sub) 그래프이다. 결과는 네트워크의 각 vertex의 코어성(coreness)을 제공한다. 한 노드가 D-코어에 속하지만 (D+1)-코어에 속하지 않으면 코어성 D를 갖는다.

```
> kc <- coreness(net1, mode="all")
> plot(net1, vertex.size=kc*6, vertex.label=kc, vertex.color=colrs[kc])
```

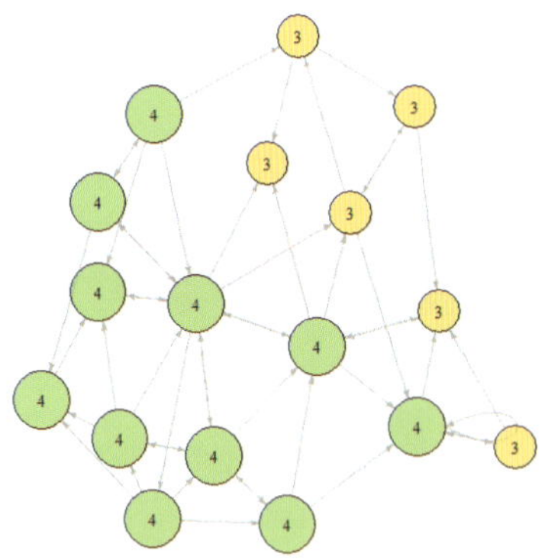

예제 4

{igraph}를 이용한 2상(2-mode) 또는 2부(bipartite) 네트워크의 시각화를 소개한다. 소셜 네트워크에서 2상 자료(2-mode data)는 두 세트의 요소(entities) 간의 연결을 기록한 자료이다. 예를 들어 이벤트별 배우의 참석, 기업이사회에 앉아있는 관리자 등이다. 분석의 관심사는 한 모드 또는 다른 모드에 집중된다.

(a) 자료 불러오기/ 확인

```
> # 자료 불러오기
> node2 <- read.csv("c:/node2.csv", header=T, as.is=T)
> link2 <- read.csv("c:/link2.csv", header=T, row.names=1)
> # 자료 확인
> node2
    id   media media.type media.name audience.size
1  s01     NYT          1  Newspaper            20
2  s02    WaPo          1  Newspaper            25
3  s03     WSJ          1  Newspaper            30
4  s04    USAT          1  Newspaper            32
5  s05 LATimes          1  Newspaper            20
...
29 U19    Lisa         NA       <NA>            NA
30 U20    Dave         NA       <NA>            NA

> # link2는 2상(two-mode) 네트워크의 인접행렬(adjacency matrix)
> link2 <- as.matrix(link2)
> link2
    U01 U02 U03 U04 U05 U06 U07 U08 U09 U10 U11 U12 U13 U14 U15 U16 U17 U18 U19 U20
s01   1   1   1   0   0   0   0   0   0   0   0   0   0   0   0   0   0   0   0   0
s02   0   0   0   1   1   0   0   0   0   0   0   0   0   0   0   0   0   0   0   1
s03   0   0   0   0   0   1   1   1   1   0   0   0   0   0   0   0   0   0   0   0
s04   0   0   0   0   0   0   0   0   1   1   1   0   0   0   0   0   0   0   0   0
s05   0   0   0   0   0   0   0   0   0   0   1   1   1   0   0   0   0   0   0   0
s06   0   0   0   0   0   0   0   0   0   0   0   0   1   1   0   0   1   0   0   0
s07   0   0   0   0   0   0   0   0   0   0   0   0   0   1   1   1   0   0   0   0
s08   0   0   0   0   0   0   0   0   0   0   0   0   0   0   0   1   1   1   1   0
s09   0   0   0   0   0   1   0   0   0   0   0   0   0   0   0   0   0   0   1   1
s10   1   0   0   0   0   0   0   0   0   0   1   0   0   0   0   0   0   0   0   0
```

(b) 그래프 객체로 읽어 들임: graph_from_incidence_matrix( ) 함수를 이용

```
> net2 <- graph_from_incidence_matrix(link2)
> # 내장(built-in) vertex 속성 'type'은 어떤 mode vertex가 속하는지 보여 줌
> table(V(net2)$type)

FALSE  TRUE
   10    20
```

(해석) 2상 네트워크는 type으로 불리는 노드 속성을 가지는데, 이 값은 한 개 mode에서 꼭짓점에 대해 FALSE(또는 0)이고 다른 mode에서 꼭짓점에 대해 TRUE(또는 1)이다.

[참고] 1상(one-mode) 네트워크 행렬을 igraph 객체로 변환할 때는 graph_from_adjacency_ matrix( ) 함수를 사용한다.

(c) 2상 네트워크 그림

```
> plot(net2)
```

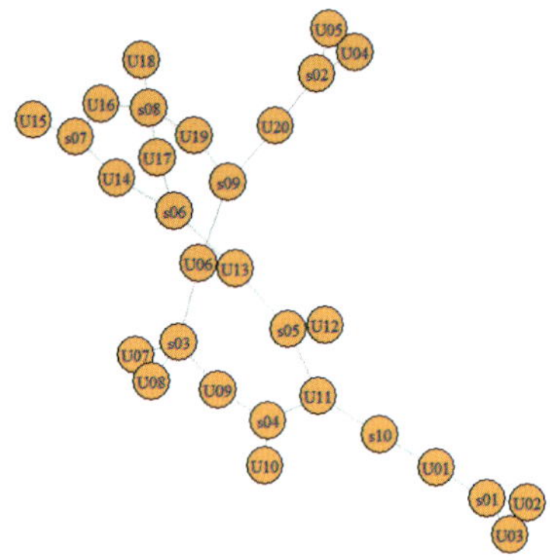

2상 네트워크에 대한 2부 사영(bipartite projections)을 쉽게 생성할 수 있다. (공동 멤버십은 다음과 같이 네트워크 행렬에 그 전치행렬을 곱하여 계산하거나 igraph의 bipartite.projection( ) 함수를 사용)

```
> net2.bp <- bipartite.projection(net2)

> # 사영을 다음과 같이 수동으로 계산할 수도 있음:
> # as_incidence_matrix(net2) %*% t(as_incidence_matrix(net2))
> # t(as_incidence_matrix(net2)) %*% as_incidence_matrix(net2)

> plot(net2.bp$proj1, vertex.label.color="black", vertex.label.dist=1,
      vertex.label=node2$media[!is.na(node2$media.type)])
> plot(net2.bp$proj2, vertex.label.color="black", vertex.label.dist=1,
      vertex.label=node2$media[ is.na(node2$media.type)])
```

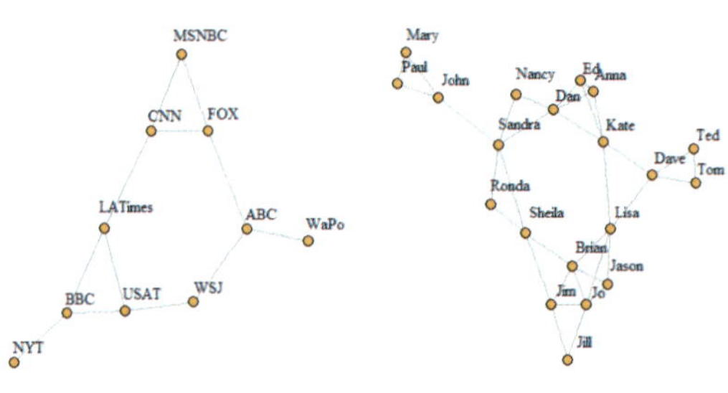

```
> ## igraph로 2상 네트워크를 그림
> net2
IGRAPH UN-B 30 31 --
+ attr: type (v/l), name (v/c)
+ edges (vertex names):
 [1] s01--U01 s01--U02 s01--U03 s02--U04 s02--U05 s02--U20 s03--U06
...
[28] s09--U19 s09--U20 s10--U01 s10--U11

> # 노드를 형(type)에 따라 다른 모양으로 나타냄
> V(net2)$color <- c("steel blue", "orange")[V(net2)$type+1]
> V(net2)$shape <- c("square", "circle")[V(net2)$type+1]
> V(net2)$label <- ""
> V(net2)$label[V(net2)$type==F] <- node2$media[V(net2)$type==F]
> V(net2)$label.cex=.6
> V(net2)$label.font=2
> plot(net2, vertex.label.color="white", vertex.size=(2-V(net2)$type)*8)
> plot(net2, vertex.label=NA, vertex.size=7, layout=layout_as_bipartite)
```

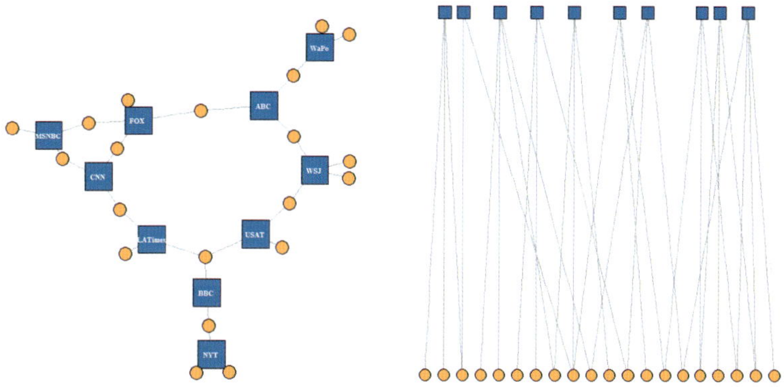


```
> # 문장(text)을 노드로 사용함
> par(mar=c(0,0,0,0))
> plot(net2, vertex.shape="none", vertex.label=node2$media,
       vertex.label.color=V(net2)$color, vertex.label.font=2,
       vertex.label.cex=.95, edge.color="gray70", edge.width=2)
```

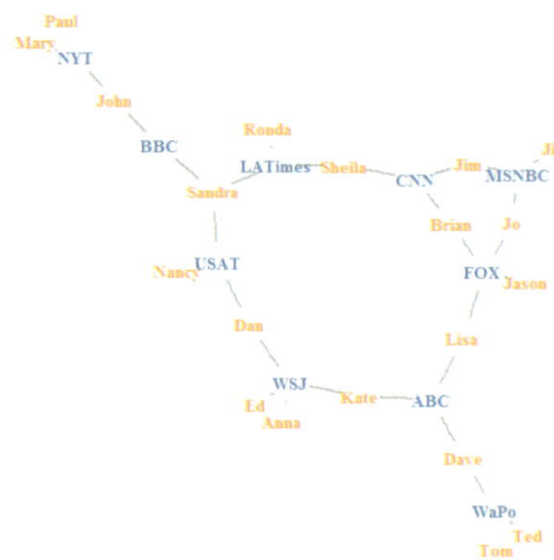

[예제 3]과 [예제 4]는 {igraph} 패키지를 이용하였다. 다음의 [예제 5]에서는 {sna} 패키지를 소개한다.

예제 5

{sna} 패키지를 이용하여 간단한 분석을 실시한다. 두 패키지 간의 연계성을 고려하여 [예제 3]의 자료를 불러오기로 한다(데이터를 직접 입력할 수도 있다).

```
> ## [예제 3]의 igraph 그래프 객체(net1)를 sna 객체(인접행렬)로 전환
> # as_adjacency_matrix() 함수는 {igraph}의 함수임에 유의
> adj <- as_adjacency_matrix(net1, name=T)
> M1 <- as.matrix(adj)
> M1
    s01 s02 s03 s04 s05 s06 s07 s08 s09 s10 s11 s12 s13 s14 s15 s16 s17
s01   0   1   1   1   0   0   0   0   0   0   0   0   0   0   1   0   0
s02   1   0   1   0   0   0   0   0   1   1   0   0   0   0   0   0   0
s03   1   0   0   1   1   0   0   1   0   1   1   1   0   0   0   0   0
s04   0   0   1   0   0   1   0   0   0   0   1   1   0   0   0   0   1
s05   1   1   0   0   0   0   0   0   1   0   0   0   0   0   1   0   0
...( 중략)
s16   0   0   0   0   0   1   0   0   0   0   0   0   0   0   0   0   1
s17   0   0   0   1   0   0   0   0   0   0   0   0   0   0   0   0   0
```

(해석) sna 객체인 인접행렬(adjacent matrix)을 나타낸다. as_adjacency_matrix( ) 함수에서 attr= "weight"를 지정하면 가중 네트워크 행렬을 가져올 수 있다. 참고로 이 함수의 일반형식을 소개한다.

- as_adjacency_matrix(graph, type = c("both", "upper", "lower"), attr = NULL, edges = FALSE, names = TRUE, sparse = igraph_opt("sparsematrices"))

인접행렬(M1)을 이용하여 네트워크를 시각화하고, 여러 가지 중심성(centrality) 척도를 계산한다.

```
> ## gplot{sna} 함수로 네트워크를 시각화함
> # 다양한 옵션을 제공하므로 ?gplot을 이용 바람
> library(sna)
> gplot(M1, displaylabels=T)
```

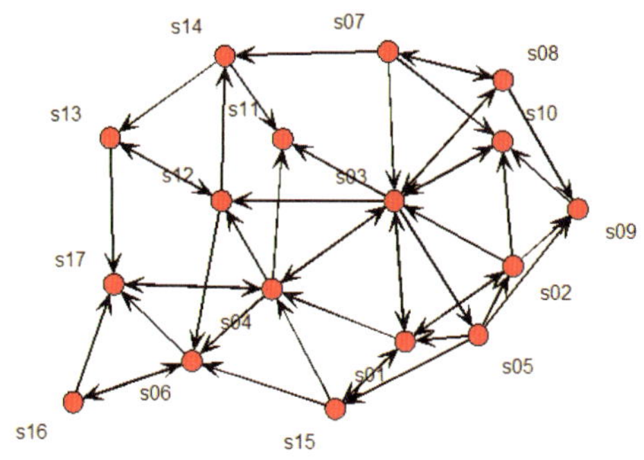


```
> ## 중심성 척도
> # 연결선수
> # cmode="freeman"(디폴트), "indegree", "outdegree"
> (d <- degree(M1, cmode="freeman"))
 [1]  8  6 13  9  5  6  5  5  4  5  3  6  4  4  5  3  5

> which(d %in% max(d))     # 가장 큰 값의 위치(노드)를 찾음
[1] 3

> # 근접중심성
> closeness(M1, cmode="directed")
 [1] 0.50 0.46 0.62 0.52 0.41 0.28 0.47 0.44 0.30 0.39 0.00 0.27 0.30 0.25
[15] 0.43 0.28 0.35

> # 고유벡터 중심성
> evcent(M1)
 [1] 0.429 0.376 0.487 0.204 0.360 0.034 0.314 0.284 0.054 0.162 0.000 0.025
[13] 0.031 0.010 0.222 0.034 0.068

> evcent(t(M1))
 [1] 0.477 0.231 0.583 0.499 0.013 0.041 0.029 0.064 0.037 0.079 0.249 0.065
[13] 0.046 0.033 0.210 0.018 0.049

> # 중개중심성
> betweenness(M1, cmode="directed")
```

```
 [1]  24.00   5.83 127.00  93.50  16.50  20.33   1.83  19.50   0.83  15.00
[11]   0.00  33.50  20.00   4.00   5.67   0.00  58.50
```

(해석) 모든 중심성 측도에서 노드 3이 중심노드로 나타났다([예제 1]에서의 결과와 일치함). 고유벡터 중심성은 연결선의 방향에 따라 중심노드가 달라지므로, 이 경우에는 전치행렬(t(M1))에 대한 결과도 함께 제시하였다.

22장

빅데이터란 무엇인가?

22.1 서론

'빅데이터(big data)'는 2010년 이후 우리 사회의 전반에서 가장 큰 화두로 등장한 용어일 것이다. 빅데이터는 데이터의 규모가 매우 크거나 복잡하여 기존의 데이터 처리 방식으로는 다루기가 난해한 데이터 셋 자체를 의미하거나, 이들 데이터 셋을 처리하는 관련 기술과 인력을 통칭하는 의미로 사용되고 있다. 오늘날 IT 기술의 발달은 이러한 빅데이터의 수집, 저장, 분석을 가능케 하여 과학기술과 산업은 물론 정치, 사회, 경제, 문화 등 전 영역에 걸쳐 사회와 인류에게 가치 있는 정보를 제공해주고 있으며, 그 중요성이 부각되고 있다.

다음의 [그림 22.1]은 정보통신기술(ICT)의 발전에 따른 데이터의 변화 방향을 나타낸다. 대략 2010년을 기점으로 전 세계에서 한 해 동안 발생하는 디지털 데이터의 총량이 제타(zeta)바이트를 넘어섰으며, 이러한 데이터의 폭발적인 증가는 ICT의 주도권을 인프라, 기술, SW로부터 데이

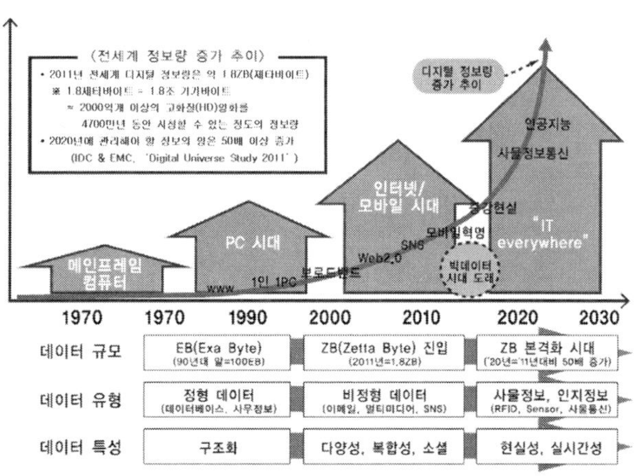

[그림 22.1] ICT 발전에 따른 데이터의 변화 방향
(출처: 2013 한국정보화진흥원 보고서)

터(data)로의 전이를 가져오고 있다. 아울러 스마트, 모바일의 확산과 함께 생성되는 소셜데이터는 세상을 이해할 수 있게 도움을 주고 있으며, 기업에서는 이를 고객과의 쌍방향 소통의 수단으로 활용하고 있다. 여러 글로벌 리서치&컨설팅 기관에서는 차세대의 키워드로 '빅데이터'를 선정하였고, 빅데이터를 국가와 기업의 미래 경쟁력과 가치창출의 원천이 될 것으로 전망한 바 있다.

22.2 빅데이터의 생성원천과 특징

(a) 빅데이터의 생성원천

대규모의 데이터 셋, 즉 빅데이터는 어디에서 생성되는가? 빅데이터의 생성원천은 크게 다음과 같이 요약된다([그림 22.2] 참고).

- 비즈니스 데이터 – 기업에서 생성되는 고객 및 구매와 관련된 데이터
- 멀티미디어 데이터 – 각종 멀티미디어 콘텐츠로부터의 이미지/비디오 데이터
- 소셜미디어 데이터 – 트위터, 페이스북, 블로그 등의 소셜미디어 데이터
- 의생명 데이터 – 의료정보, 생체정보, 유전자 등의 데이터
- 사물인터넷(IoT) 데이터 – 각종 센서에서 수집되는 M2M/사물인터넷 스트림 데이터

[그림 22.2] 빅데이터의 생성원천

이코노미스트(Economist)와 맥킨지(Mckinsey) 보고서에서는 이러한 다양한 원천으로부터의 빅데이터를 효과적으로 분석하면 인류가 직면한 여러 가지 난제(환경, 에너지, 식량, 의료문제)

에 대한 해결책을 제시할 수 있을 것으로 예측하였으며, 가트너(Gartner) 보고서는 빅데이터는 21세기의 원유로 미래 경쟁력을 좌우하는 핵심이라고 전망한 바 있다. 이미 선진국의 기업에서는 빅데이터의 분석을 통해 생산성 개선, 비즈니스 혁신, 신규 비즈니스 창출을 도모하고 있으며, 정부에서는 국가와 산업 경쟁력을 높이는 방안을 마련하고 있다.

(b) 빅데이터의 특징

빅데이터는 '3V'로 대변되는 다음과 같은 특징을 가진다. 즉, 빅데이터는 자료의 크기가 매우 방대하며(volume), 자료의 형태가 매우 다양하며(variety), 생성과 처리의 속도가 매우 빠르다(velocity)는 특징을 가진다. 다음의 [표 22.1]은 빅데이터의 특징을 '3V'의 관점에서 기존 데이터와 비교한 것이다.

[표 22.1] 빅데이터의 특징

	기존 데이터	빅데이터
크기(volumn)	메가바이트(MB), 기가바이트(GB)	테라바이트(TB), 페타바이트(PB)
다양성(variety)	정형 데이터 위주 (매출, 주문, 재고, 인사, 고객 데이터)	비정형 데이터 (동영상, SNS, 스트림 데이터)
속도(velocity)	수시간 ~ 수주	수초 ~ 수분(실시간 분석 요구)

빅데이터는 앞서 언급한 '3V'에 가치(value) 또는 시각화(visualization)를 더해 '4V'로 대변되기도 한다. 가치는 "가치(이윤) 창출을 위해 어떤 분석을 수행할 것인가?"의 문제와 연관되며, 시각화 역시 빅데이터의 이해를 돕는 중요한 수단으로 인식되고 있다. 데이터의 품질과 관련된 진실성(veracity)과 빠르게 변하는 가변성(variability)을 더해 '6V'로 빅데이터를 설명하기도 한다.

22.3 빅데이터 처리과정과 활용 사례

(a) 빅데이터의 처리과정(lifecycle)과 분석기법

다음의 [그림 22.3]은 데이터의 관점에서의 빅데이터의 처리과정을 보여 준다. 먼저 다양한 데이터 소스로부터 데이터를 추출하여, 분석하기 용이한 형태로 저장하는 과정이다. 빅데이터의 저장을 위해서는 클라우드 시스템과 하둡 등이 활용되어야 하며, 실시간으로 발생하는 데이터를 위해 인메모리 데이터베이스 등 빠른 저장과 처리 장치가 필요할 수도 있다. 다음으로 저장된 데이터에 대해 다양한 분석을 수행하는 과정으로 기존의 데이터마이닝뿐 아니라 실시간, 대규모

데이터에 대한 마이닝 기술이 활용되어야 한다. 마지막으로 분석된 결과를 직관적으로 이해하고 의사결정에 활용할 수 있도록 시각화가 필요하다.

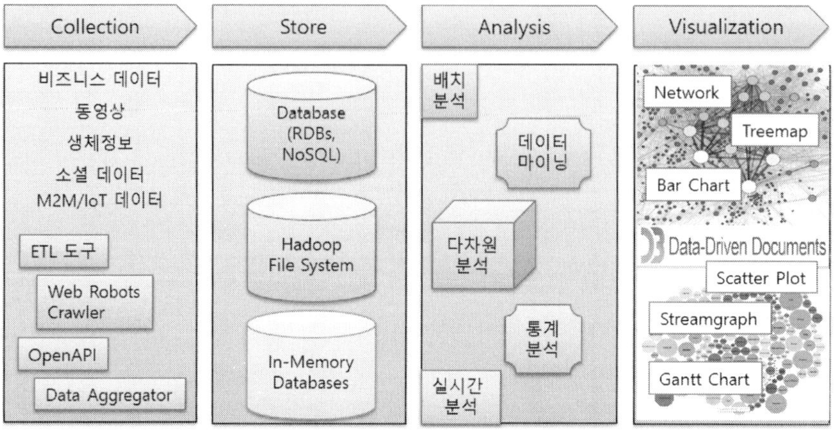

[그림 22.3] 빅데이터 처리과정

여기서는 위 그림의 단계 3에 해당하는 빅데이터의 분석(analysis)에 사용되는 몇 가지 기법을 소개한다. 빅데이터의 분석기법들은 기존의 통계학과 전산학 분야에서 사용되던 방법들이 사용되며, 여기에는 데이터마이닝, 기계학습, 자연어처리, 패턴인식 등이 해당된다. 특히 최근 소셜 미디어 등의 비정형데이터의 분석에는 텍스트마이닝, 오피니언마이닝, 소셜 네트워크 분석, 군집분석 등이 주목 받고 있다. 이들 분석기법에 대해 간단히 소개하면 다음과 같다.

- 데이터마이닝: 대규모의 데이터로부터 의미 있는 규칙이나 패턴을 찾아내는 방법.
- 기계학습: 인공지능의 한 분야로, 컴퓨터가 스스로 학습할 수 있도록 하는 알고리즘과 기술을 다룸.
- 자연어처리: 인간이 발화하는 언어를 기계적으로 분석하여 컴퓨터가 이해할 수 있도록 하는 기술.
- 텍스트마이닝: 비정형/반정형 텍스트 데이터에서 자연어처리 기술에 기반하여 유용한 정보를 추출, 가공.
- 오피니언마이닝: 소셜미디어 등의 정형/비정형 텍스트의 긍정, 부정, 중립의 선호도를 판별.
- 소셜 네트워크 분석: 소셜 네트워크의 연결 구조 및 강도를 파악하여 개체들 간의 관련성과 영향력을 파악함.
- 군집분석: 대규모의 집단을 유사한 특성을 가지는 소수의 그룹으로 군집을 형성하고, 그룹별 특징을 분석함.

(b) 빅데이터 활용 사례

빅데이터의 성공적인 활용 사례는 정치, 경제, 사회, 문화, 과학기술 등의 전반에서 발생하고 있다. 몇 가지 예를 들면 다음과 같다. 2008년 미국의 대선에서 오바마 캠프에서는 유권자들의 성향을 분석하기 위해 '보트빌더시스템'을 도입하여 성공적인 대선을 치른 바 있다. 인터넷 서점 아마존닷컴에서는 고객들의 구매 내역을 분석하여 개인 맞춤형의 '도서추천시스템'을 사용하여 매출을 끌어올리고 있다([그림 22.4]). 구글에서 제공하는 '자동번역시스템'은 엄청난 양의 축적된 데이터를 기반으로 통계적인 추론법을 사용하고 있으며, 구글의 '무인자동차' 역시 방대한 양의 지리 정보와 위성으로부터의 전달 신호를 실시간으로 분석하는 기술을 사용하고 있다. 또한 2011년 인간 퀴즈왕을 물리친 IBM의 '왓슨(Watson) 컴퓨터'는 자연어처리기술을 사용하여 2억 페이지의 정보로부터 수초 내에 퀴즈의 정답을 추출해내는 능력을 보여 주었으며(현재 왓슨은 금융과 의료분야에서 해당 전문가들을 능가하는 실적을 내고 있음), 2016년 구글의 빅데이터를 이용한 인공지능 '알파고(AlphaGo)'는 딥러닝, 강화학습, 트리탐색 기법을 적용하여 인간 바둑챔피언을 꺾어 우리를 놀라게 한 바 있다.

다른 예로 미국의 정유회사(코노코필립스사)에서는 시추시설에 부착된 수만 개의 센서에서 생성되는 빅데이터를 실시간으로 분석하여 시설관리와 예지정비를 하고 있으며, 많은 은행과 기업에서는 각종 정보를 IT 관제 시스템에서 분석하여 고장예측과 고객 서비스에 활용하고 있다. 미국 국세청에서는 데이터의 통합 및 분석을 통해 탈세 및 사기 범죄를 예방하고 있다. 미국과 영국의 주요 도시에서는 빅데이터 분석을 통해 범죄현황 분석과 사전 예방을 실시하여 큰 성과를 내고 있다([그림 22.5]).

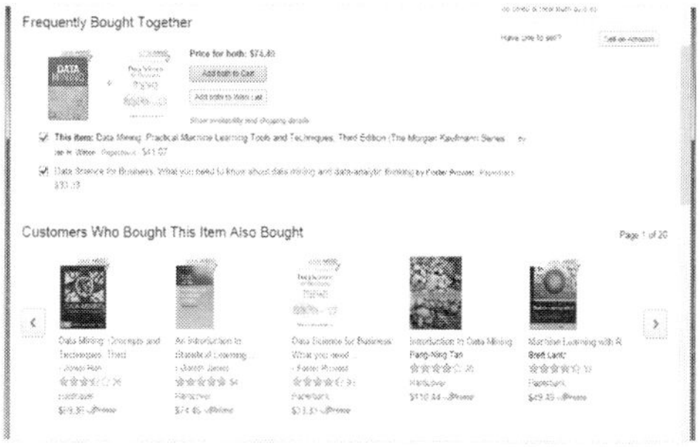

[그림 22.4] 아마존닷컴에서의 도서추천

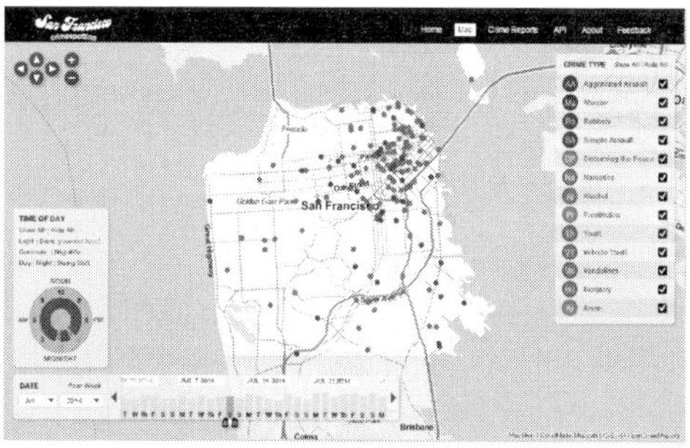

[그림 22.5] 센프란시스코 범죄지도

빅데이터의 활용은 기업경영과 국가 경쟁력 제고의 차원에서 경쟁이 심화될 것으로 전망되며, 금융, 쇼핑, 의료, 제조, 농업 등 전 산업분야로 확대될 것이다. 바이오, 에너지 및 전력, 천문을 비롯한 과학분야에서의 빅데이터 활용도 크게 발전할 것으로 기대되며, 이미 연구자의 연구 형태변화가 이론이나 컴퓨팅 자원 중심에서 데이터 중심의 연구로 변화되었다([그림 22.6]). 특히 사물인터넷(IoT: Internet of Things)의 발달로 인한 데이터의 폭증은 빅데이터의 가치를 더욱 높이게 될 것이다.

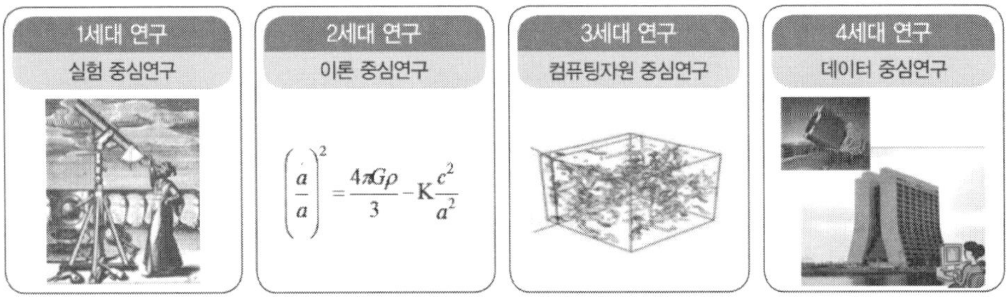

[그림 22.6] 과학분야 연구 패러다임의 변화

22.4 데이터과학자와 빅데이터 거버넌스

(a) 데이터과학자

빅데이터 시대를 어떻게 대비하여야 하는가? 가장 중요한 것은 빅데이터 인력이다. 맥킨지 보고서에 의하면 2018년까지 미국에서만 14~19만 명의 데이터분석전문가와 150만 명의 데이터 기반 관리자의 추가적인 수요를 전망한 바 있다. '데이터과학자(Data Scientist)'는 빅데이터전문가(또는 빅데이터분석전문가)를 일컫는 말이다. 데이터과학자는 데이터의 분석능력(통계, 수학)과 IT 기술을 겸비한 해당 분야의 전문가(현업지식)를 의미한다([그림 22.7] 참고). 이 그림에서 지적하듯이 분석이 배재된 IT 기술과 현업지식만을 가진 집단을 위험군(danger zone)으로 분류하고 있음은 주목할 만하다.

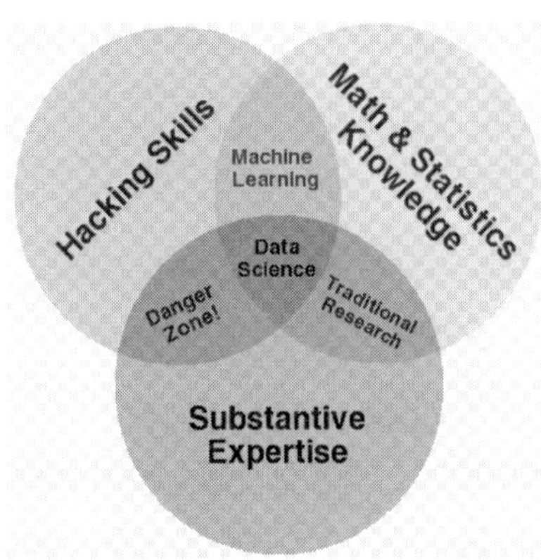

[그림 22.7] 데이터과학자의 역량 벤다이어그램

최근 미국의 직업 조사기관(www.careercast.com)의 발표에 의하면 2017년 상위 200개 직업의 평가에서 통계학자가 1위를, 데이터과학자가 5위를 차지하였다(2016년에는 데이터과학자가 1위, 통계학자가 2위를 차지함). 이 사실은 데이터를 바라보는 통찰력과 분석능력이 강조되는 빅데이터 시대를 반영한 결과이다.

(b) 빅데이터 거버넌스

빅데이터의 활용이 강조되면서 빅데이터에 대한 체계적인 관리(거버넌스)가 중요한 문제로 부각되고 있다. 먼저, 데이터 거버넌스란 전사적인 차원에서 보유하고 있는 모든 데이터에 대해 관리 정책, 지침, 표준, 전략 및 방향을 수립하고 데이터를 관리할 수 있는 조직 및 서비스를 구축하는 관점에서의 IT 관리체계를 말한다. 빅데이터 거버넌스(big data governance)는 데이터 거버넌스의 일부로써 빅데이터의 최적화, 프라이버시, 가치창출과 관련된 정책을 정하는 것이다. 빅데이터 거버넌스는 데이터의 품질보장, 프라이버시 보호, 데이터 수명관리, 데이터 전담조직을 통한 데이터 소유권 및 관리권의 명확화 등의 문제를 포함한다. 빅데이터 거버넌스가 확립되지 못하면 중요한 의사결정에 품질이 낮은 데이터를 사용함으로써 심각한 문제를 야기할 수 있으며, 개인 프라이버시 관련 데이터로 인해 빅브라더의 우려가 현실화될 수 있고, 폭증하는 데이터의 수명관리 소홀로 인해 IT 비용이 급증하는 등 심각한 문제를 야기할 수 있다. 이러한 기술적인 문제가 해결되더라도 데이터 관련 문제를 전담하고 책임지는 조직과 인력이 없다면 빅데이터 효과는 일회성에 그칠 것이다. 빅데이터 거버넌스의 확립이 전제되어야 지속가능한 빅데이터 시대를 열어갈 수 있을 것이다.

(c) 맺으며

성공적인 빅데이터 활용을 위해서는 데이터의 자원화, 데이터를 가공하고 분석 · 처리하는 기술, 데이터의 의미를 통찰하는 인력 등 3가지 분야의 전략 수립이 필수적이다(한국정보화진흥원, 2013). 다음의 [그림 22.8]은 빅데이터 활용을 위한 3대 요소를 잘 나타내고 있다.

최근 외국의 빅데이터 분야의 한 저명인사가 한국의 빅데이터 상황을 다음과 같이 진단하였다. "한국이 가진 장점은 IT 기술이다. 단점은 분석해야 할 빅데이터가 없고, 분석자의 창의력이 떨어진다."는 것이다. 빅데이터는 짧은 시간에 만들어지지 않는다. 주요 선진국에서는 각 분야에서 오랜 시간에 걸쳐 양질의 데이터를 축적해 온 반면, 한국의 상황은 그렇지 못하다. 2017년 전세계 기업 가치에서 애플, 알파벳(구글 지주회사), 마이크로소프트, 아마존, 페이스북이 1~5위를 차지한 것도 '데이터'의 중요성을 뒷받침한다. 이들 기업의 공통점은 모두 인공지능과 엄청난 빅데이터를 보유하고 있다는 것이다. 이들 기업은 금융·교통·유통 등 여러 분야를 결합하여 시장을 독식해가고 있으며, 100년 가까이 세계 산업을 이끌어온 석유·자동차·금융 기업을 압도하고 있다.

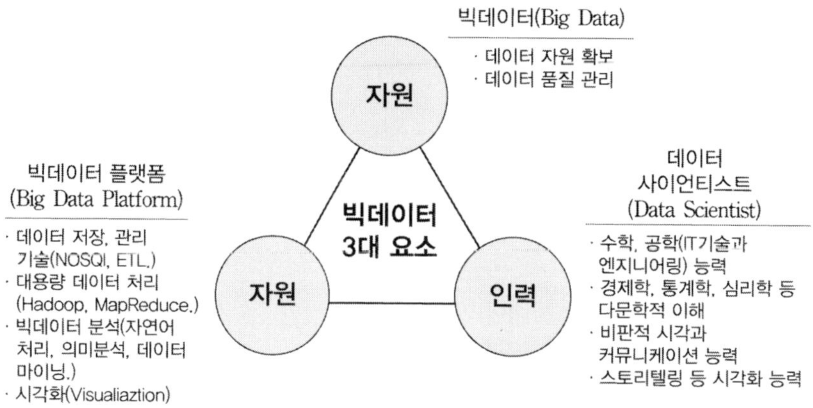

[그림 22.8] 빅데이터 활용을 위한 3대 요소(출처: 한국정보화진흥원, 2013)

마지막으로 국내 빅데이터 분야가 너무 IT 기술면에 치우쳐 있음을 지적하고 싶다. IT 기술은 분석(analytics)을 위한 도구이지 목표가 아님에도 이런 현상이 생긴 이유는 분석해야 할 데이터의 준비과정이 생략된 채 빅데이터의 성과 경쟁에 뛰어들었기 때문이다. 이런 경쟁은 예산 낭비만을 초래할 뿐이다. 영국 주간지 이코노미스트는 "20세기에 석유가 가장 가치 있는 자원이었다면, 지금 가장 중요한 자원은 데이터"라고 지적한 바 있다. 지금이라도 각 분야마다 내실 있는 빅데이터 준비와 분석인력의 양성에 힘써야 할 것이다.

부록 1: 텍스트마이닝 분석 절차 및 R 함수(패키지) 소개

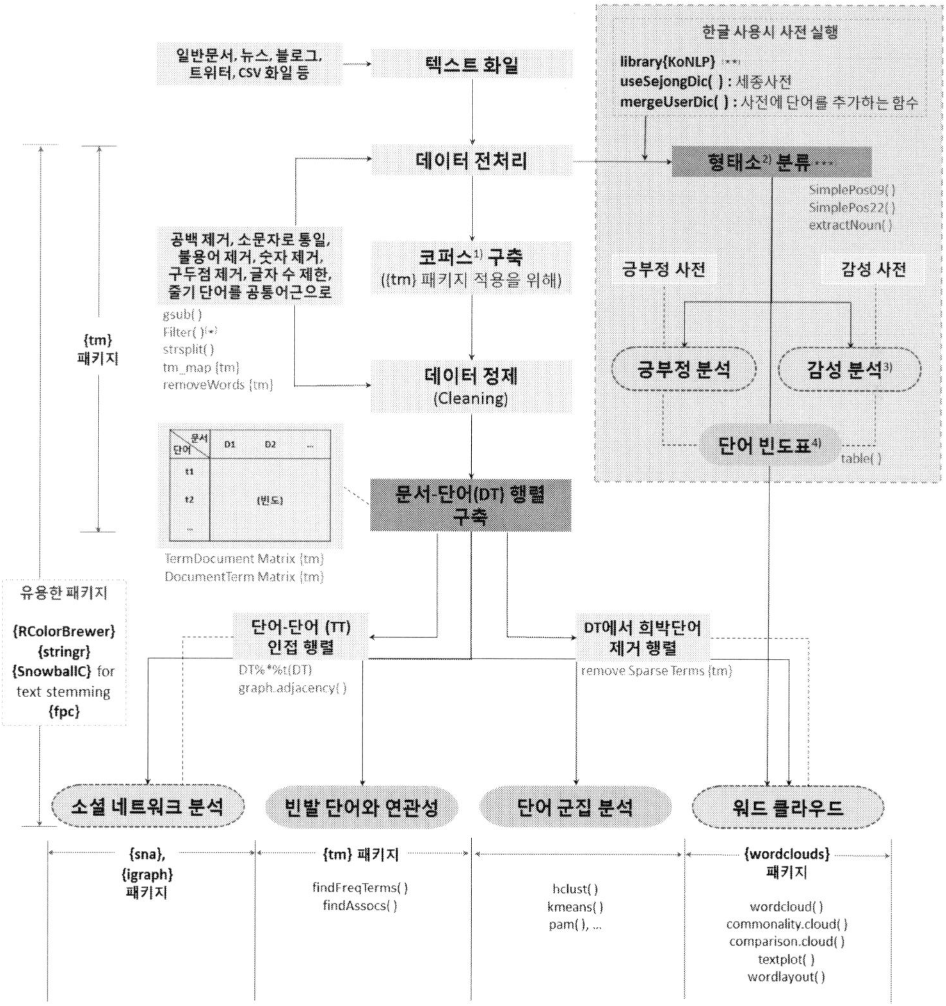

1) 코퍼스(Corpus) : 한 개 또는 여러 개의 문서 집합
2) 형태소 : 의미를 갖는 단어의 최소 단위 (9가지 또는 22가지)
3) 감성 분석 : 형태소에서 체언(N), 용언(P) 이용
4) 단어 빈도표 : 형태소에서 체언(N) 이용

(★) Filter(... is.hangul( ) ...) 형식으로 한글만 필터링 가능
(★★) {KoNLP} 패키지 설치 시 rJAVA 문제 해결책 - http://codegragon.tistory.com/1339
(★★★) http://github.com/haven-jeon/KoNLP/blob/master/ets/KoNLP-API.md
(예) 체언(N) : 보통명사, 고유명사, 의존명사, 대명사, 수사, ...
용언(P) : 동사, 형용사, 보조용언, ...

부록 2: 주요 데이터 제공 사이트 소개

국가통계 정보 및 데이터 제공 사이트		내용
공공데이터포털	http://www.data.go.kr	공공기관이 생성/관리하고 있는 공공데이터를 다양한 방식으로 제공
KOSIS 국가통계포털	http://kosis.kr	통계청을 비롯한 여러 통계 작성기관에서 제공하는 통계정보
e-나라지표	http://index.go.kr	국가주요지표를 제공(예: 소비자물가지수)
마이크로 데이터 서비스	http://mdss.kostat.go.kr	부문별 통계조사 자료 제공. 사용자가 직접 가공, 처리 가능
통계지리정보 서비스	http://sgis.kostat.go.kr	국가통계자료를 지도 위에서 이용(예: 주민등록 인구현황)
한국은행 경제통계시스템	http://ecos.bok.or.kr	경제통계에 관한 각종 자료 제공
서울시 열린데이터 광장	http://data.seoul.go.kr	서울시의 다양한 공공데이터를 제공
한국사회과학데이터센터	http://www.ksdc.re.kr	여러 기관에서 제공하는 방대한 통계 및 여론조사 자료 제공. 미국의 ICPSR(사회과학 데이터 보관소)과 연계
주제별 데이터 제공 사이트		
재난안전 데이터포털 (국민안전처)	https://data.mpss.go.kr	재난정보 통합 대국민서비스 제공
관관통계DB	http://tour.go.kr	관광통계 정보 제공
기상자료개방포털	https://data.kma.go.kr	기상청에서 제공하는 기상자료와 설명정보 제공
국외(전 세계) 통계자료 제공 사이트		
UN 데이터	http://data.un.org	유엔에서 제공하는 전 세계 각종 자료
전 세계 무역통계	https://www.wto.org	전 세계 무역통계(지역별, 분야별) 제공
미국 정부 통계	https://www.usa.gov/ statistics	미국의 지도와 모집단, 인구통계, 경제통계 관련 자료
미국 통계청	https://www.census.gov	미국 통계청에서 제공하는 각종 자료
영국 정부 통계	http://data.gov.uk	영국 정부에서 개방하는 각종 통계 자료 제공
기타 유용한 사이트		
구글 맵스를 이용한 맵 좌표	https://www.google.co.kr/ maps	구글 맵스를 이용한 맵 좌표(위도, 경도) 제공
카네기멜론 통계학과 자료실	http://lib.stat.cmu.edu/ datasets	다양한 통계분석용(교재 등) 자료 제공

찾아보기

R 데이터마이닝

저 자 나종화
발행인 김지영
발행처 자유아카데미
주 소 경기도 파주시 회동길 37-42
파주출판도시
전 화 031-955-1321
팩 스 031-955-1322
홈페이지 www.freeaca.com
전자우편 main@freeaca.com (대표)
editor@freeaca.com (편집)
crm@freeaca.com (영업)
등 록 제406-2003-017호, 1980. 7. 12
제1판1쇄 2017년 8월 25일 발행
제1판5쇄 2024년 1월 10일 발행
정 가 27,000원

저자와의 협의하에 인지생략

ISBN 979-11-5808-143-0 93310